한국 중세사 전개와 고성이씨

한국 중세사 전개와 고성이씨

박 홍 갑

경인문화사

서 문

　한국 중세사라고 할 때 고려시기만을 대상으로 한정하는 경우도 있으나, 이는 조선을 근세(近世)라는 개념으로 보는 시각에 따른 것이다. 고려의 귀족 사회와 조선의 양반관료제 사회가 엄연히 다른 것이기도 하지만, 통상적으로 시대구분을 크게 하여 고대 중세 근대로 나누는 관점에 따른다면 조선전기까지는 엄연히 중세사로 봐야 할 것 같다. 본서(本書)에서 중세사란 의미는 후자의 관점에 따른 것임은 말할 것도 없다. 아울러 농경을 위주로 살아왔던 우리 민족들은 대대로 한 지역에서 정착해 왔던 씨족(氏族)집단이 중심이 된 사회였고, 각 지역별로 웅거한 각 씨족들이 중앙 관료를 끊임없이 배출하여 나라를 이끌어왔음도 주지의 사실이다.

　성관(姓貫)을 달리하는 약 4천 여 씨족들 중에서 고려와 조선에 걸쳐 끊임없이 중앙 관료를 배출하여 가문의 성세(盛世)를 이어간 경우는 흔하지 않다. 엄격한 신분제를 바탕으로 한 보수적인 사회였다 할지라도 대대로 고급 관인을 배출하기란 쉽지 않기 때문이고, 이는 곧 한 왕조가 흥망성쇠를 거듭하였듯이, 한 가문에 있어서도 흥망성쇠가 있기 마련이기 때문이다. 그런데도 불구하고 본서(本書)에서 다루었던 고성이씨 가문을 공부하다 보면, 예외도 있다는 느낌을 지울 수가 없다.

　필자가 조선시대 선비 정신에 대한 제반 문제들을 연구하고 자료를 정리하면서 시작한 것이 사관(史官)에 대한 저술이었다. 우리들이 흔히 생각하는 사관(史官)들의 모습은 국왕이 정사를 펼칠 때 그 지근거리 양쪽에 앉아 기록하는 것을 연상하곤 한다. 그런데 그런 모습이 갖추어지기 까지는 엄청난 노력이 필요했다. 왜냐하면 전각(殿閣) 밖의 잘 들리지도 않을 계단에서 기록하던 사관들의 불편함이 해소되는 데에는 많은 시일이 소요되었기 때문이다. 그리고 제도 개선을 위한 신하들의 노력 또한 죽음까지 불사할 정도였다. 오죽했으면, 진드기같이 따라다니는 사관들을 물리치려는 태종 이방원에게 "하늘 위에 사관이 있소이다"라고 항변했겠는가? 이런 과정을 거쳐 조선시대 사관(史官) 제도가 정비되어 갔고, 종국에는 우리의 머릿속에 박혀 있는 사관의 모습들이 정착해 나갔던 것이다. 이렇듯 사관제도가 정착해 간 그 이면에는 대를 이은 고성이씨 인물들의 노력 때문이었고, 이를 발견한 필자는 무언가 형용할 수 없을 정도의 신비감마저 들기도 했다. 태종 때 용헌공 이원(李原)의 공으로 사관들이 종이와 붓을 들고 전각(殿閣) 안으로 들어갈 수 있었고, 그의 증손자 이주(李胄)의 노력으로 성종 20년에 비로소 임금 좌우에 각 1명씩 입시하여 앉아서 기록하는 관례가 생겼기 때문이다.

이어 사헌부(司憲府)나 사간원(司諫院) 같은 언론기구들에 관심을 넓히면서 더 많은 인물들과 만나는 즐거움을 만끽하기도 했다. 그 칼날 같았던 올곧은 선비 정신에 매료되어 연구 영역을 넓히는 과정에서 유독 고성이씨 인물들과 접했던 시간이 많았음도 우연은 아니었다. 정통의 왕위 승계권자가 아니었던 성종에게 서슴없이 이 문제까지 건드리며 직간(直諫)을 아끼지 않았던 이칙(李則)은 성군이 되기를 바라는 진정한 신하였고, 연산군 시절 올곧은 선비정신을 간직한 채 결국 형장의 이슬로 사려졌던 망헌(忘軒) 이주(李胄)는 참다운 신하였다. 그밖에 일일이 거론할 수 없을 정도로 수많은 고성이씨 가문의 인물들을 탐닉하면서 필자는 그야말로 즐거운 타임캡슐 여행이었음을 고백하지 않을 수 없다. 우리 중세사의 전개과정에서 고비고비마다 배출된 고성이씨 인물들의 행로를 따라 여행하다 보면, 어느덧 동트는 새벽녘이었다.

　필자가 이 주제에 관심을 갖게 해 주었던 수많은 고성이씨 선현들에게 머리 숙여 감사의 말씀을 올린다. 이와 더불어 그 혼령들이 꿈속에 나타나 잘 헤아려 주었으면 하는 바람도 있다. 너무나 후덥지근했던 지난 여름 날씨 탓에 지루했던 집필 과정을 무사히 끝낸 것도 혼령들이 보살펴 주었기 때문이라 자위도 해 본다. 새로 맞이한 가족, 새로 태어난 가족의 힘이 큰 용기가 된 것 같다. 상업성 없는 보잘 것 없는 책 간행에 선뜻 나서 주신 경인문화사 한정희 대표님, 난삽한 원고를 깔끔하게 편집해 주신 편집부, 그리고 책 마무리 교정 작업을 이어간 장경호 박사에게 감사의 말씀을 올린다.

2019년　8월　일

저자 박 홍 갑

서문

제1편 고성이씨 연원과 고려후기 신흥 세족

제2편 고려후기 정치 사회와 고성이씨

제4편 조선전기 정치세력과 고성이씨

제1편

고성이씨 연원과
고려후기 신흥 세족

제1장 고성현의 연혁과 고성이씨

1. 고성현 연혁

고성이씨는 그 출자지(出自地)가 경상도 최남단 고성(固城)인데, 득관조(得貫祖) 이래 그 후손들이 고성 지역의 토착세력으로 살아왔음이 분명하다. 그러다가 고려 하반기 무신집권기에 이르러 이진(李瑨)-이존비(李尊庇)로 이어지는 가계(家系) 인물들이 과거에 연달아 급제한 후 개경으로 상경하여 재경 관료를 두루 역임하면서 세족(世族)으로 성장해 간 가문이다. 따라서 우선 『세종실록지리지』에 보이는 고성현의 당시 현황부터 검토해 보는 것이 좋을 것 같다.

고성현(固城縣) 본디 소가야국(小伽倻國)인데, 신라에서 이를 취하여 고자군(古自郡)을 설치하고, 경덕왕이 고성군(固城郡)으로 고쳤다. 고려에서 현(縣)으로 고쳐서 현종 무오년에 거제(巨濟) 임내(任內)에 붙였다가, 뒤에 현령(縣令)을 두었는데 본조에서 그대로 따랐다. 별호(別號)는 철성(鐵城)이다. 부곡(部曲)이 1이니, 곤의(坤義)이요.[지금은 없어지고, 직촌(直村)이 되었다] 향(鄕)이 2이니, 곡산(曲山)·녹명(鹿鳴)이다.[지금은 모두 없어지고, 직촌(直村)이 되었다] 사방 경계는 동쪽으로 거제(巨濟) 견내량(見乃梁)에 이르기 40리, 서쪽으로 사천(泗川)에 이르기 26리, 남쪽으로 큰 바다에 이르기 1리, 북쪽으로 진해(鎭海)에 이르기 33리이다. 호수는 5백 30 단(單) 1호, 인구가 2천 8백 85명이며, 군정(軍丁)은 시위군(侍衛軍)이 30명, 영진군(營鎭軍)이 90명, 선군(船軍)이 3백 27명이다.[1]

위에 보이는 자료에서 검토된 바와 같이, 소가야국에서 출발한 고성 지역에는 현재에도 가야 고분군이 곳곳에 산재하고 있다. 한반도에서 국가가 성립할 시기에 이 지역에는 가야가 세워졌고, 그 이후 고대국가로 발전하던 단계에서 들어섰던 가야가 신라에 복속되면서 이 지역은 신라의 지방 행정구역에 편입되었으니 이때에는 고자군(古自郡)으로 불렸다고 한다. 그러다가 경덕왕(景德王 : ? ~ 765년, 재위: 742년 ~ 765년) 때에 이르러 비로소 고성(固城)이란 고을 명칭으로 정해졌다 했으니, 고성이란 고을 이름은 통일신라 경덕왕 때부터였음을 알 수가 있겠다.

특히 경덕왕 때는 신라의 여러 제도·관직들을 당나라 식 제도로 개편하여 당시의 국제질서에 걸 맞는 황금기를 구가할 때여서, 지방의 행정 구역 역시 경덕왕 16년(757년)에 그 체제 및 단위 명칭을 한자식으로 개혁하였는데, 우리에게 잘 알려진 9주 5소경으로의 개편이 그것이었다. 이때에 신라 전통의 이두식 발음이었던 고자군을 버리고 고성(固城)이란 한자식 명칭으로 개편한 것 역시 그 일환이었던 셈이다.

경덕왕 16년(757) 겨울 12월에 사벌주(沙伐州)를 상주(尙州)로 고치고

---

1 『세종실록』 권150, 地理志 慶尙道 晉州牧 固城縣 "固城縣: 本小伽倻國, 新羅 取之, 置古自郡. 景德王改爲固城郡, 高麗改爲縣. 顯宗戊午, 屬巨濟任內, 後置 縣令, 本朝因之, 別號鐵城. 部曲一, 坤義【今亡爲直村】鄕二, 曲山鹿鳴.【今皆 亡爲直村】四境, 東距巨濟 見乃梁四十里, 西距泗川二十六里, 南距大海一里, 北距鎭海三十三里. 戶五百三十單一, 口二千八百八十五. 軍丁, 侍衛軍三十, 營 鎭軍九十, 船軍三百二十七."

1주, 10군, 30현을 거느리게 하였고, 삽량주(歃良州)를 양주(良州)로 고
치고 1주, 1소경, 12군, 34현을 거느리게 하였으며, 청주(菁州)를 강주
(康州)로 고치고 1주, 11군, 27현을 거느리게 하였다. 한산주(漢山州)를
한주(漢州)로 고치고 1주, 1소경, 27군, 46현을 거느리게 하였고, 수약
주(首若州)를 삭주(朔州)로 고치고 1주, 1소경, 11군, 27현을 거느리게
하였으며, 웅천주(熊川州)를 웅주(熊州)로 고치고 1주, 1소경, 13군, 29
현을 거느리게 하였다. 하서주(河西州)를 명주(溟州)로 고치고 1주, 9군,
25현을 거느리게 하였고, 완산주(完山州)를 전주(全州)로 고치고 1주, 1
소경, 10군, 31현을 거느리게 하였으며, 무진주(武珍州)를 무주(武州)로
고치고 1주, 14군, 44현을 거느리게 하였다.<양주(良州)를 또는 양주(梁
州)로도 썼다.>"[2]

이 때 설치되었던 9주 중에 하나였던 강주(康州)는 오늘날 진주를 말
하며, 기존에 청주(菁州)라 부르던 것을 강주로 고치는 동시에 그 아래
11군 27현을 속하게 하였는데, 그리하여 새로운 명칭으로 정해졌던 고
성군도 강주에 예속된 편제로 나타나게 되었다.[3] 즉, 강주에 예속된 11
개 군 중에 하나였던 고성군(固城郡)에는 그 아래에 문화량현(蚊火良縣 ;
현재의 고성군 상리면)과 사수현(泗水縣 : 원래는 史勿縣으로 현재의 사
천시 사천읍), 일선현(一善縣 : 원래는 尙善縣으로 현재의 고성군 영현
면) 등 3개의 현을 예속시켜 고성군이 관리하도록 하였으니, 당시의 고

---

2 『삼국사기』 신라본기 권9, 경덕왕 "十六年 冬十二月 改沙伐州爲尙州 領州一
　郡十 縣三十 歃良州爲良州 領州一 小京一 郡十二 縣三十四 菁州爲康州 領州
　一 郡十一 縣二十七 漢山州爲漢州 領州一 小京一 郡二十七 縣四十六 首若州
　爲朔州 領州一 小京一 郡十一 縣二十七 熊川州爲熊州 領州一 小京一 郡十三
　縣二十九 河西州爲溟州 領州一 郡九 縣二十五 完山州爲全州 領州一 小京一
　郡十 縣三十一 武珍州爲武州 領州一 郡十四 縣四十四 良州一作梁州.
3 『삼국사기』 「지리지」에 전해지는 강주(康州) 조에는 11개 군 30개 현으로 나타
　나 있다.

성군 위상은 결코 작은 것이 아니었다.

신라말기에 왕권이 지방에까지 미칠 여력이 없게 되자 청주(진주 고성 일대) 지역도 예외 없이 군웅이 할거하고 지역호족들이 득세하는 형국으로 변해갔다. 의령지방의 호족인 왕봉규는 청주 일대를 장악하고 스스로 천주절도사(泉州節度使)라 칭하면서 후당에 사신까지 보낼 정도였다. 그 이후 강주 장군(康州將軍)으로 칭한 윤웅(閏雄)이 고려에 아들을 보내 귀부한 이후에 청주 지역은 고려의 세력권 아래로 들어갔었다.[4]

한편 대야성 일대는 경상도지역으로 세력을 확장하려던 후백제와 이를 저지하려는 신라군과의 주요 전장이 되었다. 920년에 대야성이 결국 후백제에게 점령되고 말았지만 이후 고려와 일진일퇴를 거듭하는 가운데 청주 지역은 신라와 후백제, 그리고 고려의 각축장이 되고 말았다. 고려 왕건에 의해 후삼국이 통일 된 이후 안정기에 접어들기는 했지만, 성종 때 전국에 12목을 설치할 때까지 청주 일대는 지방 호족들의 강력한 근거지가 되어 중앙 통제에도 벗어나 있었다 해도 과언이 아닐 지경이었다.

고려 6대 임금이던 성종 2년(983)에 가서야 전국에 12목을 설치할 수 있었는데, 그 중에 하나였던 진주목(晉州牧)이 설치되면서 새로이 중앙정부의 행정력이 미치기 시작했다. 그 후 성종 14년(995)에 전국을 대상으로 10도를 설치하면서 산남도(山南道)가 설치되었다. 이 때 그 아래에 예속되어 있던 고성(固城)이 다시 고주(固州)로 변경되면서 자사(刺史)를 파견하는 고을로 승격되었으나, 그로부터 10년도 채 흐르지도 않았던 목종 8년(1005)에 가서는 다시 고성현으로 환원되고 말았다. 그러다가 고려 현종 9년(1018)에 가서는 거제 속현으로 되고 말았으니, 그 당시

---

4 『삼국사기』 신라본기 권12, 경명왕 4년 12월조, "康州將軍閏雄 降於太祖"

고성현에는 독자적인 수령이 파견되지도 않는 거제 임내(任內) 지역으로 명맥을 유지해 갈 뿐이었다. 그러다가 그 후 다시 거제의 속현에서 벗어나 현령이 파견될 수 있는 고성현으로 승격되었고, 이어 원종 7년(1266)에 고주(固州)로 승격되었다가 충렬왕 때에는 남해(南海)에 병합되기도 했으며, 공민왕 때 고성현으로 환원되어 조선이 건국된 후에도 그대로 이어졌다.

앞의 『세종실록지리지』에서 확인되듯이, 고려 시기 고성현에는 곤의(坤義) 부곡(部曲) 1곳과 곡산(曲山)과 녹명(鹿鳴) 등 2곳의 향(鄕)이 예속되어 있었다. 고려에서는 속현이나 향 소 부곡 등과 같은 임내 지역도 행정상으로는 주군과 병렬적으로 존재하고 있었지만, 조선이 건국된 이후 지속적인 왕권 강화 시책과 지방제도 정비 정책이 시행되어 속현(屬縣)이나 향(鄕) 소(所) 부곡(部曲)과 같은 임내가 점차 혁파되어 갔는데, 『세종실록지리지』가 편찬될 당시에는 곤의(坤義)와 곡산(曲山) 녹명(鹿鳴) 등과 같은 곳이 이미 직촌(直村)으로 편입되어 갔음을 알 수가 있다. 즉 조선시대에 들어와 면리제가 확립되어 가는 과정 속에서 이들 향 부곡과 같은 임내가 직촌화 해 갔던 것을 확인할 수 있겠다. 통상 향 소 부곡들이 직촌화 하는 과정에서 면(面) 단위로 개편된 경우도 있지만, 고성의 향 부곡들은 보다 소규모인 리(里) 단위로 개편되어 직촌으로 변모해 갔다.

2. 고려시대 향리(鄕吏)와 토착세력

우리 역사의 전개에 있어 신라 말기에는 왕권 약화로 인한 중앙정부의 지방 통제권이 매우 느슨하여 각 지역마다 호족 세력들이 흥기하고 있었다는 점은 잘 알려진 사실이다. 신라말 지방행정구역으로 편제된 9주 가운데 고성(固城)은 강주(康州 : 오늘날 진주)에 예속된 여러 군(郡) 중의 하나였는데, 인근의 의령 일대를 호령하던 왕봉규를 비롯하여 스스로 장군이라 칭하면서 큰 세력을 형성했던 윤웅 등이 관찬 사서에 등장할 정도로 큰 규모의 호족이었다.

특히 왕봉규(王逢規)는 경명왕 8년(924)에 천주절도사(泉州節度使)를 자칭하고 후당(後唐)에 사신을 보낸 바 있고, 그로부터 3년 뒤에는 후당이 권지강주사(權知康州事) 왕봉규를 회화장군(懷化將軍)으로 봉하자[5] 사신을 보내 답례하는 등과 같은 대외 활동으로 볼 때 신라에 예속된 것이 아니라 완전히 독자적인 세력으로까지 판단된다. 신라 말기에 지방 세력으로서 대외적 교섭을 독자적으로 벌인 예는 청해진(清海鎮)의 장보고(張保皐)를 비롯하여 궁예(弓裔)·견훤(甄萱) 등과 같은 세력들이 있어 왔지만, 각지에 할거(割據)하던 군소 지방호족으로서 대중국 교섭을 독자적으로 행한 유일한 세력이 왕봉규였다고 알려져 있을 정도다. 따라서 이 당시 개경의 왕건 가문이나 명주의 김순식 등과 어깨를 겨룰만한 대호족 세력이었을 것으로 짐작된다.

아무튼 왕봉규가 옛 가야지역을 무대로 독자 세력으로 존재했던 것은 분명해 보이고, 그런 토대 위에서 후백제 견훤과는 좋은 관계를 유지하면서도 신라와도 적당히 협력하는 대신 북쪽의 후고구려에게는 적대 관계를 유지했던 것이다. 인근의 호족세력이던 윤웅이 고려에 투항하려 하자 황봉규는 이에 불만을 품고 윤웅을 토벌한 후 신라의 9주 5소경 중 하나인 강주 전역을 차지했으니, 고성지역 또한 왕봉규의 수중에 들

---

5 왕봉규을 회화장군으로 삼았다는 이야기는『삼국사기』뿐만 아니라『해동역사』
   제67권 人物考에서도 언급되고 있다.

어갔음이 틀림없다 하겠다. 927년 4월 영창·능식이 이끄는 고려군이 쳐들어와 몰락했고, 이를 축하하기 위해 이 해 8월에는 왕건이 직접 강주에 순행을 오기도 했다

왕봉규의 이 같은 대중국 교섭은 문물 교류를 통한 이득의 추구라는 점과 함께, 중국왕조로부터 승인을 받았다는 외교적 성과를 이용하여 자신의 위엄을 돋보이게 하려는 목적이 컸던 것으로 짐작된다. 이처럼 일개 지방호족 세력이 중국왕조와 통교할 수 있었던 것은 신라 말기 중앙집권력 붕괴라는 정치정세의 측면과 함께 통일기 이후 활발해진 신라인들의 해상활동 능력에 의해서 가능하게 되었다. 그 이후의 왕봉규 행적에 대해 더 이상 알 수가 없어 아쉽다.[6]

위에서 살펴 본 것처럼, 신라 말기에 집중적으로 나타난 각 지역의 호족 세력들은 왕건이 후삼국을 통일한 이후에도 여전히 건재하여 중앙정부에서 효과적으로 통제할 수가 없을 정도였다. 고려에 불만을 가진 호족들이 각지에 산재해 있었기에 이들을 회유하기 위해 향직(鄕職)을 베푼다거나 결혼정책을 동원하여 호족의 딸과 왕건이 혼인을 맺는 일이 많았다. 따라서 고려의 지배체제를 형성시키는 과정에서 호족 집단은 중추적 역할을 담당하였다.

그러나 점차 국가 체제가 정비되고 중앙 정부의 지배권이 확립되어 감에 따라 이들 호족 집단에 대한 중앙 정부의 통제는 필연적으로 뒤따를 수밖에 없었다. 고려가 건국된 이후 점차 왕권을 강화하기 시작하면서 지방 세력을 효과적으로 통제하기 위한 시책들이 강구되기 시작했는데, 성종 2년(983)에 지방제도 개편과 아울러 향리제도를 공포한 것이

---

6 김상기, 1974, 「羅末群雄의 對中通交 ─ 特히 王逢規를 중심으로 ─」 『동방사논총』, 서울대학교출판부.

그것이다.

이와 같은 향리직(鄕吏職) 개혁은 그 이전까지 독자성을 유지하던 지방세력 체제에서 벗어나 중앙 권력의 통제 하에 둘 수 있었다는 점에서 호족 신분이 격하되는 변동을 수반할 수밖에 없는 일이었다. 즉 고려 정부는 지방 호족들을 향리로 편성하여 지방 행정에 참여할 길을 열어주었던 것인데, 지방에 상주하는 수령을 파견하지 못하던 상황에서 불가피한 조치이기도 했다. 이에 따라 지방의 향호(鄕豪)들을 새로이 파견되는 지방관 아래에 편제하여 두는 이중의 효과를 거둘 수 있는 것이었다.

이때부터 고려의 지방행정 체계는 주·부·군·현에 이직(吏職)을 두어 수령을 보좌하게 하거나 수령이 파견되지 못하는 속현(屬縣)의 행정을 향리가 담당하도록 위임하는 체제로 흘러갔다. 이에 따라 각 지역에 웅거해 있던 호족들은 더 이상 그 세력을 유지하지 못하고 향직(鄕職)을 수행해 나갔기에 자연스럽게 향리(鄕吏)로 전락하고 말았다.[7] 이는 고려 정부에서 중앙집권의 강도가 높아질수록 빠르게 향리체제로 이행되었던 것으로 보이는데, 예컨대 고려가 후삼국을 통일 할 당시 왕건을 도왔던 유력한 호족세력 중에 하나였던 안동지역의 김씨나 권씨와 장씨 같은 경우도 예외일 수가 없어서, 안동 김씨 김선평(金宣平)이나 안동 권씨 권행(權幸)과 안동 장씨 장정필(張貞弼)의 후예들은 호장(戶長)이나 부호장(副戶長) 등과 같은 향직을 세습하는 사회로 변모해 갔다.

그렇기에 고려 말에 새로운 신흥세력으로 등장했던 가문들을 분석해 보면, 예외 없이 그들의 선조가 향리 신분이었음은 잘 알려진 사실이다. 고려 말의 대표적인 권세가로 이름 높았던 이인임의 경우에도 그의 가까운 선조는 성주에서 대대로 정착하면서 향직을 이어갔던 향리 가문이

7　박경자, 1974, 「高麗 鄕吏制度의 成立」 『역사학보』 63, 역사학회.

었는데, 그의 할아버지였던 이조년(李兆年)은 문과에 급제한 후 출사했지만, 증조부 이장경(李長庚) 대에만 하더라도 성주 고을의 향직을 세습하고 있었다.

고려시대 지방행정 체제가 주(州) 부(府) 군(郡) 현(縣)을 비롯하여 향(鄕) 소(所) 부곡(部曲) 진(津) 역(驛) 등으로 구분 되었듯이, 이 모든 행정구역에 향리들이 배속되어 있었음은 물론이다. 이에 따라 향리들이 배속되어 있는 행정구역에 따라 주리(州吏), 부리(府吏), 읍리(邑吏), 군리(郡吏), 역리(驛吏), 부곡리(部曲吏) 등으로 각기 달리 표현되어 나타나는 것도 그런 이유 때문이었다. 가령 해주 최씨 가문에서 우뚝 선 최충(崔冲)의 경우 아버지가 해주(海州)의 주리(州吏)였다거나[8] 성주 이씨 가문을 대표하는 이조년의 경우 아버지가 성주의 부리(府吏)였다거나[9] 한산 이씨 가문의 현조(顯祖)이자 이색(李穡)의 아버지였던 이곡(李穀)의 아버지가 군리(郡吏)였다거나[10] 충선왕 때 공신이었던 유청신(柳淸臣)의 선조가 대대로 부곡리(部曲吏)였다는[11] 표현들이 그것이다.

이러한 행정 구역에 존재한 향리들의 직임을 살펴보면, 호장 부호장 아래 호정(戶正) 부호정(副戶正) 사(史) 등과 같은 편제로 조직되어 있었는데, 모두 9등급으로 나누어졌다. 아울러 출신지에 따라 제약과 차별이 존재했는데, 이는 고려의 행정구역이 재지(在地) 호족(豪族)의 위상과 밀접한 관련이 있었기 때문이었다.[12] 이에 따라 일반 향리를 호장(戶長)이

---

8 『掾曹龜鑑』 권2. 觀感錄 "崔冲 字浩然 海州人 父溫本州吏"
9 『고려사』 권109, 열전 22 이조년 "李兆年 字元老 京山府人 父長庚本府吏"
10 『고려사』 권109, 열전 22 이곡 "李穀 字中父 初名藝白 韓山郡吏自成子也"
11 『고려사』 권125, 열전 38 유청신 "柳淸臣 初名庇 長興府高伊部曲人 其先 皆 爲部曲吏"
12 윤경진, 1997, 「고려전기 향리제의 구조와 호장의 직제」 『한국문화』 20, 서울대 규장각.

라 불렸던 데 반하여 특수 지역에 거주하는 향리를 다만 장(長)으로 불렀던 것에서도 그 차별성이 나타난다 하겠다. 가령 부곡리는 5품의 상한선을 넘지 못한다거나 하는 것들이 존재했었고, 이러한 차별성 때문에 군에서 현이나 향 부곡 등으로 강등되는 것에 대해 향리들이 매우 민감한 반응을 보였던 것이다.

물론 향리 신분이 세습되었다 할지라도 고려시기에 있어 그들에게는 과거라는 관문이 열려 있었다. 즉,『고려사』선거지에 의하면, 각 주현의 부호장 이상의 손자까지와 부호정 이상의 아들은 과거에 응시할 자격이 주어졌던 것이다.[13] 그리하여 고려시대 쟁쟁한 관료들 가운데는 지방의 향리 자제였다가 과거를 통해 중앙으로 진출한 사례가 그 수를 셀 수 없을 정도로 많다.[14]

특히 고려후기 무신들이 집권하고 이어 몽고 간섭기에 접어들어서부터는 지방의 향리 자제들이 과거(科擧)나 군공(軍功)을 통해 중앙 관료로 진출하는 사례가 더 많아졌다. 이는 무인정권이 외교나 행정의 한계를 극복하기 위한 수단으로 이용한 측면이 강했다. 그런데다 고려후기의 내우외환으로 인한 향촌 질서가 무너지면서 향리역(鄕吏役) 그 자체가 고역으로 변하게 되었으니, 지방 향리들은 그 지위를 지키지 못하고 유망(流亡)하는 사태에 이르기도 하였다. 그리하여 공민왕 이후에는 향리 확보책을 위한 위정자들의 노력들이 자주 목격되기도 한다.[15] 급기야 조선이 건국된 후에는 강도 높은 왕권강화책 일환으로 지방제도를 정비하

---

13 『고려사』권73, 選擧志 1, 科目 "各州縣 副戶長以上孫 副戶正以上子 欲赴製述 明經業者 所在官試 貢京師 尙書省國子監審考 所製試賦違格者 及明經不讀一 二机者 其試貢員科罪 若醫業 須要廣習 勿限戶正以上之者"

14 그 사례들은 앞의 박경자 논문에서 자세하게 설명하고 있다.

15 나각순, 1992,「高麗鄕吏의 身分的 特性과 그 變化」『사학연구』45, 한국사학회.

기에 이르렀으니, 향직은 점차 천시되는 경향으로 흘러갔다.

이상에서 본 바와 같이 고려시기 향리는 신라 말 고려 초에 각 고을의 토착세력들인 호족의 후예들이었고, 그들이 향직을 세습하면서 고려의 지방행정을 운영하는 데 일익을 담당하고 있었던 것이다. 이들 향리들은 각기 소속된 읍사(邑司)를 구성하는 핵심 요소였으며, 우리 성씨의 조상과 연원을 따져 올라가면 거의 이들 향리와 만나게 되는 것은 그런 이유 때문이다. 고성현의 경우에도 예외는 아니어서 당시 고성 읍사(邑司)를 구성하는 향직을 맡은 자들은 그 고을에서 오랫동안 세거해 왔던 성씨의 주인공들이 바로 그들이며, 동시에 고성을 본관으로 하고 있는 성씨들이다. 따라서 고려후기 즈음에 고성을 본관으로 하여 살아갔던 이씨를 비롯하여 채(蔡)·박(朴)·김(金)·남(南)씨들이 고성의 호장(戶長)이나 부호장(副戶長) 같은 고위 향리직을 세습하면서 토착세력으로 살아갔던 씨족들이었다.

채과충(蔡誇沖)을 시조로 하는 고성채씨는 본관지 고성에서 더 이상 큰 족세(族勢)를 이어가지 못하였던 것으로 보이고,[16] 고성 박씨는 몽고 침입 당시 공을 세웠던 박서(朴犀) 장군의 손자 박빈(朴彬)을 시조로 하는데, 조선시대에 들어와서도 문·무과 급제자를 배출하는 활동이 이어지고 있다.

고성 김씨는 『증보문헌비고(增補文獻備考)』에서 강릉 김씨 시조 김주원 후손에서 분적(分籍) 되었다고 기록하고 있으나, 그럴 가능성은 희

---

16 이성계를 도와 조선건국에 공을 세웠던 무학대사 어머니는 고성채씨이다. 한편 홍주송씨 「南平公(宋麒孫)行蹟」에 의하면, 그의 어머니 고성채씨의 세거지는 담양이며 尙書僕平章事 固城君 懋의 후손으로 기록하고 있다. 남평공 송기손 (宋麒孫)은 조선 성종 때 인물이었는데, 고성채씨들은 고려말 혼란기에 고성을 떠나 다른 곳에 정착한 가계가 많았던 것으로 보인다.

박하다고 본다. 고성 김씨의 시조를 김말로왕(金末露王)이라 했는데, 그는 김수로왕과 함께 구지봉에서 탄생한 여섯 동자 중 막내다. 김수로왕이 가락국 금관가야의 왕이 될 때, 그는 6가야 중의 하나인 소가야(小伽倻)를 세워 왕이 되었고, 소가야국 도읍이 고성이었기에 후손들이 고성을 본관으로 삼았다고 한다. 이는 조선후기 계보 추적과정에서 상한선으로 연결한 것이라는 점을 염두에 둬야 한다.

고성 남씨는 시조가 남광보(南匡甫)인데, 그 후손들이 사서에 등장할 정도로 큰 세력을 유지하고 있었다고 보인다. 세종 때 직제학을 지낸 남수문(南秀文)과 성종 때 급제한 남세염(南世聃)·남세주(南世周) 형제 등이 대표적인 인물인데, 남수문은 문장에 능하고 전례와 행정에도 밝아 세종의 총애를 받았던 인물이었다. 그러나 그 보첩류를 제외한 사서(史書)에서 그의 세계(世系)와 후손들에 관한 기록들이 별로 찾아지지 않는다.[17]

이들 고성을 출자지로 한 성씨들 중에서 가장 두드러진 성씨는 단연 고성이씨였다. 고려 무신들이 집권한 시기에 많은 향리 자제들이 과거 급제를 통해 중앙 관료로 진출했듯이, 고성의 토착세력으로 살아가던 고성이씨 중에서 이진(李瑨)-이존비(李尊庇)로 이어지는 가계(家系)에서 연달아 급제하여 중앙 관료로 진출하기 전까지는 고성 땅에서 향직을 세습하면서 고을 주인으로 살아갔음이 분명하다. 이에 대해서는 후에 상론(詳論)할 기회가 있기 때문에 생략하기로 한다.

다만 조선으로 넘어와서 고성에는 토성 사족의 거주가 적은 반면 타읍 출신 사족의 이주가 크게 눈에 들어온다. 다시 말한다면 족세가 가장 번성했던 고성이씨를 제외하면 토착세력들이 크게 퇴조한 반면, 김종직의 문인이자 이조정랑을 지낸 노필(盧㻶), 대사간을 지낸 어득강(魚得

---

17 이수건, 1979, 『영남사림파의 형성』, 영남대 민족문화연구소.

江), 사헌부 지평을 역임한 이의형(李義亨) 등과 같은 사림세력들이 고성으로 모여 들어 양반사족 사회를 형성했기 때문이다.[18] 이는 향직을 세습하던 토착세력들이 일부는 사족으로 성장해 수도권으로 이주해 갔고, 또 일부는 타 지역으로 이주해 갔기에 나타난 현상이었다. 고성을 기반으로 했던 채씨는 후일 거의 소멸하다시피 했고, 박씨나 김씨만 재지이족(在地吏族)으로 명맥을 이어갔던 것이다.[19]

3. 고성현의 토성(土姓)과 고성이씨

앞의 고성현 연혁에서 살펴보았던 『세종실록지리지』 자료에서 당시 고성현의 인구가 약 2,885명 정도였다는 점을 상기하면서, 다시 『세종실록지리지』 고성현의 성씨 조항에 보이는 자료를 살펴보기로 하자.

> 본현(本縣)의 토성(土姓)이 5이니, 이(李)·채(蔡)·박(朴)·김(金)·남(南)이요, 내성(來姓)이 3이니, 등(登)·주(珠)【중국에서 왔다】·오(吳)【해주(海州)에서 왔다】이며, 【옛 문적의 한 군데에 이르기를, "등(登)·주(朱)·최(崔)는 해주에서 왔고, 오(吳)는 중국에서 왔다."고 하였다】곤의(坤義)의 성이 2이니, 박(朴)·김(金)이요, 곡산(曲山)의 성이 1이니, 김이며, 녹명(鹿鳴)의 성이 3이니, 이(李)·김(金)·최(崔)이다. 인물(人物)은 문하시중(門下侍中) 철성부원군(鐵城府院君) 문정공(文貞公) 이암(李嵒)이다.【고려 공민왕 때의 사람이다】[20]

---

18 『고성읍지』(慶尙南道輿誌集成 소재) 인물조.
19 이수건, 앞의 책 130쪽.
20 『세종실록』권150, 地理志 慶尙道 晉州牧 固城縣 "…… 本縣土姓五, 李蔡朴金南. 來姓三, 登珠【唐來】吳【海州來, 古籍一云: "登朱崔, 海州來; 吳, 唐來"】. 神

이렇듯 『세종실록지리지』에서는 당시 경상도 고성현 고을에 정착해 살아가던 토성(土姓)으로 5개 성씨를 소개하고 있는데, 이(李) 채(蔡) 박(朴) 김(金) 남(南) 등이 그것이다. 동시에 다른 지역에서 이주해 왔던 내성(來姓)으로 3개의 성씨를 소개하면서, 해주에서 왔던 오씨나 중국에서 건너왔다는 등씨(登氏)와 주씨(珠氏)가 고성현 고을에 함께 살았다는 것을 보여주고 있으며, 아울러 고성의 임내 지역이었던 곤의(坤義) 곡산(曲山) 녹명(鹿鳴)에도 각각 정착해서 살고 있었던 성씨들의 현황을 함께 보여주고 있다.

이러한 성씨 현황에 대한 소개는 비단 고성만이 아니라 각 지역의 고을마다 토착하고 있던 세력들의 성씨 집단을 소개해 주고 있어서, 전국적으로 합산한다면 약 4,500개 정도로 집계되고 있다. 아무튼 고성현의 토성(土姓)으로 소개된 이(李)씨가 바로 고성이씨를 뜻하는 것임에는 의심의 여지가 없다 할 것이다.

그렇다면 당시 고성현 인구수 약 2,885명 중에서 고성이씨가 차지하는 숫자는 얼마쯤 될런지 추정해 볼 필요가 있다. 여러 성씨들 중에서 가장 앞에 소개된 점으로 미루어 고성현에서는 이씨의 족세(族勢)가 가장 번성했다는 점을 짐작할 수 있겠고, 그렇다면 적어도 고려후반기 즈음에 고성이씨들의 숫자가 대체로 300명 이상 정도는 상회할 것으로 추론해도 큰 무리는 없을 것 같다.

한편 고려 후반기 고성지역에 토착해 있던 약 300명에 달하는 고성이씨들의 연원을 따져 볼 필요가 있는데, 이를 살펴보기 위해 우선 『세종실록지리지』에서 언급한 토성(土姓)이란 무엇인가부터 알아봐야 할

義姓二, 朴金. 曲山姓一, 金. 鹿鳴姓三, 李金崔. 人物, 門下侍中 鐵城府院君 文貞公 李嵩【高麗 恭愍王時人】……"

것 같다. 지역적인 의미를 담은 토(土)와 혈연적인 의미를 담은 성(姓)의 합성어에 해당하는 토성(土姓)이란 용어는 고려 말 조선초기 문헌에 주로 보이는데, 후삼국을 통일한 태조 왕건이 전국에 산재한 토착세력에 대한 우대책으로 성(姓)과 씨(氏)를 분정(分定)하였던 것에서 비롯되었다[21] 라는 학설이 제기된 이래 이에 대해 다양한 연구자들의 검토들이 있어왔다.[22]

즉, 토성의 분포를 보면 태조 왕건이 후삼국 통일 당시의 영토였던 대동강에서 원산만 이남 지역에만 존재하는 것이 시대적 배경을 이해하는 하나의 열쇠이기도 하였는데, 후삼국 통일 이후 일종의 논공행상이란 의미와 엄격한 신라의 신분제였던 골품제를 대체할 무엇이 필요했고, 또 효율적인 지방 통제를 위해 토성을 분정(分定)하였을 것으로 추론되었던 것이다.

여기에서 성(姓)은 혈연적인 요소를 담고 있는 반면 씨(氏)는 지역적인 요소를 담고 있다고 했으니, 성씨란 의미는 결국 성(姓)과 본관(本貫)의 두 요소를 동시에 담고 있는 말이라 할 것이다. 따라서 토성(土姓)이

---

21 이수건, 1975, 「토성연구(其一)」『동양문화』19집, 영남대 동양문화연구소.
22 우리 성씨에 대한 논고는 1920년대 후반부터 일인학자들에 의해 族譜와 親族 연구 일환으로 이루어진 이래 다양하게 전개되어 왔다. 특히 1970년대 중반 이수건 교수의 토성 연구를 시발점으로 하여 성씨 관련 논고들이 다양하게 발표되어 왔는데 그 결과물들을 소개하면 대략 다음과 같다. 이수건, 1975, 「토성연구 (其一)」『동양문화』19. 1984,『韓國中世社會史硏究』일조각. 2003,『한국의 성씨와 족보』서울대출판부 ; 이순근, 1980, 「신라시대 성씨 취득과 그 의미」『한국사론』6 ; 김수태, 1981, 「고려 본관제의 성립」『진단학보』52, 1999, 「고려초기 본관 연구」『한국중세사연구』8 ; 채웅석, 1986, 「고려전기 사회구조와 본관제」『고려사의 제문제』 ; 이종서, 1997, 「나말려초 성씨 사용의 확대와 그 배경」『한국사론』37 ; 박은경, 2003, 「고려시대 賜籍·賜貫 연구」『한국중세사연구』15, 2004, 「고려시대 移籍 연구」『한국중세사연구』17.

란 의미 역시 성씨(姓氏) 혹은 성관(姓貫)이란 의미와 동일하게 사용되었음을 확인 수 있겠다.

물론 성과 본관에 대한 학계의 시각은 연구자에 따라 견해를 달리하고 있는 것도 사실이다. 이수건 교수는 고려 태조 23년(940)에 토성을 분정(分定)하면서 이루어졌다고 보았고, 채웅석 교수는 토성 분정 시기가 그 보다 늦은 성종 14년(995)이었다고 하였다. 이에 반해 김수태 교수는 토성분정설에 의문을 제기하면서 성과 본관이 연결하여 호칭된 것은 고려중기 이후라 하였다. 특히 김수태는 적(籍)과 관련시켜 본관제에 접근해야 한다고 하였지만, 적의 실체에 대한 해명도 분명하게 이루어지지 않고 있는 실정이다. 이렇듯 다양한 견해에도 불구하고, 성과 본관이 본격적으로 사용된 것이 신라 하반기 전후였다는 것에는 큰 이견이 없는 듯하다. 이에 대해서는 이종서 교수의 논문에 명료하게 정리되어 있는 셈이다.[23]

이리하여 생겨난 토성들은 지역적인 이동은 물론이고, 그 자체가 분화·발전·소멸 과정을 거쳤다. 조선초기에 와서『세종실록지리지』각 군현 성씨조에 망성(亡姓)과 내성(來姓)으로 표현된 것들이 이를 말해준다. 또한 신생 고을이 생기면 고을 읍사(邑司)를 돌보는 향리들이 필요했고, 각 고을별 향리 조정책으로 새로이 속성(續姓)이란 용어도 생겨났다. 이렇듯 고려시기 이래 전국 규모의 성씨 전모가 수록된 것이『세종실록지리지』였다. 이는 우리나라 성씨 일람의 결정판이라 할 수 있는데, 성씨가 처음 사용된 이래 조선초기까지의 상황을 총정리 한 것이어서 그 의미가 크다. 이곳에는 약 250개의 성과 4,500개에 이르는 본관이 정리되어 있다.

---

23 이종서, 1997,「나말려초 성씨 사용의 확대와 그 배경」『한국사론』37.

이상에서 살펴보았듯이, 우리나라 성씨제도에 대한 기원을 명확하게 밝힐 수는 없지만 그 유래는 매우 깊다 하지 않을 수 없을 것 같다. 원래 삼국시대에는 우리에게 익숙한 이사부(異斯夫) 거칠부(居柒夫) 등과 같은 이두식 이름으로 된 인간을 호칭하는 고유명만 있었는데, 점차 중국식 한문으로 된 호칭을 받아들이면서 중국의 한자식(漢字式) 성(姓)이 모방되고 이름까지 한자식으로 조합되어 갔을 것으로 추정된다.

가장 오래된 성씨로는 신라 왕실을 구성했던 박·석·김이나 사로국 6촌 촌장이었던 이·배·설·정·손·최씨 등 9성씨를 꼽을 수 있다.『삼국사기』에 혁거세가 박처럼 생긴 알에서 나와 성을 박(朴)이라 불렀다고 했고,[24] 경주김씨나 김해김씨 시조 또한 비슷한 신화를 갖고 있다. 이처럼 시조 때부터 성씨를 사용한 듯 기록은 되었으나, 실제는 후대에 와서 소급 추록한 것에 지나지 않는다. 현존하는 삼국시대 금석문, 예컨대 진흥왕이 영토를 확장한 지역에 세웠던 순수비에는 수많은 신하들이 등장하지만 실제로 한자식 성씨 사용에 대한 흔적을 찾을 수 없기 때문이다.[25] 따라서 씨족이 분화·발전해 갔던 것과 한성화(漢姓化) 과정은 구분해야 한다는 것이 학계의 시각이다.

우리 성씨가 본격적 사용되기 시작한 시기는 신라 말에서 고려 초였다. 당시 제작된 각종 금석문을 비롯하여『삼국사기』나『삼국유사』에 등장하는 인물들을 보면 고유 인명들이 많다. 이는 아직 중국식 한자 성을 받아들이는 초기단계였음을 말해준다. 간혹 한성(漢姓) 인명이 나오긴 하지만, 고구려와 백제 계통의 성은 그 계보가 후대에까지 연결되지도 않았고, 이는 후삼국 시기에도 마찬가지였다. 태조 왕건을 도왔던 공

---

24 『삼국사기』권1 신라본기 1 시조 혁거세 거서간 즉위년조.
25 이종서, 1997,「나말려초 성씨 사용의 확대와 그 배경」『한국사론』37 ; 이수건, 2003,『한국의 성씨와 족보』, 서울대출판부.

신들 이름 중에서도 고유명이 많았다. 그리하여 홍술(弘述)에게는 홍(洪), 백옥(白玉)에게는 배(裵), 삼능산(三能山)에게는 신(申), 복사귀(卜沙貴)에게는 복(卜)씨를 사성하여, 각각 홍유·배현경·신숭겸·복지겸으로 개명하였는데, 이런 사실에서 후삼국 시기까지도 한성화(漢姓化)가 안 된 저간의 사정을 짐작할 수 있다. 현재 5대 대성인 김·이·박·최·정씨가 모두 신라에서 출발한 성이었고, 이들이 오늘날 전체 인구의 절반을 상회하고 있다.

우리 성씨는 중국 당나라 「씨족지(氏族志)」「군망표(郡望表)」「통지략(通志略)」에 나오는 유명 성자(姓字)를 모방하였는데, 신라의 9성씨 역시 박씨를 제외한다면 모두 중국에서 따온 것이다. 이는 신라하대 당나라 유학생이나 왕래하던 상인들이 중국의 유명 성을 대거 모방한 것으로 알려져 있다.[26] 그리하여 중국에 있던 성자(姓字)를 그대로 모방하였던 것에 기인하여 조상의 유래 역시 그 기원을 중국에서 찾고 있는 성씨들이 매우 많은 실정이다. 그러나 이는 모화사상에서 나온 것일 뿐, 실제 혈연적으로 연결되는 것은 아닌 경우가 많다는 것이 학계의 입장이다.[27]

따라서 우리 성씨는 부계 혈통을 밝혀주는 '성(姓)'과 그 성이 딛고 일어선 지역을 나타내는 본관인 '씨(氏)'가 합쳐진 고유의 것으로 받아들여져야 하며, 그렇기에 혈연과 지연을 분리해서는 존재가치가 거의 없다. 일찍부터 '토성(土姓)'이란 용어가 사용되어 왔던 것도 그 때문이다. 지연적인 '토(土)'와 혈연적인 '성(姓)'의 조합이기에 단순히 한 지역의 토착 성씨란 의미를 뛰어 넘는 의미를 담고 있다. 다시 말한다면 '토(土)'의 의미는 본관지를 떠나 다른 지역에 정착했다 할지라도 원래 성

---

26 이종서, 1997, 앞의 논문.
27 이수건, 1992, 「조선전기 姓貫체계와 족보의 편찬체제」『한국사학논총 - 박영석 화갑기념논총』상.

의 출자인(出自地)인 본관을 뜻하기 때문이다. 고려시대 성도 가질 수 없었던 천민을 호적에 등재할 때도 본관만은 기입하였는데, 여기에서도 본관의 중요성을 가히 짐작할 수 있겠다. 이런 면들에 기초하여 본다면, 최소한 『세종실록지리지』에 토성(土姓)으로 기재된 성씨라면 혈연적으로 중국과 연결될 가능은 별로 없다고 보는 것이 타당하다고 본다.

고려초기만 해도 성씨가 없는 사람들이 오히려 많았다. 성씨는 원래 중앙귀족부터 칭성(稱姓)하기 시작하여 지방 유력층에게 파급되어 갔기 때문이다. 심지어는 조선조 16세기까지도 무성층(無姓層)이 약 40% 이상을 상회할 정도였다고 한다. 하여튼 당시 성관제도는 중앙권력의 지방 지배 차원에서 운영된 면이 강하며, 이미 중국식 성을 가졌던 씨족은 그것이 바로 토성이 되었다. 간혹 사성(賜姓)을 받은 자가 있었지만, 그들 중에 이미 한자식 성을 사용했던 씨족은 기존 성을 토성으로 하여 지금까지 내려오고 있다.[28]

통일신라 이후 군현 단위의 행정구역 편성은 대개 고대 성읍국가 이래의 국(國)·성(城)·촌(村)들이 따로 독립하거나 아니면 몇 개가 합쳐져 이루어졌다. 몇 개의 국·성·촌이 합쳐져 한 고을이 되었을 경우 토성 숫자 역시 합쳐져 생긴 고을 숫자와 동일하게 나타나는 곳이 많다. 따라서 성(城)이나 촌(村)을 대표하던 씨족들이 토성이 되었음을 추정할 수 있다. 이렇게 성립된 토성은 그 후 부단한 생성과 소멸을 거듭하였는데, 이는 본관지의 지방 행정구역 개편과 맥을 같이 하였음은 물론이다. 따라서 우리 성씨는 전통시대 지방 행정제도와 밀접한 관련을 가질 수밖에 없다. 고성이씨 역시 고성 지역 행정구역 편성과 연관됨은 물론이다.

전통시대 군현들의 고을 형태는 읍치(읍내), 수령이 직접 다스리는

---

28 이수건, 2003, 『한국의 성씨와 족보』, 서울대출판부.

직할지였던 직촌(直村), 이보다 멀리 떨어진 외곽촌, 속현이나 향·소·부곡과 같이 군현 단위에 병열적으로 존재했던 임내(任內:管內와 같은 뜻) 등 4단계로 구성된다. 임내는 수령이 파견되지 않은 속현이나 향·소·부곡·역·장·처와 같은 행정구역을 가리키는 말이다. 따라서 임내는 독자적인 행정체계를 갖고는 있지만, 큰 고을에 예속되어 있었다. 경주·상주·남원처럼 큰 고을일수록 많은 임내를 보유한 것은 당연하다.[29]

이상에서 보았듯이, 우리나라 성씨는 지방 행정구역과 밀접한 관련을 가졌음을 알 수 있다. 즉, 군현제도를 정비하면서 그 곳의 토착세력들에게 본관과 성을 동시에 공인해 주었기 때문이다. 그리고 각 행정구역마다 성씨 명칭들이 달리 사용되고 있었던 점도 주의해야 한다. 토성은 내성(來姓), 속성(續姓), 사성(賜姓)을 제외한 성씨인데, 읍치(내)를 장악한 인리성(人吏姓), 직할촌의 백성성(百姓姓), 외곽촌의 외촌성(外村姓)으로 구분되기도 하고, 주읍인가 아니면 속현이나 향·소·부곡인가에 따라 주·부·군·현성, 속현성, 향·소·부곡성으로 불리기도 했다.[30] 속현성이나 부곡성 등은 바로 임내성이다. 주읍에 예속된 속현 이하를 임내(관내)라 불렀기 때문이다. 위의 분류는 읍격에 따라 성세(姓勢) 역시 좌우되었다는 것을 암시한다. 이렇듯 토성은 행정구역 체계에 따라 다양하게 분류되었는데, 성 자체가 격을 나타내는 것이 아니라 같은 성이라도 본관에 따라 격에 차이가 있었다. 즉, 본관지 고을 대소에 따라, 혹은 그 아래 놓여 있는 속현인가 향소부곡인가에 따라 성씨의 격이 결정되었다.

고성현도 수령이 파견되었던 본현 아래에 3개의 임내를 두고 있었는데, 본현의 5개 토성 외에도 곤의(坤義) 부곡에 박(朴)·김(金) 등 2개의

---

29 이수건, 1984, 『한국 중세사회사 연구』, 일조각.
30 이수건, 1984, 『한국 중세사회사 연구』, 일조각.

부곡성과 곡산(曲山) 향에는 김씨가 있었고, 녹명(鹿鳴) 향에는 이(李)·김(金)·최(崔) 등 3개의 성씨들이 따로 존재하는 것도 그런 이유 때문이다. 이렇듯 수령이 파견되었던 본 고을에 정착한 유력 성씨는 토성(土姓)으로 불렸지만, 그 아래 임내에 존재했던 성씨는 임내성(任內姓)으로 불린다. 따라서 임내 성격에 따라 향·소·부곡 등으로 구분되듯이, 임내성 또한 향성(鄕姓) 부곡성(部曲姓) 소성(所姓) 등으로 구분되었으니, 곤의의 2개 성씨는 부곡성이고, 곡산과 녹명의 4개 성씨들은 향성이었음을 알 수가 있겠다. 그러하니 토성 보다는 임내성이 신분적으로나 사회적으로 뒤떨어지는 세력이라 할 것이다.

고려이후 지방행정 구역 개편에 따라 토성 역시 변화과정을 겪을 수밖에 없었다.[31] 고려 태조가 대대적인 토성 분정을 한 것은 성씨를 국가적 편제 하에 두어 호구파악이나 세금 부과 등을 용이하게 하려는 의도였다. 고려 지방제도에 있어 군현을 유지하는 3대 요소는 행정구역·주민·향리이다. 원활한 지방행정을 위해서는 향리 공급이 우선되어야 한다. 『세종실록지리지』소재 각 고을별 토성은 그 고을 읍사(邑司)를 구성하는 향리 성씨를 대상으로 기재한 것이다.[32] 그렇다면 토성이 생성된 이래 그 역할은 분명하다. 지방 단위의 읍사를 장악하면서 꾸준하게 중앙관료를 배출하는 모집단으로서의 기능이 바로 그것이다.

각 지역을 대표하는 토성 중에서 상경하여 벼슬살이 한 부류도 있고, 토착했던 지역에 남아있던 재지세력도 있었다. 재지세력이 남아 있는 한

---

31 원래 토성이 있던 지역에 시기적으로 늦게 편제된 토성은 次姓으로 표기된 것이 그 단적인 예다. 또한 『세종실록지리지』보다 7년 정도 앞서는 『경상도지리지』에는 임내성까지 토성으로 표기하기도 했다. 『세종실록지리지』에 와서 토성을 보다 세분한 것은 신분 재편성을 비롯한 국가통치의 목적이었던 것으로 추측된다.

32 이수건, 2003, 『한국의 성씨와 족보』, 서울대출판부.

망성(亡姓)은 되질 않았다. 재지세력은 각 군현의 읍사(邑司)를 담당하는 향리들이었다. 고려시대 고급 관인들을 분석하면 거의가 토성 출신이고, 그 나머지는 중국이나 발해에서 귀화한 인물과 그 후손들이었다.[33] 재경 관인들이 낙향을 할 때는 원래의 고향으로 갈 수도 있었지만, 처가나 외가 쪽을 낙향지로 택하는 수가 많았다. 재지세력들 또한 처향 혹은 외향을 따라 이주하는 경우도 흔하였다. 당시 자녀 균분상속제 하에서 재산이 분산되어 있었기 때문이다. 이 경우 고려시기에는 새로운 정착지로 본관을 개변하는 사례가 많았다.[34] 그러나 조선초기에 이주한 가문을 보면 본관지를 떠나도 이적(移籍)하는 사례는 잘 나타나지 않는다.

한편 15세기 말부터 종래에 세분되었던 본관이 주읍(主邑) 중심으로 통합되어가는 추세였다. 그것은 조선건국 후 지방제도를 개편하는 가운데 임내가 주읍에 통합되는 시대적 추세를 반영한 것이었다. 이런 추세에 편승하여 기존 속현성과 향·소·부곡성은 기존 본관을 버리고 통합되었던 주읍을 본관지로 선택한 씨족이 많았다. 그럼에도 불구하고 임내성에서 출발하여 이미 명문으로 성장했던 가문은 기존 본관을 그대로 쓰는 경우도 허다하다.

예컨대 전라도 남원 속현이던 장수현 속성(續姓) 장수황씨의 경우 황희 정승이란 인물을 배출하여 명문으로 성장하였기에 본관을 바꿀 필요가 없었던 것이다. 또한 경기 해풍군 속현이던 덕수현은 조선초기에 통합되어 혁파되고 말았지만 그를 기반으로 한 덕수이씨는 본관을 그대로 사용하였고, 반남은 남원에 통합되었지만 반남박씨 역시 본관을 그대로 썼다. 이런 사례는 기계유씨, 해평윤씨, 풍산유씨 경우도 마찬가지였다.

---

33 이수건, 1984, 『한국 중세사회사 연구』, 일조각.
34 박은경, 2004, 「고려시대 移籍 연구」 『한국중세사연구』 17.

이미 명문으로 성장했기 때문에 본관을 바꿀 필요가 없었던 것이다.[35]

아울러 조선시대에는 본관을 개변하는 사례도 많았다. 이는 군현 통폐합으로 개변한 경우도 있었지만, 동성은 동본이라는 관념 하에 현조(顯祖)를 받들지 못한 가문들이 본관을 바꾸는 사례가 많았기 때문이다. 가령 경상도를 한정하여 본다 할지라도 조씨(曺氏)의 경우『세종실록지리지』에는 본관 수가 15여개로 나타나지만, 오늘날은 거의 창녕을 본관으로 하는 성씨만이 남아 있다. 이는 전(全)·윤(尹)·오씨(吳氏) 등 다른 성씨들에서도 공통적으로 나타나는 현상이었다. 대개 현조를 모시는 유명 본관지 성씨만 남아 있는데, 전씨는 옥천과 천안, 윤씨는 파평과 해평, 오씨는 해주를 본관으로 개변하는 경우가 많았기 때문이다. 조선초기 4,500에 달하던 본관이 조선 말기에 이르면 대체로 3,400개 정도밖에 되지 않는 것이 이를 잘 말해 준다. 한편 조선초기 약 260여 개 성은 그 숫자에 있어 지금까지 큰 변화가 없다.[36] 이는 약 절반에 이르던 무성층(無姓層)들이 득성(得姓) 과정에서 기존에 있던 성을 그대로 사용하였음을 말하는 것이다.

앞에서도 살펴보았듯이,『세종실록지리지』에 기록되어 있던 고성의 토성 5개 성씨 중에서도 제일 앞에 소개된 고성이씨가 가장 강성한 세력을 유지했던 것으로 보이는데, 이 당시 대개의 가문에서 두각을 나타내는 인물들이 그러하듯 고성이씨 역시 고려 후반기에 접어들어 중앙 관료군에 편입되면서 여러 귀족 가문 중에서도 우뚝 선 명문가의 위세를

---

35 이수건, 1984,『한국 중세사회사 연구』, 일조각.
36 1985년에 실시된 인구총조사 결과에서도 대략 270여 개 정도의 성씨를 유지하였으나, 그 이후 귀화인들의 수가 급격하게 불어나는 다문화 현상으로 인하여 외래 성씨들이 크게 불어나 5,600여 개에 달하고 있으며, 이 중에서 한자로 표기할 수 없는 성씨도 4,000여 개를 상회하고 있다.

떨치기 시작했다. 경상도 남부에 치우쳐 있던 고성에서 개경으로 상경하여 벼슬길에 오른 첫 인물이 바로 이진이었고, 그의 아들 이존비 대에 이르게 되면 중앙의 어느 가문 못지 않은 명문으로서의 지위를 굳히는 계기가 되었으며, 이존비의 아들이었던 행촌 이암과 도촌 이교 대에 이르게 되면 당대 최고의 관직을 역임했던 것을 바탕으로 왕실과 혼인까지 하게 되는 최고의 가문으로 성장하게 되었음도 잘 알려진 사실이다. 이렇듯이 고려시기의 토성(土姓)이 중앙귀족의 공급원 역할을 충실히 하였음은 고성이씨 사례에서도 잘 드러난다 하겠다.

제2장 신흥 세족(世族)의 등장과 고성이씨

1. 성관(姓貫)제도 성립과 고성이씨

오늘날 학계에서는 본관제도를 기반으로 한 지방민 통제 기능이 고려전기부터 이루어진 것으로 파악하고 있는데, 이를 근거로 본다면 경상도 고성에 토착하고 있던 이씨들은 그곳 호적에 등재되어, 고성현의 읍사(邑司) 운영권을 위임받았음이 분명하다. 『세종실록지리지』에 의하면, 고성군 토성 5개를 소개하고 있는데(李·蔡·朴·金·南), 이들 5대 성씨가 고성의 읍사를 장악하여 다스려 나갔을 것이다. 그 중에서도 고성이씨를 제일 먼저 소개한 것으로 미루어, 이들 성세(姓勢)가 가장 번성한 것이었음은 앞에서도 살펴 본 바가 있다.

그렇다면 우리나라 성씨제도의 기원이 언제부터인지 알아볼 필요가 있겠다. 우리는 신라가 건국되던 당시부터 박혁거세, 석탈해, 김알지처럼 성과 이름을 연칭(連稱) 했던 호칭이 있었다고 믿고 있다.[1] 그러나 이때 사용된 성씨가 실제로는 후대에 와서 소급 추록한 것에 지나지 않는

---

1 『삼국사기』「신라본기」에서는 박혁거세 석탈해 김알지의 탄생설화를 소개하면서 각각 성씨 사용 연유를 소개하고 있다.

다는 것이 학계의 설명이다. 현존하는 삼국시대 금석문 등에서는 성씨 사용에 대한 흔적을 찾을 수 없으니, 씨족이 분화·발전해 갔던 것과 중국식 한자 성 도입 과정은 구분해야 한다는 뜻이다. 진흥왕순수비와 같은 금석문은 당대에 만들어졌지만, 『삼국사기(三國史記)』와 같은 서적은 훨씬 후대인 고려중기 이후 편찬됐기 때문이다.

우리 성씨가 본격적 사용되기 시작한 시기는 신라 말에서 고려초기 였다. 당시 제작된 각종 금석문을 비롯해 『삼국사기』나 『삼국유사(三國遺事)』에 등장하는 인물을 보면 고유 인명이 많은데, 이는 아직 중국식 한자 성을 받아들이는 초기 단계였음을 말해준다. 간혹 한자식 성명으로 된 인명이 나오기는 하지만, 고구려와 백제 계통의 성은 그 계보가 후대 에까지 연결되지도 않았고, 이는 후삼국 시기에도 마찬가지였다.

따라서 통일신라 이전에는 중국과 달리 인간 호칭에 대해 고유명만 사용하다가 그 후 점차 중국식 한자로 된 성을 받아들이면서 성과 이름 이 조합된 것으로 봐야 할 것 같다. 당나라에서는 이름을 함부로 부르는 것을 피휘(避諱)에 어긋나는 무례한 행동으로 간주해 이름 대신 성씨로 호칭하는 문화를 가진 사회였고, 그에 따라 성씨 없이는 정상적인 활동 이 불가능했다. 그런데 신라에는 글자 수가 일정치 않은 이두식 이름만 있었으니, 우리에게 꽤 친숙한 거칠부(居柒夫), 이사부(異斯夫) 따위의 이름들이 그것이다. 그러다가 신라가 통일한 이후 중후기에 이르러 중국 에서 한자식 두 글자로 된 세련된 이름이 도입되고, 아울러 이 시기에 성씨까지 출현하게 되었으니 박·석·김은 신라 건국 당시부터 있었던 것 이 아니라, 후대에 소급해 붙였다는 것이다.[2]

---

2 이종서, 1997, 「나말려초 성씨 사용의 확대와 그 배경」『한국사론』 37, 서울대 학교.

신라 성씨는 크게 7세기 중엽부터 출현한 성씨와 9세기 중반 이후 집중적으로 출현한 성씨로 나누어지는데, 전자의 경우엔 주로 중앙권력 핵심부에 있던 인물의 성씨로써 중국에는 아예 없거나 있어도 격이 상당히 떨어지는 것이다.[3] 그런 점에서 볼 때 이들이야말로 바로 고유 성씨에 해당하며, 박·석·김을 비롯한 설(薛)씨 등이 이에 해당한다. 성씨 관련 자료에서 통상적으로 거론되던 신라 6촌의 이·최·정·손·배·설의 6개 성씨의 경우 사성(賜姓) 시기나 관련 인물의 출현 시기 등을 고려할 때 그대로 받아들이기는 어렵지만, 그중에서 가장 이른 시기에 출현한 설(薛)씨는 한국 자료나 중국 자료에서도 7세기 중후반부터 그 모습을 드러내고 있어 고유의 성씨 범주에 넣을 수 있겠다.

그런데 9세기 중반 이후 나타나는 성씨는 권력 핵심부와는 다소 거리가 있는 지방 거주자거나 6두품 출신으로 당나라에 유학했거나 무역 활동으로 국제 감각을 익혔던 사람과 연결된다. 즉, 최치원이나 장보고 등과 같은 인물이 중심이 된 정(鄭)·최(崔)·요(姚)·양(楊)·배(裵)·장(張)씨는 중국 당나라에서도 대성(大姓)으로 널리 알려져 있기도 하다. 따라서 이들은 신라 하대에 와서 중국으로부터 선진 문물을 받아들이는 과정에서 함께 도입된 외래 성씨라 함이 옳을 것이다.[4] 이런 상황이고 보면 신라 하반기부터 개인 차원에서 중국 당나라의 성자(姓字)를 차용한 외래 성씨도 혈연적 집단의식을 지니지 못한 채 운용됐을 가능성이 크다. 신라 하대에는 4촌간의 인물조차 동일 세력으로 묶이지 않는 혈연적

---

3 『세종실록지리지』에 265개 성씨, 영조 때 이의현이 편찬한 『도곡총설』에 298개 성씨를 각각 소개하고 있듯이 우리 전통사회에서는 대략 270~280개 내외의 성씨를 유지해 왔는데, 이 중에서 중국에서 찾을 수 없는 유일한 성씨가 박(朴)씨이다.

4 이종서, 앞의 논문.

집단의식이 매우 느슨한 양상을 보이기 때문이다.

아무튼 7세기 후반의 문무왕릉비에 보이는 찬자(撰者) 김(金)□□와 서자(書者) 한눌유(韓訥儒)가 우리나라 최초의 성씨 기록이다. 6세기 중반에 세워진 진흥왕순수비(북한산비 555년, 창녕비 561년, 황초령비·마운령비 568년)에 새겨진 수많은 수행 인원을 놓고 봐도 성을 사용한 예를 찾을 수가 없기 때문이다. 그러다가 9세기에 접어들어 당나라에 유학을 갔다 왔거나, 아니면 대외무역 과정에서 중국의 유명 성씨를 도입하는 사례가 늘어났는데, 장보고 같은 이는 그의 원래 이름이었던 궁복(弓福)을 버리고 장보고(張保皐)라 창성(創姓) 개명(改名)했다. 당시 중국에서는 장씨가 벌족의 명문가였고, 또 그의 이름에 활 궁(弓) 자가 들어 있다는 걸 빌미로 장씨를 선택하게 된 것이다.

이렇듯 신라 하대 9세기에 들어와 세련된 중국의 한자식 성과 이름을 연칭(連稱)하는 새로운 문화 현상이 나타났고, 중앙뿐만 아니라 지방의 9주 5소경의 유력자들에게까지 파급돼갔다. 그러나 고려 초에도 성씨는 인명의 필수 요소가 아닌 수식적인 부가 요소에 불과했다. 성씨보다는 이름과 관등 그리고 지역명이 오히려 앞선 시대였다. 예컨대 태조 왕건을 도왔던 공신조차도 한자식 이름이 아닌 고유명을 썼다. 그리하여 후삼국 통일 후 태조가 그들에게 한자식 성을 내려주었는데, 홍술(弘述)에게는 홍씨를, 백옥(白玉)에게는 배씨를, 삼능산(三能山)에게는 신씨를, 복사귀(卜沙貴)에게는 복씨를 사성했고, 이를 받아들인 후 이름을 각각 홍유, 배현경, 신숭겸, 복지겸으로 개명했다. 이런 사실에서 후삼국 시기까지도 한자식 이름이 일반화되지 않은 저간의 사정을 짐작할 수 있고, 또한 이들이 일반 평민이 아닌 귀족이었음을 유념해야 한다. 심지어 왕건까지도 선조로부터 내려오던 성씨가 없었기에 이름의 앞 글자였던 왕(王)을 성씨로 삼기까지 했다.[5] 이런 경우를 의제적(擬制的) 성씨라 칭하기도 한다.

이처럼 고려 건국 당시까지도 무성층(無姓層)이 꽤 많았으나 후삼국 통일 직후인 태조 20년(936)부터 경종(955~981) 때까지 중앙 관직을 지냈던 인물을 조사해보면 대부분 성씨를 사용하고 있음이 드러난다. 따라서 이 시기에 중앙 관인층의 성씨 사용이 크게 확대됐음을 알 수 있다. 이는 광종 때부터 과거제도 실시와 아울러 적극적인 유교 정책에 힘입은 바가 크다 하겠다. 그리하여 우리 성씨는 대개 당나라의 문벌사회에서 적용됐던 『씨족지(氏族志)』『군망표(郡望表)』『통지략(通志略)』 등에 나오는 유명한 성자(姓字)를 모방했던 것이고, 이로 말미암아 조선후기에 족보 편간 과정에서 조상을 중국으로 연결하는 풍조가 만연되어 갔던 것이다.

오늘날 우리에게 본관(本貫)이 주는 의미는 크게 세 가지다. 첫째는 시조가 살았던 거주지 내지 출신지요, 둘째는 동일한 본관을 사용하는 사람 모두 피를 나눈 혈족 집단의 일원이라는 것, 셋째는 문벌 의식을 드러내는 부호 내지 기호로서의 역할이다. 그렇다면 본관(本貫)은 언제부터 생겨났을까?

7세기 이후 성이 사용되고 보급됐다면 본관은 적어도 10세기 중엽 이후에 나타난 제도였다. 이미 앞에서 『세종실록지리지』 소재 토성(土姓)에 대해 살펴 본 적이 있는데, 토성이 바로 본관을 나타내주는 것이기에, 그 성립 시기가 바로 본관제도가 시작된 시점이라 할 수 있겠다. 그러나 후삼국 통일 이후 각 지역 토착세력에게 토성을 분정(分定)해 주었다는 설이 있는가 하면, 고려 성종(成宗) 대에 가서 이루어졌다는 설도

---

5 『고려사』 高麗世系. 왕건의 아버지는 왕융이나 그의 초명은 용건, 용건의 아버지는 작제건이었다. 따라서 왕씨 성(姓)을 창성(創姓)이후 용건 이름을 버리고 왕융이라 한 것이다.

있어 정확한 시기를 알 수는 없다. 그 시기야 어찌 됐건 고려 영토가 후삼국 통일 당시에 확정됐던 대동강에서 원산만 이남 지역으로 한정돼 있었고, 토성 역시 이 지역에만 존재한다. 오늘날 우리 본관의 행정구역이 대동강에서 원산만 이남 지역에만 존재하는 것도 그런 이유 때문이다.

당시의 행정구역이란 주로 군과 현이 중심을 이루지만, 그 아래의 향·소·부곡이나 촌까지 포함해야 한다. 향·소·부곡이나 촌에 살았던 주민도 본관을 그곳 명칭으로 했기 때문이다. 아울러 토성을 분정할 때 분정 대상이 된 호족 예하에서 본래 부계의 혈연적 연결이 되지 않더라도 가부장적으로 편성된 가호(家戶)는 동일한 성씨를 갖게 됐을 가능성도 얼마든지 있었다는 점도 염두에 두어야 할 사안이다.[6]

그런데 문제는 당시 본관제도가 우리가 일반적으로 알고 있는 것이 아니라는 점이다. 국가에서 지역 단위별로 호구 파악과 세금 부과를 위해 국가 정책을 실현하기 위한 도구로 본관제도를 시행했기 때문이다. 그러니 흔히들 '고성이씨' '전주이씨' 하듯이, 성과 연관된 본관이 아니라 거주지 내지 본적지라는 의미에 불과했다. 따라서 성을 갖지 못한 천민에게도 본관(本貫)만은 국가에서 지정해줘야 했으니, 고려 초에 정착된 본관제도가 조선시대까지는 양수척(楊水尺;백정)과 같은 특수한 천민을 제외하고는 양민과 천민 구별 없이 모두 본관을 갖고 있었다.

고려 성종 대에 성립됐을 듯한 4조호구식(四祖戶口式)을 작성하는 데 반드시 본관을 기재하게 했다거나, 『고려사』의 여러 기록에서도 고려 전반기까지는 여전히 백성을 통제, 파악하는 당초의 기능을 유지하고 있었던 것으로 보인다.

이렇듯 본관이 거주지라는 의미를 가지면서 단독으로 사용되다가 고

---

6 채웅석, 1995, 「고려시대 본관제 시행과 지방지배질서」, 서울대학교 박사학위논문.

려후기에 접어들면서 성(姓)과 연칭(連稱)하는 사례가 자주 등장하게 됐는데, 이것이 바로 우리가 아는 일반적인 본관제도의 의미다. 따라서 이 시기는 지명과 성씨를 연칭하여 집단을 구별하는 성관(姓貫) 의식이 성립하지 않았던 사회였다.[7] 그러다가 고려 중 후반기에 들어와 문벌귀족 사회가 한층 더 강화되면서 본관과 성을 병칭해서 사용하게 됐다고 판단되는데, 대체로 문종(11대 왕, 재위 1046~1083) 대 이후의 일로 여겨진다. 본관과 성을 병칭해서 사용하려면 우선 귀성(貴姓) 내지 저성(著姓) 의식이 있어야 하는데, 이 시기에 그런 현상이 나타난다는 것이다. 예를 들어 『송사(宋史)』「고려전」에서 "류, 최, 김, 이의 4개 성(姓)이 귀종(貴種)이다"라고 했듯이, 성씨와 연관해 문벌 의식을 드러내고 있다. 여기에는 당시 고려의 대표적 문벌귀족으로 성장했던 김은부로 대표되는 안산김씨나 이자겸을 배출한 인주이씨와 같은 가문이 포함됐을 것으로 보인다.[8]

그런 후 충선왕이 즉위할 당시 왕실과 혼인할 수 있는 재상지종(宰相之宗)을 15개 가문으로 한정했는데, 언양김씨, 정안임씨, 경원이씨, 파평윤씨, 안산김씨, 철원최씨, 해주최씨, 공암허씨, 평강채씨, 청주이씨, 당성홍씨, 황려민씨, 횡천조씨, 평양조씨 그리고 신라 왕손 김혼(金琿) 일가 등을 언급하고 있다.[9] 이렇듯 고려후기에 접어들어 본관을 성과 함께 병칭하는 관례가 정착돼 갔는데, 이는 수도 개경에 모여든 귀족 간에 성만으로는 가문 구별이 잘 되지 않아 조상의 본거지인 본관으로 다른 가문과 구별해야 할 필요성이 제기된 것에 따른 현상이었다.

---

7 이종서, 1997, 「나말려초 성씨 사용의 확대와 그 배경」『한국사론』37, 서울대 국사학과, 90~92쪽.
8 김수태, 1999, 「고려초기 본관 연구」『한국중세연구』8, 한국중세사연구회.
9 『고려사』권33, 세가 33 충선왕 복위년.

아무튼 고려후기에 들어와서 본관과 성을 병칭하게 된 것은 본관 기능이 새롭게 바뀐다는 것을 의미했으니, 본관이 더 이상 적(籍)으로서의 의미가 아니라 성과 관련한 하나의 부호 내지 표시로 사용됐음을 말해준다. 이에 원래 본관이란 용어 뒤에 붙어 다니던 적(籍)의 의미를 담은 주부군현(州府郡縣) 명칭이 아니라, 지방 행정단위 명칭 두 글자가 성(姓)과 함께 표현되는 사회로 바뀌어 갔는데, 이것이 오늘날 우리가 일반적으로 알고 있는 본관제도 기원이라 하겠다.

이처럼 본관이 성립된 초기에는 본관과 거주지가 대체로 일치했으나, 세월이 지날수록 일치하지 않는 계층이 증가했다. 지방 군현의 토성 출신이 상경종사(上京從仕) 한다거나 국가 정책에 따른 사민(徙民)과 유·이민 발생 등으로 인한 것이었다. 특히 지방에서 올라간 귀족과 관료층은 본관과 거주지가 일치할 수가 없었고, 이제는 거주지인 적(籍)을 바꿔도 본관(本貫)은 그대로 간직했다는 점이다. 그리하여 원조(遠祖) 대에 본적지와 일치했던 본관은 본래 뜻을 상실한 채 결국 문벌을 상징하는 하나의 부호로 변해 버렸다.

그리하여 어느 씨족이든 본관지를 떠나 중앙 정계에 진출해 크게 활약한 인물이 나와서 그들 본관지에 집단을 이루고 살았던 가문의 존재를 세상에 알리게 되고, 한편으로는 후일 자기들의 후손이 수도 개경의 한 문벌세족으로 성장하는 그 길을 튼 인물이라는 점에서, 그리고 이들 각 씨족의 출발지가 수도 개경이었다는 점에서 공통점을 가지고 있다고, 보학(譜學)의 대가 송준호 교수는 강조하고 있다.[10]

이상에서 확인한 바와 같이, 고성을 본관으로 하는 이씨도 신라 말기

10 송준호, 1986,「한국의 씨족제에 있어서의 本貫 및 始祖의 문제: 한·중 양국의 전통사회를 비교하는 입장에서」『역사학보』 109, 역사학회.

나 고려초기부터 고성이씨로 불렸던 것은 아니었다. 앞에서도 살펴보았듯이, 고려 문종 때 문벌 귀족사회가 무르익을 즈음인 11세기 하반기에 접어들어서야 비로소 본관이 성씨와 함께 사용되었다고 했으니, 고성이씨 또한 여기에서 예외는 아니었다. 따라서 고성에 토착하고 있던 이씨들은 이 시기부터 고성이씨 씨족이라는 혈연적 요소로 묶일 수 있었고, 이진(李瑨)의 급제 이전에는 고성지역의 토착세력인 향리층으로 존재하다가 그의 당대에 굴기(屈起)하여 점차 세족으로 성장해 갔음을 알 수 있다. 그리하여 고려 후반기 당대의 기록인 「이존비묘지명」이나[11] 조선초기 1476년에 『철성연방집』을 간행할 때까지도 이진(李瑨)보다 더 올라가는 세계(世系)에 대해서는 언급한 것이 없을 정도다. 이런 점들을 다시 확인하기 위해 족보에 나타나는 고성이씨 세계를 좀 더 살펴 볼 필요가 있다.[12]

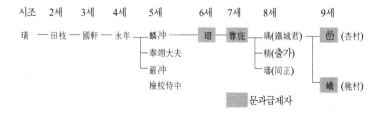

시조 이황(李璜) 이하 5세까지는 조선후기 족보 편간 과정에서 추심해 넣은 인물들이다.[13] 『고려사』에 의하면, 이황은 거란이 침입해 왔을

---

11 「이존비묘지명」의 제작 시기는 충렬왕 13년(1287)이었다.

12 李覲 編, 『고성이씨세보(계유보;1753년)』(국립중앙도서관 소장, 청구기호 古2518 -62-457).

13 고성이씨 족보에 등장하는 초기 인물에 관해서는 다음의 논고에서 자세한 검토

때 공을 세워 두각을 나타낸 이후 문종 때 호부상서를 역임했던 인물이다.[14] 이어 중랑장을 역임했던 전지(田枝)와 감무를 지낸 국헌(國軒) 그리고 상호군을 역임한 영년(永年) 등은 사서(史書)에서는 기록을 찾을 수가 없다. 아울러 인충(麟冲)이 역임했다는 봉익대부는 원나라 간섭기 이후에 사용된 관직명이란 점을 이미 선행 연구자들도 지적한 바가 있다.[15]

따라서 앞에서 송준호 교수가 실질적인 시조에 대해 지적하였듯이, 어느 가문에서나 동일한 양상으로 나타나는 기가조(起家祖), 즉 본관지를 떠나 중앙 정계에 진출해 크게 활약한 인물이 나와서 그들 본관지에 집단을 이루고 살았던 가문의 존재를 세상에 알리게 되고, 한편으로는 후일 자기들의 후손이 수도 개경의 한 문벌세족으로 성장하는 그 길을 튼 인물이라는 점에서, 그리고 이들 각 씨족의 출발지가 수도 개경이었다는 사실에 부합하는 인물이 바로 6세 이진(李瑨)이었다는 사실이다.

신라 하대의 귀족계층에서도 그 나름의 혈연집단을 의식하긴 했지만, 4촌간의 인물조차 동일 세력으로 묶이지 않는 혈연적 집단의식이 매우

를 한 바가 있고(한영우, 2002, 「행촌 이암과 단군세기」『행촌 이암의 생애와 사상』 일지사 ; 이익주, 2002, 「행촌 이암의 생애와 정치활동」『행촌 이암의 생애와 사상』 일지사), 시조 추심과정 역시 필자의 졸고(2009, 「전통사회 가계기록과 시조 만들기 - 고성이씨 사례를 중심으로」『사학연구』 94, 한국사학회)를 통해 밝힌 바가 있다.

14 『고려사』 권5, 세가5, 덕종 2년(1033) 정월 을미조에 "左右衛의 猛校尉 吳幸, 李瑨, 申先立 등이 거란 군대 7명을 생포하여 왔으므로 그들에게 벼슬을 한 등급씩 높여 주었다."는 기록과 『고려사』 권8, 세가 8, 문종 17년(1063) 4월 신축일에 "李瑨을 호부상서로" 임명하였다는 기록이 그것이다.

15 이인충의 관직 문제가 김창현(2001, 「고려후기 이존비 이암의 활약과 그 특징」『행촌회보』 14), 이익주(2002, 「행촌 이암의 생애와 정치활동」『행촌 이암의 생애와 사상』, 일지사) 등의 논고에서 이미 언급되었듯이, 고려시기의 가계 기록에 대한 신빙성 문제는 모든 문중에서 공통적으로 안고 있는 숙제이기도 하다.

느슨하였다. 또한 현존하는 선사비문(禪師碑文)에서도 조(祖)와 부(父)만 기록될 뿐 더 구체적인 계보나 시조에 대한 언급은 별로 없다. 따라서 조선후기 문중(門中)이 성립한 이후와 같은 양상의 성씨를 매개로 한 혈연 의식은 찾기 힘든 사회였다.

중국의 경우에는 묘지명이 위진남북조 시대에 정형이 마련되었을 때부터 자세한 성씨 유래를 밝히고 나서 부·조 등의 선대를 기술하는 체제였고, 조선시대에는 이런 형식을 답습하였다. 그러나 현존하는 고려 묘지명 293편 가운데 성씨 유래를 밝힌 것은 6편 정도밖에 되질 않고, 그것도 4개의 성씨에 국한되어 있는 점으로 미루어보면, 이 시기에는 적어도 시조와 성씨 유래를 찾는 풍조가 아니었음을 알 수 있다.[16]

특히 「이존비묘지명」을 만들 당시에는 4조(四祖 : 증조·조·부·외조) 정도를 언급하던 관례와 풍조가 있었다. 이 시기에 시조를 비롯해 먼 조상을 찾거나 성씨 유래 등에는 관심을 두지 않으면서도 4조를 명확히 밝힌 것은, 문음(門蔭)이나 공음전(功蔭田)과 같은 상속 범위를 분명히 하기 위한 것이었다. 그럼에도 「이존비묘지명」에서는 이른 관례를 벗어나 아버지만 밝히고 있는 실정이다.

2. 고성이씨 가계(家系) 인물의 출사(出仕)

고성이씨는 무신 난 이후 새로운 관인층으로 등장한 신흥세력이면서도, 이를 바탕으로 세족(世族)으로까지 성장해 간 가문이었다. 그리고 고성이씨가 신흥 세력으로 성장할 수 있었던 계기는 다름 아닌 개인의 능

---

16 김용선, 1993, 『고려묘지명집성』, 한림대출판부.

력을 바탕으로 한 과거 급제였다. 『고려사』를 비롯한 이 시기 역사기록에서 상한선으로 거슬러 올라 갈 수 있는 고성이씨 인물로는 이진(李瑨)을 꼽을 수 있다.

이진은 최씨정권 치하에서 문과에 급제하여 고성에서 개경으로 진출할 발판을 마련하였던 인물로 보이는데, 간접적인 자료이긴 하지만 그에 관한 내용을 확인할 수 있는 자료를 제시하면 다음과 같다.

(가) 공의 이름은 仁成인데, 후에 尊庇로 바꿨다. 자는 지정이고 고성군 사람이다. 아버지는 瑨인데, 급제하였으나 벼슬은 하지 않았다. 어머니 백씨는 85세로 지금까지 건강하시고, 본관은 남포이며, 외조부는 예부낭중 백경선이다.[17]

(나) (이암) 조부 존비의 초명은 인성인데, 일찍이 아버지를 여의고 그의 외삼촌 백문절(白文節)에게 배웠는데 글짓기와 예서에 능했다.[18]

(가) 자료는 이진의 아들 이존비 묘지명에서, (나) 자료는 이진의 증손 이암 열전에서 각각 발췌한 내용이다. 두 자료에서 확인된 내용을 종합하면, 이진의 개인적인 이력과 혼인관계 등을 추적할 수가 있다. 즉, 이진은 과거 급제자였으나 관직에는 등용되지 못하였는데, 이는 일찍 사망했기 때문으로 보인다.

경상도 고성에서 토착세력으로 살아오다 개경으로 처음 상경했던 고

---

17 김용선, 1993, 「李尊庇墓誌銘」 『고려묘지명집성』, 한림대출판부. "公諱仁成 後改 尊庇 字持正 固城郡人也 皇考諱瑨 登第未仕 妣白氏 年八十五 至今無恙 本藍浦 外祖禮部郎中景瑄".
18 『고려사』 권111, 열전 24, 諸臣 李嵒, "祖尊庇 初名仁成 早孤學於其舅白文節 善屬文工隷書 …"

성이씨는 이진(李璡)이었다. 고려 시기에는 적(籍)을 둔 곳에서 정착해서 살아야 했고, 특별한 일이 없는 한 거주 이전이 자유롭지 못했다. 그 특별함이란 국가적으로 실시한 사민(徙民) 정책에 따라 이주하거나 과거에 급제한 후 개경으로 옮기는 것을 의미한다. 지방에서 과거에 급제하여 벼슬살이를 위해 서울로 거주지를 옮기는 것을 통상 상경종사(上京從仕)라 하겠는데, 고려 시기에는 어느 문벌 가문이든 중앙으로 이주한 시기만 달랐을 뿐 늘 한결같은 유형이었다. 그리하여 처음 상경종사 했던 인물을 기가조(起家祖)라 칭하기도 한다. 따라서 고성이씨의 기가조는 이진(李璡)이었다.

이진이 과거에 급제하여 개경에서 생활 터전을 옮겼지만, 이른 나이에 죽음을 맞이한 관계로 관직에는 오르지 못하고 말았다. 하지만, 이를 계기로 고려후기에 들어와 신흥세력으로 떠오른 남포 백씨와 혼인을 맺을 수 있었던 것이 크나큰 수확이 아닐 수 없다. 이진의 장인은 예부낭중을 역임한 백경선(白景瑄)이었고, 문장과 행정가로 당대에 이름 높았던 백문절(白文節)이 처남이었다는 점이 시사하는 바가 크다.

백문절은 그의 아들 백이정과 함께 2대에 걸쳐 내리 문과에 합격하여 신흥 세력으로 주목을 받고 있던 남포 백씨 가계(家系) 인물인데, 당시 공주목 관할 하에 있던 남포(현재 보령군 남포면)에는 임(任)·백(白)·이(李)씨 등의 토성(土姓)이 존재하고 있었다.[19] 따라서 백경선-백문절로 이어지는 남포 백씨 가계(家系)가 상경종사하여 비로소 두각을 나타내기 시작했을 것으로 추정된다. 백경선의 관직이 예부(禮部) 낭중(郎中) 혹은 좌복야(左僕射)로 일컬어지고 있었는데, 이는 그의 아들이나 손자가 연달아 고위 관직에 오르게 되자 후일 추증되었을 가능성도 배제할 수 없

---

19 『세종실록』 권149, 지리지 충청도 공주목 남포현.

다고 본다.[20] 좌복야는 상서좌복야의 줄임말로 상서성의 정2품에 해당하는 고위 관직이기 때문이다.

특히 백경선의 아들 백문절은 『고려사』 열전에도 입전될 정도로 현달한 인물이었는데, 고종 25년(1238) 무술방(戊戌榜) 을과(乙科)에서 2위로 급제하여, 한원(翰院)에 들어갔고 관직을 두루 거쳐 중서사인(中書舍人)에 이르렀으며 이부시랑(吏部侍郎)과 국자좨주(國子祭酒)를 역임했다. 충렬왕 재위 시절 사의대부(司議大夫)가 되었을 때, 당시 아무 공훈도 없는데다 집안에 결함이 있는 자들이 벼슬에 오르는 경우가 많아 낭사(郞舍)가 임명장에 서명을 하지 않았던 적이 있었다. 이에 왕이 거듭 재촉했으나 명을 따르지 않자 어떤 자가 원한을 품고 왕의 측근들을 들쑤셔 왕을 격노하게 만들었다. 때마침 승지로 있던 이존비(李尊庇)가 감찰사(監察司) 장계(狀啓)를 바치려 하자 왕은 첨의부(僉議府) 장계라고 생각해 크게 성을 내어 꾸짖으며 이존비를 쫓아냈다. 이어 쿠치[忽赤 ; 왕실 숙위병] 최숭(崔崇)을 시켜 백문절과 사의(司議) 김서(金偦), 급사중(給事中) 김지서(金之瑞) 이하 사간(司諫)과 정언(正言)으로 근무하던 자들까지 모두 체포하게 했다. 이존비가 사실을 밝히려고 재차 나아가자 왕이 낭사(郞舍)들을 구하려는 것이라 생각하고 꾸짖어 멈추게 한 다음 바로 백문절 등을 파직시켰다. 이에 이존비가 큰 소리로,

"군왕이 신하의 마음을 몰라주시는데 제가 어찌 감히 왕명의 출납을 맡겠습니까? 당장 저를 파면해 주소서!"

20 『고려열조등과록(高麗列朝登科錄)』에 의하면, 백문절 조항에서 아버지 백경선은 물론이고 조부 백여주와 증조 백광우까지 밝혀 놓고 있다는 점에서 가계(家系) 불명(不明)의 한미한 집안은 아니었을 것으로 추정된다.

라고 외치니, 이지저(李之氐)가 임금 앞에 나아가, "이존비가 올리려고 한 것은 감찰사의 장계이지 첨의부의 장계가 아닙니다. 주상께서 자세히 살펴보시지도 않은 채 낭사에게 죄를 주고 이존비를 꾸짖었습니다. 게다가 첨의부는 모든 관아의 으뜸인데도 불구하고 쿠치 한 명을 시켜 야간에 낭사들을 체포하는 것은 나라의 체면을 손상한 일입니다."라며 아뢰자, 왕이 그 장계를 받아 새로 살펴본 후 후회하며 모두를 석방하였다. 얼마 뒤에 백문절은 국학대사성(國學大司成)·보문각학사(寶文閣學士)로 승진했다가 충렬왕 8년(1282)에 죽었는데, 그는 풍부한 문장력으로 이름 높았고 동시에 지조와 절개가 있는 사람으로 추앙받던 인물이었다.[21]

백문절의 아들 백이정(白頤正)은 충선왕을 따라 원나라에 가서 성리학 관련 서적을 두려 섭렵한 동시에 이를 고려에 도입하여 권부(權溥)와 우탁(禹倬) 등과 같은 동료들에게 이를 풀이하여 가르쳤고, 이들과 함께 안향에게 가르침을 받기도 했다. 특히 백이정은 안향과 더불어 원나라에서 성리학을 처음으로 도입한 인물로 널리 알려져 있는데, 그의 문하에 이제현(李齊賢)·박충좌(朴忠佐)·이곡(李穀)·백문보(白文寶)·이인복(李仁復) 등과 같은 쟁쟁한 인물들이 배출되어[22] 고려 말의 사상계를 주도해 나갈 정도였다.

이상에서 본 바와 같이, 고성이씨 기가조 이진(李瑨)이 처음으로 개경 생활을 시작했고, 그의 아들 이존비(李尊庇)가 어릴 때 아버지를 여의고 외숙인 백문절에게 글을 배워 과거시험에 합격한 후 고위직에 오름으로써 신흥 세족으로 성장할 수 있는 발판을 마련한 셈이다. 아무튼 이진의 과거 급제를 시작으로 하여 그의 아들 이존비 이하 급제자 다수가

---

21 『고려사』 권106, 열전 19, 백문절.
22 白文寶, 『淡庵逸集』, 同門錄.

배출되어 그 가문은 일약 고려후기의 명문으로 부상하였는데, 이는 전형적인 신흥 세족들의 등장과 궤를 같이 한다는 점이다. 이진의 급제 시기는 분명하지가 않다. 다만 이존비의 출생이 고종 20년(1233)이었던 점을 감안한다면, 고종 30년(1243) 이전에 급제하였을 것으로 추정된다. 자료 (나)에서 확인되듯이, 이존비가 장성하기 전에 이미 사망하였기 때문이다.

이 시기에는 몽고가 침입하여 최씨정권이 매우 어려웠던 때이기도 하지만, 행정 실무를 담당할 '능문능리'형의 관인들을 대거 등용하던 때이기도 하다. 특히 지방 향리층에서 성장한 세력들이 과거에 대거 합격하였던 것도 이 시기였는데,[23] 이진 역시 경상도 고성의 향리층에서 출발하여 과거에 합격한 것으로 추정된다. 사서에서는 그의 선조 가계(家系)에 대한 기록을 더 이상 확인할 수 없기 때문이다.

그렇다면 무신집권기에 이진(李璡)이 이족(吏族)에서 사족(士族)으로 성장할 수 있는 발판을 마련하였고, 그 계기가 바로 문과 급제였던 것이다. 우리 역사상 고려후기는 사족과 이족의 분기(分岐)가 확연하게 이루어지는 시기였다. 그리고 고려후기에 등장한 신흥 가문(이숭인, 정몽주, 이색, 백이정, 정도전 등) 대다수가 지방의 이족 출신이었다는 것은 잘 알려져 있다. 고성이씨도 예외는 아니어서, 이진이 급제하여 개경으로 진출할 수 있는 발판을 마련했고, 연이어 그의 아들과 후손들이 급제함으로써 세족으로 성장할 수 있었던 것이다.

이진의 아들 이존비의 정치 사회적 배경에는 그의 외가인 남포백씨 영향이 컸던 것으로 보인다. 남포백씨는 대사성에 오른 백문절(白文節)과 그의 아들 백이정(白頤正) 등을 배출하면서 고려후기 명문으로 부상한 집안이었는데, 특히 백이정은 이제현·박충좌 등을 가르쳤을 뿐만 아

---

23 강지언, 1986, 「고려 고종조 과거급제자의 정치적 성격」『백산학보』 33, 백산학회.

니라 성리학 수용에도 크게 기여한 인물이었다.[24]

이존비가 어릴 때 아버지를 여의고 외숙인 백문절에게 수학하여 크게 현달한 인물로 성장할 수 있었던 것은 잘 알려진 사실인데, 그의 외조 백경선(白景瑄) 대만 하더라도 가세가 크게 일어난 가문은 아니었다. 고성 향리 신분에서 급제한 이진을 사위로 맞아들인 시기에 백경선의 아들 백문절 역시 급제하여 급부상하기 시작했으니, 양가의 정치사회적 입장은 비슷한 처지였을 것이고, 이후 백문절이 어린 생질 이존비와 아들 백이정을 함께 길러 내 양쪽 가문을 동시에 일으키게 되었다고 본다.

이존비는 백문절의 문장을 고스란히 전해 받아 19세에 과거 합격을 하였는데, 안향 등과 함께 당대의 실력자 유경(柳璥)의 문생(門生)이었기에 그는 정치적으로 든든한 후원자를 얻은 셈이었다.[25] 이리하여 이존비는 자신의 실력을 바탕으로 정치사회적 후원자를 등에 업고 활동할 수 있었다는 점에서 크게 현달할 수 있었다. 따라서 고성이씨를 세족으로 성장할 수 있게 한 장본인이 바로 이존비였음은 말할 것도 없다. 그러나 그 이면에는 그의 아버지 이진의 활동이 큰 밑거름이 되었다는 점을 간과해서는 안 된다. 이진이 문과에 급제하였기에 중앙으로 진출할 수 있었고, 남포백씨와의 혼인 역시 중앙으로 진출하였기에 맺어질 수 있었다고 본다.[26]

무신집권기 이후 신흥세력으로 등장한 부류 중에서 과거급제를 통해 성장한 가문들을 분석해 보면, 대개 신흥사대부의 길을 걷게 되는 경우

---

24 『고려사』 권106, 열전 19, 白文節, 白頤正.

25 『고려사』 권105, 열전 18, 柳璥.

26 고려말 고성이씨가 다른 가문들과 맺었던 혼인관계는 다음 논문에서 비교적 자세하게 다루고 있다. 이문희, 2003, 「여말선초 고성이씨 가문의 정치적 동향」, 동아대학교 석사논문.

가 많았다. 그런데, 고성이씨의 경우에는 권문세족으로서의 지위를 확고히 다져가고 있었다. 고려후기 세족층은 지주로서의 경제기반을 확보한 가운데 정치 권력과 사회적 지위를 동시에 누린 지배세력이었다. 따라서 그들이 당대 최고의 문벌 가문을 형성하였던 것인데, 특정 조상을 시조로 받드는 동일 성관(姓貫)의 유대감까지 형성된 사회는 아니었다.

그러나 문벌로 형성된 계층들이 다른 사회 계층에 대한 배타성과 폐쇄성을 강하게 보였던 것은 분명하다. 또한 당시의 친족 구조가 부계 중심이 아니라 부와 모의 양측적 친속관계로 유지되고 있었기 때문에,[27] 부계 중심의 폐쇄성이 아니라 유력자 개인의 친소 관계에 따라 세력집단이 형성되었던 특징을 보인다. 따라서 가까운 친족 간에도 세력집단을 달리하는 경우가 자주 보이는 것도 그 때문이다.[28]

이러한 세족층 내부 분화는 자칫 결속력을 약화시킬 수도 있었지만, 특정 인물이 권력 교체기에 정치적 타격을 입는다 해도, 가문 자체가 몰락하지 않고 가세를 유지할 기반을 마련할 수 있었다.[29] 고성이씨 경우에도 고려왕실과 혼인관계를 맺으면서 세족의 지위를 유지하다 멸문의 화를 당한 혈족이 있는가 하면, 동일 가계 내에서도 개국공신으로 조선 건국에 적극 참여하는 이들도 있었다. 이는 최씨 정권이 몰락하자 우봉 최씨가 흔적도 없이 사라져버린 것과는 대비되는 사례이기도 하다.

---

27 노명호, 1989, 「고려시대의 친족조직」『국사관논총』 3, 국사편찬위원회, 105~116
    쪽 ; 최재석, 1982, 「고려시대의 친족조직」『역사학보』 94·95, 역사학회, 227쪽.
28 근비의 아버지 李琳이 이성계 일파에 제거되었는가 하면, 이림의 조카 李懃이
    개국공신으로 봉해지는 것도 그런 맥락에서 이해되며, 이인임과 이숭인이 각각
    정치적 노선을 달리하였던 것도 마찬가지 현상이었다.
29 김광철, 1996, 「권문세족의 성립과 성격」『한국사』 19, 국사편찬위원회, 93쪽.

3. 고려후기 세족층 형성과 고성이씨

고려시대를 한마디로 귀족사회라 칭하는데 주저하지 않는 이유는 개국 이래 소수의 문벌귀족 가문들이 정치·사회적으로 지배세력을 형성하였기 때문이었다. 그렇다고 어느 특정 가문이 수백 년 동안 줄곧 그 가세(家勢)를 이어가기도 힘든 것이 상례였다. 나라도 흥망의 성쇠가 있듯이, 한 가문 역시 정치 사회적 상황에 따라 부침(浮沈)이 있었던 것은 당연한 이치였다.

특히 고려후기 무신정변 이후에는 격변하는 정치 사회적 분위기로 인해 기존 세력들이 몰락의 길로 접어든 경우가 있는가 하면, 새로운 신흥세력들이 속속 등장할 수 있는 길이 활짝 열려 있었던 시기이기도 했다. 이는 무신들의 권력 장악으로 기존 문반 세력들이 크게 위축되었고, 이어 몽고와의 장기간 전쟁으로 인해 재지(在地) 세력의 거주지 이동과 몰락, 외세에 전적으로 의존하는 종속 구조가 지속되는 등에 말미암은 것이었다. 특히 원나라 간섭기 아래에서 그들과 결탁하는 세력들이 많아졌고, 최고 권력기구였던 도평의사사까지 장악하여 정치권력이 비대해지자 왕권은 상대적으로 약화될 수밖에 없었다. 그럼에도 권문세족들은 나름대로 원나라의 고려 자주성 말살 정책에 저항한다거나 정치기구를 통한 권력 행사를 하고 있었다는 점에서 이전의 문벌 귀족보다는 관료적 성격을 지닌 발전된 형태의 지배세력이었다는 평가를 받기도 한다.[30]

그리하여 당대에 권력층으로 부상하거나 누대에 걸쳐 고위 관료를 지속적으로 배출하여 문벌을 형성해 간 부류들이 많아졌는데, 이들을 학계에서는 권문세족으로 불러왔다. 권문세족들은 많은 토지를 소유하여

---

30 민현구, 1974, 「고려후기의 권문세족」 『한국사』 8, 국사편찬위원회.

농장을 형성하고, 개인의 능력을 바탕으로 한 과거(科擧)를 통해 관직에 진출하기 보다는 문음(門蔭)에 의존하는 자들이 많았다.

이렇듯 고려후기에 접어들어 지배세력들이 재편성 되었던 배경에는 그에 걸 맞는 정치·사회적 변동과정을 거쳤기 때문이다. 즉, 무신들이 정권을 장악한 이후 새로이 성장한 가문들이 대거 등장했고, 한편으로는 원나라 지배구조 속에서 신흥세력으로 성장한 가문들도 많았다. 이리하여 충선왕 복위년(1308)에는 왕실과 혼인할 수 있는 소위 재상지종(宰相之宗) 15가문이 지정될 정도였다.[31]

> 지금부터 만약에 종친(왕족)으로서 동성(同姓)과 혼인하는 자는 (원 세조의) 성지(聖旨)를 어긴 것으로 논죄할 터인즉, 마땅히 종친은 누세(累世)에 재상을 지낸 집안의 딸을 아내로 맞아야 하고, 재상 집안의 아들은 종실의 딸에게 장가들어야 한다. 그러나 만약에 가세가 미미한 자는 이 제한에 구애받지 않아도 된다. 신라의 왕손인 김혼 일가는 역시 순경 태후의 숙백 집안이며, 언양 김씨 일종과 정안 임태후 일종, 경원 이태후와 안산 김태후 및 철원 최씨·해주 최씨·공암 허씨·평강 최씨·청주 이씨·당성 홍씨·황려 민씨·횡천 조씨·파평 윤씨·평양 조씨는 모두 누대 공신이요, 재상지종(宰相之宗)이니 가히 세세로 혼인을 하여, 이들은 종실의 여자에게 장가를 들고 딸은 비로 삼을 만하다. 문무 양반가도 동성 간에는 결혼하지 못하나 외가 4촌간은 구혼을 허용한다. (『고려사』 권33, 세가 33 충선왕 복위 1)

이들 가문들을 보면 고려전기부터 귀족 가문으로 이어져 온 세력에

---

31 『고려사』 33, 세가 33, 충선왕 1 ; 당시의 '宰相之宗'에 관한 종합적 검토는 김 당택의 논문(1991, 「충선왕의 복위교서에 보이는 '재상지종'에 대하여」 『역사학보』 131, 역사학회)이 자세한데, 이들 재상지종도 사대부 가문과 혼재되어 있다는 견해가 제시되기도 했다.

다 고려후기 지배세력들이 재편된 가운데 새롭게 출현한 가문들이 혼재되어 있는 양상을 보이고 있다. 이들 가문들을 분석해 보면, 크게 ①고려전기 이래의 문벌귀족 ②무신집권기에 무신으로 득세한 가문 ③무신난 이후 새로운 관인층으로 등장한 가문 ④대원관계 속에서 성장한 가문 등 몇 가지 유형으로 나눌 수 있는데,[32] 이들이야말로 고려 말 권문세족이라 일컬어지는 당대 최고 세력을 가진 가문이 아닐 수 없다. 따라서 이들 권문세족들이 독점한 권력을 바탕으로 갖가지 부패한 사회로 가게 되었고, 이에 대항하는 지방의 소규모 중소지주층에서 새로운 세력들이 형성되었는데, 이를 우리는 통상 신흥사대부라 일컬어 왔다.

그리하여 학계에서는 무신집권기 이후 과거를 통해 관료로 진출하여 가문의 기반을 다졌던 신흥 세력들에 대해 일찍부터 주목해 왔는데,[33] 이들 신흥사대부들은 기존의 문벌귀족 가문 출신들과 구분되는 하급관료나 지방 향리 자제들이 많았다. 또한 이들은 무신집권기 새로운 인사 수요에 적합한 '능문능리(能文能吏)'형들이어서, 학문적 소양을 바탕으로 행정실무에도 능한 축들이었다.

이처럼 고려후기 정치사를 바라보는 시각에 있어 권문세족과 그에 대비되는 사대부 활동에 초점을 맞추어 당시의 사회 변동과 성격을 뚜렷하게 드러낼 수 있었다. 이는 고려후기 정치 체제와 권력 구조를 상호 대비되는 세력의 축으로 상정한 가운데, 그 속에서 조선 건국과정에서의 지배세력 교체와 변화의 폭이 매우 컸음을 부각하기에는 안성맞춤인 셈이었다.

그런 가운데 기존의 권문세족이란 개념에서 한 발 더 나아가 권문(權

---

32 민현구, 1974, 「고려후기의 권문세족」『한국사』8, 국사편찬위원회, 29쪽.
33 이우성, 1964, 「고려조의 吏에 대하여」『역사학보』23, 역사학회 ; 김윤곤, 1974, 「신흥사대부의 대두」『한국사』8, 국사편찬위원회.

門)과 세족(世族)은 그 지칭하는 대상을 달리해야 한다는 견해도 제시되어 주목을 받아 왔다. 즉, 원 간섭기 국왕 측근세력을 포함하여 가문 배경에 관계없이 권력층이 된 부류를 지칭하는 것이 권문이며, 세족은 사회적 지위를 누리고 있던 문벌가문을 지칭하는 것으로 파악하여, 고려후기 최고 지배계층을 굳이 개념화한다면 세족이란 단어가 더 적합하다는 견해가 그것이다.[34]

아무튼 고려후기 지배세력을 지칭하는 세족(世族)에는 고려전기부터 문벌로 성장하여 무신들이 집권한 이후까지 그 지위를 유지해 나간 가문들 또한 많았던 것은 사실이다. 가령 경주 김씨나 경원 이씨를 비롯하여 정안 임씨, 파평 윤씨, 해주 최씨, 철원 최씨, 청주 이씨, 황려 민씨, 공암 허씨 등과 같은 문벌들은 무신들이 집권한 이후에도 여전히 그 정치 사회적 지위를 굳건하게 지켜 갔는데, 무신들과의 정치적 동지 혹은 혼인을 통한 혈연적 네트워크 형성 등과 같은 적절한 관계 유지에서 그 원인을 찾을 수 있을 것 같다.

그런데 비해 개인의 능력을 바탕으로 한 과거(科擧)를 통해 입신하여 가문을 일으킨 세력들 또한 두드러지게 나타나고 있었다. 무신들이 집권했을 당시에는 행정 실무에 능한 새로운 인재들의 수요가 많아 신진관료가 매우 절실한 시기였기 때문이기도 하다. 이렇듯 무신 집권기에 '능문능리'형의 실무적 관인들 진출이 많았던 것은 기성세력으로 권문세족화 되어 있던 문신들을 배제하기 위한 수단이자 안정된 정권을 유지하기 위한 조치였다.

다시 말한다면 지역별로 토착하고 있던 향리 세력의 지지와 협조가 없다면 무신정권을 유지하기가 어려웠기 때문이었다. 그리하여 최씨 집

---

34 김광철, 1991, 『고려후기 세족층 연구』, 동아대출판부.

권자들은 과거제도를 통해 '능문능리'의 실무형 관인들을 선발하여, 주로 승선직이나 대간직에 배치하였는데[35] 그것은 그들의 전주권(銓注權 ; 인사권) 행사를 정당화시키고 보다 합리화하는 과정이기도 했다. 아무튼 고려 후반기의 정치권력 행방에는 세족들이 중심이 된 가운데 신흥사대부들의 도전이 시작되고 있었음이 두드러진다 하겠다.

무신 집권기의 최고 가문은 당시 권력을 농단하던 우봉 최씨 가문이었다. 아울러 몽고와의 전쟁과정에서 무장으로 입신하여 그의 가문을 문벌로 성장시킨 인물들도 다수 배출되었는데, 언양 김씨의 김취려 장군이나 안동 김씨 김방경의 경우가 이를 대표하는 자들이다. 무신집권기에 상당수 가문들이 침체를 면치 못했지만, 원주 원씨나 청주 곽씨처럼 원나라 간섭 이후에도 지속적으로 관료를 배출하여 세족의 지위를 이어간 경우도 있었고, 광주 김씨나 청주 정씨처럼 토성(土姓) 이족(吏族)에서 무반으로 출사하였다가 문반 관료를 배출하면서 세족으로 성장해 간 가문들도 있었다. 아울러 평양 조씨나 고흥 유씨·칠원 윤씨·서원 염씨·해평 윤씨 등은 국왕 측근 세력으로 활동하여 세족의 반열을 유지한 가문들도 있었다.

이에 비해 고려후기 세족 가문들을 분류해 보면, 몽고와의 전쟁 이후 원나라 간섭기 초에 비로소 관료를 배출하기 시작한 가문들 또한 그 숫자가 적지 않았음을 보게 된다. 고성이씨(이존비 이암)를 비롯하여 경주 이씨(이제현), 순흥 안씨(안축 안향), 성주 이씨(이인임 이조년 이숭인), 단양 우씨(우탁 우현보), 한산 이씨(이곡 이색) 등이 바로 그들인데, 이들은 원나라 간섭기 이후 주로 그들의 근거지였던 향리에서 출발하여 과

---

35 조인성, 1985, 「최우 정권하의 文翰官 - "능문"·"능리"의 인사기준을 중심으로 -」『동아연구』 6, 서강대학교.
강지언, 1986, 「고려 고종조 과거급제자의 정치적 성격」『백산학보』 33, 백산학회.

거를 통해 입신한 후 연달아 관료를 배출하여 세족으로 성장해 간 부류였다.

이들 가문들이 문벌 세족으로 성장하였던 또 다른 이면에는 원나라 간섭기 권력구조에 일정하게 순응해 간 결과이기도 하다. 다시 말한다면 원나라 간섭기에 고려 왕실에서 나름대로 추진했던 왕권 강화 일환으로 추진되었던 측근정치 아래에서 이들은 국왕의 측근기구에 참여하는 등 고려 왕실을 위한 왕권 강화에 적극 협조하고 국왕 측근세력인 폐행(嬖幸)과 타협하면서 그 지위를 유지하여 가세를 신장시킬 수 있었다.[36]

이상에서 보듯이 고려후기 세족층에 해당하는 가문들이 문벌로 등장한 시기와 유형은 가문에 따라 조금씩 차이를 보이고 있다. 즉, 무신집권기에 이미 문벌로 등장한 가문이 있는가 하면, 무신집권기에 접어들어서부터 관료를 배출하다가 원나라 간섭기 초에 세족으로 성장해 간 가문도 있었고, 고려 말에 가서야 세족으로 성장해 간 가문도 있었다.

그럼에도 우리가 알아야 할 것은 고려후기 세족의 지위를 유지하고 있던 가문이라 할지라도 그 씨족 전체가 아닌 특정 가계(家系)에 한정된다는 점에 유의해야 한다. 동일 씨족이라 할지라도 여전히 향리(鄉里)에서 이족(吏族)으로 남아 있는 가계가 더 많았기 때문이다. 예컨대 안동 권씨의 경우 권적(權適)의 가계는 고려중기부터 관료를 배출하기 시작했고, 권수평(權守平) 가계는 무신집권기부터 관료를 배출하여 세족 가문으로 성장하여 갔지만, 대다수 다른 가계는 여전히 안동지역의 토착세력인 이족(吏族)으로 남아 있었던 것이다.

이렇게 볼 때 고성이씨 또한 고려후기에 세족으로서의 지위를 획득

---

36 이익주, 1988, 「고려 충렬왕대 정치상황과 정치세력의 성격」 『한국사론』 18, 서울대.

했지만, 이는 문과에 급제하여 고성에서 개경으로 이주했던 이진(李瑨)-이존비(李尊庇)로 이어지는 가계(家系)만이 해당하는 것이지, 대다수 고성지역에 남아 토착하여 살아갔던 고성이씨 종족들의 가계(家系)와는 상관없는 일이었다.[37]

한편 고려후기 세족이 문벌로서의 정치 사회적 지위를 이어가기 위해서는 지속적인 관료 배출이 뒷받침되어야만 가능했다. 지속적인 관료 배출이라 할 때 적어도 3대에 걸쳐 고위 관직자들이 배출되어야만 그 지위를 이어가는 게 가능했던 것으로 보인다. 이는 물론 법제적으로 명문화되어 있었던 것은 아니지만, 당시 사회문화적 관례였던 것은 분명해 보인다. 전근대 귀족사회에서 가문을 중요시했던 것은 당연한 이치이겠지만, 호구식(戶口式)의 작성이나 과거(科擧) 방목(榜目)에서만이 아니라 묘지명(墓誌銘) 같은 곳에서도 기본적으로는 본인을 기점으로 증조 대까지 기록하고 있었던 당시의 사정을 감안한다면, 당시의 가계(家系) 파악의 기준이 대체로 3대 이상으로 하는 것이 관례였던 사회적 분위기를

---

37 예컨대 진주의 대표적인 토성 중에 하나였던 하씨의 경우 시조는 고려 현종 때 상서공부시랑(尙書工部侍郞)을 지내고 평장사(平章事)에 추증된 하공진(河拱辰)이지만, 문효공(文孝公) 하연(河演)이 1451년(문종 1) 처음으로 족보를 내면서 그 서문에 '세계(世系)가 전함이 없고『고려사(高麗史)』에 홀로 하시랑 공진이 있어 듣기에는 기쁘나 동원(同源)이면서 분파가 확실치 않다.'라고 고백한 바와 같이, 오늘날까지도 진주하씨 세계(世系)는 계통이 뚜렷하지 않은 3파로 갈라져 있는 형편이다. 하공진을 시조로 하는 시랑공파(侍郞公派), 고려 정종 때 사직(司直)을 지낸 하진(河珍)을 시조로 하는 사직공파(司直公派), 고려 때 주부(主簿)를 지낸 하성(河成)을 시조로 하는 단계공파(丹溪公派)가 그것인데, 조선 초기에 대학자였던 하연이 자기 성씨의 계보에 관심을 갖고 여러 문적을 확인했음에도 서로 연결될 수 없는 3계파로 나누어 진 사례에서 확인되듯이, 후대의 자료로 조상을 추심해야 하는 작업은 매우 어려운 것이었다. 아울러 고려 때 진주에 적을 두고 함께 살았던 수많은 하씨들 중에서도 오로지 3사람만 시조로 기억될 뿐이다.

읽을 수가 있겠다.

아울러 3대 이상에 걸쳐 관료로 진출해야 한다는 관례가 있었다 할지라도 자손들에게 승음(承蔭)의 혜택을 줄 수 있는 고급관료를 배출 해야만 세족으로서의 지위를 누릴 수가 있었다. 대개 고려시기에는 5품 이상의 관료에게 승음의 자격이 주어졌는데, 이 보다는 더 높은 수상(首相)직을 비롯하여 재추(宰樞)급 인물이 배출되어야만 세족으로서의 요건을 갖춘다고 생각된다.

세족의 요건을 이렇게 상정할 때 여기에 해당하는 가문은 대개 40여개 정도로 압축된다. 그 중에서 몽고 간섭기에 접어든 시기부터 기산하여 10명 이상의 고위 관직자를 배출한 가문은 24개에 지나지 않는데, 고성이씨 이진(李瑨)-이존비(李尊庇)로 이어지는 가문 역시 그 24개의 가문에 포함되어 있다는 점에서 그 위상을 짐작할 수 있겠다.[38]

고려후기 세족의 관료 진출은 전 기간에 걸쳐 고른 분포를 보이고 있는데, 가문에 따라서는 시기별로 편차를 보이고 있기도 하다. 대체로 대다수의 세족층들이 공민왕 대 이후에 관료 배출을 집중시키고 있는 것이 특징이기도 한데, 그 가운데 고성이씨를 비롯하여 황려(여흥) 민씨, 안동 권씨, 전주 최씨, 청주 한씨, 서원 염씨, 경주 이씨, 단양 우씨, 성주이씨 등은 그 이전 시기에 비해 공민왕 대 이후에 곱절 이상의 관료를 배출하고 있었다. 이러한 현상이 나타나게 된 것은 당시 정치상황이 이들 가문에 유리하게 작용했거나 과거 합격자를 많이 배출한 것이 그 계기가 되었다고 볼 수 있다.[39]

한편 세족층의 혼인관계 역시 관료 배출 못지않게 그 가문의 정치사

---

38 김광철, 1991,『고려후기 세족층 연구』別表 1 고려후기 세족가문의 세계도(世系圖) 참조.

39 김광철, 1996,「권문세족과 신진사대부」『한국사』19, 국사편찬위원회.

회적 지위를 유지하는 데 크게 작용했던 것으로 보인다. 전근대 사회에서의 통혼권은 신분을 유지하는데 크게 작용하였던 것이 사실이어서 국혼인 왕실과의 혼인이 가장 크다 할 것이지만, 그 못지않게 보다 나은 누대의 세족과 혼인하는 것이 중요했다고 본다. 가령 당대에 세족의 지위를 굳건하게 지켜간 파평 윤씨는 언양 김씨 등 11개의 세족가문과 연결되어 있고, 철원 최씨는 황려 민씨 등 16개 정도의 세족 가문과 혼인 관계를 맺고 있는 것에서도 그러한 사실들이 잘 드러난다.[40] 또한 당대의 세족 지위에서 빠지질 않던 남양 홍씨도 고성이씨를 비롯하여 18개의 세족들과 혼인관계로 얽혀 있기도 하다.

그렇기에 고성이씨 또한 세족으로의 지위를 유지하기 위해서는 당대의 일급 세족들인 남양 홍씨를 비롯하여 진주 하씨, 남포 백씨, 문화 류씨, 안성 이씨, 함양 박씨, 청주 이씨, 안강 노씨, 청주 곽씨, 양천 허씨, 전주 최씨, 평양 조씨, 안동 권씨, 여흥 민씨, 강릉 김씨, 풍양 조씨, 성주 이씨, 상주 박씨, 무안 박씨, 기계 유씨, 서산 정씨, 남평 문씨, 충주 최씨, 동래 정씨, 청주 경씨, 진주 유씨, 서산 정씨 등과의 혼인 관계를 나타내고 있다. 이존비 대에서 벗어나 행촌 이암 등과 같은 고위직 인물이 연달아 배출됨에 따라 갈수록 재상(宰相)급 고급 관인들을 배출한 가문과 연결되는 상황이 잦아지고 있었다는 점이 눈에 띈다. 그리하여 급기야는 이교의 손녀이자 이림의 딸이 우왕의 근비가 됨으로써 왕비까지 배출하게 되는 세족으로서의 지위를 얻게 되었다.

---

40 박용운, 1997, 「고려시대의 해주최씨와 파평윤씨 가문 분석」『백산학보』23, 백산학회.

제2편

고려후기
정치 사회와 고성이씨

제1장 고려후기 정치세력과 고성이씨

1. 정방(政房) 정치와 고성이씨 발흥(勃興)

고려후기에는 무신들의 집권기에 이어 몽고의 침입과 원나라가 지배하던 혼돈의 정치 상황이 벌어진 시기였고, 이런 상황으로 인해 고성이씨가 두각을 나타낼 수 있었다. 고려중기에 확립된 3성 6부 체제가 유명무실화 되고 무신들이 실권을 장악하기 위한 새로운 통치기구가 등장하였는데, 교정도감(敎定都監), 정방(政房), 도방(都房) 이외에도 마별초(馬別抄), 야별초(夜別抄), 삼별초(三別抄) 등과 같은 새로운 통치 기구를 설립한 것들이 그것이다.

예나 지금이나 권력은 인사권에서 시작되듯이, 무신 집권자들 역시 인사권을 장악하기 위한 기구들을 우선적으로 설립하기 시작했는데, 그 중에서 대표적인 것이 바로 정방이었고, 고성이씨가 중앙 무대에서 큰 활약을 펼칠 수 있었던 것도 바로 정방이었다. 정방은 최이(崔怡)가 고종 12년 6월에 그의 사제(私第)에 설치하여 문무관 전주(銓注;인사권)를 담당하게 했던 기구였지만, 최씨 정권 초기이던 최충헌이 관리들의 전주를 사제(私第)에서 하였던 것에서 출발하는 것이기도 하다.[1]

---

1 김상기, 1948, 「高麗武人政治機構考」 『동방문화교류사논고』, 을유문화사 ; 김

아무튼 정방은 최이가 집권한 이후 사제에 설치한 것이어서 최씨 정권의 사적인 기구로 이해되고 있지만, 최씨 정권이 몰락한 이후 무인 정권 자체가 무너졌다 할지라도 그들의 권력 기구였던 정방은 계속하여 존속하고 있었다. 따라서 처음에는 최씨 정권의 사적 기구에 불과했으나, 당대의 실력자 유경(柳璥)이 최씨 정권을 무너뜨린 후 정방을 국왕의 편전 곁으로 옮겨 국가 기구로 흡수할 단초를 열어갔는데,[2] 유경이 바로 이존비를 있게 한 인물이었다는 점에서 시사하는 바가 크다.

최씨 무인 집권기이자 몽고와의 항전이 치열하게 전개될 무렵이었던 고종 20년(1233)에 태어 난 이존비(李尊庇)는 어릴 때 아버지를 여의고 외숙부이자 당대의 문사(文士)로 풍미하였던 백문절(白文節)에게서 수학한 바가 있는데, 그의 영향으로 말미암아 문장에 능하였고 예서(隸書)에 뛰어났다고 한다.[3]

나이 19살에 남성시(南省試 ; 예비시험)에 합격한 후 28세 되던 원종 원년(1260)에 예부시(禮部試)에 급제하여 출사의 길을 열었는데, 이때에 과거시험을 주관하던 고시관이 참지정사(參知政事) 이장용(李藏用)과 동지추밀원사(同知樞密院事) 유경(柳璥)이었다. 이렇듯 유경과 이존비는 좌주와 문생의 관계가 되어 부자관계 이상의 돈독한 사이가 되었다. 당시 과거 시험 풍속은 시험관(座主 또는 恩門)과 그 시험에 합격한 사람(門生) 사이에 부자관계와 같은 좌주문생(座主門生) 관계가 맺어졌고, 이는 단순하게 존경하고 아끼는 이상의 관계를 유지하던 오랜 된 관례였다. 이런 좌주(座主)문생(門生)제도의 관례는 점차 폐쇄적으로 운영될 수

　창현, 1998, 「정방의 설치와 政色承宣의 인사주도」『고려후기 政房 연구』, 고려대학교 민족문화연구원.
2 『고려사』권105, 열전18, 유경(柳璥)전.
3 『고려사』권111, 열전24, 이암(李嵒)전.

밖에 없어 고려 말에 이르면 청산해야 할 폐해 중에 하나로 지적되기도 했다. 이성계 옹립에 적극적으로 앞장섰던 윤소종은 이숭인 권근과 더불어 이색의 문생이었지만, 이숭인이나 권근이 요직에 있었던 것과는 달리 향리에 내려가 있거나 한직에 머물러 있었다. 조선 개국공신 남재(南在) 역시 공민왕 20년에 과거에 합격하였지만, 종9품 벼슬에 9년간이나 머물러 있어서 장인에게도 예를 갖추지 못하는 형편이었다. 그리하여 정도전은 좌주문생 관계를 '공적인 선발로서 사사로운 은혜를 삼는 것'이라고 비판하기에 이르렀고,[4] 조선이 건국된 후 결국 폐지되었다.

아무튼 고성이씨가 중앙정치 무대에서 두각을 나타내기 시작한 인물이 다름 아닌 이존비였고, 그가 정계의 실력자로 부상할 수 있었던 바탕에는 유경을 좌주(座主)로 모실 수 있었기 때문이었음은 말할 나위가 없다. 다음의 사례에서 그러한 사실이 잘 나타난다.

유경이 처음 과거를 주관하게 되자 그의 좌주인 평장사 임경숙(任景肅)이 허리에 두르고 있던 검은 물소 뿔로 만든 붉은 가죽 띠를 풀어 그에게 주면서 "공의 문하에 공만 한 사람이 있으면 전하도록 하라"라고 당부했다. 유경의 문생 이존비가 과거를 주관하게 되자 그것을 다시 자신의 문생에게 전하려고 했지만, 임연(林衍)의 난 때 잃어버렸으므로 시장에서 다시 샀더니 바로 그 띠였다. 이 일은 사림(士林)들 사이에 신기한 일로 전해내려 온다.[5]

위의 『고려사』 기록에서 보는 바와 같이, 임경숙-유경-이존비로 맥을

4 한국역사연구회, 2005, 『고려시대 사람들은 어떻게 살았을까』, 청년사, 95쪽.
5 『고려사』 권105, 열전18, 유경, "璥初掌試, 坐主平章事任景肅, 解所帶烏犀紅 鞓, 與之曰, "公之門下, 有如公者, 可傳之." 及尊庇掌試, 欲傳之則, 已失於林 衍之亂, 買之市, 卽其帶也, 士林傳爲異事."

이어가는 좌주문생 관계를 잘 엿 볼 수가 있겠다. 유경이 그의 좌주로부 터 물려받았던 물소 뿔 붉은 가죽 띠을 잃어버린 시기는 임연의 난 때라 했으니, 원종 9년(1268)에 임연(林衍)이 환관(宦官) 최은(崔璁)·김경(金 鏡) 등과 함께 세력이 커진 김준을 처단하고 다시 최은과 김경 등도 제 거하여 정권을 농단한 시기로 접어들었을 때 임연을 비난한 것이 탄로 나 유배 생활을 한 적이 있었는데, 바로 이 시기였을 것이다.

우리가 눈 여겨 봐야 할 점은 이존비와 함께 급제한 무리 중에는 안 향(安珦)도 있었지만, 유경이 여러 명의 문생들 중에서도 이존비를 가장 아끼고 있었음이 잘 드러난다 하겠다. 「이존비묘지명」에 의하면, 충렬왕 8년(1282)에 이존비가 동당시(東堂試) 지공거(知貢擧)가 되었을 때 공이 두 차례 시험을 주관하였는데, 자신의 문생(門生)들을 거느리고 은문(恩 門)인 시중(侍中) 유경(柳璥)을 찾아뵈니, 이 일은 천고(千古)의 역사를 쓰는 데 미담이 되었다라고 표현할 정도로 이존비 역시 유경에 대한 흠 모의 정은 모자람이 없었다.

아무튼 이존비의 좌주인 이장용과 유경은 모두 수상직에 오르는 정 계 실력자였고, 특히 유경은 장기간 지속되어 오던 최씨 무인정권을 무 너뜨린 인물이었다. 그리하여 최씨정권 하에서 인사권을 주무르던 정방 (政房)을 국왕의 집무실인 편전에다 옮겨 사적 기구의 정방을 공적 기구 로 되돌리는 공을 세웠다.

이러한 권한과 지위를 장악하고 있던 유경이었기에 그의 문생인 이 존비에게는 성장의 큰 발판이 되었다. 몽고의 침략전쟁으로 강화도로 피 신해 있을 때인 고종 20년(1233)에 태어난 이존비는 고종 38년(1251) 19 세의 나이로 남성시(南省試)에 합격하고, 원종 원년(1260)이던 28세 때 에 예부시(禮部試)에 합격하여 성규(星閨)에 적을 두었다.[6] 성규란 당시 내시직(內侍職)에 해당하는 곳인데, 고려시대 내시(內侍)는 조선시대 환관(宦官)과는 달리 과거급제자나 권문세가 자제가 입속(入屬) 하는 문관의 영직(榮職)이었다. 무신집권기 이후 무신들도 겸임을 한 자들이 늘어나 변화의 조짐을 보이긴 했지만, 이존비 생존 당시 내시 직능은 국왕 근시(近侍)로서의 원래 직분인 제반의식을 집행 하거나 어가를 수행하는 일이었다. 또한, 그들이 지닌 유학자적 자질로 왕에게 경서(經書)를 강의 하거나 왕의 제사(制詞)를 기초했으며, 국가기무(國家機務)를 관장하기도 하였다.

이어 이존비는 원종 5년(1264)이던 32세에 권무직(權務職)을 받은 후 여러 번 관직을 옮겨 비서교서랑(秘書校書郎) 액정내알(掖庭內謁) 대학박사(大學博士) 겸 직한림(兼 直翰林) 등을 역임한 뒤, 정당(政堂)에 불려 들어갔다. 정당이란 위에서 설명한 바 있던 정방(政房)을 말하는데, 이때 이존비의 나이는 대략 35세 정도였을 것으로 추정되는 원종 8년(1267) 경이었다. 그리하여 55세에 생을 마감할 때까지 정방에서 인사권을 장악한 인사 전문가로 활동하게 되었다.[7]

이존비의 좌주였던 유경은 유천우(俞千遇)와 함께 오랜 기간 동안 정방(政房)에 있으면서 최항(崔沆)의 신임을 받았는데, 최항의 뒤를 이은 최의(崔竩)가 국정을 농단하며 민심을 잃게 되자, 고종 45년(1258)에 무장이던 김준(金俊) 등과 도모하여 최씨정권을 무너뜨리고 왕실 권위를 회복하는 공을 세웠다. 이때부터 정방을 편전(便殿)에 두었지만 유경이

---

6 김용선, 1993, 「이존비묘지명」『고려묘지명집성』, 한림대아시아문화연구소. 이하 이존비의 개인 이력에 관한 내용들은 「이존비묘지명」에 주로 근거하였다.

7 이존비의 손자인 이암의 묘지명에 의하면, 이존비가 약 30년 동안 인사를 담당하였다고 하고 있지만, 이는 20년의 오류로 추정하고 있다(홍영의, 2017, 「고려후기 고성이씨 가계와 혼인관계를 통한 인적 관계망」『麗·元代의 農政과 農桑輯要』, 도서출판 동강).

전주(銓注: 인사권)를 장악해 국가의 기무(機務)를 결재하였고, 자신을 보좌하는 인원이 필요하게 되자 이존비를 차출한 것으로 보인다. 따라서 당시 이존비는 아직 초급 관료에 지나지 않았기 때문에 주로 유경의 업무를 보좌하는 수준에 그쳤지만, 정방에 배속된 그 자체만도 엘리트 코스에 진입한 것이나 다름없다 하겠다.

정방이 설치된 초창기에는 정색승선(政色承宣), 정색상서(政色尙書), 정색소경(政色少卿), 정색서제(政色書題) 등과 같은 관직이 설치되어 운영을 맡았다. 그러다가 충렬왕대에는 재상 아래 정색승지와 실무진으로, 충목왕대부터는 정방 제조제가 시행 되면서 재상과 대언으로, 공민왕대는 대언이 제외되고 재상으로만 구성되는 등의 변화 과정을 겪었다. 물론 그런 후 정방은 결국 상서사로 개편 되면서 폐지되고 말았는데,[8] 유경이 장악했을 당시의 정방 정색승선은 당연히 그의 몫이었고, 그 아래에는 유경이 추천한 최령(崔寧)과 원부(元傅) 허공(許珙) 등이 보좌하고 있었다.

정방의 최고 책임자인 정색승선은 왕의 비서인 승선 중에서 임명하는 것이 관례였는데, 유경이 정방에서 물러난 뒤에 그 구성원에 변화가 생겼지만, 유경이 추천한 인물들은 그 직을 유지하고 있었다. 즉 원종 8년(1267) 경 이존비가 정방에 첫 부임하였을 때 정색승선은 원부(元傅)가 맡아 있었고, 그 아래 허공(許珙) 이존비(李尊庇) 김주정(金周鼎) 등으로 구성되어 있었는데,[9] 김주정 역시 내시직으로 있다가 정방으로 들어

---

8 김상기, 1948, 앞의 논문 ; 김창현, 1998, 앞의 책 ; 김창현, 2001, 「고려후기 別廳宰樞와 內宰樞」『한국 중세사회의 제문제 - 김윤곤교수정년기념 사학논총』, 논총간행위원회.

9 김창현, 앞의 책(1998) ; 김창현, 2010, 「고려후기 이존비 이암의 활약과 그 특징」『고성이씨 가문이 인물과 활동』, 일지사.

온 인물이었다. 아무튼 이때부터 이존비는 정방에서 인사행정을 맡기 시작하면서, 여러 관직을 두루 거쳤다.

즉, 원종 9년(1268)인 36세에 참직(叅職)에 들어가 권지각문지후(權知閣門祗候)가 되었고, 37세부터 역임한 관직은 전중내급사(殿中內給事) 호부원외낭중(戶部員外郎中) 중서사인(中書舍人) 병부·이부시랑(兵部·吏部侍郎) 대자문학(大子文學) 내직랑(內直郎) 보문대제(寶文待制) 지제고(知制誥) 동궁시독학사(東宮侍讀學士) 응선부우첨사(膺善府右詹事) 등이고, 품계는 조산대부(朝散大夫)에 올랐다.

이어 충렬왕이 즉위(1274)한 43세에 남성시(南省試)를 관장하고, 조정·조의·중산·중대부(朝靖·朝以·中散·中大夫) 상서우승(尙書右丞) 예빈경(禮賓卿) 좌·우사의대부(左·右司議大夫) 비서윤(秘書尹) 판예빈시사(判禮賓寺事) 충사관수찬관(充史館修撰官) 등을 거쳤다가 충렬왕 3년(1277) 무렵에 밀직사우부승지(密直司右副承旨)로 정방(政房)의 최고 책임자인 정색승지(政色承旨)가 되었다.[10] 이에 이존비는 국왕의 비서인 승지로 있으면서 정방의 최고 책임자를 겸임하는 권력자가 되었음을 의미하며, 이후 우승지(右承旨) 좌승지(左承旨)를 역임하는 동안에도 계속해서 정색승지로서의 임무를 다하였다.

당시 정방에 설치된 바 있던 정색승선은 중추원 승선이 겸했다는 점에서 국왕의 최측근 세력으로 이해되기도 하며,[11] 특히 몽고 지배 하에서 정방의 핵심 구성원으로 설치되었던 필자적(必闍赤)은 몽고어 Bitsechi를 한문 투로 표현한 것으로, 필도치, 비칙치, 비체치 등으로 읽히는 문사

---

10 왕의 비서인 승선(承宣)이 승지(承旨)로 개편되었기에 정색승지(政色承旨)로 불려짐.

11 박용운, 1979, 「고려의 중추원 연구」『한국사연구』12, 한국사연구회 ; 김당택, 1999,『고려의 무인정권』, 국학자료원.

(文士)를 뜻하는 말인데, 고성이씨가 배출한 이존비도 당대 최고의 필자적으로 이름 높았던 인물이었다. 몽고의 간섭이 지속되는 가운데 필자적은 충렬왕 4년(1278) 경에 왕권강화를 위해 측근세력들로 구성된 기구로서 재추회의[內宰樞]의 기능을 대신할 정도였다.

당시 정방 구성원을 두고 칭했던 필자적(必闍赤)에 대해 정방(政房)과 관련 없이 국가 중대사를 논의하는 조직으로, 왕부(王府) 소속의 필자적(必闍赤) 중의 일부가 정방(政房)의 필자적(必闍赤)으로 기능하였다는 견해가 제시되기도 했지만,[12] 정방과 필자적은 서로 불가분의 관계가 아닐 수 없다.

무신들이 집권한 이후 그들의 권한을 강화하기 위한 수단으로 설치된 정방(政房)이었기에 일종의 사설기구에 지나지 않았지만, 점차 국왕 중심의 법제화 기구로 확대 강화된 측면이 크다. 아울러 충렬왕이 즉위한 이후에도 모든 국사가 재추회의(宰樞會議)를 통해 처결되고 있었다. 원래 재추회의는 국가의 중대사가 있을 경우 조신(朝臣)들을 널리 불러 회의를 하던 고려전기 이래의 정치 유습이었고, 이런 관례는 그 이후 무신 집권과 몽고 간섭기에까지 이어지고 있었다. 특히 무신들은 왕을 견제하거나 자신의 정책 수행 명분을 얻기 위해 재추회의를 이용한 측면이 컸던 점도 무시할 수 없을 정도였다. 이러한 정치적 유습을 떠안은 채 즉위한 충렬왕 입장에서는 재추회의를 견제할 무엇이 필요했던 것은 당연한 입장이었고, 그에 대한 대안으로 떠오른 것이 바로 측근세력에 힘을 실어 줄 필자적(必闍赤) 설치였다.[13]

---

12 박용운, 1994, 「고려후기의 必闍赤에 대한 검토」『이기백선생고희기념 한국사학논총』, 고희논총간행위원회.

13 이기환, 1987, 「忠烈王代의 必闍赤 : 忠烈王의 政治史的 役割과 관련하여」, 全南大學校 大學院 석사논문.

이존비가 필자적으로 선발 되는 과정을 알려주는 자료는 다음과 같다.

① 그(이암)의 조부 이존비(李尊庇)는 처음 이름이 이인성(李仁成)으로 부친을 일찍 여의고 외숙인 백문절(白文節)에게서 글을 배웠으며 글을 잘 지었고 예서(隷書)에 뛰어났다. 원종 초에 과거에 급제해 내시(內侍)에 적을 두었다가 국학박사(國學博士) 직한림원(直翰林院)으로 승진하였고 이후 여러 번 옮겨 이부시랑(吏部侍郎)이 되었다. 충렬왕 때 상서우승(尙書右丞) 사의대부(司議大夫)를 거쳐 좌승지(左承旨)로 임명되었다. 당시 좌부승지(左副承旨) 김주정(金周鼎)의 건의에 따라 필자적(必闍赤)을 신설해 국가의 중요한 업무를 맡겼다. 이존비는 바르고 곧은 사람이어서, 애초 그 논의에 참여하지 않았으므로 필자적의 일원에 끼이지 못하였는데, 여러 사람들이 그를 배척해서는 안 된다고 왕에게 말해 결국 필자적에 들어갔으며, 다시 밀직부사(密直副使)로 승진하였다.[14]

② 구 제도상 모든 국사는 재추(宰樞)가 모여서 의논한 후 승선(承宣)이 왕의 명령을 받아 시행했다. 이에 대해 김주정은, "현재 재추가 너무 많아 국정을 의논하는 일에 책임질 인물이 없으니 따로 필자적을 두어 국가 기무를 맡겨야 합니다. 또한 내료(內僚)가 국사를 모두 보고하게 하는 것은 불가하니, 적절한 사람을 뽑아 신문색(申聞色)으로 삼고 그 나머지는 없애버리는 것이 옳습니다."라고 건의했다. 이어 염승익(廉承益)과 이지저(李之氐)를 시켜 왕에게 귀띔하게 한 결과 드디어 필자적과 신문색을 설치하게 되었다. 김주정 및 참문학사(叅文學事) 박항(朴恒), 밀직부사 설공검(薛公儉), 좌승지(左承旨) 이존비(李尊庇), 판예빈사(判禮賓事) 염승익, 대장군 인공수(印公秀)·조인규(趙仁規), 비서윤(秘書尹) 정흥(鄭興), 내시장군(內侍將軍) 이지저, 보문서대제(寶文署待制) 곽예(郭預), 대부소윤(大府少尹) 안전(安戩)·천우위(千牛衛), 녹사(錄事) 이자분(李子芬), 첨사부녹사(詹事府錄事) 윤문옥(尹文玉), 대상부녹사(大常府

14 『고려사』 권111, 열전24, 이암(李嵒)전.

錄事) 정현계(鄭玄繼)를 필자적으로, 내료(內僚) 낭장(郎將) 정승오(鄭承伍)·김의광(金義光)·강석(姜碩)·이서(李恕)·하예(河汭)를 신문색으로 임명했다. 이들은 상시 궁궐에 모여 국가의 기무에 참여하고 결정을 내렸기 때문에 당시 별청 재추(別廳宰樞)라고 불렸다. 그러나 선왕대부터 전해오던 옛 제도가 아니었기 때문에 비난하는 사람들이 많았다.[15]

이렇게 설치된 필자적에는 ②의 자료 말미에서 확인되는 바와 같이, 그 구성원들이 상시로 궁궐에 모여 국가의 기무에 참여하고 결정을 내렸기 때문에 당시 별청재추(別廳宰樞)라 불린다고 할 정도였다. 따라서 충렬왕이 설치한 필자적은 기존의 재추회의를 대신하겠다는 당초 의도가 잘 반영되었음을 볼 수가 있다. 그럼에도 선왕대부터 전해오던 옛 제도가 아니었기 때문에 새로 설치된 필자적에 대한 반대 세력도 만만치 않았음을 알 수가 있다.

사정이 이렇게 흘러가자 필자적을 통해 왕권을 강화하려던 충렬왕 계획은 곧 실패하고 말았다. 기존의 재추회의 기능을 새롭게 법제화하고 상설화 했던 도평의사사(都評議使司)가 출현했기 때문이다. 이는 물론 당시의 재추회의의 기능이 그만큼 강했다는 것을 뜻하는 것이기도 하다. 필자적 구성원이 모두 국왕 중심의 신진세력이었다는 점은 이미 알려진 바다.

광산김씨 가문에서 출생하여 과거 시험에서 장원 급제로 출사한 김주정(金周鼎)은 필자적의 필요성을 적극 주창한 인물이었는데, 그도 이존비처럼 내시(內侍) 소속으로 정방(政房)에 들어간 인물이었다.[16] 특히 김주정은 이존비와 함께 늘 정방에서 뜻을 함께 하기도 했기에 정가신

---

15 『고려사』 권104, 열전17, 김주정(金周鼎)전.
16 『고려사』 권104, 열전17, 김주정(金周鼎)전.

(鄭可臣)과 더불어 이들 3명은 정방의 3학사(學士)로 불리기까지 할 정도였다.[17]

이들과 함께 필자적에 임명된 박항 역시 고종 때 과거에 급제한 신예였는데, 그는 춘천박씨 가문에서 태어났지만 선계(先系)가 알려지지 않을 정도다. 그리하여 박항은 오늘날 춘천박씨 시조로 추앙받고 있다. 『고려사』에는 그 자신이 춘주(春州; 오늘날 춘천)의 주리(州吏)였다고 전할 뿐 그의 세계(世系)에 대한 더 이상의 언급은 없다.[18]

설공검(薛公儉)은 순창군(淳昌郡) 사람으로 그의 부친 설신(薛愼)이 과거에 급제한 후 개경으로 올라 와 신진세력을 대표하는 가문으로 부상하였다.[19] 즉, 설신의 선대는 순창의 향리였는데 증조 설자승(薛子升)은 군사호(郡司戶), 조부 설정숙(薛挺叔)은 사문박사(四門博士), 부친 설선필(薛宣弼)은 검교군기감(檢校軍器監)이었다. 설신의 모친 역시 향직이었던 순창군사호(淳昌郡司戶)를 역임한 조승영(趙崇穎)의 딸이니, 순창 조씨(淳昌趙氏)도 순창 향리였던 셈이다. 이렇듯 순창 설씨는 설공검의 할아버지대까지는 고급관인을 배출하지 못했으나 설신이 과거에 급제한 후 그의 아들 설공검과 손자 설지충(薛之沖)으로 이어지면서 문벌로 성장한 가문이었다.

이들과 함께 필자적에 오른 염승익(廉承益)·인공수(印公秀)·조인규(趙仁規) 등은 무인출신이란 공통점이 있는데, 이들은 고려후기 무신 집권기와 대몽항쟁이란 혼란한 정국 속에서 개인의 능력을 바탕으로 입신하여 새롭게 떠오르는 신흥세력이었다. 그 중에서도 가장 번성한 가문을 일으킨 조인규의 경우 후일 조선을 건국하는 데 개국공신이었던 조준을

---

17 이승휴, 『動安居士集』 「動安居士行錄」 권3, 行錄 復用前韻 上竹堂三學士
18 『고려사』 권106, 열전19, 박항(朴恒)전.
19 『고려사』 권105, 열전18, 설공검(薛公儉)전.

배출하기도 했지만, 당대에 이미 권문세족으로 성장하여 무려 4대에 걸쳐 의선을 비롯한 4명의 천태종 승려를 배출하여 묘련사를 장악했고, 과천의 청계사(清溪寺)를 그의 가문 원찰로 활용했을 정도로 불교세력과도 긴밀하게 연결된 가문이었다.[20]

그럼에도 필자적 구성상의 특징을 보면 과거에 급제하여 정규 관로(官路)를 통해 진출한 신진기예 뿐만 아니라 신분상으로 하찮은 국왕 측근의 근행(近幸)들이 다수 포함되어 있었다는 점이다. 특히 내료로 불린 자들은 주로 궁궐 안에서 국왕과 관료들 사이에서 말을 전달하는 계사(啓事)·구전(口傳) 외에도 궁중 잡다한 일도 처리하였다. 원래 남반(南班) 7품까지만 진출을 허용하였기에 동·서반의 경우 미관말직에도 진출할 수 없도록 되어 있었는데, 원종 때부터 이러한 원칙이 무너지기 시작하여 충렬왕 때에는 내료로서 국왕의 총애와 후원에 힘입어 고위직으로 승진하는 사례가 많았고, 대표적인 인물이 김의광(金義光)이었다.[21]

특히 필자적 설치의 당초 목적대로 운영하지 못한 면은 충렬왕에게서 찾을 수 있다. 충렬왕은 이들 중 정규 관로로 진출한 신진기예에 대해서는 관심을 크게 기울이지 않아 소원한 대신 국왕 측근에서 활약하던 소위 문고리 권력의 내료(內僚)와 폐행(嬖倖)들의 입김에 휩싸였기 때문에, 필자적 체제는 기성 정치인들로부터 반발을 샀던 것은 당연해 보인다.

이존비는 당초 필자적 설치를 위한 안이 도출되거나 인적 구성을 위한 논의에 참여하지 않고 거리를 두고 있었음이 ①의 자료를 통해 확인된다. 이존비는 성격이 바르고 곧은 사람이어서 애초 그 논의에 참여하

---

20 민현구, 1977, 「조인규와 그의 가문」『진단학보』 43, 진단학회.
21 홍승기, 1983,『고려 귀족제 사회와 노비』, 일조각.

지 않아 필자적 일원에 끼이지 못하였는데, 여러 사람들이 그를 배척해서는 안 된다고 왕에게 말해 결국 필자적에 들어갔다는 것이다. 이런 기록을 통해서 볼 때 이존비는 당시 신진기예들에게는 없어서는 안 될 정도로 신망이 매우 두터웠음을 알 수 있다.

아무튼 충렬왕이 재추회의(宰樞會議)를 중심으로 하는 기성세력을 누르기 위해 자신에게 충성을 다할 새로운 세력을 형성시키려 한 노력은 성공을 거두지 못하고 말았는데, 충렬왕의 측근 세력 포섭정책은 필자적 구성원의 주류인 정규 관로(官路) 출신 인물들의 이상과도 맞지 않는 것이었다. 따라서 필자적은 처음부터 구성상의 한계를 내포하고 있었던 셈이다. 그리하여 충렬왕에 의해 진출한 신흥세력들은 대원관계의 진전에 편승하여 갑자기 팽창하게 되어 신구세력의 갈등을 초래하게 되었고, 이를 원만히 수습하지 못함으로서 그의 왕권강화 노력도 실패하고 말았다.[22]

잠시나마 필자적에 적을 두었던 이존비는 그 후 삼사사(三司使) 지군부사사(知軍簿司事)를 역임하였다가 충렬왕 5년(1279)인 47세에 재상(宰相)인 중의대부(中議大夫) 밀직사부사(密直司副使) 판도판서(版圖判書) 문한학사(文翰學士)로 승진하였는데, 이때에는 재상의 지위로 정색승지(政色承旨) 위에서 정방을 통솔하였고, 이후 봉익대부(奉翊大夫)에 올라 동지밀직사사(同知密直司事) 지밀직(知密直) 동판밀직(同判密直) 등 밀직사(密直司) 재상을 두루 역임한 바가 있다. 그가 밀직부사로 재직하는 동안에 정인경(鄭仁卿) 장군과 함께 원나라에 들어가 전함 건조를 감독하는 일에 홍다구(洪茶丘)를 제외 시켜 달라고 요청하기도 했다.[23] 이 후

---

22 이기환, 1987, 「忠烈王代의 必闍赤 : 忠烈王의 政治史的 役割과 관련하여」, 全南大學校 大學院 석사논문.

23 『고려사』 권29, 충렬왕 5년 7월 경오조.

문한학사승지(文翰學士承旨) 세자원빈(世子元賓) 감찰대부(監察大夫) 좌·우상시(左·右常侍)를 제수 받아 국왕을 보필하는 동안에도 정방(政房)의 인사권을 계속해서 장악하고 있었으니,[24] 20년간 인사행정을 담당한 당대 최고의 인사책임자라는 누구도 흉내 낼 수 없는 광영을 누렸고, 고성 이씨를 고려후기의 당당한 세족(世族)의 반열에 끌어올리는데 역할을 다하게 되었다.

충렬왕 7년(1281)에 원(元)나라가 조회를 하러 오지 않는 일본(日本)을 토벌하려고 칙령을 내려, 바다를 건너는 군사의 식량 10만여 곡(斛)을 준비하도록 하였다. 이 임무를 담당하는 것을 모두 피하려고 하였으나, 공은 경상·전라·충청 3도의 도순무사 명을 받고 영남(嶺南)으로 내려가 통솔하자 순식간에 만 척의 배에 실을 만한 식량을 마련하였다. 삼한(三韓)의 편안함이 한 손바닥 안에 있게 되었으므로, 임금이 포상하고 가상하게 여기는 것을 그치지 않았다.[25] 그 후 판밀직사사(判密直司事)·감찰대부(監察大夫)·세자원빈(世子元賓)을 지내다 죽으니 세자가 부음을 듣고 울면서 "바르고 곧은 이존비가 어찌 이처럼 일찍 죽는가?"라고 탄식하였다 전한다.[26]

이상에서 보았듯이, 이존비는 당대의 실력자 유경(柳璥)의 문생으로 인연을 맺어 그의 추천으로 정방(政房)으로 들어가 20년간 인사권을 행사한 인물이었다. 최씨정권 초창기에는 최충헌이 설립한 교정도감(敎定都監)이 문무관 인사까지 담당하는 듯도 했지만, 이는 상례적인 것이 아닌 듯 하고, 그 후 최이가 설치한 정방에서는 이부(吏部)와 병부(兵部)에서 작성하는 정안(政案)을 근거로 전주(銓注)를 하였다. 따라서 최씨 정

---

24 『고려사』 권111, 열전24, 이암전.
25 『고려사절요』 권21, 충렬왕 13년 정월 ; 「이존비묘지명」.
26 「이존비묘지명」 ; 『고려사』 권111, 열전24, 이암(李嵒)전

권 하에서의 정방은 그들의 총애를 받은 인물들이 전주(銓注)를 맡았기에 인사권이 국왕이 아닌 집권자 의사에 따라 좌우되는 측면이 있었고, 최씨 정권이 몰락한 후에는 정방 구성원들의 독자적인 의사에 따른 전주를 집행할 가능성이 커질 수밖에 없었다. 그리하여 정방 구성원 임명 역시 출신 성분을 별로 따지지 않는 경향으로 신분제에 큰 변화를 촉진하기도 했으니, 당시 정방이란 기구를 통해 신흥 가문들이 세족으로 성장하는 사다리가 될 수 있었는데,[27] 고성이씨가 배출한 이존비에 의해 그들 가문이 세족으로 성장해 갔던 것이다.

이런 식으로 운영되던 정방은 충목왕대 이후 치폐를 거듭하다가 공민왕 6년(1357) 폐지되고 인사권의 기능이 이부와 병부에 환원되었는데, 이는 왕권을 강화하고 고려의 구제(舊制)로 돌아가려는 공민왕의 개혁의지가 표명된 것이었다. 하지만 몇 년 후 부활한 것으로 보이며, 창왕 즉위년(1388) 상서사(尙瑞司)로 고치면서 완전한 국가 기구로 되어 갔음을 볼 수 있다.[28]

2. 고성이씨 이존비가(李尊庇家)의 융성(隆盛)

고려후기에 들어와 고성이씨를 문벌 세족 명문가의 반열로 성장시킨 인물이 다름 아닌 이존비(李尊庇)였는데, 이는 그의 아버지 이진(李瑨)이

---

27 장동익, 1979, 「고려후기 銓注權의 행방」 『대구사학』 15·16, 대구사학회 ; 김창현, 1998, 앞의 책.

28 김성준, 1962, 「고려 정방고」 『사학연구』 13, 한국사학회 ; 김상기, 1948, 앞의 논문 ; 민병하, 1973, 「최씨정권의 지배기구」 『한국사』 7, 국사편찬위원회. ; 김윤곤, 1964, 「여말선초의 尙瑞司」 『역사학보』 25, 역사학회.

과거에 급제하여 개경으로 거처를 옮겼기에 가능한 것이었다. 다시 말해 경상도 고성 땅에서 토착세력으로 살아가던 이씨들 중에서 처음으로 고성을 떠나 중앙으로 상경하여 백경선의 사위가 되었고, 그 영향으로 그의 아들 이존비가 당대의 걸출한 문사이자 외숙이었던 백문절(白文節)에게 글을 배워 출사할 수 있었던 것이다.

이처럼 고려후기의 신분 사회에서는 혼인관계가 매우 중요했다. 당시의 가족제도는 양측적(兩側的) 친속(親屬)을 동등한 지위에 놓고 대우하던 시절이었기 때문인데, 재산 상속 등에서 아들과 딸을 구분하지 않았고, 남자가 여자 집으로 장가를 가서 생활하는 남귀여가혼(男歸女家婚)이 일반적이어서 친손과 외손을 구별하는 시절도 아니었다. 이존비가 어려서부터 외가인 남포 백씨 가문에 의존하였듯이, 이존비의 자녀 대에 와서도 혼인관계는 곧 그들의 정치 사회적 지위를 유지하거나 상승시키는데 매우 중요한 잣대가 되기도 했다.

[이존비 가계도]

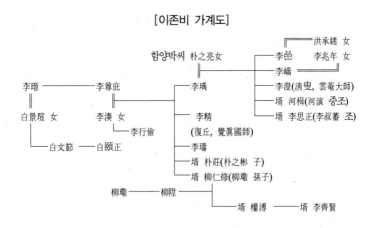

고성이씨의 상경(上京) 종사(從仕)에 따라 그 혼인망(婚姻網)도 경상

도 고성지역이라는 한계에서 벗어나 크게 넓어졌다. 이진-이존비 당대에는 개경으로 모여든 지방 세력 중에서도 무신 집권기 이후 신흥세족으로 등장한 남포 백씨를 비롯하여 익산 이씨나 함양 박씨 등과의 혼인으로 연결되었다가, 이존비 손자대에 이르게 되면 고려후기 최고의 명문가 반열에 위치하고 있었던 남양 홍씨를 비롯하여 성주 이씨, 진주 하씨, 안성 이씨 등과의 혼인망으로 확대되어 갔음을 확인할 수 있다.

우선 이존비의 장인 이주(李湊)는 익산 이씨 가문에서 배출한 당대의 문장가로 이름 높았던 인물이다. 익산 이씨 가문은 그 유래가 꽤 잘 알려져 있는데, 고려 인종 때 상서좌복야(尙書左僕射)를 지낸 이주연(李周衍) 아래 이열(李洌 : 參軍)-이영재(李英梓 : 直史館)-이양진(李陽眞 : 증 상서좌복야)-이주(李湊)-이행검(李行儉 : 寶文閣直學士知制誥)으로 이어지는 인물들을 배출하여 명문가 세족층이란 사실이 잘 드러낸다.[29]

자가 호연(浩然)인 이주(李湊)는 고종 때 과거에 급제해 부성현위(富城縣尉)로 나갔다가 내직으로 들어와 도병마녹사(都兵馬錄事)를 역임한 후 직사관(直史館)에 뽑혔으나 어떤 일에 연관되어 관직에서 물러났지만, 그의 재능을 아낀 상서(尙書) 김창(金敞)의 천거로 교서랑(校書郎)으로 임명되고 이후 거듭 승진하여 기거사인(起居舍人)이 되었다. 원종 때는 병부(兵部)·예부(禮部)의 시랑(侍郎)과 국자좨주(國子祭酒)를 역임한 후 좌간의대부(左諫議大夫)를 지내면서 사직을 청하는 글을 올리자 상서 좌복야(尙書左僕射)·한림학사승지(翰林學士承旨)로 올려 버슬을 마치게 하였다. 충렬왕 4년(1278)에 죽으니 나이가 78세였다. 성품이 온화하고 착했으며 글을 잘 지었고 특히 서찰에 뛰어났는데, 평소 집안 살림을 돌

---

29 이색, 『牧隱文藁』 제18권, 비명(碑銘), 이공수(李公遂 : 이행검 손자) 묘지명 ; 이수건, 1984, 『한국중세사회사연구』, 일조각, 314쪽 ; 김광철, 1991, 『고려후기 세족층연구』, 동아대출판부, [익산이씨 가계도].

보지 않아 집에는 여분의 쌀 한 섬도 없었다고 전할 정도로 청빈한 삶을 살았던 인물이다.[30]

이주의 아들 이행검(李行儉) 역시 대를 이어 과거에 급제한 한 후 진주사록(晉州司錄)에 임명되었다가 차츰 승진해 상서도사(尙書都事) 겸 직사관(直史館)을 오랫동안 지내다가 지홍주사(知洪州事)로 나갔다. 삼별초의 난 때 적에게 사로 잡혀 억지로 관리 선발과 임명을 맡았는데, 김방경(金方慶)이 적을 격파한 후 이행검이 자기 부친 김효인(金孝印)의 문생이라 하여 살려 주었다. 뒤에 청주(淸州 : 지금의 충청북도 청주시)·곡주(谷州 : 지금의 황해북도 곡산군)·풍주(豊州 : 지금의 황해남도 과일군) 등 세 주의 수령이 되자 청렴하고 편리한 행정을 베풀어 칭송을 받았다. 충렬왕 때 사간(司諫)을 지내면서 감찰시사(監察侍史) 김홍미(金弘美) 등과 함께 정랑(正郎) 임정기(林貞杞)와 봉의랑(奉議郎) 고밀(高密)의 임명장에 서명을 거부했다. 고밀은 그 처가 술을 잘 빚었기 때문에 항상 술로 권신들과 총신들에게 잘 보여 벼슬에 오를 수 있었다. 임정기 등이 응방(鷹坊)에 청탁해 왕명을 구실로 서명을 독촉했으나 그래도 따르지 않자 왕이 노해 이행검 등을 섬으로 유배 보냈다.

이때 처남을 위해 이존비(李尊庇)가 상장군(上將軍) 염승익(廉承益)에게, '이행검에게는 나이가 여든 된 어머니가 있어 밤낮으로 울며 부르다가 병을 얻어 죽게 되었으니 선처를 해 달라'는 부탁을 하자, 염승익이 왕에게 그대로 보고하여 석방되었다. 뒤에 이행검은 전법랑(典法郎)이 되었는데, 당시 정화원비(貞和院妃)가 왕의 총애를 받고 평민들을 종처럼 부리자 그들이 전법사(典法司)에 호소했으나 도리어 정화원비(貞和院妃)에게 종으로 주도록 왕명이 거듭 내려졌다. 판서(判書) 김서(金㥠)가

---

30 『고려사』 권106, 열전19, 이주(李湊)전.

동료들과 함께 그렇게 판결하려 하자 이행검은 죽음을 각오하고 반대 입장을 고수했다. 마침 이행검이 병이 나서 휴가를 얻자, 김서 등은 그가 없는 틈을 타 즉시 판결을 내려버렸다. 그 때 어떤 사람이 예리한 칼이 하늘에서 내려와 전법 관리(典法官吏)를 난도질하는 꿈을 꾸었는데, 이 튿날 김서는 등창이 나서 죽고 동료들도 잇달아 죽었으나 이행검만 무사했다고 한다. 전해 내려오는 이런 이야기를 『고려사』에 그대로 실었다는 것은 이행검의 강직한 성격을 가감없이 나타내기 위함이었을 것이다. 이후 관직을 두루 거쳐 국학전주(國學典酒)·보문각직학사(寶文閣直學士)까지 지내고 사직했는데, 다시 언부전서(讞部典書)로 올려 벼슬을 마치게 했다. 충선왕 2년(1310)에 죽으니 나이 86세였다.[31]

성품이 침착하고 과묵했으며, 집안이 구차했지만 살림살이에는 전혀 신경을 쓰지 않았다라고 표현한 그의 전기에서처럼 아버지 이주의 청빈한 생활이 그의 아들 이행검에게도 전해졌음이 틀림없다 하겠다. 아울러 이행검은 손으로 불경을 베껴 썼는데 늘그막에는 더욱 부지런히 썼다라고 한 바와 같이 불교에 크게 심취해 있었던 것으로 판단된다. 이존비의 둘째 아들 이정(李精)은 출가하여 복구(復丘)란 법명으로 후일 국사(國師)의 지위에까지 오르게 되었던 데에는 외가의 뿌리 깊은 불심에 영향을 받았던 것이 아닌가 한다. 이행검이 수선사 6세 원감국사(圓鑑國師) 충지(冲止)로부터 받은 시문이 전하기도 하거니와, 그의 생질이었던 복구(復丘) 역시 수선사 5세 천영에게 출가하였고, 대선사 도영에게 가서 수행을 하여 총림의 우두머리가 되었는데, 충정왕 2년(1350) 왕사로 책봉되어 불교계를 주도하였고, 입적하자 각진국사로 추증되었다.[32] 복구

31 『고려사』 권106, 열전19, 이주(李湊) 부 이행검(李行儉)전.
32 황인규, 2010, 「수선사 16국사의 위상과 추념」 『보조사상』 34, 보조사상연구원.

가 백암사로 옮겨가기까지 약 20년을 수선사에 머물렀던 것도 그런 인연으로 판단된다. 복구는 수선사 13세 사주로 있는 동안 침체된 선종의 수선사 부흥에 힘을 쏟았다고 전한다.

이행검에게 아들이 둘 있었는데, 이직(李稷)과 이애(李崖 ; 이공수 父)다. 이직은 과거에 급제해 관직이 성균대사성(成均大司成)에 이르렀고, 이애는 감찰규정(監察糾正)을 지냈다. 딸은 산랑(散郞) 기자오(奇子敖)에게 시집가서 원나라 순제(順帝)의 기황후(奇皇后)를 낳아, 영안왕부인(榮安王夫人)으로 봉해졌다.[33] 이처럼 이행검의 외손녀가 원나라 순제의 황후가 되었는데, 기철 형제들이 누이동생을 등에 업고 친원세력으로 크게 부상하여 정권을 농단할 정도에 이르렀다는 것은 잘 알려져 있기도 하다.

이존비와 그의 부인 익산 이씨 사이에는 장남 이우(李瑀)를 비롯하여 3남 2녀를 두었는데, 우선 장남 이우에 대해 살펴보면, 충렬왕 5년(1279) 독로화(禿魯花 = 뚤루게)로 임명되어 원나라에 파견되었고, 그 후 1332년에 충숙왕이 복위하면서 전대의 왕이었던 충혜왕 패행(嬖幸)들을 몰아낼 때 행촌 이암이 폐행으로 지목되어 함께 파직되고 전리(田里)로 귀향(歸鄕) 하였다고 한다.[34]

이우에 대한 자료는 매우 빈약한 편인데, 이는 그가 오랜 기간 동안 원나라에서 인질생활을 했기 때문인 것으로 보인다. 고려는 몽고와의 전쟁 중에 벌어진 여러 가지 요구들 중에 인질 제공만을 받아들여 고종 28년(1241) 처음으로 왕족 영녕공 준(永寧公緯)을 비롯한 귀족 자제 10인을 몽고에 파견하였고, 이후 원종 12년(1271)에도 추가로 보내는 등 굴욕을 겪어야만 했다. 이를 독로화 또는 몽고어로 뚤루게라 불렸는데,

---

33 『고려사』 권106, 열전19, 이주(李湊) 부 이행검(李行儉)전.
34 『고려사』 권111, 열전24, 이암(李嵒)전, "忠肅復位, 以嵒爲忠惠嬖幸, 杖流海島, 罷瑀歸田里."

귀족자제들이 선발되기를 꺼리자 충렬왕은 특별히 3등급을 올려 수직(授職)하여 보냈지만, 이들 중 소수는 유력자들에게 청탁해 곧 귀국한 경우도 있었다.

충렬왕이 즉위한 후인 1275년에 왕족인 대방공 징(帶方公澂)과 의관 자제 10명을 독로화로 보냈지만, 원에서는 이들이 의관자제가 아닌 이유로 돌려보내기까지 하는 등의 마찰이 있었다.[35] 그런 가운데 1278년 충렬왕이 원에 친조(親朝)해 다루가치 폐지와 원병 철수, 홍다구(洪茶丘) 소환 등을 요구해 성과를 거두었다. 하지만 원은 고려에 대한 간접적인 통제 수단으로 자격 조건을 더욱 강화한 인질을 요구하게 되었고, 그에 따라 이듬해 김방경(金方慶)·원부(元傅)·박항(朴恒)·허공(許珙)·홍자번(洪子藩)·한강(韓康)·설공검·이존비(李尊庇)·김주정(金周鼎) 등 고위 관직 자제들이 대거 대방공 징(帶方公澂)과 함께 원에 보내졌다.[36]

독로화로 파견된 인물 가운데는 안향(安珦)·박전지(朴全之)처럼 원나라에서 문명(文名)을 떨친 이도 있었고, 한사기(韓謝奇)처럼 가족을 이끌고 원에 들어가 그 곳에서 출사(出仕)한 이도 있었다. 그러나 대부분은 어린 나이에 이국 땅에서 어려운 시절을 보냈을 것으로 짐작된다. 이존비의 장남 이우 역시 충렬왕 5년(1279)에 인질로 원에 들어가 한 동안 생활했기 때문에 본국에서의 문과 응시 기회를 얻지 못한 채 무반으로 입신하여 충렬왕 13년(1287) 이존비가 사망할 당시까지도 원나라에서 귀국하지 못한 채 근시낭장(近侍郎將)을 역임했고, 대략 20세 초반의 나이에 입조하여 약 8년 정도 원나라에 머물렀던 것으로 추정된다.[37] 귀국

---

35 『고려사』 권28, 세가28, 충렬왕 원년 12월 정미조 ; 『고려사』 권28, 세가28, 충렬왕 2년 윤3월 계축조.

36 『고려사』 권29, 세가29, 충렬왕 5년 3월 정사조.

37 홍영의, 2017, 「고려후기 고성이씨 가계와 혼인관계를 통한 인적 관계망」 『여원

한 후 회양(淮陽)과 김해(金海) 전주(全州) 진주(晉州)의 지방관을 두루 거쳤다가 말년에 철성군(鐵城君)으로 봉군되었다.[38]

이우의 처는 무반으로 입신했던 함양 박씨 박지량(朴之亮)의 딸이다. 박지량은 원종 12년(1271)에 수로방호사(水路防護使)가 되어 경상도를 지켰고, 충렬왕이 즉위한 1274년에 여몽연합군의 김방경(金方慶) 휘하에서 지병마사(知兵馬使)로 참전하였던 공으로 원나라로부터 무덕장군관군천호(武德將軍管軍千戶)라는 벼슬을 받았다. 이어 2차 일본 정벌에도 참여하였으나 태풍으로 인하여 큰 성과를 거두지 못한 채 돌아왔고, 판삼사사(判三司事)를 거쳐 1288년에 동북면병마사가 되었고, 이듬해 경상전라도순문사가 된 뒤 성절사(聖節使)로 원나라에 다녀왔으며, 그 후 철령을 넘어오는 적들을 무찌르는 공을 세웠다.[39]

이처럼 이존비의 장남으로 태어난 철성군 이우는 그 자신이 크게 현달한 고위관직을 역임하지는 못했지만, 부인 함양 박씨와의 사이에 아들 행촌 이암과 도촌 이교 같은 걸출한 인물들을 배출하여 고성이씨 가문을 더 큰 명문가 세족 반열에 오르게 하였다. 이우는 이암과 이교, 이징 등 아들 셋과 딸 둘을 두었는데, 이암과 이교에 대해서는 장을 달리하여 살펴 볼 예정이라 여기에서는 생략한다. 이징은 고성이씨 가문에서 그의 숙부 복구와 함께 불교에 귀의한 인물이기에 그 역시 장을 달리하여 살펴 볼 것이다. 이우의 사위였던 하즙(河楫)은 진주 하씨로 충숙왕 11년(1324) 과거에 합격하였고, 우왕 대에 찬성사로 치사(致仕)한 후 진주군(晉州君)에 책봉되었다. 아들 하윤원(河允源) 역시 충혜왕 말에 과거에

대의 농정과 농상집요』, 도서출판 동강.
38 「이존비묘지명」「이암묘지명」「이강묘지명」 등에 의함. 이우의 봉군에 대한 것은 철원군(고려사, 이암묘지명)과 철성군(이강묘지명)으로 달리 기록되어 있다.
39 홍영의, 앞의 논문.

급제하여 공민왕 때에는 경성수복 2등 공신이 되었고, 신돈에게 끝까지 아부하지 않아 후세에까지 칭송을 받았다. 하윤원의 아들 하자종(河自宗)은 이색(李穡) 정몽주(鄭夢周) 길재(吉再) 등과 교유했던 학자이자 문신 관료였는데, 그의 아들 5형제 중에 세종 때 명망 있는 정승으로 이름 높았던 하연(河演)이 뛰어났다. 이우의 또 다른 사위 이사정(李思正)은 행적이 크게 알려진 게 없으나, 조선 초 이방원을 왕좌에 오르게 하는 데 1등 공신이었던 이숙번(李叔蕃)이 그의 손자였다.

이존비의 차남 이정(李精)은 10세에 출가하였으며, 고려후기 불교사에서 빼 놓을 수 없은 인물이기도 하다. 이정은 왕사(王師)를 역임한 이후 국사(國師)에까지 추중되었고, 3남 이숙(李璹)에 대한 기록은 거의 없는 형편이라 장성하기 이전에 생을 달리한 것으로 보인다.

이존비의 사위는 박지빈(朴之彬)의 아들 박장(朴莊)과 유경(柳璥)의 손자 유인수(柳仁修)인데, 함양 박씨 가문을 크게 일으킨 박지빈은 이우의 장인이었던 박지량과는 형제이며, 박장의 아들은 당대 성리학자로 이름 높았던 박충좌(朴忠佐)였다. 박장(朴莊)의 형제들이 나란히 과거에 급제하여 가문을 크게 일으켰다.[40] 이존비에게 외손자가 되는 박충좌는 이존비 외사촌이던 백이정(白頤正) 문하에서 성리학을 배웠다. 특히 백이정이 원나라에서 주자성리학을 배우고 고려에 돌아왔을 때, 박충좌는 이제현(李齊賢)과 함께 처음으로 그에게 사수(師受)하였는데, 이때 박충좌는 『주역』을 즐겨 읽었다고 전한다.[41] 이처럼 고려에 들어온 신유학이 이존비 가계를 매개로 학문 수수가 이루어지고 있었음을 볼 수 있다.

---

40 『고려사』 박충좌(朴忠佐) 열전에는 박장의 4형제가 등과했다고 했으나, 『동문선(東文選)』 권86, 서(序), [하죽계안씨삼자등과시서(賀竹溪安氏三子登科詩序)](李穡)에 의하면, 박장(朴莊)과 박리(朴理)·박계원(朴季元) 등 3형제 등과로 나온다.

41 『고려사』 권109, 열전22, 박충좌(朴忠佐)전.

이존비의 둘째 딸은 문화 유씨 유인수에게 출가하였는데, 유인수의 초명은 유인명(柳仁明)이며 유경의 손자이다. 문음으로 출사하여 충렬왕 20년(1294)에 하정사로 원나라에 다녀왔는데, 원나라에서 예를 아는 분이라 칭찬하였다. 그 후 판도좌랑(版圖佐郞)을 거쳐 중문지후사(中門祗侯使)로 있으면서 정사를 논함에 정직하다는 명성이 있었다. 아무튼 이존비가 과거에 급제할 당시 좌주(座主) 문생(門生)으로 인연을 맺은 유경(柳璥)은 이존비의 출세 길을 열어주었을 뿐만 아니라 그의 손자를 이존비 사위로 보냈을 정도로 두 가문이 매우 돈독한 관계를 유지했음을 볼 수 있다. 문화 유씨는 당대에 남양 홍씨나 광산 김씨 혹은 안동 권씨 등과 같은 명문들과 혼인망으로 연결된 가문이었다는 점에서 보면, 이존비가 생존해 있을 당시에 이미 거가(巨家) 세족(世族)으로 성장한 것이나 다름없다 할 것이다.

앞에서 살펴 본 바와 같이 이존비의 세 아들 중에 차남은 출가하여 왕사를 역임하고 사후 국사로 추존된 각진국사(覺眞國師) 복구(復丘)였고, 3남은 어려서 생을 마감한 것으로 추정되기에 후손이 없는 것으로 알려져 있다. 따라서 장남이었던 이우(李瑀)가 이존비 유일한 가계 계승자였는데, 그는 일찍이 고려 귀족 자제의 인질 성격으로 원나라에 파견되었던 독로화(禿魯花 = 뚤루게)로 어려서부터 원나라에서 생활을 했었다. 그렇기에 귀국해서도 무반직으로 관직에 나가 지방 수령을 거치기는 했으나 크게 현달하지는 못했다.

그런데 비해 이우의 장남 이암(李嵒)과 차남 이교(李嶠) 등 두 아들이 문과에 급제한 후 현달한 인물이 되었고, 삼남 이징(李澄)은 불가에 귀의한 운암대사(雲菴大師)로 역할을 다하여 당시 불교세력과 밀착되어 있던 고성이씨 가문을 지켜나가는 버팀목이 되었다. 따라서 이존비 손자 대에 이르게 되면 그들 자체가 권문세족 형 인물들이었지만, 그 후예들은 다시 신흥사대부 계열과 신흥무장 계열로 분기(分岐)되는 다소 복잡한 양상이 전개되게 되었다. 이는 고려 말의 정치사회적 시대 상황이 잘 반영된 결과이기도 하다.

주지하듯이, 고려 말 정치세력으로는 크게 권문세족과 신흥사대부 계열로 나누지만, 고성이씨는 이미 이존비 대에 이르러 세족 반열에 오른 상태였다. 아울러 기존의 불교계는 권문세족들과 직간접적으로 연결된 측면이 컸는데, 이런 사실들은 이존비가에서도 이미 확인되고 있다. 세족으로 성장한 고성이씨 가문은 시간의 흐름에 따라 점차 신유학에 경도된 신흥사대부와 뜻을 같이 하는 인물들이 등장하는 한편, 최영이나 이성계 등과 같은 신흥무장 세력들이 출현하는 시대적 배경과 맞물려 고성이씨 가문에서도 신흥무장으로 출세한 인물들이 많이 배출되었음은 물론이다.

3. 신흥사대부 성장과 고성이씨

우리 역사상 신흥사대부의 등장 시기와 그 연원을 따지자면 무신난(武臣亂, 1170)과 관련이 있다. 고려전기 문벌귀족 사회가 무너진 상황에서 지방 향리(鄕吏)들이 과거를 통해 중앙관료로 활발하게 진출한 결과였다. 무신들이 집권한 시기에 이들을 보좌하여 행정실무를 담당할 인재들이 필요했고, 그와 짝하여 지방 향리 자제들이 중앙으로 진출하는 현상이 현저해졌다. 무신들에게는 문학적 소양인 문(文)과 행정실무의 능력인 리(吏)를 고루 갖춘 인재를 구했고, 그 결과 능문능리(能文能吏)한 새로운 관인층이 출현하게 되었다.

이후 원나라 간섭기에 접어들어 사대부들은 충선왕이 벌인 반원적 개혁정치를 뒷받침하는가 하면, 공민왕대에 와서는 보다 광범위한 개혁정치를 통해 하나의 정치세력화 되는 양상으로까지 전개 되었다. 특히 사대부 부류들은 고려후기 사회 모순을 해결하기 위한 방편으로 중국으로부터 신유학인 성리학 수용에 매우 적극적이었다. 신유학의 도입과 아울러 중국 강남의 신 농법이 도입되었다. 이에 고려후기에는 농업생산력의 발달에 따라 지방 중소지주들이 새로운 세력으로 등장할 수 있었다.

이런 시대적 배경으로 지방 중소지주층과 향리 출신들이 중앙 관료로 활발하게 진출하게 되었고, 시간이 지남에 신흥사대부 층이 더욱 두터워졌다. 고려후기 성리학 수용에 앞장섰던 안향(安珦, 1243~1306), 이제현(李齊賢, 1287~1367), 이곡(李穀, 1298~1351)·이색(李穡, 1328~1396) 부자, 정몽주(鄭夢周, 1337~1392), 길재(吉再, 1353~1419) 등은 그 집안이 한 두 세대 전까지만 해도 지방의 향리였다. 또한 이들은 모두 과거에 급제하여 관리가 되었다는 공통점을 가지고 있다. 그리고 권문세족이 토지 탈점 등 불법적인 수단으로 대규모의 농장을 경영하는 한편 정치적으로 친원(親元) 성향을 가진 데 반해, 신흥사대부들은 원나라 간섭이나 권문세족 불법행위로 야기된 모순을 개혁하려 하였다. 이에 주로 성균관(成均館)을 중심으로 세력을 결집하고 신돈의 개혁에도 적극 협조하는 등 독자적인 정치세력으로 성장해 나가, 결국은 조선 건국의 주체가 되었다.

고성이씨 가문에서 이존비의 손자 대에 이르면, 그 가계(家系)가 크게 행촌 이암 계열과 도촌 이교 계열로 크게 분기(分岐)되어, 각기 정치적 행보를 달리하였다. 이들 양 계파의 핵심인물인 행촌 이암과 도촌 이교의 생존 시기는 원나라 간섭기라는 특수한 상황 속에서 왕위 계승을 놓고 부자간에도 반목과 대립이 심하였고, 이런 정치적 여파는 그들에게 직접적으로 미치는 결과를 가져왔다.

거기에다 홍건적의 거듭되는 침입과 왜구들의 준동으로 대외적인 문제들이 겹친 가운데, 원명 교체기라는 국제환경의 변화에 따라 국내 정치 상황 또한 친원파와 친명파로 나뉘어 극심한 대립을 하였던 격동의 시기였기에 그들 가계를 이은 후손들의 부침(浮沈)은 매우 심하게 나타나고 있었다. 대체로 행촌 이암 후손들은 타격을 크게 입지 않았지만, 도촌 이교 후손들은 조선 건국과정에서 멸문의 화를 당할 정도로 타격이 컸다. 아울러 이들 두 가계(家系) 중에 행촌 계열은 신흥사대부 계열로 분류되는 인물이 중심이 된 반면, 도촌 계열은 신흥무장 계열에 속한 인물들이 많이 배출되었다는 특징을 지닌다.

우선 행촌 계열부터 살펴보면, 행촌 이암(李嵒 : 1297~1364)의 자는 익지(翼之), 호는 행촌(杏村), 시호는 문정(文貞)이다. 원래 이름은 이군해(李君侅)였으나, 그가 회갑을 넘긴 나이에 이암으로 개명하였다. 즉, 공민왕이 등극하자 그는 홀연히 춘천 청평사로 은거했다가 공민왕 7년(1358)에 가서야 현실정치권으로 복귀하였는데, 은거 이전 시기는 초명이었던 군해로, 그 이후는 개명하였던 이암으로 불렸다.[42] 이색(李穡)이 찬한 그의 묘지명에 따르면, 흉악한 사람의 이름을 피하여 이름을 고쳤다고 했는데, 더 자세한 사정을 알 길이 없다. 그의 아우였던 도촌 이교(李嶠) 역시 초명이 이군서(李君偦)였음을 감안한다면, 군(君)이란 돌림자에 문제가 있어 형제가 함께 뫼산 변이 들어가는 글자의 이름으로 바꼈음을 짐작하게 한다.

아버지 이우(李瑀)와 어머니 함양박씨 사이에 장남으로 태어난 이암

---

42 『고려사』 자료에서도 공민왕 원년 8월까지는 이군해로 나타나다가 그가 복귀한 공민왕 7년 8월부터는 이암으로 기록되어 있다(『고려사』 권38, 공민왕 원년 8월 ; 『고려사』 권39, 공민왕 7년 8월).

은 어려서부터 보통 아이와 달랐고, 소학에 입학하였을 때 이미 글씨를 잘 쓴다고 일컬었다.[43] 17세인 계축년 충숙왕 즉위년(1313) 과거에 급제하였는데, 이때 지공거였던 정승 권한공과 찬성 최성지는 충선왕 최측근으로 오랜 기간 인사권을 장악하고 있던 인물이었다. 이암이 급제하자 권한공과 최성지는 크게 칭찬하여, "재상의 그릇이다"라고 말했다는 사실로 미루어보면, 이후 이암의 정치적 활동은 그의 좌주였던 권한공이나 최성지에게 큰 도움을 받았을 것으로 추정된다 하겠다. 아무튼 이암의 학문이 크게 진보하고 명성이 날로 알려지자, 충숙왕이 그에게 부인(符印)을 맡기는 동시에 비서성(秘書省) 교감(校勘)에 임명하여 인사를 담당하게 하였다. 다시 자리를 옮겨 낭관(郎官) 주부(注簿) 단양부 좌도관(丹陽府 佐都官)이 되었다가 정랑(正郎)으로 승진하였다. 충숙왕 양위로 즉위한 충혜왕은 그 초기에 정방을 지인방을 개칭하였는데, 당시 지인방은 왕의 서기들이 부인(符印)을 담당하는 업무와 정방원의 인사 업무가 통합된 상태였고, 그에 따라 이암 역시 지인방 소속의 정랑이 된 것이니, 그가 인사행정 업무를 계속 이어갔음을 알 수 있다. 이어 전의랑(典儀郎)으로 밀직사 대언(密直司 代言)에 발탁되어 감찰집의(監察執義)를 겸하였고, 동지공거(同知貢舉)에 임명되어 과거시험을 주관하기도 했다.

충혜왕은 짧은 재위기간 동안 기거주(起居注) 이담(李湛)의 충고와 전 군부판서(軍簿判書) 이조년(李兆年)의 간청에도 불구하고 방탕한 습성을 버리지 못해 유신들과의 반목이 심했다. 그러다 1332년 충숙왕이 복위하면서 그 측근들이 폐행(嬖行)으로[44] 몰려 처벌받은 자가 많았는데,

---

43 이하 행촌 이암에 관한 전기 내용은 목은 이색이 찬한 「이암묘지명」을 주로 참고하였다.

44 『고려사』 권123, 열전36, 폐행서문에 따르면, "自古, 小人伺人主之所好, 逢而長之. 或以諛佞, 或以聲色, 或以鷹犬, 或以聚斂, 或以土木, 或以技術. 皆有以投

이 때 이암도 폐행으로 지목되어 섬으로 유배되었다.[45] 당시 원나라의 정치개입으로 혼란을 거듭한 가운데 나온 것이 폐행인데, 그 판단기준은 매우 주관적이고 정치적 목적이 개입된 것이었다.[46] 즉, 충숙왕 복위 당시 충혜왕에게 충성한 측근의 도태 명분이 바로 폐행이었는데, 충혜왕 치세 동안 반대파의 도전으로 여러 차례 곤경을 겪는 상황에서 충성을 다한 이암에게 찾아온 불운이었다.

충숙왕 죽음으로 충혜왕이 복위(1340)하게 되자 이암은 다시 지신사(知申事)로 복직되었다가, 곧이어 성균관 대사성(大司成)에 고쳐 임명되었고, 관계(官階)는 종2품의 봉익대부(奉翊大夫)로 승진되었다. 충혜왕은 이암에게 다시 추밀동지(樞密同知)에 이어 정당문학 첨의평리(政堂文學 僉議評理)로 제수하였으니, 인사권을 이암에게 의존하였음을 볼 수 있다. 이암이 충혜왕 복위2년(1341)에 지공거로서 과거를 주관하였는데, 이 때 권세를 잡은 자가 유가(儒家)를 비방하고 비웃는 등 완전 고립무원의 입장이 되었으나 구제한 일 또한 많았다고 한다.

충혜왕이 원에 끌려가 죽음을 당한 후 8살에 불과한 어린 아들 충목왕이 즉위하자 신임과 은총이 더욱 많아, 찬성사(贊成事)로 승진하였는데, 도첨의사사의 고위 재상에다 정방제조를 겸하여 인사권을 장악하고

其所好, 而求中之也. 高麗有國旣久, 憸佞嬖幸之臣亦多"라 했듯이, 폐행이란 임금의 측근으로 아첨, 성색(聲色), 응견(鷹犬), 기술 등을 가지고 왕의 뜻에 영합하는 사람을 일컫는 말이다. 『고려사』에는 폐행전(嬖幸傳)을 따로 두어 65명을 기록하고 있으며, 그 외의 자료에 보이는 사례까지 합하면 105명 정도 확인된다. 그 중에서 충렬왕 때 45명, 충숙왕 때 17명, 충혜왕 때 38명으로 세 국왕 때 집중되어 있다.

45 『고려사』권36, 충혜왕 즉위년 5월 ; 『고려사』권111, 열전24, 이암(李嵒)전.
46 김창현, 2010, 「고려후기 이존비 이암의 활약과 그 특징」『고성이씨 가문의 인물과 활동』, 일지사.

있었으니, 이존비 이래 그의 손자 이암이 오랜 기간 인사행정을 맡았음을 알 수 있다. 이때는 우리나라 정치사 중에서 환관의 폐해가 가장 극심한 때였는데, 특히 원나라에서 출세하여 본국에서 영향력을 행사한 무리가 많았다. 그 중의 한명으로 꼽혔던 고용보(高龍普)의 참소를 이기지 못하고 이암은 정방제조 정사도(鄭思道)와 함께 유배 가는 신세가 되었다.

충목왕이 죽자 이암은 왕의 이복동생을 받들고 원나라에 들어가 충정왕으로 옹립하여 즉위하게끔 노력했다. 귀국하여 왕위에 오른 12세의 충정왕은 이암을 정방제조로 임명하는 한편 공신에 책봉하고 좌정승(左政丞)에 임명하였다.[47] 구신들 중에서 오직 이암에게 의존하려 했던 충정왕의 정치적 상황이 잘 드러난다 하겠다. 그러다가 충정왕이 쫓겨나고 그의 숙부인 공민왕이 즉위하게 되자 이암은 관직에서 물러나게 되었다. 이 때 실권을 장악한 정계의 실력자는 이제현이었는데, 그를 비롯한 공민왕파는 충혜왕이 죽자 어린 아들 충목왕이 아니라 공민왕을 지지했고, 충목왕이 죽었을 때도 이복동생 충정왕이 아닌 공민왕을 지지하는 입장이었다. 상대적으로 충혜왕의 총애를 받은 이암 입장에서는 그의 아들인 충목왕과 충정왕을 중심으로 섬겼을 따름이다.

공민왕이 본국에 돌아와 이암을 등용하려 했으나 그렇지 못하자, 아버지의 작위를 이어받고 부(府)를 열게 하여 공에 대한 존경심을 표시하였다. 그러나 이암은 공민왕 2년(1353) 스스로 벼슬을 버리고 청평산(淸平山)으로 들어갔다. 공민왕이 이암을 신하의 예로 부르기를 거듭하며 수시로 자문을 받다가 드디어 등용을 결심하고, 공민왕 7년(1358)에 수시중(守侍中)에 제수하였다. 이듬해 가을 홍건적이 침입하자 병마도원수(兵馬都元帥)가 되어 여러 군사를 감독하게 되었다. 이어 홍건적이 다시

---

47 『고려사』권37, 충정왕 원년 2월, 6월, 7월, 10월조.

공민왕 10년(1361)에 침입하게 되어 상황이 급박하게 되자 공민왕은 부득이 안동으로 피난가지 않을 수 없었다. 이때 임금을 모신 공이 제일 컸던 사람이 바로 이암이었다. 이듬해 적을 평정한 상을 주려하자, 이암이 임금의 면전에서 아뢰기를, "지금 불행히 다난한 때를 당하여 장상(將相)은 반드시 재주 있는 신하를 등용해야 합니다. 신은 재주도 없으면서 오랫동안 재상을 자리에 있었습니다. 청컨대 어진 이를 쓰도록 해주십시오."하였다. 임금이 공을 더욱 가상히 여겨 공신의 호를 더하여 내리고 철성부원군(鐵城府院君)으로 봉했다. 그의 묘지명에 첨부한 인물평을 보면 다음과 같다.

공은 관직에 있을 때에는 부지런하고 근신하여 법도를 지켜 한 터럭만큼의 용서도 없었다. 집에서는 비용의 유무(有無)를 묻지 않았으며, 책 읽기를 스스로 즐겨하고 담담하기 짝이 없었다. 선원사(禪源寺)의 식영암(息影菴) 노승과 방외(方外)의 벗이 되어, 경내에 집을 짓고 해운(海雲)이라 이름을 붙였다. 조그만 배로 오가면서 어느 곳에 이르면 문득 집에 돌아갈 줄 몰랐다. 대개 공의 아취와 도량이 이와 같았다. 행촌(杏村)은 스스로 붙인 호였다. 『서경(書經)』의 태갑(太甲)편을 손으로 베껴서 임금에게 바치고, 아들 강(岡)에게 말하기를, "너는 마음에 명심하라. 나는 이미 늙어 관직을 유지할 수도 없고 말할 책임도 없다. 너는 마땅히 임금의 마음을 바로잡는 것을 임무로 삼아야 한다."하였다. 공은 비서로부터 재상직에 이르기까지 반드시 관리들의 인사에 관여했으나, 그 과정에서 조금도 사사로이 하지 않았다. 그 때문에 평생토록 원망을 듣는 일이 없었다. 전후의 문생 중에 고관에 오른 자와 명성이 있는 자가 많았고, 여러 아들도 모두 업적을 세운 바 있었다.

이렇듯 행촌 이암은 10대 후반이었던 충선왕 때 급제하여 일곱 임금을 섬기는 동안 요직을 맡아 활동하면서 불가피하게 정치적 사건에 휘

말릴 수밖에 없었다. 충숙왕과 충혜왕 부자지간에 반목이 심하여 퇴위와 복위를 반복했고, 연이어 어린 충목왕과 충정왕 즉위로 득세한 권신들 틈바구니 속에서 어려움을 겪었던 원로대신이었다. 행촌 이암의 가족관계를 살펴보기 위해, 당대의 묘지명이나 『고려사』 열전 등에 근거하여 나타내보면 다음과 같다.

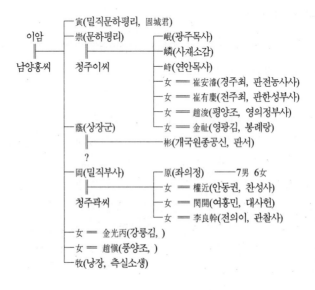

이암의 부인은 당대 최고의 명문 지위를 누리던 남양홍씨 가문 출신으로 홍자번(洪子藩)의 증손녀였다. 홍자번(洪子藩)은 관직이 동지밀직사사(同知密直司事)에 이르렀는데, 그가 문음으로 관직에 나간 초임시절 총민하고 학문을 좋아한다는 말이 재상이던 유경(柳璥)의 귀에 들어가자, "자네는 스무 살도 못 되어 이미 당후관(堂後官 : 7품관)이 되었는데, 어찌하여 과거에 응시하여 가문에서 여러 대 동안 이어온 급제의 영예를 이루지 않는가?"라고 당부했음에도 결국 급제하지 못했다. 이후 남경

유수판관(南京留守判官)으로 나갔다가 곧이어 광주통판(廣州通判)으로 옮겼는데 그가 새 임지로 떠날 때마다 백성들이 그의 선정을 새삼 느꼈다. 호부시랑(戶部侍郎)을 거쳐 원종 때 우부승선(右副承宣)으로 임명되었을 때, 대성(臺省)에서나 사대부가 모두 입을 봉하고 몸만 사렸으나 홍자번만이 끝까지 바른 말을 견지하니 당시 여론이 그를 높이 평가했다. 그 뒤를 이은 임금에게도 준엄하게 간언하기를 그치지 않았음에도 왕이 모두 그의 말을 따랐다.

충렬왕 때 홍자번이 일본 정벌을 위해 판밀직사사(判密直司事)로서 전라도 도지휘사(全羅道都指揮使)가 되어 전함 건조를 감독할 때, 이존비(李尊庇)가 각 도 군량을 합포(合浦 : 마산시)로 실어 보내자 홍자번이 선원들을 모아서 전함으로 신속하게 운반해 주었다. 이에 군량과 전함이 한꺼번에 집결하게 되어 백성들이 농사철을 놓치지 않도록 조치하였으니, 이 일로 고성이씨와 남양 홍씨 양가의 협조 체제는 조정에도 널리 알려진 바가 되었다.

충렬왕 20년(1294) 이후 첨의중찬(僉議中贊)과 첨의령(僉議令) 등을 거쳐 우중찬(右中贊)이 되자 민생을 안정시킬 일을 열여덟 개 조목으로 정리해 올리니 왕은 기꺼이 받아 들였다. 충선왕이 즉위하자 좌복야(左僕射)·참지광정원사(參知光政院事)로 전임되었다가 충렬왕이 복위하자 벽상삼한진충동덕좌리공신(壁上三韓盡忠同德佐理功臣)의 칭호를 내려주고 경흥군 개국후(慶興君開國侯)로 봉하였다.

이 무렵 충렬왕·충선왕 부자 사이가 극도로 악화됨에 따라 갖가지 정치적 문제가 야기되었다. 이때(1303년) 왕 부자를 이간시킨 오기·석천보를 붙들어 원나라에 보내는 등 부자의 정의를 회복시키는 데 진력하였다. 그 해 도첨의좌중찬에 임명되었으나 1305년 참소로 파직되었다. 그 뒤 자의도평의사사로서 왕을 수행해 원나라에 들어갔다. 그리하여 왕유소·

송린 등의 이간 책동을 자세히 진술하고, 아울러 두 왕을 받들고 귀국하려 하였다. 그러나 뜻을 이루지 못한 채 이듬해 원나라에서 죽었다.

홍자번은 세 차례 수상을 지내면서 주장하는 바가 변함없이 올발라서 대신(大臣)으로서의 풍모가 있었지만, 왕은 그를 헐뜯는 말에 솔깃해서 믿고 일을 맡기지는 않았다. 뒤에 충선왕 묘정에 배향되었으며, 아들 홍경(洪敬)과 홍순(洪順)을 두었는데, 홍경은 관직이 첨의찬성사(僉議贊成事)에 이르렀고 시호가 양순(良順)이며, 그의 아들이 행촌 이암의 장인이었던 홍승서(洪承緖)와 홍승연(洪承演)이었다.[48] 이암의 장인이었던 홍승서는 충렬왕 때 급제하였으나 그 시기는 자세하지는 않고, 여러 관직을 거쳐 정윤(正尹)에 이르렀으며, 용모와 행동에 품위가 있었다.[49]

이암은 부인 남양홍씨와의 사이에 4남 2녀를 두었다. 장남 이인과 3남 이음의 경우 간단한 생애만 확인될 뿐 그 후손에 관해서는 알려진 바가 없다. 장남 이인은 밀직부사(密直副使)에 올랐다가 우왕 10년(1384)에 사망했으니,[50] 3남 이음보다 23년을 더 생존했지만 족보에조차 연결된 후손들이 보이지 않는다. 3남 이음은 2차 홍건적이 침입하였을 때 상장군 신분으로 적을 막아내다가 안주(安州 ; 오늘날 평안도 지역) 전투에서 조천주(趙天柱)와 함께 전사 하였다.[51] 홍건적의 2차 침입은 공민왕 10년(1361) 10월부터 시작되어 11월에 상장군 이음 등이 안주에서 연이어 패하게 되자 12월 15일에 공민왕이 남경을 거쳐 복주(福州, 안동)까지 피난을 갔었는데, 이 때 행촌 이암은 아들을 잃은 슬픔 속에서 공민왕을 시종하여 호종 일등공신으로 기록되고 철성부원군(鐵城府院君)으

---

48 『고려사』 권105, 열전18, 홍자번(洪子藩).
49 『고려사』 권105, 열전18, 홍자번(洪子藩) 부(附) 홍승서(洪承緖).
50 『고려사』 권111, 열전 24, 이음(李崟).
51 『고려사』 권39, 공민왕 10년 11월 병진조.

로 봉해졌으며 추성수의동덕찬화익조공신(推誠守義同德贊化翊祚功臣)의 호를 하사받았다.[52] 따라서 이음은 그의 4촌들인 이희필·이림처럼 무장으로 활동한 인물이라 하겠다.

차남 이숭(李崇)은 천성이 순후하고, 공민왕 때에 활 잘 쏘기로 이름이 있었다. 조선 건국 후 검교시중(檢校侍中)으로 있던 태조 3년(1394)에 죽었는데, 태조 이성계의 보호 아래 관에서 장사를 도와주고, 안정(安靖)이란 시호를 내려 받았다. 이숭의 가족관계는『태조실록』에 보이는 이숭 졸기(卒記)와 그의 처부였던 이정(李挺) 신도비에서도 확인되고 있는데,[53] 부인 청주이씨와의 사이에 3남 4녀를 둔 것으로 나타난다. 이정은 문음으로 출사하여 문과에 급제한 후 여러 관직을 거쳐 광록대부(光祿大夫) 형부상서(刑部尙書)를 끝으로 진천으로 낙향 은거(隱居)했다가 공민왕 10년(1361)에 죽었다. 이정의 신도비에 의하면, 이숭의 장남 민(岷)은 광주 목사(光州牧使)이며, 차남 인(嶙)은 사재 소감(司宰少監)이며, 3남 치(峙)는 연안 부사(延安府使)를 지냈다.[54] 이숭의 맏딸은 판전농시사(判典農寺事) 최안준(崔安濬)에게 시집갔고, 다음은 판한성부사(判漢城府事) 최유경(崔有慶)에게, 셋째 딸은 평양부원군(平壤府院君) 조준(趙浚)에게,

52 『고려사』 권111, 열전24, 이암(李嵒)전.

53 『양촌집』 권38, 碑銘類, 文簡公李挺神道碑. "李侍中[崇]生男曰岷光州牧使 次曰嶙司宰少監 次曰峙延安府使 女長適判典農寺事崔安濬 次適判漢城府事崔有慶 次適平壤府院君趙浚 次適奉禮郞金祉"

54 『태조실록』 권6, 태조 3년 12월 신사조, "檢校侍中李崇卒 官庇葬事 諡安靖 崇固城人 門下侍中巖[嵒]之子 性淳厚 恭愍朝 以善射稱 子敏 峙 屹"이라 하였듯이, 이숭의 아들을 이민(李敏)·이치(李峙)·이흘(李屹)로 소개하고 있어, 이정 신도비 내용과는 다소 차이가 있다. 이정 신도비가 세워진 것은 태종 3년(1403년)이지만, 신도비 작성 인물이 이강의 사위 권근(權近)이었다는 점으로 미루어 짐작컨대, 사촌들의 이름을 기록한 것이어서 신빙성이 오히려 높다 하겠다. 이숭이 죽고 난 후 그의 아들들이 개명(改名)한 것으로 볼 수도 있겠다.

넷째 딸은 봉례랑(奉禮郎) 김지(金祉)에게 각각 시집갔다.

특히 이숭의 사위 조준(趙浚)은 신흥사대부를 대표하는 인물이자 조선 건국의 일등 공신이었고, 최유경 역시 개국원종공신에 녹훈되었다. 전제개혁에 앞장선 조준은 이색이나 권근 등과의 의견 대립이 심했던 것으로 잘 알려져 있다. 최유경은 요동(遼東)을 정벌할 당시 서북면 전운사 겸 찰방(西北面轉運使兼察訪)으로 있었는데, 이성계가 위화도에서 회군(回軍)하자 말을 달려 우왕에게 변란을 고한 인물이었다. 그럼에도 이성계가 집정(執政)하자 최유경을 발탁하여 밀직부사(密直副使)로 삼았고, 조선 건국 후 주위의 반대를 물리치고 원종공신(原從功臣)으로 삼았던 것에서 확인되듯이, 최유경은 태조 이성계가 크게 아낀 인물로 보인다. 그는 태종 13년(1413)에 죽었다.[55] 이렇듯 이숭은 그 자신은 물론 후손들도 조선건국 과정에 동참하여 새로운 시대에 잘 적응하고 있었음을 볼 수 있다.

이상에서 보았듯이, 행촌 이암의 당대까지는 권문세족으로서 지위를 이어갔지만, 그의 아들들은 무장(武將)으로 혹은 문과를 거쳐 사대부(士大夫)로 활약하였음이 확인된다. 특히 신흥사대부의 한 사람으로 자리매김 한 4남 이강(李岡)의 행보는 매우 주목된다.

이강의 처음 이름은 강(綱)인데, 같은 항렬의 이름을 피하여 고쳤다. 이강이 문과에 급제한 것은 충목왕 3년(1347), 그의 나이 15살이었을 때였다.[56] 이 때 과거를 주관한 사람은 가정 이곡이었는데, 그는 일찍이 중국으로 들어가 원 나라 과거제도였던 제과(制科)에 급제한 후 원나라에

---

55 『태종실록』 권25, 태종 13년 6월 24일 신미조.
56 『고려사』 권111, 열전 24, 이암(李嵒) 부(附) 이강(李岡).

서 관직생활을 오래 하다 고려의 부름을 받고 귀국한 인물이었다. 이리하여 이곡과 이강은 좌주(座主) 문생(門生) 관계로 발전하게 되었는데, 좌주 문생은 고려 특유의 풍속이었다. 과거시험을 주관할 고시관을 지공거 혹은 동지공거라는 이름으로 임명하게 되고, 그 임무를 부여받는 자가 주관했던 시험에 응시하여 합격한 이들은 그 고시관의 문생(門生)이 되는 풍속이었다. 과거시험을 매개로 스승과 제자의 사적인 관계가 새롭게 형성되는 것이다. 그리고 함께 합격했던 동료들은 동년(同年)이란 이름으로 유대감과 소속감을 형성하여 형제 이상으로 지내게 되었다.

아울러 좌주 문생 관계는 그 당대만 그치는 것이 아니라, 문생의 문생까지도 유대감이 형성되었다는 점에서 특정한 인맥 형성이라는 부작용이 있었던 것도 사실이다. 개혁정치를 표방하던 공민왕이 한 때 과거시험을 직접 주관하였다거나 시험관 수를 늘렸던 것도 특정한 인맥으로 치우치게 되는 폐단을 없애기 위한 노력의 하나였다. 이렇듯이 이곡을 좌주로 모시게 된 이강은 이제현 세력의 일원으로 공민왕 개혁정치에 동참하게 되는 계기를 마련해 주었다. 이곡은 이제현 문생이었고, 따라서 이강은 이제현 문생의 문생이라는 관계 때문이었다.

이강은 비교적 어린 나이였던 15살에 급제하였지만, 이미 그 이전에 음서(蔭敍)의 혜택으로 복두점(幞頭店) 녹사(錄事)가 되었다. 『고려사』 지(志) 제사도감각색(諸司都監各色)조에 의하면, 복두(과거에 급제한 자가 홍패를 받을 때 쓰던 관)를 담당했던 복두점에는 문종 때 을과권무(乙科權務)의 녹사(錄事) 2인과 그 아래 이속(吏屬) 등을 둔 관청이었다. 고려시대 녹사는 여러 관청에 소속된 최하위 계급이었는데, 복두점에는 을과권무에 해당하는 녹사를 두었음을 알 수 있다. 권무직이란 임시로 직무를 맡은 관직으로 고려에서는 정직(正職) 소관 이외의 사무를 처리하기 위하여 권무관을 따로 두었는데, 갑과·을과 권무는 9품보다 상위에, 그리고 병과의 잡권무는 그 하위에 위치하였다. 그리고 권무직에 해당하는 녹사는 대개 음서의 혜택을 입은 자들이 주로 진출하던 관직이었다. 따라서 이강은 조상의 음덕으로 급제 전에 이미 9품보다 상위의 계급으로 관계(官階)에 발을 들여 놓았음을 알 수 있다.

그런 후 15살에 급제하여 옮겨갔던 관직이 경순부 승(慶順府 丞)이었다. 이어 전의시(典儀寺)에서 직장(直長)을 제수 받았고, 주부(主簿)가 되었다. 이강이 주부에 제수된 시기가 공민왕 5년이었는데, 그 동안에 이강의 주변에서 일어났던 많은 정치적 사건들이 있었다. 아래의 자료 이강의 묘지명을 통해서 보면, 당시 이강은 정치적으로 매우 힘든 시기였음이 분명하다.

> 총릉(聰陵 : 충정왕)이 서연(書筵)에 있을 때 시독(侍讀)에 선발되었고, 왕위를 물려주자 공은 왕을 따라가 함께 머물렀다. 그 뜻을 세운 것이 구차하지 않았다고 할만하다. 상(上 : 공민왕)이 즉위 4년인 을미년(1355) 공을 불러 보고 특별히 여겨 즉시 주부(主簿)에 임명하고 부새(符璽)를 관장하게 하였다. 이로부터 늘 왕의 곁에 있었고, 오래 있을수록 더욱 신중하였다.(이색 찬)[57]

충숙왕은 충혜왕과 공민왕 형제를 낳았다. 충숙왕은 아들 충혜왕에게 왕위를 물려주었지만, 서로를 견제하는 등 알력관계가 심했다. 그러던 중 충혜왕이 원나라에 납치되어 죽게 되자, 덕녕공주(德寧公主) 소생 왕자인 어린 충목왕이 즉위하였다. 그런데 충목왕이 재위 4년 만에 12세의 나이로 죽자, 이번에는 고려 출신 윤씨 희비가 낳은 충혜왕의 서자 저(胝)가 왕으로 추대되었다. 이런 과정 속에서 원나라에 머물던 강릉대군(공민왕)

---

57 『동문선』 권127, 「文敬李公墓誌銘幷序」.

은 두 차례나 왕위 계승에 밀려나고 말았다. 고려 내부에서만이 아니라 원나라에서까지 충정왕파와 강릉대군(공민왕)파가 대립하는 양상으로 치달았다. 충정왕은 어머니 희비를 위해 경순부(敬順府)를 설치하고 승(丞)·주부(注簿) 각 1인과 사인(舍人) 2인을 두어 지위를 격상시켰다.

이강이 충정왕 세자 시절부터 서연(書筵) 시독관(試讀官)으로 보필했던 인연은 아버지 이암의 영향이었다. 그런데 충정왕이 재위 3년 만에 원나라의 압력으로 왕위에서 물러나고 공민왕이 즉위했다. 공민왕이 귀국하는 동안 국내에서는 이제현이 정승이 되어 업무를 처리했다. 아버지 이암은 관직을 그만 두고 강원도 청평산에서 은둔생활을 시작했고, 이강은 강화도로 유배된 충정왕을 배종하여 보필하게 되었다. 충정왕이 유배되었다가 결국 살해되고 말았지만, 이강이 세운 그 뜻이 구차하지 않았다는 칭송을 받았다. 그로부터 5년이 지난 시점에서 공민왕의 부름을 받은 이강은 주부(主簿)에 제수되어 부새(符璽)를 관장하는 일을 맡아 신임을 얻기 시작했다.

즉위하기 전에 원나라에서 오랜 기간 머물렀던 공민왕은 원나라가 쇠퇴할 것이란 생각으로 반원 개혁정치를 표방했다. 그의 개혁정치는 공민왕 1년과 공민왕 5년, 그리고 공민왕 12년에 각각 시도된 바가 있고, 공민왕 14년 이후 신돈을 등용하여 본격적으로 실시되었다. 그의 개혁정치를 뒷받침 한 그룹을 보면, 공민왕 1년에는 연경에서부터 그를 모셔왔던 수종공신들 중심이었다. 물론 이제현을 비롯한 사대부들이 외곽그룹으로 존재하긴 했지만 핵심에서 벗어나 있었다. 이제현 세력들이 본격적으로 공민왕 개혁정치에 동참한 것이 바로 공민왕 5년이었다. 이제현의 문생으로 대표되는 인물이 이곡과 그의 아들 이색이었고, 이곡의 대표 문생이 바로 이강이었다. 따라서 이강은 이제현에게서 문생의 문생이 되는 관계였다. 새로운 신학문인 주자학을 바탕으로 과거에 급제한 신흥 유신들이 자신의 목소리를 내기 시작한 것도 이 시기였다. 이제현을 비롯하여 백문보·이인복 등이 공민왕 원년부터 개혁에 동참했고, 이들은 모두 백이정에게 성리학을 배운 동문들이었다.[58] 그리고 혼맥으로 봤을 때 백이정 학문이 행촌 이암과 그의 아들 이강에게까지 이어진 것은 너무나 자연스런 것이었다.

이강의 절친한 동료는 청주한씨 가문의 한수(韓脩), 원주원씨 가문의 원송수, 파주의 염흥방, 이곡의 아들이었던 이색 등이었다. 이강의 급제 당시 동방(同榜)이었던 이무방(李茂方)도 있었고, 한수 역시 동방급제 한 이곡 문생이었다. 이강이 36살의 나이에 죽음을 맞이하자 동료들이 보여주었던 끈끈함은 그의 묘지명에서도 잘 나타난다.

> 친구인 상당(上黨 : 지금의 청주)의 맹운(孟雲) 한수(韓脩)와 곡성(曲城 : 지금의 경기도 파주)의 중창보(仲昌父) 염흥방(廉興邦)이 한산(韓山 : 지금의 충청도 서천)의 이색(李穡)에게 의논하면서 "우리 친구가 죽은 이래로 모두들 슬퍼하는데도 오히려 죽음을 면하지 못했다. 우리 친구가 전할 만한 것을 전하고 죽는 것이 우리 셋의 책임이며, 또한 그 슬픔을 스스로 위로하는 것이 된다"라고 하였다. 이에 명문(銘文)은 나(이색)에게 맡기고, 수(脩)는 글씨를 쓰고, 흥방(興邦)이 전각(篆刻)하여, 돌에 새기는 일은 중창보(仲昌父)와 맹운(孟雲)이 주관하기로 하였다. 슬프다, 내 어찌 차마 친구의 명문을 짓는가.

원송수·이무방 등은 이제현과 함께 공민왕 원년부터 개혁에 동참했지만, 이강을 비롯하여 이색·한수·염흥방·박상충 등은 공민왕 5년 개혁 정치부터 활약했다. 이색·염흥방·박상충 등은 공민왕 2년에 비로소 과

---

58 李淑京, 1989, 「李齊賢勢力의 形成과 그 役割」 『한국사연구』 64, 한국사연구회.

거에 급제했기 때문이고, 15살에 급제했던 이강은 충정왕을 섬겼던 인연으로 공민왕 집권 초기는 정치적 활동이 자유롭지 못했기 때문이다. 원송수는 공민왕 초에 우대언(右代言)으로 기무(機務)에 참여했고, 공민왕 5년 이후에도 관리들의 인사권을 행사하는 전선(銓選)을 관장하는 등 계속해서 활발한 활동을 벌였던 인물인데, 이강의 정치적 성장에 결정적 역할을 하였다. 원송수가 그 후임자로 이강을 지목하였음을 계기로 지신사에 오르고 인사권을 행사하는 위치에 서게 되었기 때문이다.

이색은 14세에 과거 예비시험에 합격하였지만, 더 넓은 세계를 경험하기 위해 원나라 연경으로 유학하여 국자감에서 중국 학자들과 교류했다. 3년 후 부친 이곡의 장례를 치르기 위해 귀국하여, 즉위한 공민왕에게 개혁 상소를 올린 적이 있다. 그리고 공민왕 2년에 이제현이 주관한 과거에 장원으로 급제하여 이제현 문생이 되었다. 이색이 어렸을 적에 이강과 함께 이강의 아버지 이암에게서 배웠다고 토로 했듯이, 고성이씨 가문과는 일찍부터 깊은 교류를 맺고 있었다. 이색이 고려로 영구 귀국한 것이 공민왕 5년이었으며, 원나라 운명을 예견한 그는 공민왕에게 개혁안을 올렸다. 정방을 혁파하고 이·병부에 인사권을 되돌려야 한다는 것도 당연히 포함되어 있었다. 그리고 이색은 이부시랑과 병부낭중이란 인사권을 쥐고 있는 중책을 맡았다. 어렸을 적부터 함께 공부했던 이강에게 드디어 기회가 찾아온 것이다.

충정왕 세력으로 낙인찍혀 밀려나 있던 이강이 공민왕 5년에 주부에 제수되었다. 이는 절묘하게도 이색의 등장과 맞물려 있다. 이강은 왕실의 부새(符璽)를 관장하는 중책을 맡았다. 이 시기는 원나라와 결탁되어 있던 기철 일파를 제거하면서 개혁정치에 박차를 가했던 때였다. 연경에서부터 수종했던 공신이나 외척들의 힘이 아직 건재했고, 이제현 세력이라 불리는 소위 유신(儒臣)들의 협조로 공민왕의 개혁정치가 힘을 발휘할 때였다. 이강이 당당하게 이런 개혁정치에 합류하게 된 것이다. 이때 집중된 그의 관력을 보면, 병부(兵部)에서 원외랑(員外郎)을 역임했고, 이어 문하성(門下省)에서 사간(司諫)을 거쳐 이부(吏部)에서는 낭중(郎中), 호부(戶部)에서는 시랑(侍郎)을 맡았다. 정6품의 원외랑과 정5품의 낭중은 이·병부의 중간 간부급에 해당하지만, 문반과 무반 인사권을 행사하는 자리여서 요직 중에 요직이었다.

이 시기가 대체로 공민왕 10년경이었다. 공민왕 10년(1361) 2월에 왕이 이부낭중(吏部郎中) 이강(李岡)을 불러 말하기를, "그대는 전선(銓選)에 참여하여 대간(臺諫)으로서 직무를 소홀히 한 자를 쫓아내고 현명한 인재로 초야(草野)에 묻혀있는 자를 올려라. 부모의 상(喪)을 마친 자들도 또한 모름지기 발탁하여 등용하라."라고 특별히 주문한 적이 있었다.[59] 개혁정치에 있어 관건이 인사행정에 달려있다는 사실은 너무나 당연하다. 공민왕이 특별히 이강에게 당부한 것으로 보인다. 그런 후 이강이 이부에 있을 적에 옮길 때가 되어, 공은 "신이 붓을 잡고 신의 관직을 스스로 임명하는 일은 감히 할 수 없습니다"라고 하니, 임금은 공을 더욱 중히 여겼다고 한다.

이부 낭중에서 다시 정4품 호부시랑으로 승진을 거듭했고, 그 후 밀직사(密直司) 대언(代言)으로 영전하였다가 국왕 비서실장인 지신사(知申事)에 올랐다. 당당하게 3품직에 올랐던 것은 원송수의 추천이었던 것으로 보이며, 그 후 제학(提學) 부사(副使)가 되었다. 내외의 지제고(知制誥)를 역임하고, 관직(館職)은 대제학(大提學)에 이르렀으며 품계는 봉익대부(奉翊大夫)에 이르렀다.

원송수는 공민왕 즉위이후 줄곧 기무를 담당하며 지주사(知奏事)가

---

59 『고려사』 권75, 지29, 선거3, 전주(銓注).

되어 전선(銓選)에 참여 하였는데, 이강에게 직임을 물려줄 때까지 계속 맡고 있었다. 이강이 공민왕 10년(1361)에 전선(銓選)에 참여하여 12년 5월까지 관장하였던 것으로 보인다. 공민왕 12년 5월 이후 오인택·김달 상 등이 전선을 관리한 것으로 파악되기 때문이다. 요컨대 정방이 혁파 된 공민왕 5년 5월부터 12년 5월까지는 문과 출신 유자(儒者) 그룹인 이 색·원송수·이강이 차례로 전선을 관장하였고, 그 이후 홍건적 침입으로 새롭게 부상한 무장 세력들에게 전선을 넘긴 것으로 볼 수 있다.[60] 어느 특정세력에 의존하는 것을 매우 싫어한 공민왕의 정치적 해법이 여기에 서도 적용된다 할 것이다.

그런데 홍건적으로 인해 공민왕이 안동으로 내려간 이 시기에 이강 이 경상도안렴사로 파견되어 있었다. 이 시기 안렴사나 존무사(存撫使) 가 지방에 자주 파견되었던 것은 지방에서 자행되고 있던 패해들을 바 로 잡기 위한 것이었는데, 공민왕 이후 매우 강조되었고, 이제현에게 이 일을 전담시키다시피 했다. 신돈 집권 이전까지 각 지역에 파견된 안렴 사와 존무사는 모두 20차례 정도였는데, 대개가 이제현 세력으로 분류 될 수 있는 인물들 중심이었다.[61] 따라서 주자성리학으로 무장한 사대부 들 중심으로 개혁에 동참했던 이들이 지방에 파견되었음을 알 수 있고 이런 연유로 이강 역시 경상도안렴사로 파견되었다.

신축년(공민왕 10, 1361) 가을 경상도안렴사(慶尙道按廉使)가 되었다. 마침 북쪽지방이 침략을 당해 온 나라가 남쪽으로 피난하였다. 그 경계 에 들어가 대접하고 물자를 제공하는 것이 충분하여 이르는 곳마다 제 집에 온 것 같았다. 사기가 다시 떨쳐져 마침내 흉악한 무리를 섬멸하

60 李淑京, 1989,「李齊賢勢力의 形成과 그 役割」『한국사연구』 64, 한국사연구회.
61 李淑京, 앞의 논문(1989).

였다. 대개 공의 도움이 있었던 것이다. 서울로 돌아와 원문정(元文定 : 원송수)를 대신하여 관리의 인사를 관장하였다. 바야흐로 변방의 보고가 끊이지 않았으나 상하를 유지하고 각기 바라는 바를 채워 공을 이루는데 공의 힘이 컸다.(「이강 묘지명」)

아무튼 홍건적의 침입과 거듭되는 외환으로 세력을 확장해 나간 무장 세력들이 향후 주도권을 이어가게 되었지만, 공민왕 초기 유신(儒臣)들의 개혁정치가 어느 정도 성공을 거둘 수 있었기에 국난을 극복할 수 있는 저력으로 작용했음이 분명해 보인다. 이강이 경상도 안렴사로 내려가 어려웠던 지방의 재정 상황들을 보충하는 한편 농민들에게 가해진 갖가지 폐정을 개혁하는 데 한 치의 어긋남이 없었기 때문에 공민왕의 안동 몽진이 안전하게 마무리될 수 있었을 것이다. 그런 후 원송수가 맡고 있던 인사권을 물려받았다. 아울러 이강의 아버지 이암은 공민왕을 배종한 공으로 1등 공신에 봉해졌다.

공민왕은 재위기간이 길어지면서 뜻에 맞지 않는 재상들이 늘어나자, 새로운 개혁의 필요성을 느꼈다. 공민왕은 대대로 벼슬하고 있는 권세가 집안을 세신대족(世臣大族)이라 몰아붙였고, 새로 진출한 초야 신진 또한 탐탁치 않았다. 전자는 친척과 당파가 나무뿌리처럼 서로 연결되어 엄호한다고 싫어했고, 초야 신진이 현달해지면 집안이 시원찮은 것을 부끄러이 여겨 대족(大族)과 혼인하기만을 갈망하는 부류로 치부했다. 그리고 유생에 대해서는 유약하고 결단력이 부족한데, 좌주 문생으로 당파를 이루어 사사로운 정에 휩쓸린다고 비판했다. 그러면서도 공민왕 시절 개혁세력의 한 갈래였던 이제현 세력에는 이강을 비롯하여 원송수 김경직 정추 김구용 한수 염흥방 민제 등과 같은 쟁쟁한 세족 출신 사대부들이 포함되어 있었다.[62]

공민왕 14년에 신돈을 등용한 것도 이런 이유 때문이었다. 최영을 비롯한 무장 세력들을 제거하는 동시에 과거를 통해 등용된 유자(儒者) 그룹의 이제현 세력도 공격의 대상이 되었다. 그런 가운데 신흥 유신 그룹인 이색과 이강 등은 여전히 개혁정치에 동참하고 있었다. 원송수·한수와 같은 동료들은 신돈과 공민왕의 뜻을 거슬러 외직으로 돌거나 낙향했다.

당시 주자성리학은 아직 보급단계에 지나지 않았다. 기존의 5경 중심 사고에서 벗어나 사서(四書 ; 논어 맹자 대학 중용)가 중시 되는 사회가 바로 주자성리학의 요체였다. 이강이 15살에 급제했던 충목왕대부터 시험과목에 『사서집주(四書集註)』가 채택되었다.[63] 따라서 이강을 비롯하여 함께 합격했던 동료들은 주자성리학에 대한 이해가 상당한 수준으로 올랐음을 의미한다. 신돈이 개혁정치를 표방하면서 이제현과 그 문생들을 '나라에 가득 찬 도둑'으로 지목하였듯이 적대감을 드러내기도 했다. 그럼에도 당시 대표적인 개혁안으로 평가되는 전민변정사업과 국학진흥책은 이미 유신(儒臣) 사대부들에 의해 제안된 것이었다.

공민왕 16년(1367)에 국학 중흥을 표방하면서 추진된 교육개혁은 신진사대부가 결집하고 정치적 영향력을 강화하는 계기가 되었다. 성균관을 대대적으로 개편하는 한편 학생 수를 증원하고 이색을 대사성으로 발탁했다. 이와 맞물려 이강은 또 다른 문한(文翰) 직임을 대표하는 중책들을 연거푸 맡았다. 이색이 찬한 그의 묘지명에서 '제학(提學) 부사(副使)가 되었고, 내외 지제고(知制誥)를 역임하고, 관직(館職)은 대제학(大提學)에 이르렀다.'라고 서술한 것이 바로 그것이다. 이제 신진 사대부의 구심이 이제현에서 탈피하여 이색과 이강 중심으로 옮겨 갔음을 의미한

---

62 국사편찬위원회, 1996, 「권문세족과 사대부」 『한국사』 19, 154쪽.
63 『고려사』 권73, 지27, 선거1, 과목1.

다. 그런데 불행히도 이강은 공민왕 17년(1368)에 36세라는 젊은 나이에 생을 마감하고 말았다. 묘지명에 따르면, 한동안 병석에서 고생한 것으로 보인다. 만약 이강이 짧은 생을 마감하지 않았다면, 이색과 함께 개혁정치 일선에서 더 큰 활약을 펼쳤을 것으로 보인다. 이강이 죽자 공민왕은 예외규정을 두어서까지 문경(文敬)이란 시호를 내리며 이렇게 탄식했다.

> 임금은 부음을 듣고 심히 애도하며 후하게 부의(賻儀)를 하고 태상(太常)에 시호를 논의하도록 명하면서 "추밀(樞密)은 시호를 주지 않는 것이지만 내가 특별히 강(岡)을 포상하려는 것은, 문신으로 오랫동안 수고한 사람은 정당문학(政堂文學) 원송수(元松壽)뿐이다. 내가 이로 인해 잊지 않고 있는데, (원송수와) 몸은 다르나 공적이 같은 사람은 지금 강(岡)뿐이다"라고 하셨다. 의논이 되어 올라가자 임금께서 말씀하시기를, "문경(文敬)은 오직 강(岡)에게 족히 해당한다" 하셨다. 아. 공은 유감이 없다고 할 것이다.(「이강 묘지명」)

이강에게 문경이란 시호를 내린 것은 매우 이례적인 것이었다. 그리하여 『고려사』「예지」에는 이 사실에 대해 다음과 같이 기록했다. "공민왕(恭愍王) 17년(1368) 밀직부사(密直副使) 이강(李岡)이 죽자 국왕이 깊이 애도하고 부의를 후하게 내려주었다. 그리고 추밀(樞密)은 전례(典例)상 시호를 받을 수 없지만, 특별히 문경(文敬)이라는 시호를 내렸다."[64]

밀직부사 이강이 죽은 날은 공민왕 17년 4월 경신일이었다.[65] 밀직부사로 승진한 것이 16년 7월 병자일이었으니,[66] 약 10개월 정도 밀직부사직에 있었음을 알 수 있다. 밀직사는 몽고 간섭 하에서 왕명 출납, 궁중

---

64 『고려사』 권64, 지18, 예6, 흉례, 제신 상.
65 『고려사』 권41, 세가41, 공민왕 17년 4월 경신조.
66 『고려사』 권41, 세가41, 공민왕 16년 7월 병자조.

숙위, 군기(軍機)의 정사를 맡아보던 관서였다. 공민왕 5년(1356) 반원 개혁정책에 따라 추밀원으로 바꾸었다가 1362년 다시 밀직사로 하였다. 판사사(判司事, 종2품), 사사(司使, 종2품), 지사사(知司事, 종2품), 첨서사사(簽書司事, 종2품), 동지사사(同知司事, 종2품), 부사(副使, 정3품), 제학(提學, 정3품), 지신사(知申事, 정3품), 좌·우대언(左右代言, 정3품), 좌·우부대언(左右副代言, 정3품), 당후관 등을 두었다.

당시 제1재상부는 정무를 담당하는 도첨의사사가 있었고, 제2재상부로 재정을 담당하는 삼사의 재상, 제3재상부는 군무와 왕명출납을 맡은 밀직사 재상들이 도당(도평의사사)를 구성하여 국정을 논했다. 따라서 이강은 밀직부사 직을 수행하면서 재추 구성원으로 국정에 참여했음을 알 수 있다.

이강의 아버지 이암은 법도를 준수하였고, 집에 있을 때에는 살림살이를 묻지 않았다. 책 읽는 것으로 스스로 즐겼고, 서법(書法)이 당대를 풍미하였는데, 일찍이 직접 「태갑편(太甲篇)」을 필사(筆寫)하여 왕에게 바친 한편 그의 아들 이강(李岡)에게, "너는 명심하여라. 나는 이미 늙었다. 관직이 없으니 간언(諫言)을 올릴 책임이 없지만, 마땅히 임금의 마음을 바르게 하는 것을 의무로 삼을 뿐이다."라고 하였다.[67] 「태갑편」은 『서경』 상서(商書)의 한 편명인데, 이윤이 태정의 아들 태갑을 왕으로 세우니 그가 곧 탕 임금의 장손이었다. 이에 이윤이 태갑을 위해 이훈(伊訓), 사명(肆命), 조후(徂后)를 지어 임금의 법도와 정치 교육 방법, 탕 임금의 법도 등을 가르쳐 인도하였는데, 후일 『서경』에 편집되어 전해 오고 있었다. 행촌 이암이 특별히 이강에게 태갑편을 전한 것은 공민왕 측근으로 활약한 아들에 대한 애정이기도 했지만, 왕실과 국가 안녕을

---

67 『고려사』 권111, 열전24, 이암(李嵒).

위한 충정의 발로였음이 잘 묻어난다 할 것이다.

이강이 죽자 절친한 동료였던 이색 또한 안타까운 심정을 이렇게 표현했다.

> 문경 이공(文敬 李公)은 나이 15세로 용모와 재능이 빛나 당시에 이미 그 아버지의 풍모가 있다는 말이 있었다. 그 뒤로 배움이 깊어지고 학식이 높아져 이름이 날로 중해져 당당히 재상이 될 재목이었다. 그가 병이 들자 사람들은 "결코 걱정할 것이 없다. 이 사람이 어찌 여기서 그치겠는가"라고 말하였다. 그가 죽자 또 말하기를 "때를 잘못 타고 태어났는가, 약물에 잘못이 있는가. 어찌 이 사람이 이에 이르렀는가" 하였다. 사대부들은 서로 조정에서 조문하고 친척과 친구들은 서로 그 신위(神位)에 곡하였으며, 길가는 사람들도 그를 위해 탄식하고 애석해 하였다. …… 시중(侍中 : 공의 부친인 이암)이 별세하자 임금은 친히 그 모습을 그렸다. 비록 임금이 특별히 큰 공신을 포상한 것은 여러 사람의 마음을 감동시키고자 한 것이지만, 그 덕이 또한 매우 성대하였고, 또한 효성이 능히 하늘을 움직였기 때문이다. 일에 임하여 조심하고 친구를 사귐에 믿음으로 하며, 독실하게 선을 좋아하며 공평함으로 마음을 추스렸기 때문에 내가 벗으로 삼은 것이다. 하늘이 혹 나이를 빌려주어 조정에서 큰 의논을 결정하고 큰 정치를 뜻과 같이 행했더라면 내가 장차 스승으로 섬겼을 것인데, 그러지 못하고 말았다. 슬픔을 어찌 다하리오. 부인은 곽씨(郭氏)이며, 아버지는 판개성부사(判開城府事) 연준(延俊)이다. 딸이 몇 명 있다. 모두 어리고, 아들은 하나인데 올해 태어났다. 모월(某月) 모일(某日)에 별세하여, 모년(某月) 모일(某日)에 성남(城南)의 남촌(藍村)에 장사지냈다. 향년은 36세이다.(「이강 묘지명」)

이강의 부인은 곽씨(郭氏)로, 판개성부사(判開城府事)인 연준(延俊)의 딸이다. 그가 일찍 별세한 탓에 딸이 몇 명 있으나 모두 어렸고, 외아들인 이원이 태어난지 4개월 만이었다. 그리하여 용헌공 이원은 큰 매형이던 권근을 부모같이 따랐고, 권근 역시 어린 이원을 훌륭하게 보살펴 후일 세종조에 좌의정에 오르게 하는 배경이 되어 주었다.

이강의 맏사위 권근은 이색(李穡) 문하에서 정몽주·김구용(金九容)·박상충(朴尙衷)·이숭인(李崇仁)·정도전 등 당대 석학들과 교유하면서 성리학 연구에 정진해 고려 말의 학풍을 일신하고, 이를 새 왕조의 유학계에 계승시키는 데 크게 공헌했던 인물이다. 한때 이성계의 반대편에 서서 우봉(牛峯)·영해(寧海)·홍해(興海) 등을 전전하여 유배되던 중, 공양왕 2년(1390) 윤이(尹彝)·이초(李初)의 옥사에 연루되어 청주 옥에 구금되기도 했다. 충주에 우거(寓居)하던 중 조선왕조 개국을 맞아, 태조 3년 9월부터 새 왕조에 출사(出仕)하여 예문관대학사(藝文館大學士)·중추원사 등을 지냈다. 명나라에 파견되어 명 태조 명으로 응제시(應製詩) 24편을 지어 중국에까지 문명을 크게 떨쳤고, 귀국한 뒤 개국원종공신(開國原從功臣) 화산군(花山君)에 봉군되었고, 태종이 즉위하면서 좌명공신(佐命功臣) 4등 길창군(吉昌君)으로 봉군되고 찬성사(贊成事)에 올랐다.

이강의 둘째 사위 민개(閔開)는 여평군 민적의 손자로 고려와 조선에서 대를 이어 간 명문이었다. 민개의 형 민제는 세종대왕 외조부이며, 민개가 대사헌 시절 이성계(李成桂)가 개경 수창궁에서 즉위 할 때 홀로 고개를 숙이지 않았다는 기록이 실록에 남아 있을 정도로 이성계에 대한 반대의 뜻을 노골적으로 나타냈다.[68] 남은(南誾)이 민개를 참(斬)해야 한다고 주장하였지만 조준이 제지하여 살아났다. 조준이 이숭의 사위였으니, 그 둘은 종동서(從同壻)지간이었고, 이것이 계기가 되었는지 모르나 건국세력에 동참하여 왕씨(王氏)들의 외방분거(外方分居)를 주장하였고,[69] 이듬해 경상도관찰출척사로 나가 일부지역에 대한 행정구역의 재

---

68 『태조실록』 권1, 태조 1년 7월 17일 병신조.

조정을 건의하는 등 조선 건국에 힘을 보탰다. 민개는 37세의 이른 나이에 죽음을 맞이하여 사림이 안타깝게 여겼다.[70]

이강의 셋째 사위 이양간(李良幹)의 본관은 전의(全義), 자는 고부(固夫)이고, 아버지는 원종공신 구직(丘直)이다. 아버지 음덕으로 벼슬에 올라 사헌집의를 거쳐 태종 5년(1405) 강화부사가 되었다. 그 뒤 내외 관직을 역임하고 세종 때 강원도관찰사에 이르러 사임하고, 향리에 은거하면서 노모봉양에 정성을 다하였다.[71]

4. 신흥무장 세력의 등장과 고성이씨

행촌 이암의 동생이었던 이교(李嶠) 역시 문과 출신이었다. 족보 기록에 의하면, 이교의 초명이 군서(君偦), 자는 모지(慕之), 호가 도촌(桃村)이며, 충렬왕 27년(1301)에 태어나 19세가 되던 충숙왕 7년(1320) 문과에 합격하여 관직에 나아갔다.[72] 그는 출사한 이래 당대의 명사 민사평(閔思平)과 매우 돈독한 관계를 유지하고 있었는데, 민사평은 명문으로 꼽히는 여흥민씨 문순공(文順公) 민적(閔頔)의 아들이니, 이강의 사위 민개의 숙부이기도 하다. 민사평이 도촌의 방문을 받고, 취중에 말로 표현할 수 없는 기쁨으로 지은 시 한 수가 전해내려 온다.[73]

---

69 『태조실록』 권1, 태조 1년 7월 17일 기해조.
70 『태조실록』 권10, 태조 5년 12월 3일 정해조.
71 『세종실록』 권27, 세종 21년 9월 임신조.
72 이교의 문과 합격 시기에 대해 『병오초보』에서는 충숙왕 7년(1320)이라 하였으나, 이후의 고성이씨 자료에서 충숙왕 13년(1326)으로 한 경우도 있다. 아무튼 『고려사』에 의하면 충숙왕 7년과 13년에 각각 문과가 실시된 것은 확실하다 (『고려사』 권74, 지 28, 선거 2, 과목 2, 국자감시험조).

민사평은 충숙왕 때 문과에 급제한 이래 여러 관직을 거쳐 충혜왕 때 여흥군(驪興君)에 봉해진 뒤 충정왕을 따라 원나라에 들어갔던 공으로 수성병의협찬공신(輸誠秉義協贊功臣) 호를 받았던 인물이었다. 도촌 이교와 민사평이 각각 문과에 급제한 시기가 비슷하고, 그 이후 정치적 고비마다 동지적 입장을 취한 것으로 추정된다. 6살 연장이었던 민사평은 이교를 한 집안 동생으로 여길 정도였음을 고백할 정도였다.

충정왕이 즉위할 당시에는 숙부이던 공민왕이 고배를 마시고 절치부심하던 시절이었다. 이런 정치적 격변기에서 민사평은 충정왕을 옹립하는 세력으로 활약했었고, 이후 충정왕의 사부(師傅)로 활약했었다.[74] 이는 행촌 이암의 정치적 행보와도 일치한다. 충정왕 시절 이암이 정방제조를 맡았을 때 민사평 역시 함께 임명되고 있었던 것이다.[75] 따라서 도촌 이교 역시 그의 형이나 절친했던 민사평과 함께 충정왕 세력으로 활약하였을 것으로 추정된다.

『고려사』 기록에 의하면, 공민왕 6년에 "형부상서 이교를 원나라에 보내 황태자의 생일을 축하하였다."[76] 라는 내용과 "공민왕 9년 9월에 어사대부 이교가 박계양(朴季陽) 등 99명을 뽑았다."[77]라는 기사가 보이고 있다. 그리고 공민왕 10년(1361)에 "어사대부 이교가 죽었다."[78]라는

---

73 『급암선생시집(及菴先生詩集)』 권2, 「桃村學士見訪 醉中其喜有不言之處 李嵓弟李嶠」.
　　행촌의 아우가 도촌이니 / 杏村之弟是桃村
　　나를 형으로 섬겨 한 집안과 다름없네 / 事我爲兄似一門
　　취중에 만나 정이 더욱 두터워졌거니와 / 醉裏相逢情更重
　　대낮 창문가에서 깨어날 때 여전히 혼미하리라 / 午窓睡起尙昏昏
74 『고려사』 세가37, 충정왕 2년 1월 경진조.
75 『고려사』 세가37, 충정왕 원년 윤7월 정묘조.
76 『고려사』 권39, 세가39, 공민왕 2, 공민왕 6년(1357) 10월 경자조.
77 『고려사』 권74, 지28, 선거2, 과목2, 국자감시험조.

내용이 함께 보인다. 따라서 그의 죽음은 1361년으로 확인되나, 족보기록에는 정유(1357) 6月 16일에 56세 일기로 졸하였던 것으로 나타난다.

아무튼 『고려사』 자료만으로 본다면, 그가 형부상서로 있을 당시 원나라 사신으로 다녀왔고, 그 후 어사대부를 역임하는 동안 지공거가 되어 공민왕 9년(1360)에 실시된 과거시험을 주관했음을 알 수 있다. 따라서 이교는 문과를 통한 출사자였기에 개인의 능력과 그의 문재를 바탕으로 당시 조정내에서도 매우 비중 있는 역할을 수행했음을 알 수 있다.

고려말기 시험관과 급제자 관계는 좌주와 문생이라 하여, 부자간 이상의 돈독한 관계를 지속하던 것이 관례였다.[79] 그 관계는 주로 정치적으로 연결되었던 것이 보통인데, 이교가 공민왕 9년(1360) 당시 최고 성적으로 급제했던 박계양을 문생으로 두었으니, 이교의 행적을 추적하기 위해 박계양을 잠시 살펴 볼 필요가 있다. 박계양은 고려 말 3은의 한 사람이었던 이숭인과 같은 노선을 견지했던 사람이다. 창왕이 즉위한 후 이숭인은 박천상(朴天祥)·하륜(河崙) 등과 더불어 영흥군(永興君) 환(環)의 진위를 변론하다가 반대파 간관들의 탄핵으로 귀양 갔는데, 이 때 박계양 역시 이숭인과의 관계 때문에 함께 탄핵 받아 귀양을 갔다.[80]

따라서 이교의 문생이던 박계양이 온건파 사대부였던 이숭인과 정치적 노선을 함께하는 매우 돈독한 사이였음을 확인할 수 있겠다. 물론 박계양이 급제한 지 1년도 채 되지 않은 시점에서 이교는 죽음을 맞이하지

---

78 『고려사』 권39, 세가39, 공민왕 2, 공민왕 10년(1361) 5월 을미조.
79 이남복, 1984, 「여말선초의 座主·門生關係에 관한 일고찰」『藍史 鄭在覺博士 고희기념 동양학논총』 201~214쪽 ; 유호석, 1994, 「고려후기 座主·門生 관계의 변화와 그 性格; 원 간섭기를 중심으로」『국사관논총』 55, 국사편찬위원회, 163~190쪽.
80 『고려사』 권115, 열전28, 이숭인조.

만, 박계양이 이숭인과 정치적 노선을 같이 했다는 것은 이교의 영향력이 작용했을 가능성이 크다. 이숭인은 이교의 처 성주이씨와 가까운 친척(사촌 큰오빠의 손자)이기도 했다. 물론 이인임이 이교의 처조카였다는 점도 고려해야 하지만, 이인임과 이숭인은 정치적 입장과 노선을 각기 달리하고 있기도 했다.[81]

이교는 충혜왕 배향공신이던 이조년의 딸과 혼인하였는데, 양가는 비슷한 시기에 함께 세족으로 성장하여 고려말기 권력의 한 축을 담당하게 된다. 이조년의 선대는 성주 지역 호장 출신이었다. 이조년의 아버지 이장경은 좌시중부원군(左侍中府院君)으로 추봉되었으나 원래는 성주 지역 호장이었고, 조부 득희(得禧)와 증조 돈문(敦文) 역시 호장을 지냈으니, 대대로 성주 지역의 향직을 담당하고 있었음을 알 수 있다.[82] 그러다가 이장경의 다섯 아들이 나란히 급제하여[83] 출사하면서 크게 현달하기 시작하였다. 그 중에서 이조년이 가장 돋보이는 인물이었고, 이조년의 손자대에 이르면 좌시중 이인임을 비롯하여 이인복 등을 배출하는 등 고려 말 최고 반열의 가문을 이루었다.[84]

81 고혜령, 1981, 「이인임정권에 대한 일고찰」『역사학보』91, 23~25쪽.

82 『신증동국여지승람』28, 경상도 성주목 인물조에 의하면, 李長庚은 본래 성주 고을 아전으로, 뒤에 政丞에 증직되고 隴西郡公으로 봉해졌다고 하였다.

83 『신증동국여지승람』28, 경상도 성주목 인물조.

84 아래 성주이씨 가계표에 보이는 이조년의 아버지 이장경이 京山(성주의 옛 이름)의 戶長 출신이었던 것으로 미루어 대대로 성주 지역 향직을 이어왔던 것으로 보이며, 이조년의 5형제가 나란히 출사하여 중앙 정치무대에 발을 내 밀게 되었다. 그 중에서 특히 이조년이 문과에 급제한 후 대제학에 오르면서 가문을 크게 일으켰는데, 그의 손자 인복은 행촌 이암과 함께 충정왕 묘정에 배향되었으며, 대제학을 역임한 인립은 태조와 사돈간이었고, 밀직사사 인민의 아들 직은 좌의정에 올랐던 인물이다. 따라서 성산이씨 역시 고성이씨와 마찬가지로 무신집권 말경에 吏族에서 士族으로 성장하여 族勢를 크게 이어간 권문세족이었던

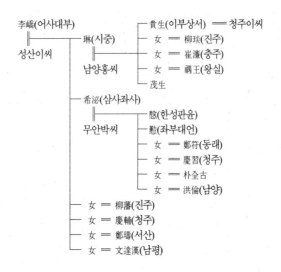

이런 인연으로 당시 정권을 농단하던 이인임의 지원을 얻어 이교의 손녀이자 이림의 딸이 우왕의 근비가 되었다. 이렇듯 이인임이 고종사촌 이림의 딸을 왕실과 혼인케 하였던 것은 나름대로의 정치적 계산도 함께 작용했으리라 생각되는데, 뒤집어 생각하면 이림을 비롯한 고성이씨 가문의 정치적 지원 또한 절실했기 때문이었을 것이다. 도촌 이교 이하 가계도를 간략하게 제시하면 위의 도표와 같다.

이교는 문과 출신이지만, 그의 두 아들은 물론이고 사위들도 무장으

동시에 한 가문 안에서도 정치적 입장을 달리하는 신흥사대부 인물들도 포함되어 있었다

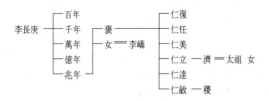

로 활약한 인물들이 많다. 따라서 문과 급제를 통한 상경종사와 문신(文臣)으로 족세(族勢)를 크게 일으킨 선조와는 달리 이교 계열은 무장으로 두각을 나타냈다는 특징을 보인다. 고려 말 무장들이 정치세력의 한 축으로 등장하게 된 것은 공민왕 때 홍건적의 침입이 있게 된 것에서 연유한다. 도촌 이교는 이 시기에 죽음을 맞이했지만, 그의 아들들이 거듭되는 공신책봉으로 정계의 실력자로 등장하기 시작했다. 그 중에서도 이교의 2남 이희필(李希泌)이 단연 두각을 나타낸 인물이었다.[85]

공민왕이 집권한 후 심혈을 기울인 반원정책은 어느 정도 성공을 거두어 안정을 찾아가는 분위기였다. 그러나 홍건적의 침입으로 그의 개혁정치는 좌절될 수밖에 없었다. 홍건적의 침입은 전후 2차례에 걸쳐 대규모로 침입이었고, 특히 2차 침입은 개경이 함락되어 왕이 안동에까지 피난 갈 정도로 위급한 상황이었지만, 안우·김득배·이방실 등 3원수가 크게 활약하여 반격할 수 있었다. 3원수들이 전공을 앞세운 군사지휘권을 이용하여 정치적 지위를 키워 갈 무렵에 총병관 정세운은 공민왕 측근이던 김용(金鏞)에게 제거되었고, 이로 인해 결국 3원수 죽음까지 몰아가고 말았다.[86] 이 사건은 공민왕이 동조한 측면이 있다고 보는 경향이 강하다.[87] 아무튼 전란 중에 일어난 사건으로 공민왕의 세력 기반의 한 축이 무너졌다. 김득배는 문과 출신이면서 공민왕이 질자로 연경에 머무를 때부터 받들던 신하였고, 정세운 역시 연저수종공신이었으며, 이들은 안우와 함께 기철 일파를 제거할 때 공신으로 책봉된 인물이었기 때문이다.

---

85 조선조에 들어와 편찬된 족보상으로 차남으로 되어 있으나, 당대의 연대기 등의 기록상으로 보면 장남일 가능성이 더 크다.

86 『고려사』 권113, 열전26, 안우.

87 민현구, 1998, 앞의 논문, 291쪽.

한편 개경이 수복되어 환도 중이던 공민왕 12년(1363) 2월에 개경 근처의 홍왕사에 행궁을 설치한 채로 공민왕이 머물고 있었다. 그로부터 약 50일이 지날 무렵 국왕을 살해하려는 반역의 무리들이 침입하는 사건이 벌어졌고, 이 과정에서 주모자 김용이 처형되었다. 최영을 비롯한 무장 세력들이 이를 진압함으로써[88] 향후 고려의 권력 구조가 이들 중심으로 이동해 가고 있었다. 소위 홍왕토적공신(興王討賊功臣)으로 불리는 30여 명의 무장들이 배출되었고, 이어 공민왕 폐립 명분을 앞세운 덕흥군 침입으로 군사들을 동원하게 되자, 공민왕은 무장들에게 의존도를 더 높일 수밖에 없었다.

공민왕이 홍왕토적공신을 비롯하여 2차 홍건적 침입과 관련하여 공을 세운 부시피난공신(扶侍避難功臣), 건의집병정난공신(建議集兵定亂功臣), 신축호종공신(辛丑扈從功臣), 첨병보좌공신(簽兵輔佐功臣), 수복경성공신(收復京城功臣) 등을 잇달아 봉한 것도 모자라, 수개월 후에는 홍건적 1차 침입을 격퇴하는 데 공을 세웠던 기해격주홍적공신(己亥擊走紅賊功臣)과 첨병제사공신(僉兵濟師功臣)까지 추가하였으니, 무려 총 347명이나 되는 공신들이 책봉되었다. 중복되는 경우를 제외한 실 인원수만도 약 280명에 달하며, 토지를 200결 이상 받은 공신도 30명 가까이 배출되었다.[89]

이때부터 급부상한 무장 세력들에게는 공신 책봉과 이에 따른 토지와 노비를 하사하는 것과 같은 반대급부만으로는 만족시킬 수 없는 상황이 되어 버렸다. 그리하여 실질적인 고위직으로 일컬어지는 재부(宰府)와 추부(樞府)의 구성원 수도 급격하게 늘어만 갔다.

---

88 『고려사』 권40, 세가40, 공민왕 12년(1363) 윤3월 신미조.
89 『고려사』 권40, 세가40, 공민왕 12년(1363) 3월 을유조. 같은 책, 11월 임신조.

이들 중 일부를 제외한 나머지는 모두 홍왕사의 변과 홍건적의 침입 과정에서 공신에 책봉된 자들이며, 그것도 중복되어 공신으로 봉록된 자들이었다. 아울러 당시의 재추 구성원 중 경천홍·안우경·최영·변안렬 등 10여 명은 뛰어난 지략을 지닌 무장 세력들이었는데, 대개 홍건적의 침입과 홍왕사 정변에서 공을 세운 인물들이었다는 공통점을 지닌다.[90] 따라서 그들은 종전의 안우를 비롯한 3원수 아래에서 활약하던 존재들이기도 했다.

이렇듯 새롭게 형성된 무장 세력들은 공민왕 집권 중반기 이후 왜구의 침략과정에서도 크게 활약하여 더욱 큰 세력으로 형성되어 갔는데, 이들 무장 세력들의 가문 배경을 검토하면 매우 다양하다. 이희필을 비롯하여 최영·우제·경천홍·한방신 등은 뚜렷한 족적을 가진 유력가문 출신이고, 안우경과 지용수는 세계가 명확하지 않으나 상당한 영향력을 지닌 가문의 후손으로 추정된다. 그리고 양백연과 이성계는 독특한 존재인데, 전자는 원으로부터 이주한 고위 무직자의 자손이요, 이성계는 원에 예속된 쌍성총관부 관하에서 원의 천호직을 누대 세습하다 고려에 귀부한 이자춘(李子春)의 아들이었다.[91] 변안렬 역시 심양출신으로 공민왕을 따라 고려에 이주해 온 인물이란 점에서 이들과 유사한 출신 배경을 지닌 자였다. 이외에도 당시 급부상한 무장 세력 중에서는 환관 출신들도 끼어 있었다.

이런 상황에서 개혁 정치를 추구하던 공민왕이 갑작스레 살해당하자 이인임의 후원을 입은 우왕이 왕위를 이어갔고, 한 동안 이인임을 중심으로 한 집권세력들이 권력의 축을 이어갔다. 어린 왕자 우왕이 등극할

---

90 이 당시 재추 구성원이 아닌 무장 세력들 중에는 이성계를 비롯하여 韓方信, 池龍壽, 吳仁澤 등이 크게 활약하고 있었다.

91 민현구, 2009, 「고려 공민왕대 중엽의 정치적 변동」 『진단학보』 107, 53쪽.

수 있었던 것은 이인임 세력과 최영으로 대표되던 무장 세력과의 연립 정권을 이루었기에 가능한 것이었다.[92] 이와 함께 우왕 대에는 끊임없는 내우외환 속에서 왜구들의 침략이 더욱 거세어지자 이를 토벌하는 과정에서 무장 세력들의 활약이 두드러지고 있었다. 즉, 당시 무장 세력을 이끌던 최영은 구세력을 대표한다고 할 수 있는데, 우왕대의 전 기간을 실권자로 군림하였다. 그리고 소위 신흥 세력을 대표한다고 할 수 있는 이성계는 위화도 회군을 계기로 최영을 제거하고 신왕조를 개창한 인물이었으며, 이 외에도 많은 무장 세력들이 그와 유사한 형태로 정계에 등장하였다. 물론 그들의 공로가 최영이나 이성계에 미치지 못하거나, 혹은 이성계 집권 과정에서 흡수 혹은 도태되었기 때문에 행적들이 자세히 전해지지는 않지만, 변안렬을 비롯한 우인렬·조민수(曺敏修)·정지(鄭地) 등도 독자적인 무장 세력의 한 축을 형성하고 있었음이 분명하다. 이정형(李廷馨)의 『동각잡기(東閣雜記)』에[93] 의하면, 당시 최영과 이성계를 비롯한 무장 세력들이 독자적으로 운영하는 사병 집단을 가지고 있었음이 확인된다.

이희필(李希泌)의 초명은 이순(李珣)이었다. 홍건적 1차 침입 당시 고려군의 전과가 가장 컸던 함종전투 승리는 대장군 이희필의 공적이 적지 않았는데, 안우·이방실·김어진 등과 함께 한 활약이었다. 1차 침입 당시 이희필은 종3품 대장군(大將軍) 신분이었으나, 2차 침입이 있던 공민왕 10년(1361)에는 예부상서 직임을 수행하고 있었다. 고려시대 예부

---

92 이형우, 1999, 『고려 우왕대의 정치적 추이와 정치세력 연구』, 고려대 박사논문, 49~59쪽 ; 박홍갑, 2010, 「고려말기 고성이씨 도촌 이교 가문의 정치적 위상」 『고성이씨 가문의 인물과 활동』, 일지사, 56쪽.

93 李廷馨, 『東閣雜記』 上, 本朝璿源寶錄.

(禮部)는 주로 과거시험을 주관하는 부서인지라 예부의 수장인 정3품직 상서(尚書)는 주로 지공거로 선임되던 관례가 정착되어 있을 정도로 문장에 능해야만 보임되는 자리였다. 따라서 무장이었던 이희필을 공민왕이 예부상서 자리에 앉혔다는 것은 그의 학문적 경지를 어느 정도 인정했다는 것으로 보아도 무방할 것 같다. 그런데 그가 예부상서로 있을 당시였던 공민왕 10년(1361)에 홍건적의 2차 침입이 있게 되자, 그 역시 최일선의 전장으로 투입되었음은 물론이다.

개경을 수복하기 위해 공민왕 11년(1362) 안우·이방실·김득배·황상·한방신·이여경·안우경·이구수·최영 등이 군사 20만 명을 거느리고, 개경 동교(東郊)의 천수사(天壽寺) 앞에 주둔하여 총병관 정세운의 명령을 기다렸다. 이희필을 비롯한 여러 장수들이 이를 틈타 사방에서 급습하였는데, 이성계도 휘하의 친병(親兵) 2,000명을 거느리고 먼저 올라가 크게 적을 깨뜨렸다. 해질 무렵에 적의 괴수 사유(沙劉)와 관선생(關先生) 등을 베니, 적의 무리들이 서로 밟고 쓰러져 엎어진 시체가 성에 가득하였다. 베어낸 머리가 무려 십만여 명이었고, 원나라 황제 옥새(玉璽) 2개, 금보(金寶) 1개, 옥인(玉印) 3개, 금·은·동인(金·銀·銅印), 금은(金銀) 그릇, 패면(牌面) 등의 물품을 노획하였다. 잔당 파두반(破頭潘) 등 십만여 명이 달아나 압록강을 건너갔으므로 적이 마침내 평정되었다.[94]

공민왕은 그 해 8월에 홍건적 재침에 대비하여 북방만이 아니라 고려 영토 전체에 대한 수비력을 대폭 강화했다. 이때 밀직사(密直使) 이희필을 도병마사(都兵馬使)로 삼았다. 당대 최고 관직이던 재추(宰樞) 반열 중에서도 핵심이었던 관직이 종2품 밀직사였다.[95] 이희필은 이듬해 윤3

---

94 『고려사』 권113, 열전26, 안우.
95 『고려사』 권40, 世家40, 恭愍王 11年 8월조.

월 밀직사의 최고 관직인 판밀직사사(判密直司事)로서 양광도도순문사(楊廣道都巡問使)가 되어, 장암(長巖)으로 나가 지켰다.

공민왕은 개경을 수복한 공신들에게 대대적인 녹훈을 실시하였다. 공의 크고 적음에 따라 차등 있게 포상했는데, 경성수복공신(京城收復功臣)이었다. 안우·이방실·김득배는 경성 수복에 큰 공로를 세웠지만, 정세운을 살해한 사건으로 인해 죽임을 당했기 때문에 포함되지 못했다. 판밀직사사(判密直司事) 이순[희필]은 찬성사상의(贊成事商議) 황상, 정당문학(政堂文學) 한방신, 지도첨의(知都僉議) 안우경, 밀직사(密直使) 최영 등과 함께 54명의 1등 공신들 중에서 4번째로 이름을 올렸다.[96]

1등 공신이 된 이희필에게 내려진 특전은 공신각(功臣閣) 벽 위에 그의 초상화[圖形]를 걸고, 부모와 처는 세 등급을 뛰어 봉작(封爵)하며, 그 아들 1인에게는 7품의 관직을 주되 만약 아들이 없으면 조카나 사위 중 1인을 8품 관원으로 임명하였다. 구사(驅史)는 5인, 진배파령(眞拜把領)은 7인으로 하였고, 초입사(初入仕)를 허용하고 자손은 음직(蔭職)으로 서용(敍用)하며, 토지 100결과 노비 10구를 하사받았다.

이희필은 공민왕 12년 11월에 또 다시 1등 공신에 책봉되었다. 기해년(1차 침입) 당시 홍건적을 물리친 공을 뒤늦게 포상한 것이었다. 모두 24명의 1등 공신 중에는 수첨의시중(守僉議侍中) 경천흥(慶千興), 찬성사(贊成事) 송경(宋卿)·안우경(安遇慶), 전 찬성사(贊成事) 이성서(李成瑞)에 이어 5번째로 판개성부사(判開城府事) 이순[희필]의 이름이 올라 있다. 기해년토적공신에 대한 특전도 이전과 동일한 수준이어서 많은 전답과 노비를 하사받았음은 물론이다.[97]이렇듯 두 차례에 걸쳐 1등 공신

96 『고려사』 권40, 世家40, 恭愍王 12年 윤3월조.
97 『고려사』 권40, 세가40, 恭愍王 12年 11월 임신조.

으로 책봉된 이희필은 무장(武將)으로서의 탄탄한 입지를 굳혀갔다.

아무튼 공민왕은 집권초기부터 기씨 일파를 제거하는 등 개혁정치를 이어갔지만, 두 차례에 걸친 홍건적 침입과 홍왕사 난, 덕흥군 침입 등으로 주춤하게 되었다. 이런 격동기를 거치면서 국왕을 보좌하던 세력 기반이 무너지자, 공민왕은 신흥 무장 세력들에 의존할 수밖에 없었다. 1~2년 사이에 무려 349명에 이르는 공신이 책봉되었고, 중복인원을 제외하면 약 285명에 이른다. 그런데 책봉된 공신들 중에는 10여 명의 문신을 제외하면 모두가 무장들이었다. 이희필 역시 두 차례 연거푸 1등 공신으로 책봉되어 전결만도 무려 200결에 달하는 보상을 받았다.

개혁정치 의미가 퇴색될 위기에 놓이게 되자, 공민왕은 신돈을 영입하여 해결하려 하였다. 이순[희필]이 판개성부사(判開城府事)직을 수행하고 있을 무렵이었다. 신돈이 권력을 장악하자 공신과 명문세족들이 대거 숙청당했다. 최영이 고봉현(高峯縣)으로 사냥을 나가자 신돈이 왕에게 참소하니, 왕이 이희필을 보내 꾸짖은 후 계림윤(鷄林尹)으로 쫓아버렸다. 최영을 비롯한 경천홍·이귀수·박춘 등과 같은 야전 사령관들이 대거 숙청당했지만, 일부 무장들은 신돈 정권에 참여하기도 했다. 무장 세력 제거는 공민왕 자신이 막후 조정자 역할을 수행했기에 가능했다. 특히 공민왕 16년에 있었던 신돈 제거 모의 사건에는 무장 세력들의 타격이 컸다. 이희필 또한 경복홍·오인택 등과 함께 귀양 갔는데, 경복홍과 정치적 노선을 같이 한 것은 청주경씨와의 혼인관계도 크게 작용한 것으로 보인다.[98]

그로부터 4년이 지나 신돈이 실각하였고, 수원에서 귀양살이 중이던 신돈을 처형한 후에야 최영과 이희필 등과 같은 무장들이 소환되었다.[99]

---

98 경복홍의 장자 慶補가 이교의 사위, 경복홍의 손자 慶翼은 이희필의 사위였다.

그리고 복귀하였던 무장들은 정치 일선에 복귀할 수 있었다. 황상과 안우경·최영은 문하찬성사(門下贊成事)로, 이희필은 삼사좌사(三司左使)로 임명된 것이다.[100] 이후 이희필은 오랜 기간을 요직이었던 삼사좌사(三司左使)로 재임했고, 도중에 양광도상원수(楊廣道上元帥)가 되어 최영과 함께 탐라를 평정하거나,[101] 최영·이성계와 함께 왜구 소탕에 큰 공을 세운 무장으로 활약했다.[102]

공민왕 하반기의 정치구조를 보면, 제1재상부인 문하부(첨의사)와 제2재상부인 삼사의 재상들이 고위재상이었다. 신돈이 처형된 후 재상들의 면면을 보면, 문하부 시중에 경복흥, 수시중에 이인임, 문하부 찬성사에 한방신·황상·안우경·최영, 문하부 평리에 김속명과 유연, 정당문학에 이색 등이 포진해 있었고, 판삼사사에 이수신, 삼사좌사에 이순[희필]으로 구성되었는데, 한방신과 이색을 제외하면 모두 무장들이었다. 이색은 신돈 정권에 참여하였지만, 중도적인 대학자로 국왕의 신임이 두터웠기에 계속 기용되었다. 이때부터 이희필은 재추(宰樞)의 한 축을 형성하는 삼사좌사를 맡았는데, 우왕이 즉위한 후에도 이어져 그가 생을 마감할 때까지 약 7년 동안 삼사좌사 직임을 이어가는 기록을 세웠다. 그러면서도 동시에 전장을 누비는 야전사령관으로 생을 살다 갔다.

이희필은 그의 형 이림과 정치적 노선을 같이하고 있었기에 시련이 많았는데, 그의 아들 이근 역시 창왕 때 좌부대언(左副代言)에 올랐다가

---

99 『고려사』 권43, 세가 43, 恭愍王 20年 7월 경신조.

100 『고려사』 권43, 세가 43, 恭愍王 20年 8월 을사조 ; 『고려사』 권43, 세가 43, 恭愍王 20年 8월 을사조.

101 『고려사』 권44, 세가44, 공민왕 23년 7월 무자조 ; 『고려사』 권113, 열전26, 崔瑩.

102 『고려사』 권133, 열전46, 신우 원년 9월조 ; 『고려사』 권133, 열전46, 신우 3년 9월조.

김저의 옥사 사건으로 귀양 가고 말았다.[103] 우왕의 장인이었던 이림은 조선 건국에 걸림돌이 될 수밖에 없었기 때문이다. 그러나 이후의 이근 행보에 급격한 변화를 보이는데, 이성계 세력의 개혁정치에 적극 동참하였다는 사실이다. 그리하여 개국 3등 공신에 책봉되는 등 정치적 입지를 굳혀나가다 1차 왕자난 때 정도전과 함께 죽음을 당하고 말았다.

이교의 장남 이림은 시중을 역임함으로써 고성이씨 인물 중에서도 가장 현달한 인물로 꼽을 수 있는데, 홍자번(洪子藩)의 증손녀 남양홍씨와 혼인하였던 배경 역시 컸다고 본다. 공민왕 10년 홍건적 2차 침입 때 장군으로 호종하였고,[104] 이후 우왕대에 들어와서도 주로 왜구 격퇴에 공을 세웠다. 그러다가 우왕 5년 그의 딸이 근비로 책봉되면서 정치 무대의 핵으로 부상하였는데, 창왕이 즉위한 후에는 이색의 추천으로 시중의 자리에 올랐던 동시에[105] 검을 차고 신을 신은 채 궁전에 오를 수 있는 검이상전(劍履上殿)과 조견할 때 절하면서 이름을 고하지 않는 찬배불명(贊拜不名)의 특전까지 받았다.[106] 그러나 위화도회군과 사전 개혁 등을 통해 정권을 잡은 이성계일파와 정치적 입장을 같이 할 수 없었고, 김저 사건을 계기로 그와 일족들이 유배형에 처해졌다.

김저 사건에 대한 전모를 보면, 소위 여주에 귀양가 있던 우왕 복위를 도모했다는 것이다.

전 대호군(大護軍) 김저(金佇), 전 부령(副令) 정득후(鄭得厚)가 몰래

---

103 『고려사』 권137, 열전50, 신창 1년 9월 경신조 ; 『고려사』 권45, 세가45, 공양왕 원년 11월 기묘조.

104 『고려사』 권39, 세가39, 공민왕 10년 11월 병인조.

105 『고려사』 권115, 열전28, 이색(李穡).

106 『고려사』 권137, 열전50, 신창 원년 9월조.

황려(黃驪)에 가서 우왕을 알현하였다. 김저는 최영(崔瑩)의 조카여서 최영을 따라다닌 지가 오래되었고, 자못 권세를 부렸으며, 정득후도 최영의 족당(族黨)이었다. 우왕이 울면서 말하기를, "우울함을 감당하지 못하고 있으니 여기 있으면서 속수무책으로 죽어야 하겠는가? 한 명의 역사(力士)만 얻어 이 시중(侍中 ; 이성계)을 해치기만 한다면, 내 뜻이 이루어질 만할 것이다. 내가 본디 예의판서(禮儀判書) 곽충보(郭忠輔)와 잘 지냈으니, 너희들은 가서 그와 도모하라."고 하며 곽충보에게 검 한 자루를 남기며 이르기를, "이번 팔관회 날이 거사할 만하다. 일이 성사되면 왕비의 동생을 처로 줄 것이니 부귀를 함께 하도록 하자."라고 하였다. 김저가 와서 곽충보에게 고하니, 곽충보가 겉으로는 승낙하는 듯하고서는 태조(太祖 ; 이성계)에게 급히 고하였다. 김저와 정득후가 밤에 태조의 사저에 갔다가 문객에게 붙잡히니 정득후는 목을 찔러 죽었다. 김저를 순군옥(巡軍獄)에 가두고서 대간과 함께 심문하니, 말이 전 판서(判書) 조방흥(趙方興)에 연좌되어 아울러 하옥하였다. 김저가 말하기를, "변안렬(邊安烈)·이림(李琳)·우현보(禹玄寶)·우인렬(禹仁烈)·왕안덕(王安德)·우홍수(禹洪壽)도 함께 여흥왕(驪興王, 우왕)을 맞이하기로 도모하여 내응하기로 하였습니다."라고 하였다. 이에 우왕을 강릉(江陵)으로 옮기고 창왕을 강화(江華)로 내쫓았으며 폐하여 서인으로 삼았다.(『고려사』 권137, 열전 50, 창왕(昌王) 1년 11월)

이 사건으로 이성계 일파는 1389년 11월 정축일에 창왕을 내쫓은 후 기묘일에 정창군(定昌君) 요(瑤)를 공양왕(恭讓王)으로 옹립하는 한편, 이림을 전주에, 그의 아들 이귀생을 경주에 각각 유배시켰다. 이 때 그의 사위 유염·최렴, 외손서 노귀산, 조카 이근 등도 유배되었다.[107]

김저가 우왕 복위를 도모했다는 사건으로 어수선한 정국 속에서 새로운 문제가 불거졌다. 소위 명나라 예부자문 사건이다. 우왕과 창왕 즉

---

107 『고려사』 권45, 세가45, 공양왕 원년 11월 기묘조.

위에 대한 명 황제의 뜻을 담은 자문은 고려 왕실의 정통성 문제와 결부되어 있어 매우 중요했다. 창왕 1년(1389) 8월에 명나라에 사신으로 갔던 윤승군과 권근이 돌아왔다. 명나라 예부에서 고려 도평의사사로 보낸 자문에는 "왕씨가 시해되어 후사가 끊어진 이후 비록 왕씨라 가탁하여 이성(異姓)으로 왕을 삼았으나, 이는 삼한을 지키는 올바른 계책이 아니다"란 내용이었다고 한다. 권근이 이런 내용을 몰래 읽은 뒤 창왕의 외조였던 이림에게 먼저 보인 후 도평의사사에 보고했다고 한다. 그로부터 3개월이 지난 12월에 가서야 이것이 정치적 문제로 비화하기 시작했다. 그에 앞서 권근은 우봉현에 유배되었다. 이색을 따라 중국으로 갔던 이숭인이 사적으로 무역을 했다는 이유로 탄핵되자, 권근이 옹호하는 상소를 올려 이숭인과 함께 죄를 입었다. 권근은 사전개혁 반대자였고, 이숭인 역시 우왕 복위 혐의를 입었다. 이후 이색 또한 우왕과 창왕을 옹립했다는 이유로 파면되고, 창녕에 유배되어 있던 조민수는 서인으로 강등되었다. 그런 후 사헌부가 다시 권근이 예부자문을 몰래 열어보았다는 죄상으로 탄핵 소를 올렸는데, 그것이 바로 그해 12월이었다.

아무튼 이성계 일파의 입장은 우왕과 창왕이 왕씨가 아닌 이성으로 왕위에 오른 잘못을 지적한 것이 명나라 황제가 보낸 자문 내용이란 것이다. 따라서 우왕 복위 사건과 예부 자문 사건은 별개의 사건이 아니라 개혁파에 걸림돌이 되는 정치세력에 대한 정치 공세에 불과했다. 이로 인해 권근은 이해 12월에 영해로 유배되었고, 이후 계속된 탄핵으로 홍해·김해·청주 등지로 유배지를 전전하게 되었다. 이미 학계에서는 예부자문 내용에 대한 신빙성에 의문을 가한 연구가 있어왔다. 창왕이 왕씨가 아닌 이성이었기 때문에 문제가 된 것이 아니라, 창왕 즉위 사실을 알리지 않고 배신(陪臣)들이 일방적으로 즉위시킨 사실을 문제로 삼은 것에 불과한 것을 조작하고, 몰래 봤다는 것을 구실로 반대파 숙청에 이용했다는 것이다.

이렇듯 김저사건으로 이림과 그 가족들은 유배형에 처해졌고, 이후 또 다시 야기된 윤이·이초 사건으로 청주옥에 하옥되고 말았다. 윤이·이초 사건은 공양왕 2년(1390) 고려의 무신 윤이(尹彝)와 이초(李初)가 명나라에 찾아가 주원장에게 이성계가 명나라를 치려 한다고 무고한 사건이다. 1390년 정5품의 무관 중랑장인 이초와 윤이는 이성계 일파의 정변 기도를 감지하고 함께 명나라로 건너가 명나라 황제 주원장에게 호소하여 명나라의 힘을 빌려 시중 이성계를 없애기 위한 모의를 하였다. 이에 연경으로 건너간 윤이와 이초는 명 태조에게 '이성계와 정도전 등이 군사를 일으켜 명나라를 치려하자 이를 반대한 이색 등을 살해하고, 전판삼사사(前判三司事) 우현보(禹玄寶) 등은 감금·유배하였다'고 거짓으로 알렸다. 이 때 사신으로 명나라에 머물던 동지밀직사사 조반이 급히 귀국하여 이 사실을 조정에 알리자, 이성계 등은 사람을 보내 윤이와 이초를 잡아들였다. 이리하여 이성계는 정도전을 성절사 겸 변무사(聖節使兼辨誣使)로 명나라에 보내 무마시켰다.

이성계와 정도전은 이를 계기로 반대파를 제거할 계획으로 목은 이색, 도은 이숭인, 양촌 권근, 인재 이종학, 우현보 등 고려 유신 10여 명을 잡아들여 청주 감옥에 하옥하는 청주옥사를 일으켰다. 이 때 이림 역시 청주옥에 갇히는 신세가 되었으나, 이 무렵 청주지방에 갑자기 집중호우가 쏟아져, 청주성의 민가와 옥사가 침수되었다. 옥에 갇혀 있던 신하들은 객사 앞에 서 있는 은행나무인 압각수로 올라가 홍수를 피하였다. 이 소식을 들은 공양왕은 이림과 이색 권근 등이 죄가 없음을 하늘이 증명하는 것이라 하여 이들을 석방시켰다. 이를 계기로 이림은 일시 사면되기도 했다. 이 때 헌사(憲司)에서 또 가벼이 사면해서는 안 된다고 간언했으나 들어주지 않고 이림은 물론 이귀생도 용서하였다. 이림은 일

시 사면되는 듯 했으나, 재차 충주에 유배되었다가 배소에서 죽음을 맞이하고 말았다.[108]

이교의 장녀는 동지밀직(同知密直) 유번(柳藩 : 菁川君, 진주유씨)에게 시집갔다. 당시 고성이씨와 진주 유씨와의 혼인관계를 살펴보면, 유번의 8촌인 유염이 이림의 사위였다. 그리고 이들 모두 공양왕 원년에 일어난 김저(金佇)의 옥사에 연루되어 이림과 함께 유배된 사실에서,[109] 고성이씨 도촌계와 정치적 노선을 함께하는 동지였음을 알 수 있다. 그럼에도 불구하고 이림의 사위였던 유염(柳琰)은 조선개국 후에도 여전히 정치 활동을 계속하고 있었다.[110]

이교의 2녀는 검교시중 경보(慶補 :청주경씨)에게 시집갔다. 청주 경씨는 고려 말 최대의 문벌을 자랑하던 가문 중의 하나였는데, 그 중심에는 문하시중 경복흥(慶復興)이 자리하고 있었다. 당시 고성이씨와 청주 경씨 사이의 혼인관계를 보면, 이교의 사위가 된 경보는 경복흥의 아들이었고, 이희필의 사위가 된 경습은 경보의 조카이자 경복흥의 손자였다. 공민왕 때 신돈의 등장으로 경복흥이 수문하시중에서 밀려나자, 이희필은 경복흥과 함께 신돈 제거 모의를 함께 할 정도였다.[111] 따라서 이성계 일파의 정치적 압박이 도촌계에 밀려들자, 이교의 사위였던 경보에게까지 파급이 미쳤다. 그는 신축호종공신(辛丑扈從功臣)에다 회군공신(回軍功臣)이기까지 했지만, 윤이·이초 옥사에 연루되어 결국 유배를 당했던 것이다.[112]

---

108 『고려사』 권116, 열전29, 李琳.
109 『고려사』 권45, 세가45, 공양왕 원년 11월 병술조.
110 이정완, 2006, 「고려후기~조선초기 고성이씨 가문의 정치 활동에 대한 연구」, 한신대 석사논문, 41쪽.
111 『고려사』 권132, 열전45, 반역 6, 辛旽.

이교의 3녀는 판흥농사사(判興農寺事) 정숙(鄭璹 : 서산정씨)에게 시집갔다. 정숙의 아버지는 정세충(鄭世忠)인데, 그는 신종 때 호부시랑으로 금나라에 천수절(天壽節) 축하 사절로 다녀왔고,[113] 충혜왕 초에는 행촌 이암과 함께 전주(銓注)를 담당했던 인물이다.[114] 정숙의 증조는 정인경(鄭仁卿)으로 몽고어 통역관으로 있으면서 가문을 크게 일으켜『고려사』열전에도 등재되었던 인물이다. 특히 정인경은 동녕부를 재차 고려에 귀속시키는데 큰 공을 세워 관직이 중찬(中贊)에 이르렀던 인물이었는데, 충렬왕 5년에는 이존비와 함께 원나라 황제 생일을 축하하고 돌아오기도 했다.[115] 따라서 양가의 접촉은 이미 선대부터 있었음을 알 수 있다.

이교의 4녀는 문하찬성사 문달한(文達漢 : 남평문씨)에게 시집갔다. 문달한은 평장사 문극겸(文克謙) 6세손으로,『고려사』열전에도 입전되었던 인물이다. 그는 우왕 때 왜구 토벌에 공을 세워 찬성사에 올랐고, 공양왕 때에는 순평군(順平君)에 봉해졌지만, 이림의 척족이란 이유로 대간의 탄핵을 받아 귀양가서 죽었다.[116] 따라서 이교의 넷째 사위였던 문달한 역시 그의 처족과 정치적 노선을 같이 하다가 생을 마감한 것임을 알 수 있다. 남평 문씨의 경우 무신 집권 초에 크게 현달한 문극겸(文克謙)을 배출함으로써 크게 정치적 입지를 굳힌 가문인데, 달한의 아버지 문경(文璟)은 기철을 제거하는 데 공을 세워 2등 공신에 책봉되기도 했다.[117]

---

112 『고려사』권45, 세가45, 공양왕 2년 8월 임술조.
113 『고려사』권21, 세가21, 신종 원년 9월조.
114 『고려사』권36, 세가36, 충혜왕조.
115 『고려사』권29, 세가29, 충렬왕 5년 7월 경오조.
116 『고려사』권114, 열전27, 문달한(文達漢).

이상에서 도촌 이교와 그의 자녀들을 중심으로 당시의 정치 사회적 활동상을 간단하게 살펴보았는데, 이교 이후에는 주로 무장으로 입신하여 정치 활동을 전개한 자가 많았다. 그런 가운데 이림의 딸이 우왕의 비가 됨으로써 한때 더 큰 세력으로 성장할 기반을 마련하기도 했으나, 실권이 이성계 일파에게 넘어가면서 도촌계는 화를 입을 수밖에 없었고, 그에 따라 정치 사회적 입지도 크게 위축되고 말았다.

조선조에 들어와 중앙 정부 차원에서 각 지역별 현황 파악을 위해 각종 지리지를 편찬하게 되었는데, 그 대표적인 것인『세종실록지리지』와『신증동국여지승람』이다.『세종실록지리지』고성현 인물조에 행촌 이암이 등재되었고,『신증동국여지승람』에는 이존비(李尊庇)·이암(李嵒)·이강(李岡)·이원(李原)·이대(李臺)·이비(李埤)·이지(李墀)·이칙(李則)·이육(李陸) 등 9명이 수록되어 있다. 이들 면면을 보면 행촌 이암과 그 계열 인물만을 거론하고 있는 셈인데, 조선 건국 당시의 지배세력 재편 과정에서 탈락한 고성이씨 인물들이 의도적으로 제외되었기 때문이다. 현재 학계의 연구 성과 역시 행촌 이암 가계를 중심으로 이루어졌던 것도 그러한 저간의 사정을 잘 말해주고 있다. 도촌 이교 이후 가장 현달한 인물로 기록될만한 이림(李琳)마저 제외된 것에서 그 의도가 잘 드러난다 하겠다.

주지하다시피 이림은 고려 말 당시 문하시중(門下侍中)을 역임하였고, 그가 우왕의 장인이자 창왕의 외조부이었기에『고려사』열전에도 입전되었던 인물이었다.[118] 그럼에도 불구하고 조선시대에 들어와 각종 지리지 편찬과정에서 인물조에 등재되지 못하고 말았는데, 이는 그의 딸

---

117 『고려사』권39, 세가39, 공민왕 2, 공민왕 8년(1359) 6월 정해조.
118 『고려사』권116, 열전29, 이림(李琳).

이 우왕의 비이자 창왕의 어머니였다는 사실 때문에 제외된 것으로밖에
는 설명되지 않는다. 신우신창설을 제기하여 고려왕실의 정통성을 부정
하였던 조선 건국세력 입장에서는 근비를 배출한 고성이씨 가계 인물을
배제할 수밖에 없는 상황이었기 때문이라 하겠다. 이렇듯 우왕의 근비
(謹妃) 배출 가문인 도촌 이교 계열에 대한 역사적 행적은 의도적으로
묻혀버리고 말았다.[119]

---

119 『丙午草譜』 권1, 李嶠, "초명은 君侅, 자는 慕之, 호가 桃村이다. 신축생(1301)
  이시며, 나이 19세로 충숙왕 때 문과에 등제하시어 이부상서·어사대부·한림원
  대학사를 역임하셨고, <u>정유(1357) 6月 16일에 56세 일기로 졸하셨다.</u> 공은 권
  신의 화가 미칠 것을 염려하여 병을 핑계로 사직하셨고, 효행이 지극하고 우애
  가 깊었으며, 조석으로 부모 섬기기를 다하여 상을 당하여서는 죽만 잡수시고
  효를 다하여 몸가짐을 엄정하게 하시니, 집안사람들도 감히 바로 쳐다볼 수가
  없었다. 만년에 태조 이성계가 왕림하여 자문을 구하고 그 후 또 聘問하니, 드
  디어 깊은 산에 들어가 인간사를 끊으셨다.(初諱君侅 字慕之號桃村 辛丑生
  (1301) 年十九登忠肅朝文科 位吏部尙書御史大夫翰林院大學士 丁酉(1357)六
  月十六日卒 壽五十六 公彈[憚]權臣禍將及 卽謝病遠擧 孝友備至晨昏定省 前
  後喪啜粥 持身甚嚴正 家人不敢仰視 晩年我太祖 枉駕遠問 其後聘問 遂轉入
  深山 謝絶人間事)"

제2장 고려후기 불교계와 고성이씨

1. 무신집권기 불교 변화와 고성지역

고려 귀족사회의 모순은 이자겸의 난과 묘청의 난을 계기로 노출되기 시작하여, 무신들이 난을 일으켜 약 100년 동안 집권하는 동안 더욱 커져만 갔다. 이런 가운데 당시 정치사회적으로 지배하던 불교계에도 새로운 변화를 겪지 않을 수 없게 되었다. 즉, 고려중기의 불교계는 교종(敎宗) 계통의 화엄종(華嚴宗)이나 법상종(法相宗)이 주류를 이루면서 귀족문벌과 결합하여 일세를 풍미하고 있었다.

화엄종은 문종이 직접 개경 인근에 세웠던 흥왕사(興王寺)를 본거지로 크게 진작되었는데, 문종의 넷째 아들로 출가하였던 대각국사 의천(義天)이 영도하였다는 점에서 왕실의 원찰(顯刹)로 기능하였고, 법상종역시 개경 인근에 세워졌던 현화사(玄化寺)를 본거지로 이자연(李資淵)의 다섯째 아들 소현(韶顯)이 각각 영도하였다. 하지만 이들 종파는 신앙적인 면보다는 학파적인 성격이 강한 학문 불교이며, 체제적인 성격이강한 귀족불교였다. 따라서 논리의 관념화와 넉넉한 사원 경제에 안주하여 대중과는 거리가 멀게 존재했다는 한계를 안고 있었다. 예종대에 이르러 화엄종과 법상종 외에 선종이 대두해 귀족사회에 널리 퍼지긴 했지만, 은둔불교적인 성격이 강한 것으로 자연히 일반 대중과는 거리가 멀었다. 그리고 교종 내의 각 종파 사이에 대립 갈등이 야기되고 있었고, 아울러 교종과 선종 사이에서도 선·교 우열의 교리적인 갈등이 심각하였다.

이런 불교계의 한계를 깨닫고 개혁에 앞장선 인물은 다름 아닌 의천(義天)이었다. 의천은 기존 종파와의 갈등 속에서 교학의 측면에서 상생(相生)의 겸학(兼學)을 내세워 법상종에 대해 우위를 주장함과 아울러 실천의 측면에서 교관(敎觀)겸수(兼修)를 내세워 관행(觀行)이 결여된 화엄종을 비판하기 시작했다.[1] 이런 불교계의 내부 모순을 해결하기 위해 의천이 천태종을 창립하는 등 불교계의 자정(自淨) 노력들이 이어졌다.

그런 가운데 무신정변(武臣政變)이 일어나자 고려 불교계의 상황은 크게 영향을 받을 수밖에 없었다. 문신 귀족 세력과 결탁되어 있었던 기존의 교종 세력들이 침체를 가져왔던 것은 예고된 것이나 다를 바 없었고, 교종 사찰이 조직적으로 최씨 무인정권에 항거하는 모습을 보였다. 즉, 명종 4년(1174) 귀법사(歸法寺) 승려 100여 명이 봉기한 것을 계기로 많은 승려들이 희생되었고, 이 사건으로 말미암아 중광사 홍호사 용흥사 묘지사 복흥사 등의 절이 이의방(李義方)에 의해 파괴된 사건이나[2] 명종 27년 홍왕사 승려 10여 명이 중서령(中書令) 두경승(杜景升) 상장군 고안우(高安祐) 등 정계의 실력자들과 함께 영남으로 유배된 것도 최충헌 정권과의 권력투쟁에서 밀려난 사례 중에 하나였다.[3] 기존 불교세력들의 조직적인 반무인정권 행동들은 이후에도 계속되었는데, 특히 고종 4년(1217) 거란 군사를 격퇴하기 위해 동원되었던 승군들이 최충헌을 제거

---

1 최병헌, 1989, 「東洋佛敎史上의 韓國佛敎」 『한국사시민강좌』, 일조각.
2 『고려사절요』 권12, 명종 4년 정월조.
3 『고려사』 권12, 명종 4년 정월조.

하기 위해 성안으로 공격했다가 300명이 희생되고 연루된 사람의 희생자도 800명이나 될 정도로 큰 사건이었다.[4]

이 외에도 크고 작은 최씨 정권에 대한 불교세력의 조직적인 반기는 지속되고 있었으니, 최씨 정권 담당자들은 새로운 대책을 수립하지 않을 수 없었다. 즉, 불교계의 환심을 사기 위한 위무책을 쓰는 한편 고승으로 이름 높았던 혜심(慧諶)에게 대선사(大禪師)라는 후한 승계(僧階)를 내린다거나[5] 그의 아들을 조계종 승려로 입적시킨 것도 그런 이유 때문이었다.[6] 최충헌 정권을 이은 최이(崔怡) 역시 그의 아버지 못지않게 불교세력과 타협하면서 30년간 무인정권을 유지한 인물이었다. 즉, 그의 두 아들 만종(萬宗)과 만전(萬全 : 후일 崔沆)을 송광사(松廣寺) 승려로 입적시켜 선사(禪師)의 승계를 내리는 한편 수선사 2세 사주였던 진각국사 혜심에게 환심을 사기 위한 노력을 아끼지 않았다.[7]

특히 송광사는 선종 계통의 주도적 결사체였던 수선사가 있던 곳이어서 최씨 정권의 불교장악 의도가 이를 통해 더 분명해 보이기까지 한다. 아울러 무신집권기 몽고와의 항전 때문에 강화로 천도하지 않을 수 없었고, 그 영향으로 개경 인근의 사찰들이 약화되고 지방의 사찰들이 새로운 불교계의 중심지로 부각하고 있었다.

무신정변으로 인한 왕권의 약화와 문신귀족의 몰락, 계속되는 무신 상호간의 권력쟁탈전, 농민과 천민의 봉기, 지방사회 향리지식층의 중앙진출, 몽골 침입 등 정치사회적인 변화와 함께 불교계도 많은 변화를 보

---

4 『고려사』권15, 고종 4년 정월조.
5 이규보, 『東國李相國集』권35, 「制二世故斷俗寺住持眞覺國師碑銘」.
6 조선총독부, 1919, 『朝鮮金石總覽』「崔忠獻墓誌.」
7 『고려사』권129, 열전 42, 최충헌(崔忠獻) 부(附) 이(怡) ; 이규보, 『東國李相國集』권35, 「制二世故斷俗寺住持眞覺國師碑銘」.

였다. 즉 불교의 주류가 교종에서 선종으로 교체되었고, 교종과 선종 내부의 각 종파가 법계와 사상 면에서 중기와는 다르게 변하였다. 특히 주목되는 것은 지방에서 신앙단체로서의 결사가 유행한 점이다. 그리하여 선종 계통의 수선사나 교종 계통의 백련사(白蓮社)가 각기 대표적인 결사로 형성되어 갔는데, 무인정권을 이어가던 최이의 수선사에 대한 관심과 애정은 우연에서 나온 것은 아니었다.

결사운동은 고려중기부터 개경 중심의 귀족불교가 공허화하여 가는 것에 대한 반발에서 나온 것으로서 불교계를 비판해 불자의 각성을 촉구하려는 강렬한 비판의식이 작용하고 있었다. 그 결과 불교의 성격이나 내용면에서 큰 변화를 초래하지 않을 수 없었고, 불교계 지도자도 왕실이나 중앙 귀족 출신들이 아니라 지방 향리 자제나 새로운 독서층 출신으로 바뀌게 되었다.[8] 지눌이 크게 일으킨 수선사는 무신정변 이후 정치 사회적인 변화 속에서 고려중기 이래의 불교계를 비판 반성하면서 성립되었던 것은 분명하고, 고성이씨 가문에서 배출한 이존비의 둘째 아들 이정(李精)도 출가한 후 수선사 13대 사주가 되었다.[9] 이는 고려 후반기 고성이씨 가문이 정치 사회적으로 성장해 가는 데 당대 불교계와 깊은 유대 관계속에서 이루어졌다는 것을 암시하는 것이기도 하다는 점에서 주목된다 하겠다.

한편 신라말 이래로 크게 유행했던 선종은 강릉지역을 기반으로 하는 사굴산문이 주도해 왔는데, 인종 대 이후 서서히 지리산 일대로 근거지를 옮기는 변화상이 보이기 시작했다는 점도 주목된다. 탄연의 스승이

---

8 진성규, 1996, 「무신정권기 불교계의 변화와 조계종의 대두」『한국사』, 국사편찬위원회.

9 管野銀八, 1932, 「高麗曹溪山松廣寺十六國師の繼承について」『靑丘學叢』9, 청구학회.

던 담진이 만년에 전라도 순천 지역에서 정혜사(定慧寺)를 창건한 바가 있고, 탄연도 인종 초반까지 활발하게 활동하다가 의종 2년(1148)에 노쇠함을 이유로 지리산 동쪽의 산청 지역에 위치한 단속사(斷俗寺)로 내려가 만년을 보내다 사망하였다.[10]

그 이유는 여러 가지가 복합되어 있겠지만, 인종 13년(1135) 묘청을 중심으로 한 서경천도 운동이 실패하면서 여기에 연루된 세력들이 거세되는 가운데 생겨난 일이며, 이후 무신난을 거치면서 사굴산문을 위시한 선종의 중심축이 지리산 남쪽의 단속사와 수선사로 옮겨오게 되었다. 최충헌이 지리산 남쪽 서부 경남과 전라남도 일대에 주목한 것에는 그들과 대척점에 있던 교종을 제압하기 위한 방편으로 선종계통을 지원해야 하는 이유도 크겠지만, 이 일대가 최씨 일가의 세력 근거지였다는 점이 크다.

경상도 진주지역은 최충헌의 외향이었다. 최충헌의 어머니 진주 유씨는 진주 향리 출신의 무신 유정(柳挺)의 여식이었고, 최충헌의 누이 또한 진주 유씨와 혼인하였기에, 최충헌 가문은 진주에 토착하고 있던 세력 중에서도 매우 강성한 활동을 벌이고 있던 유씨 집안을 매개로 이 지역에서 확고한 사회경제적 기반을 확보하고 있었던 셈이다. 이런 연고에 따라 최충헌의 식읍이 강주(康州 : 현 진주)에 널려 있었으니, 최씨 무인정권이 들어서면서 자연스레 부각될 수밖에 없었다. 강화도 천도 이후 논공 과정에서 최우가 진양후(晉陽候)에 봉해진 것도 그의 부인이 진주 인근의 하동지역 향리 출신으로 추밀원지주사를 지낸 정숙첨(鄭淑瞻)의 딸이었기 때문이며, 정숙첨의 아들이자 최우의 처남이던 정안(鄭晏)이 최씨 정권하에서 경상도 전라도 경영의 핵심인물로 활동하였던 것도 그

---

10 김아네스, 2012, 「고려중기의 대감국사 탄연과 지리산 단속사」 『남도문화연구』 23.

런 이유 때문이었다.[11]

당시 선종은 이자현(李資玄)→혜조국사(慧照國師)→대감국사 탄연으로 이어지면서 『능엄경』을 매우 중시했다. 탄연 이후 계환(戒環)은 능엄경에 능통한 단속사 스님 효돈(孝惇 : 윤관 손자)을 초청하여 법회에서 교습시켰다[12]라고 한 것에서도 잘 드러나듯이, 이 시기 단속사가 주목되는 것이 바로 능엄경이었다.

탄연의 뒤를 이어 단속사 주지가 된 사람은 진각국사 혜심이었는데, 그는 본의와는 상관 없이 최씨정권을 이끌던 최이나 최항으로부터 특별한 대우를 받으며 밀착되어 있었다. 진각국사 혜심의 뒤를 이어 단속사 주지를 역임한 사람은 최이의 아들이자 혜심의 제자였던 만종(萬宗)이었는데, 그가 고리대금업을 하는 등 무뢰승으로 악명이 높았던 것은 대장경 조판 공역을 위한 것이었다. 특히 최이가 설치한 대장도감을 보면 남해에 별도의 분사도감(分司都監)까지 설치했을 정도였다. 따라서 남해의 분사도감 설치는 인근의 단속사가 대장경 간행에 적지 않은 영향을 행사하였음을 의미하는 것인 바,[13] 이 지역이 최씨 집안의 식읍지인데다 상대적으로 몽고군 피해가 적었던 지역이며, 바다를 끼고 있어 대장경 판각과 운송 등에 여러 가지로 편리하였다는 점이 고려되었을 것이다.[14]

따라서 당시 고성 지역에 토착하고 있었던 세력들도 능엄경 경판 제작에 직접적으로 혹은 간접적으로도 동원되었던 것으로 추정된다. 현존

---

11 정경희, 2016, 「고려후기 수선사 세력의 동향과 고성이씨(상)」 『행촌회보』 48, 행촌학술문화진흥원.
12 『韓國金石全文』「龍門寺重修記」.
13 『세종실록지리지』 경상도 진주목의 단속사 설명에 의하면, 이규보의 『동국이상 국집』도 남해분사도감에서 간행되었으며, 그 판목이 단속사에 보관되어 있었다고 전한다.
14 허흥식, 1994, 『한국중세불교사 연구』, 일조각.

하는 능엄경 목판 중에서 가장 오래된 것으로는 고종 22년(1235)에 이승광(李勝光) 등이 간행한 것인데, 해인사에 그 목판이 보존되어 있다. 여기 발문에 등장하는 이승광이란 인물에 대해서는 "財主 鹿鳴鄕 前長"이라고 밝혀놓고 있듯이, 그 자신이 재주(財主)가 되어 최우를 축원하는 내용을 담은 발문을 붙인 능엄경을 간행하여 바친 것이 분명해 보인다.

위 발문에서 이승광 출신지로 거론된 녹명향이란 다름 아닌 고성현 관내의 녹명향을 지칭하는 것인데, 고려시대에 지방행정 제도를 보면, 주부군현 아래 향 소 부곡 등이 예속되어 있었음은 잘 알려진 사실이다. 제1편에서도 충분히 설명되었듯이, 고려 시기의 고성현에는 녹명과 곡산(曲山) 등 2개의 향과 곤의(坤義) 부곡이 예속되어 있었는데, 이들 역시 주현에 예속되긴 했지만 독립된 행정단위의 하나였고, 조선시대에 접어들어 모두 직촌(直村)으로 편입되고 말았다. 따라서 고려후기까지는 독립된 행정단위로 편제된 가운데 토착한 성씨들 또한 별개로 존재하고 있었다.[15] 즉 녹명에는 이씨와 김씨 그리고 최씨 등 3개의 성씨들이 세거하고 있었던 것이다. 따라서 이들은 고성 본읍의 토성이었던 고성이씨를 비롯한 5개 성씨와는 혈연적으로 관련이 없는 독립된 씨족들이었고,[16] 이승광은 고성이씨가 아니라 녹명이씨 가운데 한 인물이었음이 분명하다.[17] 또한 이들이 최씨 정권과 밀착된 가운데 능엄경 조판에 큰 기여를

---

15 정경희 교수는 이승광이 고성현 관내의 녹명출신이기에 그를 고성이씨 인물로 추정하고 있다(정경희, 2016, 「고려후기 수선사 세력의 동향과 고성이씨(하)」『행촌회보』 49, 행촌학술문화진흥원). 그러나 이는 정교수의 착오로 보인다.

16 『세종실록지리지』에 의하면, "곤의(坤義)의 성이 2이니, 박(朴)·김(金)이요, 곡산(曲山)의 성이 1이니, 김이며, 녹명(鹿鳴)의 성이 3이니, 이(李)·김(金)·최(崔)이다"라고 소개하고 있다.

17 고려시기에 존재했던 녹명이씨가 오늘날 존재하지 않는 것은 본관 개변으로 인한 사례 중에 하나로 보이며, 향 소 부곡 등과 같은 임내의 성관(姓貫)들이 주읍

했다면, 인근의 고성이씨 또한 유사한 형태로 최씨 정권과의 관계가 형성되어 있었음을 추정해 볼 수 있을 것 같다. 당시 고성 지역에서 가장 큰 세력으로 존재했던 씨족이 고성이씨들이기 때문이다. 아무튼 최씨 정권 하에서 신흥세력들이 대거 중앙 귀족으로 성장해 갔고, 고성이씨 또한 그 중의 한 부류였던 것은 분명하다.

만종의 뒤를 이어 단속사 주지를 역임한 인물은 자오국사(慈悟國師) 천영(天英)이다. 그는 최이에게 특별한 존경을 받는 등 최씨 정권과 밀접한 관계를 맺고 있던 인물인데, 최이의 아들 만전(萬全 ; 후일 최항)이 출가하여 단속사 주지로 오게 한 인연을 갖고 있기도 하고, 최씨 정권이 심혈을 기울이던 대장경 판각을 마무리하는 총책임자 역할을 맡기도 했다.[18] 후일 고성이씨가 낳은 고승 복구가 출가할 당시 도움을 준 인물이 다름 아닌 천영이었다는 사실이 우선 주목된다 하겠다.

그럼에도 최충헌은 사굴산문의 중심세력으로 단속사가 아닌 수선사를 선택하게 되었는데, 최충헌 집권당시 단속사에는 탄연의 뒤를 이은 문도들이 중심이 되어 최충헌에 반기를 드는 입장을 견지해 왔기 때문이다. 그리하여 사굴산문의 중심이 수선사로 옮겨지면서 고려후기 선종을 대표하는 곳으로 변화가 수반되었다.

의 본관이나 다른 명망 있는 본관으로 개변한 사례는 매우 빈번하게 이루어졌던 것이 우리 전통사회의 모습이었다(이수건, 2003, 『한국의 성씨와 족보』, 서울대 출판부).

18 송희준, 1999, 「斷俗寺의 창건 이후 역사와 폐사과정」 『남명학연구』 9, 경상대 학교 남명학연구소.

2. 선종 신앙결사 수선사(修禪社)와 고성이씨

최충헌을 이어 최씨정권을 주도해 간 최우는 선종 중심의 사굴산문 수선사를 중심에 두는 불교정책을 그대로 이어 받았다. 그는 고려 이래로 내려오던 담선법회(談禪法會)를 보다 확대 개편하는 방식을 취하였는데, 태조대 이래 3년에 한 차례씩 구산선문의 승려들을 대상으로 개최되던 담선법회 관례를 무시하고 매년 개최하는 방식으로 선종세력을 통제하려 하였다. 뿐만 아니라 이전에는 개경 보제사(普濟寺)에서만 열리던 법회를 보다 확대하여 광명사(廣明寺)나 서보통사(西普通寺)에서도 열리도록 하였다. 특히 고종 3년(1216) 거란이 침입하자 이를 격퇴하면서 승과도 거치지 않았던 혜심을 파격적으로 대선사에 임명하여 담선법회 주관자로 내세우기도 했는데, 이런 것들은 최우가 수선사를 통해 선종을 통합하려는 의지를 내 보인 것이라 할 것이다.[19]

수선사의 창립은 지눌(知訥)에 의해 이루어졌는데, 이는 지눌 개인의 수행과정에서 온 결과이기도 했지만, 당시 시대가 요구하는 대 사회적 신불교 운동의 산물이었다. 수선사 창립과정을 통해 불교계 타락을 비판하는 동시에 그 대안으로 실천적 수행방법인 정혜쌍수(定慧雙修)를 주창함으로써 깨달음의 원리를 독창적으로 제시하였다. 이렇게 시작된 신앙체 결사운동이 고려후기 불교계를 이끌던 정혜결사(定慧結社)였다.

지눌은 의종 12년(1158) 황해도 서흥군에서 출생한 뒤, 의종 19년(1165)에 조계혜능(曹溪慧能)의 후손인 대선사 종휘(宗暉)에게 출가해 구족계(具足戒)를 받았고, 명종 12년(1182)에 개경 보제사(普濟寺) 담선법회(談禪法會)에 참석하여 동학 10여 인에게 정혜결사 필요성을 역설한

---

19 김광식, 2000, 「최우의 사원정책과 담선법회」 『국사관논총』 42, 국사편찬위원회.

이래 31세 되던 명종 18년 보문사(普門寺)에서 수행을 마칠 때까지 7여 년 동안 이를 위한 준비기를 가졌다.

지눌과 결사를 맹세하였던 득재선백(得才禪伯)이 결사 성취를 위해 대구 팔공산의 거조사로 지눌을 청하게 되자, 명종 20년(1190)에 거조사에서 동지를 모아 법회를 열고 『정혜결사문(定慧結社文)』을 반포해 정혜결사를 결성하여 정혜사라 한 것이다. 그 후 수많은 인파가 모여들자 새롭게 장소를 물색하게 되었는데, 이 때 송광산(松廣山)에 있는 길상사(吉祥寺)로 정해진 것이다. 길상사 중수를 거치는 동안 지리산 상무주암에 은거한 적도 있었으나, 신종 3년(1200)에야 길상사로 근거지를 옮길 수 있었다. 그로부터 5년 후인 희종 1년(1205)에 공사를 완공하고 조지(朝旨)를 받들어 약 120일 동안 경찬법회(慶讚法會)를 열었다. 이때 왕명으로 송광산을 조계산으로, 정혜사를 수선사로 개칭하였는데, 그로부터 지눌은 6년 동안 수선사에 주석하였다.[20]

지눌의 아버지 정광우(鄭光遇)는 황해도 서흥의 토성(土姓) 향리층으로 성균관 국학(國學) 학정(學正)이란 정9품직 말단 관리였다. 이렇듯 지눌의 출신 성분으로 볼 때 기존의 귀족 불교에 대한 비판의식과 정혜쌍수에 대한 확신이 정혜결사로 자연스레 연결되었음을 알 수 있다. 그리하여 수선사의 후원세력을 살펴보면, 시기에 따라 그 성격이 변하긴 했어도 결사 초기인 지눌 당시에는 왕실과는 약간의 관계를 가졌지만 무신집권자와는 직접적인 관계를 갖지 않았다.

수선사 창립과 이전 과정에 관여한 승려와 후원자 명단을 보면, 금성(錦城: 지금의 나주) 안일호장(安逸戶長)이었던 진직승(陳直升)과 그의 처 진의금(珍衣金) 부부였는데, 그들이 백금 10근을 시주해 수선사 조영

---

20 최병헌, 1992, 「정혜결사의 취지와 창립 과정」『보조사상』 5·6합집.

(造營) 비용을 충당하였다고 했다. 아울러 인근 남쪽지역에 위치한 주·부(州府)의 부자들이 재물을 베풀고, 가난한 자들은 노동력을 보태어 범우(梵宇)를 이룩하였다는 기록에서[21] 유추해 보면, 수선사 중창은 실로 인근의 토착 향리세력들과 지방민들의 협력 속에 이루어 졌음을 알 수가 있다.

수선사가 불교 교단의 중심으로 성장한 것은 고종 9년(1222) 최우가 최충헌을 계승한 이후였다. 최우가 수선사를 부각시킨 것은, 수선사가 일반민들이 믿고 있었던 정토신앙(淨土信仰)까지 수용함으로써 기존의 다른 종파에 비해 광범위한 지지를 받았기 때문이다. 수선사 중창기를 기록할 때 왕희지의 글자를 집자한 사람은 최우(崔瑀)였으나, 그가 직접 수선사와 관련을 맺은 것 같지는 않다.

수선사가 최우와 직접적인 관련을 맺게 되는 것은 제2세 진각국사(眞覺國師) 혜심(慧諶) 때부터였는데, 수선사를 24년간 이끌어간 인물이다. 최우가 혜심에게 쏟은 애정은 고종 3년 거란 침입 당시 대선사로 임명하여 담선법회를 주관하게 했다는 사실에서 이미 확인된 바가 있다. 혜심 때에는 강종을 비롯한 왕실, 최우를 비롯한 무신세력, 최홍윤(崔洪胤)을 비롯한 유학자 관료 등이 새로 입사함으로써 수선사는 중앙의 정치세력과 연결되었으며, 그에 따라 교단은 크게 발전하였다. 고종 37년(1250)에 세워진 혜심비(慧諶碑)의 음기(陰記: 비갈의 등 뒤에 새긴 글씨)에 기록된 공후(公侯) 6명, 재추(宰樞) 24명, 상서(尙書)·경(卿)·감(監) 수준의 관료 32명, 참상(參上) 수준의 관료 39명, 그 밖의 거사(居士)·녹사(錄事)·검교(檢校) 9명, 왕실과 최충헌(崔忠獻) 집안의 부녀 8명 등의 명단

---

21 희종 3년(1207) 최선(崔詵)이 찬술한 「대승선종조계산수선사중창기(大乘禪宗曹溪山修禪社重創記)」에 그러한 사실들이 보인다.

을 보면 그 밀착 정도를 짐작할 수 있다.[22]

한편으로 혜심은 학문적 출발이 유학에서 비롯되어 불교로 옮겨갔기 때문에 유교와 불교의 조화를 추구하여 불교에서 성리학으로 넘어가는 과도기적 지식인으로서의 역할을 한 것으로 의의를 가진다. 그의 유학에 대한 인식과 태도를 보면, 유·불이 같다거나 노자는 가엽보살(迦葉菩薩) 공자는 유동보살(儒童菩薩)이라 하여 유교나 도교가 불법에 근원하나 실상은 같다는 주장으로[23] 볼 때 도가 궁극의 경지에 오르면 모두 관통한다는 논리였다. 따라서 고려후기 성리학을 이해할 수 있는 사상적 기반을 수선사 불교에서 열어놓고 있었다.

아무튼 최씨정권은 그들에게 반감의 모습을 보였던 화엄종과 법상종 중심의 교종 세력을 제압하는 한편 새롭게 고려 불교계를 재편하려는 목적으로 수선사를 주목한 것이었는데, 당시 부각된 인물이 수선사 제2세인 혜심이었다.[24] 그리하여 최우는 수차에 걸쳐 혜심을 도성으로 초청하였지만, 혜심이 완곡하게 이를 거절하였다는 사실에서 볼 때, 중앙 정치세력과의 지나친 밀착을 자제하였던 것 같다.

그럼에도 최우는 자신의 두 아들 만종(萬宗)과 만전(萬全)을 혜심에게 출가시켰고, 또한 축성유향보(祝聖油香寶)·국대부인송씨기일보(國大夫人宋氏忌日寶)·동생매씨기일보(同生妹氏忌日寶) 등의 명목으로 전답과 염전과 같은 막대한 재산을 수선사에 시납하면서 자신의 의지를 관철시키기 위해 노력하였다. 그리하여 제3세 몽여(夢如), 제4세 혼원(混元), 제5세 천영(天英) 등을 거치면서 수선사는 점차 중앙 정치세력과 밀착되어 갔다.[25]

---

22 이규보, 『동국이상국집』 「진각국사혜심비문」.

23 『한국불교전서』 「眞覺國師語錄 － 答崔參政洪胤」.

24 진성규, 1986, 「고려후기 진각국사 혜심연구」, 중앙대학교 박사학위 논문.

최우는 고종 32년(1245)에 그들의 원찰(願刹)로 대몽 항쟁 거점이자 임시 수도였던 강도(江都)에다 선원사(禪源社)를 창건하여 선종을 장악하려 했다. 선원사가 창건되자 진명국사(眞明國師) 혼원(混元)이나 원오국사(圓悟國師) 천영(天英) 등과 같은 이를 낙성회 주맹(主盟)으로 초청하였는데, 후일 수선사 사주가 될 인물들이 선원사 법주(法主)를 담당하게 된 것에서 확인할 수 있듯이, 선원사는 수선사의 분원이었던 셈이다. 최우의 원찰이기도 한 선원사는 대몽항쟁의 중심에 서 있기도 했지만,[26] 최씨정권이 자신들의 세력 유지를 위해 수선사와 선원사 체제로 불교계를 장악하려는 의도는 분명해 보인다.

혼원(混元)이 최우의 지원 아래 선원사 제1세 법주로 임명된 것은 수선사와 최씨정권과의 밀착 관계가 몽여 때와는 다른 국면에 접어든 것을 말한다. 혜심을 이어받은 몽여 역시 당시 정권과 일정한 거리를 유지한 것이었기 때문이다. 혼원을 이은 제5세 천영은 그 이전과는 또 다른 양상을 보여주고 있는데, 그의 최씨정권과의 본격적인 관계는 고종 35년(1248) 최우에 의해 선사에 제수되고 지리산 자락의 단속사 주지가 되면서 시작되었다. 경남 산청 지역에 있었던 단속사는 고성과는 이웃한 곳이다. 그리고 단속사 주지는 수선사 사주들이 번갈아 맡았을 뿐 아니라 강화도 선원사 주지도 마찬가지였고, 혜심과 혼원 천영 등이 그들이다. 대몽항쟁기에 강도에서 주로 머물렀던 이존비로서는 선원사에서 이들을 자주 만났을 것으로 추정되며, 실제로 천영은 물론이고 수선사 제6세 충지와도 친밀한 사이였다.[27]

25 김당택, 1981, 「최씨 무인정권과 수선사」『사학연구』 10, 한국사학회.

26 윤용혁, 1990, 「고려 대몽항쟁기의 불교의례」『역사교육논집』 13·14합집, 역사교육학회.

27 정경희, 2016, 「고려후기 수선사 세력의 동향과 고성이씨(하)」『행촌회보』 49,

이렇듯, 천영은 고성이씨와의 인연이 각별하여 이존비가 그의 아들 복구를 천영의 제자로 받아들이도록 하는 데 결정적인 역할을 하였다. 당시 고성이씨를 세족의 반열에 오르게 한 인물은 다름 아닌 이존비였는데, 그는 어릴 때 아버지를 여의고 외숙인 백문절에게 글을 배워 성리학을 도입한 백이정과는 사촌지간이었다. 그럼에도 정치적으로는 일정한 거리를 보이고 있었는데, 이존비는 오히려 불교 사상계의 중심지였던 수선사 계열과 깊은 친연성을 보였다. 그의 지공거였던 이장용(李藏用)과 유경(柳璥)은 물론이고, 유경의 스승이었던 임경숙은 최씨정권 당시 수선사와 백련사를 적극 후원하던 대표적인 문신세력이었다.[28] 이런 학통을 이어받은 이존비였기에 자연스럽게 수선사 세력들과 연결되었을 것이다.

천영은 남원지역 향리 집안 출신으로 속성이 양씨(梁氏)인데, 15살에 혜심의 문하가 되어 스승을 따라 수행의 길을 걸었다.[29] 그리고 강화 천도 이후 수선사 선원사 체제는 고종 하반기 제5대 사주가 된 천영 이후 30여 년간 절정기를 맞게 되었다. 천영은 혜심이 간접적으로 지원하던 방식에서 탈피하여 전면에 나서 최우 정권을 후원하는 자세를 취하였다.

이 당시 최우가 수선사 중심으로 사찰 운영에 공을 들인 이유는 그들의 세력기반이 전라도와 경상도 일원에 집중되어 있었기 때문이었다. 혜심에게 출가시켰던 그의 아들 만종을 지리산 자락 산청의 단속사에, 만전을 전라도 화순지역의 쌍봉사(雙峰寺) 주지로 보낸 것도 그런 이유 때

행촌학술문화진흥원.

28 정혁, 1993, 「고려후기 진각국사 혜심의 佛儒同源思想」『북악사론』 3, 국민대 북악사학회.

29 조선총독부, 『조선금석총람』 상, 「佛臺寺慈眞圓悟國師碑」

문이며, 최우의 처남 정안(鄭晏)이 경남 해안의 남해지역에 있었던 정림사(定林寺) 일대에 흩어져 있던 농장을 관리하거나 식리(殖利) 활동을 통하여 대장경 조성에 필요한 경비를 조달하였듯이, 수선사 사주들 역시 이들 사원경영에 관련되어 있었다. 예컨대 만종이 단속사에 내려갈 때 혜심에게는 단속사 주지의 역할이 주어졌는데, 이 때 혜심은 여러 차례 거절의 의사를 밝히다가 결국 수선사에 거주하는 형태로 주지를 겸하였다. 이것으로 추정해보면, 실제적인 단속사 경영은 만종이 맡고 혜심은 주지로 그를 돕는 방식이었다.[30] 혜심 이후에도 제4세 혼원이나 제5세 천영과 같은 수선사 주지들 또한 의무적으로 단속사 주지를 겸하면서 최씨정권을 지원했다.

최우는 수선사 중심으로 불교세력을 통합하여 갔을 뿐만 아니라 수선사 인근의 강진 소재 백련사(白蓮社) 경영에도 공을 들였다. 백련사는 고종 초에 천태종에서 강진 일대 향리와 독서층 세력의 지원으로 개창하여 수선사와 함께 양대 결사세력으로 주목 받았던 곳인데, 강화 천도 이후 대몽항쟁 과정에서 최씨정권과 밀착되어 갔다. 아울러 최충헌과 갈등을 보였던 화엄종 역시 대몽항쟁기에 최씨정권과 밀착되는 변화를 보인 점도 주목된다. 그리하여 수선사나 백련사에는 각 종파 승려들만이 아니라 수많은 문인 지식층들도 모여들어 사상계의 중심이 되었고, 이러한 수선사 중심의 불교계 통합 노력의 결과로 대장경 조판도 이루어질 수 있었다.[31]

그러다가 최씨 무신정권이 붕괴되고 원나라의 간섭을 받게 되는 제6세 충지(沖止) 때에는 후원세력 성격이 크게 바뀌었다. 충지와 교유한 인

---

30 김광식, 1995, 『고려무인정권과 불교계』, 민족사.
31 김윤곤, 1993, 「고려대장경 판각과 국자감시 출신」 『국사관논총』 46, 국사편찬위원회.

물들을 보면 원나라의 간섭을 받게 되면서 새로이 등장하는 국왕의 측근세력이나 재추들인 권문세족(權門勢族)이 중심을 이루고 있었다. 그렇기에 제6세 충지가 이끌던 시절의 수선사 불교는 지눌 이전, 즉 고려중기 선의 전통을 강조한 점이 특징이다.[32]

충지의 「혜소국사제문(慧炤國師祭文)」과 「정혜입원축법수소(定慧入院祝法壽疏)」에 의하면, 정혜사의 창건자로서 혜소국사의 공덕을 찬양함과 아울러 그의 선풍이 몽여·혼원을 거쳐 자신에게 전승되었음을 감사하고 있다. 예종 대에 명성이 높았던 혜소국사의 선은 다분히 고답적이면서도 귀족적인 성향을 띤 채 개인적인 수업 형태를 중시하는 것이었는데, 이런 분위기를 그대로 이어받은 충지의 불교는 그 이전의 지눌의 불교와 비교해 볼 때 차이가 확연하게 드러난다 하겠다.

충지가 사마시에 합격하고 예부시에서 장원급제한 유학적 소양을 갖춘 관료출신이었으니, 승과를 거치지 않고 수선사 주지가 된 혜심과 같은 인물이다. 29세의 늦은 나이에 선원사 법주로 있던 천영에게 출가하여 구족계를 받았는데, 급변하는 세속의 현실을 받아들이면서도 은둔하려는 이중적인 모습을 보이고 있다. 여몽 연합군의 일본 원정이란 현실을 그대로 받아들인 것도 그 중에 하나였다. 제6세 충지 이후의 수선사 활동에 대해서는 자료의 한계로 인해 학계에 잘 알려지지 않고 있다. 이것은 곧 수선사의 쇠락이 충지 대 이후 시간이 갈수록 더욱 가속화되었음을 의미하기도 한다. 원 간섭기에 이러한 수선사 쇠락의 한 원인으로 보각국사(普覺國師) 일연(一然, 1206~1289)의 활약에 의해 힘입어 가지

---

32 수선사에 주지한 1세 지눌은 명종 18년~희종 6년(1200~1210), 2세 혜심은 희종 6년~고종 21년(1210~1234), 3세 몽여는 고종 21년~39년(1234~1252), 4세 혼원은 고종 39년~43년(1252~1256), 5세 천영은 고종 43년~충렬왕 12년(1256~1286), 6세 충지는 충렬왕 12년~19년(1286~1293)이다.

산문(迦智山門)이 크게 부상하며 선종계를 주도해 갔고,[33] 또 천태종의 묘연사(妙蓮寺) 계열이나 법상종이 불교계를 주도하였기 때문이다.

그럼에도 고려 후반기 불교계를 이끌어가던 수선사는 고려 말에 이르기까지 이른바 16국사(실제로는 15국사와 1화상)를 배출한 것에서도 쉽게 짐작이 가듯이, 동방 제일의 도량으로서의 위치는 지니고 있었다. 16국사에 대해서는 자료마다 다소 차이를 보이고 있고, 그나마 너무나 소략하다는 한계가 있는 것도 일연의 가지산문 부상과 관련이 있을 것으로 추정된다. 16국사 중에서 세대나 생애를 알 수 있는 국사는 1세 보조국사를 비롯하여 2세 진각국사, 3세 청진국사, 4세 진명국사, 5세 원오국사, 6세 원감국사, 10세 혜감국사, 13세 각진국사 등에 불과한 것도 퇴락해 가던 수선사의 실정을 말해준다 하겠다.

아무튼 충지 이후 제7세 8세 9세 사주가 불분명할 정도로 퇴락해 가던 수선사 사세(寺勢)를 회복한 이는 제10세 혜감국사로 법명은 만항(萬恒)이며, 언제 10세가 되었는지는 확실하지 않으나 1313년을 전후한 시기로 보고 있다. 쇠락해 가던 수선사를 새로운 도약기로 만든 이가 만항이었는데, 그는 유학자의 집에서 태어나 5세 원오국사 천영(天英)에게 출가해 승과(僧科)에 합격한 후 낭월사, 운흥사, 선원사 주지를 지냈다. 그는 학문이 높아 경(經)을 배우려는 문도가 700명에 이르렀고, 배움을 청한 사대부(士大夫)도 헤아릴 수 없었다.[34]

그리고 제13세 각진국사가 두 차례의 왕사를 거치면서 수선사를 이어갔다. 그의 법명은 복구이며, 수선사의 활약으로 힘을 잃어 가던 고려 말에 다시 선풍을 크게 불러일으킨 고승으로 널리 알려져 있다.[35] 13대

---

33 윤기엽, 2014, 「각진국사 복구(復丘)와 불교계 동향」 『普照思想』 42, 보조사상 연구원.

34 李齊賢, 「贈諡慧鑑國師碑銘」 『益齋亂藁』 권7.

수선사 사주를 역임한 복구(1270~1355)는 원종 11년(1270) 문희공 이존비 둘째 아들로 태어나 8세 때(1277년) 일린(一麟)에게 글을 배우다 10세 때(1279년) 수선사 천영을 스승으로 하여 출가했다. 일린은 백암사(白巖寺) 중창주 중연(中延)의 문도였는데, 백암사(白巖寺)란 11세기 초 중연(中延)이 중창한 뒤 정토사(淨土寺)라 불리던 전남 장성의 백양사이며, 고성이씨 원찰이기도 하다. 당시 천영은 지리산 남쪽 자락의 단속사(斷俗寺)와 강화 선원사(禪源寺)를 거쳐 수선사의 주지로 있던 시절이었다.

천영이 복구를 제자로 받아들인 이 시기는 개인적으로나 불교계에서의 위상도 어려웠던 때였다. 그를 적극 후원하던 최씨정권이 막을 내리고, 이어 고종이 세상을 떠남으로써 정치적 후원세력이 모두 사라졌을 뿐만 아니라, 당시는 가지산문(迦智山門)을 이끌던 일연이 나타나 수선사를 대신하여 불교계의 중심에 있었던 시기였기 때문이다.[36] 고종이 죽은 후 원종과 충렬왕의 보살핌이 있었다고는 하나 천영은 끝내 왕사로 책봉되지도 못하는 비운을 맛보아 했다.

복구가 천영에게 출가하던 당시는 충렬왕이 즉위(1274) 한 후 일본정벌을 위해 인적 물적 자원이 총동원되던 시절이었고, 여기에서 수선사도 예외는 아니었다. 군량 조달에 초근목피 하던 상황은 충지의 표문에 잘 나타나 있다.[37] 그런데 이 당시 경상도와 전라도 지역 군량 조달 책임자

---

35 李達衷, 「覺儼尊者贈諡覺眞國師碑銘」『東文選』 권118

36 천영과 최씨정권과의 관계는 그의 아버지와 동생 등이 문음을 통해 관직에 나아가거나 노비를 하사받은 사례에서 잘 나타난다(허흥식, 1979, 「고려시대의 새로운 금석문자료」『대구사학』17, 대구사학회).

37 沖止, 「二 上大元皇帝謝賜復土田表 代本社作」『圓鑑國師集』, "春種秋收之盖闕, 午粲晨粥之難支" "將備兵粮, 勢同失水之鮒呼, 情迫聞天之鶴唳" 위 표문(表文)은 천영의 제자 충지가 수선사를 대신해 원 세조(世祖)에게 초근목피 하는 당시 사정을 호소하는 내용으로, 작성 시기는 충렬왕 즉위 즈음으로 추정된

는 다름 아닌 이존비였고, 그는 효율적인 군량을 징발해 백성들에게도 칭송을 듣고 있을 정도였다.[38] 아울러 천영이 주지로 있었던 산청의 단속사 역시 진주권역 일원이었던 고성과는 오랜 인연을 맺고 있었음이 분명하다. 이런 계기가 수선사 사주로 있던 천영과 고성이씨 가문이 자연스레 연결된 계기가 될 수도 있었을 것으로 보인다.

보조국사 지눌 이하 수선사 사주들이 고려후기 선종의 중흥을 몰고 온 주역이었지만, 몽고의 간섭기에 접어들어서는 상황 변화가 있을 수밖에 없었던 점은 앞에서 살펴본 바와 같다. 5세 천영은 고종 43년(1256)부터 수선사를 주지하였지만, 그로부터 몇 년 후인 고종 46년(1259)부터 6세인 충지에게 물려주는 충렬왕 12년(1286)까지 조계산 수선사를 떠나 저작활동에 매진하고 있었다.[39] 특히 그의 인생 후반기에 해당하는 원 간섭기의 수선사는 많은 변화가 있게 되어 이전과 같은 결사정신은 기대할 수 없게 되었다. 복구가 천영을 스승으로 모시고 수학한 시기의 수선사는 경제적으로 궁핍한 상황 속에서 원 황제를 위한 축수재(祝壽齋)와 절일재(節日齋)를 올리고 있었으니, 원 황실과의 밀착된 관계를 형성하며 황실 원찰 기능을 겸하여 사세(寺勢)를 유지하던 시기였다.[40]

수선사가 사굴산문 계통의 지눌 사상을 이어갔던 곳이어서, 복구 역시 그의 스승이었던 천영을 통해 지눌 사상을 이어 받았던 것으로 보인다. 즉, 천영이 입적할 때 남긴 문답 속에서

다. 이후 충지는 1286~1293년(충렬왕12~19)까지 수선사 제6세로 재임했었다.
38 「이존비묘지명」.
39 허흥식, 1986, 「佛敎界의 새로운 傾向」『高麗佛敎史硏究』, 일조각.
40 윤기엽, 2012, 「元간섭 초기 고려 禪宗界의 변화와 사원 동향」『선문화연구』 12, 한국불교선리연구원.

어떤 스님이 묻기를 "牧牛子는 不昧一着子라 이르셨는데 화상은 昧, 不昧 어느쪽입니까?" 스님(천영)이 이르되 "昧니 不昧니 하는 것은 저 一着子와는 아무런 관계가 없다"라고 하였다. … 다시 이르되 "태어남 은 마치 옷을 입는 것과 같고, 죽음은 또한 옷을 벗는 것과 다름이 없 으니, 그 옷을 능히 벗고 입는 사람은 누구인가?" 잠시 있다가 또 이르 되 "목우자가 말한 천 가지 만 가지가 모두 여기에 있다고 한 것을 알 지 못 하였는가?"하고, 그 말이 끝나자 조용히 입적하였다.

라고 한 것에서[41] 유추해 볼 수 있을 것 같다.

복구가 17세 되던 충렬왕 12년(1286)에 천영의 세수 72세로 입적함 에 따라 그는 선사 도영(道英)을 스승으로 모시고 20세(1289)때까지 수 학하게 되었다. 복구가 도영을 제2의 스승으로 모시고 있던 시기의 수선 사는 천영의 뒤를 이어 원감국사 충지가 6세로 주지하던 때(1286~1293) 였다. 도영은 후일 수선사 제8대 사주였다고 하나, 그 이력에 대해서는 잘 알려지지 않는다. 복구는 두 스승 밑에서 공부한지 10년 만에 배움을 이루고 21세 때(1290년) 승과 선선(禪選)의 상상과(上上科)에 합격한 후 선(禪)의 진리 탐구를 위해 자신이 출가했던 백암사(정토사)로 돌아가 수행하였다. 복구가 동지들과 함께 백암사에서 수행하면서 보낸 것은 10 여 년간 계속되었던 것으로 전한다. 이후 복구는 월남사(月南寺)와 수선 사에서 총 40여 년을 머물며 수행에 정전하고 있었다.[42] 따라서 복구가 과거에 합격한 후 백암사에서 동지들과 수행한 기간은 대략 1290년에서

41　李益培, 「佛臺寺慈眞圓悟國師靜照塔碑」 『朝鮮金石總覽』.

42　李達衷, 「覺儼尊者贈諡覺眞國師碑銘」 『東文選』 권118, "年甫十歲, 就曹溪圓 悟國師, 剃落受具, 未幾圓悟順寂, 以遺囑從大禪師道英, 孜孜請益, 十年而學 通, 叢林推爲衆首 … 庚寅秋, 中禪選上上科, 時年二十一 … 遂往白巖寺, 與同 志如干人, 爰後參究十又餘年, 住月南松廣大道場, 前後四十餘年"

1300년경으로 추정된다. 그리고 정도전(鄭道傳)의 「백암산정토사교루기(白巖山淨土寺橋樓記)에서,

> 처음으로 月南寺에 있으면서 法席을 주재했다. 얼마 후 뜻을 받들어 松廣寺로 옮겨가 20여 년을 머물렀다. 그의 道가 크게 일어나 庚寅年(1350, 81세) 10월 15일 王師로서 부처님 말씀을 贊하게 되었다.[43]

라고 한 바와 같이, 월남사에서 20여 년(1300년~1320년경), 송광사에서 20여 년(1320년~1340년경)을 주석했던 것이다. 따라서 복구가 송광사의 제13세로 주지한 기간은 1320년~1340년경까지 대략 20여 년이었음을 알 수 있다.[44]

수선사 13세 사주의 임무를 마친 복구는 1340년경부터 1350년경까지 약 10년 동안 백암사에 주석하였고, 왕사에 책봉된 충정왕 2년(1350)을 전후하여 그가 입적하였던 공민왕 4년(1355)까지는 전라도 영광 불갑사(佛岬寺)를 하산소(下山所)로 삼아 약 5년간 머물렀던 것으로 보인다. 공민왕이 즉위하여 복구를 왕사로 책봉한 때(1352, 공민왕1) 그는 불갑사에 있었다고 했기 때문이다.[45]

이처럼 복구의 활동 시기는 고려가 이미 원의 간섭 아래에 놓인 지 벌써 반세기가 흘렀던 때였다. 비록 복구가 외적으로는 수선사 법맥을 계승하고 있었지만, 불교계 전반의 급격한 변화에 따라 수선사도 보조국사 지눌 사상보다는 몽산선의 영향 아래에 있었음이 분명하다. 13세기

---

43 鄭道傳, 「白巖山淨土寺橋樓記」『朝鮮寺刹史料』上, "始屈月南寺主席, 旣而奉旨遷松廣屈二十餘年, 其道大興至庚寅十月望進封王師以法贊"
44 윤기엽, 2014, 「각진국사 복구(復丘)와 불교계 동향」『보조사상』42. 보조사상연구원.
45 李達衷, 「覺儼尊者贈諡覺眞國師碑銘」『東文選』 권118.

말 몽산선의 수용은 충렬왕 후반기에 수선사만이 아니라 가지산문에서
도 수용되어 일연의 사법 제자인 보감국사 혼구(混丘, 1250~1322)는 몽
산을 직접 친견하고 그의 가르침을 받기도 했다.[46] 이처럼 몽산선은 13
세기 말 수선사와 가지산문의 고승을 통해 수용되며 이후 크게 확산되
어 선사상의 주류를 형성하기에 이르렀다. 따라서 복구 역시 새로운 몽
산선의 영향 아래 있었다고 보여진다.[47]

지금까지 살펴 본 수선사 사주들의 면면에서 주목되는 것은 그들의
출신 성분이 이전의 승려들과는 다르다는 점이다. 즉 1세 보조국사 지눌
은 서흥 정씨(瑞興鄭氏), 2세 진각국사 혜심은 화순 최씨(和順崔氏), 4세
진명국사 혼원은 수안 이씨(遂安李氏), 5세 원오국사 천영은 남원 양씨
(南原梁氏), 6세 원감국사 충지는 장흥 이씨(長興李氏), 13세 각진국사
복구는 고성이씨(固城李氏)인데, 이들 수선사 사주 가운데 출신성분을
알 수 있는 거의 대부분이 지방 향리자제의 지식층으로서 유업(儒業)을
닦았던 인물들이다. 그리고 혜심이나 충지 같이 불문에 들어오기 전에
이미 과거(사마시)에 급제하여 태학(太學)에 입학하거나 관직을 경험해
본 인물들도 포함되어 있었다.

고려후기 수선사 성립은 선교일치의 완성, 그리고 간화선 선양이라는
불교사상적인 의미와 실천불교로서의 임무를 이루었으며, 우리나라 조
계종(曹溪宗)의 시초였다는 데에 의의가 있다.[48] 고려후기 불교계에 많은

---

46 남권희, 1994, 「蒙山德異와 高麗人物들과의 交流」 『도서관학논총』 21.

47 윤기엽, 2014, 「각진국사 복구(復丘)와 불교계 동향」 『보조사상』 42, 보조사상연
구원.

48 조명제, 2000, 「13세기 수선사의 현실 대응과 간화선」 『한국선학』 1, 한국선학
회.

영향을 끼친 수선사는 당대 불교계 혁신운동의 중심체였을 뿐만 아니라, 그 뒤에도 면면히 이어져서 오늘날까지 한국불교사의 큰 흐름의 하나를 이루고 있다고 평가되고 있는데,[49] 여기에는 고성이씨가 배출한 고승 복구의 역할 또한 적지 않다.

3. 정토사(淨土寺) 운영과 고성이씨

전라남도 장성 백암산의 정토사(淨土寺)는 신라 여환(如幻)이 창건하여 백양사라고 한 것에서 출발하여 고려 덕종 3년(1034) 중연(中延)이 중창하면서 정토사(淨土寺)라 개칭한 도량이었다. 그 후 충정왕 2년(1350)에 각진국사(覺眞國師)가 3창 한 바가 있고, 조선초기인 15세기에 다시 백암사(白巖寺)로 불려지다가 후일 선조 7년(1574)에 백양사(白羊寺)로 개액(改額)하여 오늘에 이르고 있는데, 고려말에서 조선초기에 이르던 시기 고성이씨 가문이 융성할 때 그들의 원찰(願刹)로 유지되던 곳이기도 하다.

고성이씨와 불교의 인연은 앞에서 살펴 본 바와 같이 최씨정권이 지리산 단속사 운영에 깊숙이 개입하면서 연결되었을 개연성은 있지만, 보다 구체적으로 드러난 것은 아니었다. 고성에서 올라와 본격적으로 벼슬하게 된 이존비대에 와서 불교계와 맺어진 것은 분명해 보인다. 이존비의 부인 익산이씨는 불교에 매우 심취해 있었기 때문이다. 그리고 이존비의 처남 이행검은 불경을 손수 베껴 읽을 정도로 불교에 심취해 있었는데,[50] 수선사 6세 충지로부터 받은 시문도 전해내려 온다. 그러한 가문

---

49 채상식, 1990,『고려후기 불교사 연구』, 일조각.

적 배경으로 이존비 둘째 아들 복구가 출가하여 왕사가 되는 영광을 누렸고, 이존비 외손자 중에서도 문화유씨 가문에서 태어났던 유연온(柳衍昷 ; 拙菴禪師)과 약언(約言) 형제가 모두 불문에 귀의하여 선사가 되었다. 그리고 정토사는 당시 고성이씨 가문과 바로 연결되어 있었을 정도였다.

각진국사 복구가 어린 시절 일린(一麟)에게 글을 배운 곳이자, 그가 승과에 합격 후에는 진리 탐구의 도량이기도 했던 곳이 정토사인데, 복구의 만년에는 주지까지 역임했다. 따라서 정토사는 복구나 고성이씨 가문만이 아니라 불교사적으로도 매우 중요한 의미를 갖는다. 정토사 관련 자료는 「백암산정토사사적(白巖山淨土寺事蹟)」「백암산정토사교루기(白巖山淨土寺橋樓記)」「선덕7년4월초8일의정부관자전서(宣德七年四月初八日議政府關字傳書)」등에 잘 나타나 있는데, 먼저 복구가 정토사에서 수행한 눈에 띄는 행적은 전후 3차례에 걸친 전장법회(轉藏法會)였다.

오호라! 우리 선왕사 覺儼尊者(공민왕이 복구에게 내린 칭호)께서 문도와 산중의 碩德尊者를 불러 모아 뒷일을 부촉하여 이르시길 … 이 절(정토사)은 창건한지 오래 되어 절의 건물들이 모두 퇴락하고 불상, 법보 및 천인상이 모두 이즈러져서 수리하지 않을 수 있겠는가? 문인 등에 이르기까지 흡족한 마음으로 좇아서 힘을 합쳐 한결같이 모두 새롭게 해 나갔다. 몇 년 안되는 사이에 寶刹을 열고 佛殿을 세우니 … 이는 우리 스승이 공덕이었다. 피폐한 것을 일으키는 공이 끝나자 또 이르기를 殿堂이 이미 이루어지고 佛寶도 이미 봉안하였으나 오직 法寶가 빠졌을 뿐이다. … 영상국 洪綏와 더불어 같은 마음 같은 원으로 각각 淨財를 내어 문인 心白과 智孚 등에게 바다 건너 宋으로 들어가 大藏經을 갖추어 오도록 하였더니 1년이 안 되어 대장경이 이루어졌고 낭함(琅

---

50 『고려사』 권106, 열전19, 이주(李湊) 부 이행검(李行儉).

函), 향낭(香囊), 사폭(紗幅) 등 모든 장엄구가 갖추어졌다. 신사년(1341, 충혜왕 복위2) 봄이 되어 諸山의 碩德을 불러 모아 轉藏法會를 열어 이를 낙성하였다.[51]

라고 한 바와 같이, 각진국사 복구가 충혜왕 복위 2년(1341) 정토사의 중창 공사를 끝내어 낙성하고 전장법회를 열었다는 것이다. 이처럼 복구가 백양사를 중창하고 이것을 기념하여 대대적인 법회를 연 것을 보면 당시 그는 수선사가 아닌 정토사에 주석한 것으로 보인다. 앞에서도 전술한 바가 있듯이, 복구가 월남사와 수선사에서 40여년을 주석한 시기가 대략 1320년에서 1340년경이었으므로, 그의 나이 71세에 수선사에서 바로 정토로 돌아와 도량을 크게 중창하고 불사를 펴기 위해 전장법회를 열었음을 알 수 있다.

각진 복구는 정토사를 비롯하여 송광사 월남사 불갑사 인홍사 등에 머물면서 절을 크게 일으켰지만, 그가 가장 애정을 쏟은 곳이 정토사였다. 그는 정토사에 머물면서 당대 실력자 홍복원의 동생이던 강령군(江寧君) 홍수(洪綏)의 지원 아래 재물을 모아 문인 심백(心白) 지부(智孚) 등으로 하여금 해로를 통해 북송(北宋)의 대장경을 구해 오도록 하였다. 그가 정토사에서 제1차 전장법회를 열 수 있었던 것도 이런 사실이 밑바탕이 되었음은 물론이다.

그리고 충목왕 4년(1348) 봄 단월(檀越)의 재물을 기울여 문인 지목(之牧)을 동원한 제2차 전장법회를 열었는데, 이 때 제방의 석덕(碩德)들

---

51 『朝鮮寺刹史料』上,「白巖山淨土寺事蹟」, "嗚呼我先師王師覺儼尊者, 招集門人徒等及山中碩德尊者 … 此寺創建歲久年, 深梵乎諸寮盡被頹落, 而佛像法寶及天人之像皆爲毁敗焉, 幾何不可不重葺則何爲耶, … 使門人心白智孚等, 航海入宋辦大藏不期年, 向海藏成幣藏琅函香囊紗幅諸莊嚴具皆備焉, 當辛巳之春招集諸山碩德修轉藏法會以落之"

을 초대함과 아울러 뭇 인연들을 널리 교화하는 법회의 자리였다.[52]

그런 후 공민왕이 즉위한 후 또 다시 제3차 전장법회가 열렸는데,

> 轉藏經第三會榜, 전 조정의 임금(충정왕)이 스님(복구)의 도덕을 흠모
> 하여 특별히 스승의 예로 오성의 佛岬寺를 하산소로 삼았다. 今上(공민
> 왕)이 왕위에 즉위하여 왕사에 책봉하고, … 曹溪大和尙을 주맹으로 삼
> 아 제산의 長老 천여 명을 초청하여 至正 癸巳年(1353, 공민왕 2) 3월
> 11일에 처음 약 10일을 기한으로 불사를 장황하게 하였다. 낮에는 대
> 장경을 전독(轉讀)하고, 밤에는 祖師의 가르침을 담론하며 혹은 참선하
> 고 혹은 강론했다.[53]

라고 한 바와 같이, 복구가 자신에게 왕사(王師)로 책봉해 준 공민왕 은
혜에 보답하고자 공민왕 2년(1353)에 전장법회를 열었다는 것이다. 「백
암산정토사사적」에는 3차 전장법회를 개최하는 방문(榜文)을 비롯하여
참가자와 주관자 그리고 보조자까지 순서대로 수록하고 있다.

따라서 이 당시 정토사에 있어 전장법회는 하나의 불교행사로 정착
되어 갔음을 알 수 있다. 각진이 어렵사리 대장경을 구해 와서 전장법회
를 열었다는 사실은 그가 선사(禪師)였음에도 선교일치의 교리를 몸소
실천하려 했던 것을 보여준다 하겠다. 그런데 제3차 전장법회가 열린 곳
은 정토사이지만, 이 당시 복구는 정토사에 주석하고 있었던 것이 아니
라, 충정왕 때 첫 번째 왕사로 책봉되어(1350년) 그의 하산소로 삼았던

---

52 『朝鮮寺刹史料』上,「白巖山淨土寺橋樓記」
53 『朝鮮寺刹史料』上,「白巖山淨土寺事蹟」, "轉藏經第三會榜, 前朝主上嚮師道
德, 特由師禮以筽城佛岬寺爲下山所. 曁今上卽祚仍冊爲王師幷下 … 屈曹溪大
和尙爲主盟招致諸山長老千餘, 指丁癸巳三月十日爲始約十日張皇佛事, 晝則轉
三藏, 夜則談祖敎或禪或講" 원문의 指丁은 至正을 잘못 표기한 것이다.

영광 불갑사에 주석했던 것을 알 수가 있다.

앞에서 살펴 본 바와 같이 각진 복구가 전장법회를 연 시기는 충혜왕이 복위한 시기부터였는데, 이 때 그의 조카였던 행촌 이암은 왕명 출입과 군기를 처리하는 밀직부사(정3품)로서 지공거를 역임하는 등 정계에서 매우 영향력 있는 인물로 부각했던 시기와 일치한다. 아울러 충정왕이 복구를 왕사로 책봉한 것도 이암이 충정왕 옹립과정에서 세운 공로에 대한 보상 성격이 강하다. 송나라에서 대장경을 구하여 정토사에 수장하게 하고 전장법회를 열 수 있을 정도였다면, 든든한 후원자가 없으면 불가능한 일이다. 1차 2차 전장법회가 있던 시기는 행촌 이암이 밀직부사나 찬성 등의 위치에 있으면서 인사권인 전주(銓注)를 장악하였고, 기사를 담당한 조징은 이암의 동생이자 훗날 청수(淸叟)라는 법호로 불렸던 이군보(李君保)였다. 이렇듯 정토사가 전장법회를 개최하는 데 국중사찰로 격상할 수 있었던 데에는[54] 승속(僧俗)을 막론하고 고성이씨 일가의 공이 컸음을 알 수 있다. 이렇게 시작된 정토사의 전장법회는 조선이 건국된 이후 태종대까지도 계속되고 있었다.[55]

각진 복구가 충정왕의 명을 받고 불갑사를 하산소(下山所)로 삼아 주석한 시기는 충정왕 2년(1350)경부터였으며, 공민왕이 즉위한 후 그를 다시 왕사로 책봉하였으나, 나이가 83세여서 올라올 수 없었으므로 왕이 그의 진영(眞影)을 그리게 하고 이제현으로 하여금 영찬(影讚)을 짓게 하여 예를 거행하였다. 각진 복구가 하산소로 택했던 불갑사에서 거처를 정토사로 옮긴 것은 공민왕 4년(1355)이었으며, 그해 미질을 보이다 7월에 입적하였으니 세수 86세, 법랍 76세였는데, 다비된 유골은 불

54 曉呑(金昌淑), 2001, 「14세기 覺眞 復丘와 淨土寺에 관한 고찰」『한국불교학 29』, 한국불교학회.
55 『朝鮮寺刹史料』上, 「白巖寺轉藏法會堂司榜」.

갑사로 되돌아와 봉안되었다. 그리고 같은 해 12월 공민왕은 각진국사 (覺眞國師)라는 시호(諡號)를 내렸고, 공민왕 8년(1359) 제자 원규 등이 왕에게 입석을 청하자 이달충(李達衷)에게 비명을 짓게 하고 이제현에게 글씨를 쓰게 하여 불갑사에 비를 세웠다. 이달충은 비명에서 각진 복구 의 인품에 대해 다음과 같이 평했다.[56]

> 사람됨이 簡默하고 맑고 순박하며, 단아하고 평화스러우며 곧고 정 성스러웠다. 이마는 푸르고 눈썹은 희고 입술은 붉고 이는 희어서 멀리 서 바라보면 깨끗하기가 신선과 같고 가까이서 보면 온화하기가 부모 와 같았다. 입으로는 남의 좋고 나쁜 것을 말하지 아니하고 마음은 공 경함을 지니고 있었다. 평생을 방장(方丈)으로 지냈으나 단 하나의 재 물도 취하지 않았다.

복구는 생전에 주석했던 어떤 사원보다도 정토사에 대한 애정은 두 터웠다. 복구는 유년 시절에 정토사와 인연을 맺어 20대 청년기에는 진 리 탐구의 도량으로 삼았다. 그리고 만년인 70대의 주지 시기에는 중창 불사를 열었는가 하면 생을 마감한 열반(涅槃)의 장소이기도 했다. 그리 고 두 차례나 왕사를 역임하고 국사의 반열에까지 오른 것은 개인의 능 력에다 가문적 배경이 더하여진 결과였다고 본다.

이상에서 본 바와 같이 고성이씨 가문에서 복구라는 고승을 배출하 여 정토사에 대한 영향력을 키워갔는데, 이는 그의 당대에 그치지 않고 다음 세대에도 계속되어 더욱 밀착된 관계를 형성하며 발전했다. 복구의 조카이자 행촌 이암의 아우가 되는 이징(李澄) 역시 출가하여 정토사를 주지하고 있었기 때문이다. 법명이 청수(淸叟)인 그는 출가한 후 사적으

---

56 李達衷, 「覺儼尊者贈諡覺眞國師碑銘」 『東文選』 권118.

로는 숙부가 되는 복구를 모시면서 정토사를 주관하고 있었으니, 고성이씨 가문의 원찰 역할을 충실히 하였던 것으로 보인다.

청수가 정토사에 주지하면서 복구에 대한 은공을 잊지 않고 있었던 부분에 대해서는 "존자(尊者 : 복구)는 일국(一國)의 종사(宗師)였으므로 귀의(歸依)하는 학자가 구름처럼 모여 들었다. 청수는 곁에서 모신지가 오래여서 은혜나 의리로 봐서 청수보다 나은 사람은 없었다. 이러한 연유로 이 절을 부탁하여 뒷일을 주관도록 하였다. 청수가 이를 잘 이어 받아 절에 있은 지 오래되지 않아 폐기되었던 모든 것이 온전히 좋아졌다."라는[57] 정도전(鄭道傳)의 표현에서 잘 드러난다.

이렇듯 청수가 백암산의 정토사를 이어받아 착실하게 관리하고 있었을 즈음 경술년(1370) 여름에 큰물이 들어 돌 제방이 무너지자 청수사 누각이었던 쌍계루(雙溪樓)도 따라 무너진 적이 있었다. 이때에 청수(清叟)는 사적으로는 숙부이고 불가에서는 스승이었던 복구가 청수사에 쏟은 애정을 크게 생각하면서 그 옛 모습을 회복하기에 여념이 없었던 것도,[58] 그런 이유 때문이었다.

아무튼 고성이씨는 이존비 이래로 그의 아들 복구가 출가하여 왕사를 두 차례나 역임했고, 그의 손자 행촌 이암과 도촌 이교 등이 연이어 고급 관료로 진출하면서 신흥 권문세족으로 성장해 갔는데, 이를 지탱해 준 원찰(願刹) 역할을 한 곳이 정토사였다. 그리고 복구에 이어 그의 조카 청수가 정토사를 주지하였으니, 고성이씨 가문에서 대를 이어 운영해

---

57 『朝鮮寺刹史料』上,「白巖山淨土寺橋樓記(鄭道傳)」"尊者三韓名家, 而清叟爲親姪, 一國宗師學者歸之如雲, 而清叟執侍以恩以義無有居清叟右者, 於是囑以是寺以主後事, 清叟果能繼述, 在寺未幾百廢具擧"

58 『朝鮮寺刹史料』上,「白巖山淨土寺雙溪樓記(李穡)」"庚戌夏, 水大至石隄水樓因以壞, 清叟曰斯樓吾師所起也如此可乎. … 乃剋日雇功復期舊腐者"

간 것이다. 그리고 청수 이후에도 정토사는 고성이씨 가계와 보다 긴밀한 관계를 형성하면서 운영되었는데, 조선 태종 7년(1407)에 작성된 다음의 등장(等狀)을 보면 그러한 사실들이 잘 드러난다.

> 문정공 李嵒의 손자인 崔有慶, 李原, 李叔蕃의 等狀에서, "전라도 長城 땅의 백암사를 조상 문정공이 삼촌숙부 王師 復丘와 같이 발원하여 私財로 영건하고 대장경을 잘 마련해 놓았습니다. 우리들 부모 일동은 長年寶, 大藏寶, 忌日寶를 합쳐 300석이 된 후, 우리 사촌 형으로 전에 兩街에 있었던 中晤가 傳住하면서 대중을 거느리고 작법하며 祝上하였습니다."[59]

위의 자료는 조선 태종 때 이암의 손자들이 올린 청원서인데, 당시 국가에서 취한 백암사(정토사) 주지 임명을 철회해 달라는 것이 핵심 사안으로, 그 첫 번째 이유가 백암사(정토사)는 원래 각진국사 복구와 그의 조카 이암이 함께 발원하여 사재로 중창했기 때문이란 것이다.

이암이 그의 정치적 고비에서 취한 행동을 보면, 공민왕 2년(1353) 나이 60에 치사(致仕)하고 물러난 곳이 강원도 청평사(淸平寺)와 강화도였다. 공민왕과 라이벌 관계에 있던 충정왕을 옹립하는 데 성공하였으나 3년 만에 물러나고 공민왕이 즉위하자 스스로 자리에서 물러났던 것이다. 우선 청평사부터 살펴보면 이곳은 유학자 학인들과 인연이 많은 절이었다. 송나라 때 사대부들의 생활과 사상에 선불교 기풍을 포용하지 않는 사람이 없을 정도였던 것은 잘 알려진 사실인데, 고려에서도 이런 풍속은 낯설지가 않았다. 최충이 매년 여름마다 귀법사 승방을 빌려 하과(夏課)에 사용했다거나 윤관의 아들 윤언이가 만년에 불법을 좋아하여 스스로 금강거사(金剛居士)라 불렀다는 사실 등은 이런 분위기를 잘 나

---

59 『朝鮮寺刹史料』上,「長城監務官字」.

타내준다.[60]

이런 분위기는 시간이 흐르면서 더 크게 이어졌는데, 당시 불교계에서 전개되었던 선종의 부흥과 간화선(看話禪)의 전개에 힘입은 바가 크다. 특히 대감국사 탄연을 비롯한 선승들이 등장했고, 이들과 교류하던 유학자들의 선풍도 일어나 이자현(李資玄)을 중심으로 하는 이른바 거사불교(居士佛教)가 한 때 유행했었다.[61] 그리하여 이승휴도 충렬왕 때 벼슬을 사직하고 삼척 두타산 삼화사(三和寺)에 간장암(看藏庵)을 짓고 동안거사(動安居士)로 일생을 마친 일도 있다.[62]

아무튼 이자현은 선승이 아니었음에도 당시 불교계에 커다란 영향을 주었던 거사불교의 핵심이었고, 출가자가 아닌 문인 관료들에게 새로운 지평을 열어주는 계기가 된 인물인데, 그가 머물렀던 곳이 다름 아닌 청평사였다. 이렇듯 거사불교의 성지나 다름없는 청평사에 행촌 이암이 정계 은퇴를 선언하면서 낙향지로 삼았던 데는 이런 사정들이 고려되었음이 틀림없다고 본다. 그의 가문에서 취한 불교와의 인연은 앞에서 살펴본 바와 같이 매우 큰 것이었기 때문이다.

이암의 또 하나 낙향지가 강화도인데, 선원사의 식영(息影)과 외방의 벗을 삼고 절 가운데 집을 지어 편액을 해운(海雲)이라 하였다. 나옹의 제자였던 혼수가 식영에게 능엄경을 배웠다는 것으로 미루어보면,[63] 식영은 나옹과 동 시대를 풍미했던 고승이었음을 알 수가 있다. 『동문선』

---

60 『고려사』 권95, 열전 8, 최충(崔沖) ; 『고려사』 권96, 열전9, 윤관(尹瓘) 부(附) 언이(彦頤).

61 최병헌, 1983, 「고려중기 이자현의 선(禪)과 거사불교의 성격」 『김철준박사화갑기념사학논총』, 지식산업사,

62 이승휴, 『동안거사집 행록』, 삼척시.

63 『조선금석총람』 하, 「青龍寺普覺國師定慧圓融碑」

에는 이암이 식영에게 준 시가 전하고 있고,[64] 『나옹화상가송(懶翁和尙歌頌)』에도 이암에 대한 두 편의 증시(贈詩)가 확인되고 있어, 당시 이암과 불교계 인사와의 관계를 추정해 볼 수 있다.

여기에서 한 가지 눈 여겨 봐야 할 사안은 능엄경이다. 당시 위기를 맞이한 선종계에 새로운 활력을 불어넣은 것이 능엄경인데, 당대 이름난 문인들도 능엄강회에 참여했을 정도로 성황을 이루었다. 선종 부흥과 관련하여 중시되었던 능엄경 10권 가운데 제3권은 주역의 태극설이나 중생기시(衆生起始)와 업계기시(業界起始)는 성리학의 인성론과 연결될 수 있다는 점에서 고려후기 신유교 발흥과 무관할 수가 없다. 따라서 이자현으로부터 비롯하였던 능엄경을 중시하는 새로운 선풍은 고려중기 문인관료들에게 새로운 유학의 모색에도 커다란 영향을 주었다고 생각된다.[65] 여기에서 주목되는 것은 경상도 고성지역 향리세력들이 최우 정권의 축원을 기원하면서 능엄경을 판각하여 바쳤다는 사실이다.[66] 따라서 고성이씨 가문의 능엄경 관련성은 충분히 예상해 볼 수 있는 일임에 틀림없고, 이런 인연들이 행촌 이암의 낙향지로 청평사와 강화도로 선정된 것이 아닌가 한다.

---

64 『동문선』 권21, 「寄息影庵禪老」
  뜬 세상의 헛된 이름은 바로 이 政丞이요.
  작은 창가의 한가한 맛은 바로 山僧이로다.
  그 가운데 풍류 또한 넘치는 곳 있으니,
  매화 꽃 한 송이 佛燈에 비치네.
65 문철영, 1996, 「신유학의 전래와 고려 사상계의 동향」 『한국사』 21, 국사편찬위원회.
66 전 10권으로 되어 있는 『능엄경(楞嚴經)』은 승려들이 수련과정에서 배우는 경전이다. 우리나라에서 간행된 가장 오래된 것은 고려 고종 22년(1235)에 고성지역 향리 이승광(李勝光) 등이 판각한 것으로 현재 해인사(海印寺)에 그 목판이 전해진다. 최우를 축원하는 발문이 있다.

아울러 이암의 손자들이 올린 청원서의 두 번째 이유는 정토사 중창 이후 3백석에 달하는 거금으로 몇 개의 보(寶)를 만들어 사찰 운영기금 으로 활용해 왔던 것도 이암의 자식들이었다는 것이다. 그리하여 이암의 손자대에 이르러서는 자신들의 사촌 중에 한 명이었던 중호(中晧)가 정 토사에 전주(傳住)하면서 설법을 이어갔다는 것인데, 그들 주장의 요체 는 고성이씨 가문이 정토사의 실질적인 운영권자였다는 것이다.

이 당시 사원경제에 있어 보(寶)의 운영은 매우 일반적인 형태인데, 복전사상(福田思想)에 의해 사원에 시납된 전곡을 기본재산으로 두고 이 를 대부해 얻어지는 이자로 각종 불교행사 비용이나 빈민구제·질병구제 등 사회 사업에도 이용하곤 했었다.[67] 고성이씨 가문에서도 이러한 보를 적극 활용하여 정토사를 운영해 나간 것이었는데, 장년보(長年寶), 대장 보(大藏寶), 기일보(忌日寶)와 같이 용도에 따라 각기 다른 보를 조성한 것임을 알 수 있다.

아울러 등장을 제출했던 이암 손자들의 면면을 보면, 참찬(參贊) 최 유경(1343~1413)은 이암의 손녀사위이고, 철성부원군 이원(1368~1430) 은 이암의 친손자이며, 안성군 이숙번(1373~1440)은 이암 누이의 손자 이다. 이원은 이암의 4남인 이강(李岡)의 아들로 세종 때 좌의정을 역임 하였으며, 전주가 본관인 최유경은 이암의 차남 이숭(李崇)의 사위인데, 조선 건국에 동참하여 개국원종공신에 봉해졌고, 태조와 태종의 신임을 받아 판한성부사로 치사(致仕)한 인물이다. 안성이 본관인 이숙번은 태 종이 즉위하는 데 1등 공신이어서 너무나 잘 알려져 있다. 이들이 이암 의 손자들로 정토사를 되찾는데 한 목소리를 낼 수 있었던 것은 당시

---

67 민병하, 1965, 「고려시대 불교계의 지위와 그 경제」『成大史林』1, 성균관대 사 학과.

친손과 외손을 구분하지 않은 양측적(兩側的) 가족제도라는 측면에서 이해할 필요가 있겠다.

아무튼 조선초기에 이르러 억불정책이 시행되는 가운데 고성이씨 원찰이었던 백암사(정토사)에도 큰 변화가 찾아 온 것만은 분명하다. 조선시대에 들어와 국가에 복이 있기를 기원하기 위하여 각 지방에 정책적으로 지정하였던 자복사라는 절을 두었는데, 주로 이전부터 내려오던 명찰을 종파별로 나누어 지정하고 있었다.[68] 그런 가운데 조선초기에 두각을 보인 자은종이 전라도 장성지역의 자복사(資福寺)를 지정하는 과정에서 정토사도 예외는 아니었다.

慈恩宗의 中德 戒天이 장성읍에 원래 속해 있던 資福寺는 버려두고, 한번 휴식을 취할 정도 거리밖에 안 되는 백암사를 자복사에 지정되기를 희망하여 關子를 함부로 받아가지고 내려와 전 寶長과 色掌들을 모두 쫓아 보내고 등 보장 등을 임의로 임명하니, 각 村에 자복을 정하는 뜻에 합당하지 않을 뿐만 아니라 <u>우리 조상이 발원하는 뜻에도 어김이 있어 각각 민망하니</u>, 위 村의 자복은 判旨의 내용대로 하고 동 백암사는 산문에 귀속시켜 옛날대로 香火하게 해 주십시오[69]

위의 자료에서 보는 바와 같이, 자은종 소속의 계천(戒天)이 정토사를 새로운 자복사로 지정하여 그곳 주지로 앉으려 하자, 이암의 손자들이 그들의 조상이 발원한 뜻에 어긋난다는 이유로 등장을 올렸으며, 결

---

68 『태종실록』 권14, 태종 7년 12월 신사조. "議政府請 以名刹代諸州資福 從之 啓曰 去年寺社革去之時 自三韓以來大伽藍 反在汰去之例 亡廢寺社 差下住持者 容或有之 僧徒豈無怨咨之心 若擇山水勝處大伽藍 以代亡廢寺院 則庶使僧徒 得居止之處 於是諸州資福寺 皆代以名刹"

69 『朝鮮寺刹史料』上,「善德七年四月初八日議政府關字傳書」「善德年間貼傳書」.

국 그들의 의견이 받아들여졌다.[70] 이렇게 하여 정토사는 백암사로 이름이 바뀌었지만 조선 초까지도 이씨 가문에 의해서 그 사세(寺勢)를 유지하려는 노력이 이암 손자들에 의해 꾸준하게 진행되었고, 결국 그들의 정치 사회적 기반과 그 영향력으로 성과를 거들 수 있었다. 여기에서 우리는 고려 말 권문세족의 원찰이 조선조에 와서도 그 후손들이 그대로 향유하고 있었음을 확인할 수 있다.

---

70 『朝鮮寺刹史料』上,「善德年間貼傳書」.

제3편

조선 건국과
고성이씨 가문의 융성

제1장 조선 건국과 고성이씨 가문

1. 고려 말 개혁정치와 고성이씨

고려 무신집권기를 지나 원나라 간섭기에 즉위한 임금들은 꾸준하게 개혁정치를 실행에 옮기고 있었다. 당시 제시된 개혁안들은 주로 정치적 변동기에 발표된 충선왕·충숙왕·공민왕 즉위교서에 잘 나타난다. 아울러 정치도감이나 전민변정도감 등과 같이 새로 설립된 개혁기구들이 제시했던 개혁안이나 개인 자격으로 내 놓은 개혁안들도 있었는데, 진작 개혁의 어려움은 고려 내부의 정치세력 구성원에게 있었다. 당시 정치세력에 대해 공민왕이 세신대족(世臣大族)과 초야신진(草野新進), 그리고 유생(儒生)으로 구분하였듯이, 세신대족은 신당(新黨)을 형성하고, 초야신진은 다투어 대족(大族)과 혼인하려 하며, 유생은 좌주(座主) 문생(門生)이나 동년(同年)을 칭하며 당여를 만들고 있기 때문에 이들을 기용하기 어렵다는 점을 토로할 정도였다.[1]

그럼에도 고려후기 개혁세력은 세족에서부터 향리출신에 이르기까지 그 가문배경이 다양하여, 충선왕대에는 홍자번(洪子藩)이나 민지(閔漬) 같은 세족출신들이 개혁을 주도했고,[2] 충목왕대 정치도감을 이끌던 인물

---

1 『고려사』 권132, 열전45, 반역6, 신돈(辛旽).

들이나 공민왕이 등장한 이후에도 이제현을 중심으로 하는 개혁세력들 중에는 세족 출신 인물들이 상당수 포함되어 있었다. 이때 이제현 세력으로 분류되는 면면을 보면, 행촌 이암의 아들이었던 이강(李岡)도 포함되어 있었는데, 이강은 공민왕 때 원송수 추천으로 지신사로 활동하면서 이색·한수·염흥방·민제 등과 함께 공민왕의 개혁정치에 동참하고 있었다. 이강은 36세라는 비교적 짧은 나이에 생을 마감하고 말았는데, 개혁세력으로 뜻을 함께 하던 이색이나 염흥방과 한수 등이 가정(稼亭) 이곡(李穀)에게 그의 묘지명을 부탁할 정도였다.

이강이 죽고 난 이후에는 그의 사위였던 권근(權近)이 공민왕 후반기의 개혁정치에 힘을 보태고 있었다. 아울러 위회도회군 이후의 개혁정치에는 세족출신들도 참여하고 있었는데, 그 중에서도 대표적인 인물이 조준(趙浚)이었으며, 그는 이숭(李崇)의 사위였다. 권근과 조준은 당대에 최고 명문을 자랑하는 안동권씨와 평양조씨라는 명문가에서 태어나 고성이씨 가문의 사위가 되었지만, 권근은 급진적인 전제 개혁안을 초안했던 조준에 맞서는 반대세력이었고, 그 후에도 서로 상반된 정치행로를 걷고 있었다.

이렇듯 당시 고성이씨는 이존비 이래 그의 손자들인 이암과 이교 등이 고관으로 진출하여 활동 하면서 신흥세족으로서의 위치를 굳혀갔고, 이들 후대에 내려와서는 각기 처한 현실에 따라 한 가문 내에서도 정치적 입장을 달리하는 경우가 많았다. 더구나 이암 후손들은 대개의 경우 이성계 일파와의 친연성이 높아 적극적으로 개국에 동참하지 않았다 할지라도 출사하는 데에 지장은 전혀 없었다. 그런데 비해 이교의 후손들

---

2 이들은 각각 남양홍씨 혹은 여흥민씨 가문에서 출사한 인물들이며, 이암 대에 와서 혼인관계로 맺어진 대표적인 고려후기 세족가문이었다.

은 조선 건국에 방해되는 가문적 배경으로 인해 멸문의 화를 당한 경우가 많았다.

행촌 이암은 4남을 두었지만, 장자 이숭(李崇)이 조선 건국을 경험했을 뿐 나머지 아들들은 모두 공민왕 대에 생을 마감하고 말았다. 그런데도 불구하고 이숭의 아들 3형제들의 활약상은 잘 나타나지 않는다. 그 대신 이숭의 사위였던 조준(趙浚)이 급진적인 개혁안을 추진하여 조선 개국의 1등 공신에 오르게 되었다는 점이 주목된다 하겠다.

그리고 이암의 넷째아들이었던 이강(李岡)이 36살로 생을 마감할 당시에 1남 4녀를 두었지만, 아들 이원(李原)은 막 태어난 아기에 불과했고, 딸들 역시 어려 미혼이었던 것으로 보인다. 장녀가 양촌 권근과 혼인한 사이지만, 이강의 묘지명에서 "딸이 몇 명 있으나 모두 어리고, 아들은 하나인데 올해 태어났다."라고 한 표현에서 볼 수 있듯이, 이강이 생을 마감할 때까지 장녀를 제외하고는 성혼한 자녀들이 없었음을 알 수 있다. 이런 점들이 오히려 이강의 아들 이원에게는 고려말기 혼돈의 정치적 상황을 비켜 갈 수 있는 환경이 될 수도 있었고, 이를 바탕으로 조선이 건국된 후 두각을 나타내어 태종 집권 과정에서 공신으로 책봉되는 한편 세종 조에 좌의정까지 오를 수 있었다고 보여진다.

개혁정치 추진은 지배세력의 내적 분화를 촉진시키면서도 개혁에 동참했던 관료들의 정치적 지위를 강화하고, 이들이 정치세력으로 성장하는 계기를 마련해 주었다. 고려 말의 위기상황에 직면하여 유리걸식하는 백성들을 심각하게 받아들인 개혁세력은 백성들로부터 일정한 지지를 받을 수 있었다는 점에서 국왕 측근 세력의 권문세족과는 다른 면이 있었다. 그럼에도 위로부터의 개혁을 통한 체제를 정비하면서 기득권을 누리려는 지배세력에 지나지 않았던 것도 사실이다. 개혁세력으로 활동했다는 것 자체가 그들의 정치적 입지를 강화해 줄 수 있는 요소가 되는

것이기 때문이다.[3]

이강이 생을 마감한 해는 공민왕 17년(1368)이었고, 그가 급제하여 관료로 활동할 시기는 공민왕이 즉위하여 개혁정치에 박차를 가하고 있을 때였다. 주지하다시피 공민왕은 즉위하자마자 개혁정치를 펼친 이래 거의 5~6년 간격으로 반원정책과 폐정개혁을 추진하였고, 공민왕 14년(1365)부터는 신돈을 등용하여 최영을 비롯한 구세력을 몰아내었던 것은 잘 알려진 사실이다.

공민왕 개혁정치의 전반부는 신돈이 지적한 바가 있듯이, 이제현과 그 문생(門生)들이 주축을 이루고 있었다. 당시 좌주 문생 관계는 당사자에만 그치는 것이 아니라 지공거(知貢擧)의 지공거도 좌주로 삼아 이중 삼중의 사제 관계를 형성하였기에, 개인적으로 혈연관계 이상의 유대감을 형성하고 있었다.[4]

이제현이 충숙왕 7년(1320) 지공거를 맡았을 때 등제한 인물로는 이곡(李穀)·윤택(尹澤)·안보(安輔)·백문보(白文寶) 등이었고, 공민왕 2년(1353)의 과거에서 등용되었던 사람은 이색(李穡)을 비롯하여 박상충(朴尙衷)과 정추(鄭樞) 등 이었다.[5] 또한 이제현의 문생들이 다시 지공거를 맡아 등제한 인물들도 이제현 세력으로 분류될 수 있는데, 이곡이 충목왕 3년(1347) 동지공거(同知貢擧)로 있을 때[6] 이강(李岡)을 비롯하여 이

---

3 김광철, 1996, 「개혁정치의 추진과 신진사대부의 성장」『신편 한국사』19, 국사 편찬위원회.

4 이남복, 1985, 「여말선초의 좌주 문생관계에 대한 일 고찰」『정재각박사고희기 념 동양학논총』

5 『고려사』권73, 선거1, 충숙왕 7년 6월, 공민왕 2년 5월 ; 『국조방목』고려조과 거사목 공민왕 2년 ; 『목은집』정씨가전 ; 『담암일집(淡庵逸集)』부록 하, 행장 및 편년.

6 『고려사』권73, 선거1, 충목왕 3년 10월조.

무방(李茂方)·한수(韓脩) 등과 함께 급제한 바가 있다.[7] 또한 윤택이 공민왕 8년(1339) 성균관시 시관으로 있을 때 원송수(元松壽) 등이 그의 문생이었다.[8]

특히 공민왕 5년 개혁에 적극 참여했던 집단을 보면 이색과 정추·박상충 등과 함께 이강과 한수·김구용 등도 보이는데, 이강은 전선(銓選)을 관장하는 등 활발한 활동을 보였다. 이 때 개혁의 핵심적인 방향은 기존의 정방(政房)을 폐지하고 인사권인 전선(銓選)을 개혁세력들이 맡았는데, 공민왕이 즉위한 이후 이색과 원송수가 전선에 참여하다가 이강에게 물려준 시기가 대체로 공민왕 10년경이었다. 그리고 이를 이은 이강은 공민왕 10년경부터 공민왕 12년(1363) 5월까지 전선을 맡았던 것으로 추정된다.[9] 이러한 동료애 때문에 이강이 죽었을 때 원송수가 공민왕에게 특별히 시호를 내려줄 것을 청했다거나, 이색이 묘지명을 짓고, 한수가 글씨를 그리고 염흥방과 한수가 이것을 돌에 새기는 작업을 도맡아 할 정도였다.

이강이 공민왕 10년(1361)에 경상도안렴사(慶尙道按廉使)로 파견된 것도 공민왕의 개혁 의지에 따른 것이었다. 당시 지방의 전민(田民)을 불법으로 점탈(占奪)하였던 폐단을 바로잡기 위해 안렴사나 존무사(存撫使)가 자주 파견되곤 했는데, 공민왕 전반기에는 주로 이제현과 뜻을 함께 하는 자들이 파견되었다.[10] 그러다가 신돈이 집권하면서 이제현 세력들이 크게 도태되었다. 그럼에도 이강은 이색·박상충 등과 함께 여전히

---

7 『동문선』권127, 이강묘지명, 『동문선』권126, 한수묘지명.

8 『고려사』권107, 열전 20, 원부(元傅) 부 원송수(元松壽).

9 장동익, 1978, 「고려후기 전주권의 행방」『대구사학』15·16합집, 대구사학회 ; 이숙경, 1989, 「이제현 세력의 형성과 그 역할」『한국사연구』64, 한국사연구회.

10 이숙경 위의 논문.

중앙정부에서 일하면서 공민왕 16년(1367)경에는 고위직인 밀직부사(密直副使)를 역임했고, 그 이듬해 36세의 일기로 생을 마감하였다.

공민왕 12년 개혁에 참여한 바가 있던 정도전과 민제는 조선 개국에 적극 참여하였고, 공민왕 원년과 공민왕 5년 개혁에 함께 했던 이인복(李仁復)·안종원(安宗源)·한수(韓脩)·정추(鄭樞) 등은 조선 건국에 직접 참여한 것이 아니라 그의 아들이나 조카들이 개국공신으로 녹훈되었듯이,[11] 이강의 자녀들 또한 조선 건국을 함께 한 세력들이다. 그의 맏사위 권근은 어린 처남 이원을 자식같이 돌보아 주었다고 했듯이,[12] 고성이씨 가문이 조선조에 안착하는 데 큰 역할을 한 것으로 보인다. 물론 권근은 강경파였던 이성계 일파의 건국세력과 항상 거리를 둔 채 이색 등과 함께 고려 체제 내에서의 개혁을 부르짖은 저간의 사정으로 인하여 이곳 저곳 귀양지를 배회하던 때가 많았지만, 조선조 개창 후 하륜(河崙) 등과 함께 개국 세력에 합류하였다.

권근이 합류하게 된 것은 이성계가 그의 아버지인 권희(權僖)와 고향 학우였던 관계가 작용한 것으로 보인다. 태조 5년 표전(表箋) 문제로 명나라에서 정도전을 입조시키라는 요구가 커지자 권근은 자청하여 이 문제를 해결하였다. 왕자의 난으로 좌명공신(佐命功臣)에 봉해진 권근은 그의 아들을 태종의 딸과 혼인시킴으로써 조선에서도 명문의 지위를 이어갔다.

권근은 대제학(大提學)에다 겸대사성(兼大司成)을 맡아 인재양성에 힘을 기울여 조선시대 관학파를 열었던 인물이었다. 혼란기에 해당하는

---

11 정도전은 1등공신, 민제는 이방원의 장인이다, 정추의 아들 정총(鄭摠) 정탁(鄭擢), 안종원의 아들 안경공(安景恭), 이인복의 조카 이직(李稷), 한수의 아들 한상경(韓尙敬) 등이 개국공신 반열에 올랐다.

12 『국조인물고』 권1, 상신(相臣), 「이원비명(李原碑銘) - 서거정 찬」.

고려조와 조선조에 걸쳐 성균관 대사성을 맡아 조선초기 부족한 인재를 적극 발굴하고 교도하는데 기여했을 뿐만 아니라 양 왕조의 학문적 유대를 이어주는 역할을 하였으니, 그가 각별하게 보살핀 어린 처남 이원의 학문적 스승이자 든든한 정치적 후원자 역할을 충실히 하였을 것으로 보인다.

권근은 원나라로부터 성리학을 도입한 학자 중의 한 사람으로 이름 높은 권보(權溥)의 증손이자, 검교정승(檢校政丞)을 지낸 권희(權僖)의 아들이다. 공민왕 원년(1352)에 태어난 그는 18세에 문과에 급제하여 공민왕을 놀라게 하였다. 공민왕 이후 우왕이 즉위하였지만, 친원파 이인임이 정권을 농단하던 시기여서 사대부 개혁세력들이 큰 힘을 발휘할 수 있는 상황은 아니었다. 신진 사대부들은 공민왕대부터 친명 외교노선을 견지했기에 박상충·정몽주·정도전 등과 함께 권근도 원나라 사신 영접을 반대하였다. 이인임(李仁任) 정권에 저항하던 사대부 인물들 대다수가 숙청되었지만, 권근은 어리다는 이유로 화를 면했다.[13]

급작스런 공민왕의 죽음으로 우왕이 즉위하자, 이암의 아우였던 이교 계열이 고성이씨 가문에서 더 큰 존재감을 과시했다. 어린 우왕이 즉위한 지 5년이 지나 혼인하게 된 근비(謹妃)가 다름 아닌 이교의 손녀이자 이림의 딸이었기 때문이다. 당시 『고려사』 기록을 보면, "신우가 판개성부사 이림의 딸을 책봉하여 근비(謹妃)로 삼고 후덕부(厚德府)를 설치했으며, 이림을 철성부원군으로 삼고, 죄수들에게는 재심사를 해주었다."[14] 라고 기록하고 있다.

공민왕의 급작스런 죽음에도 불구하여 우왕이 왕위를 이을 수 있었

13 『고려사절요』 권30, 신우 원년 5월~7월조.
14 『고려사』 권134, 열전47, 신우2, 신우 5년 4월조.

던 것은 당시 정권의 핵으로 부상하고 있었던 이인임이 최영을 비롯한 무장 세력과 연합하여 권력의 한 축을 형성하고 있었기 때문이다. 이를 흔히 연립정권이라 칭하기도 하는데,[15] 다른 종친 중에서 왕위를 잇게 하려던 공민왕 모후 명덕태후와 경복흥을 제치고 이인임 일파가 우왕을 등극시킬 수 있었던 것도 연립정권 덕분이었다.

공민왕은 신돈의 가인(家人)으로 알려진 반야가 낳은 어린 모니노(우왕)를 데려다 후계자로 정한 후 착실하게 군왕 수업을 시킨 것은 틀림없다. 백문보 등을 세자 사부로 임명하여 훈육케 하였던 사실들이 있었기 때문이다.[16] 이런 곡절 끝에 등극한 우왕은 유모 장씨를 앞 세워 왕권 회복을 위한 노력을 기울였고, 연립정권 측에서는 이를 막기 위한 수단의 하나로 우왕을 장씨와 멀어지게 하기 위해 혼인을 서둘게 되었다.[17] 여기에는 당대의 실력자 이인임과 근비의 아버지 이림이 고종사촌이었다는 점이 고려된 듯하다.

아무튼 이림의 딸이 우왕의 비로 간택된 과정에는 좀 더 복잡한 정치적 계산과 권력의 역학관계가 작용했을 것으로 보인다. 당시 이인임에게는 딸 셋을 두었고, 아울러 조카딸들도 다수 있었다. 그런데도 이림의 딸을 선택할 수밖에 없었던 것은 최영을 중심으로 한 무장세력과 연립정권을 형성하고 있었기 때문에 그 대안으로 이림의 딸이 선택되었을 것으로 보인다.[18]

---

15 이형우, 1999,『고려 우왕대의 정치적 추이와 정치세력 연구』, 고려대 박사논문, 49~59쪽.

16 『고려사』권44, 세가 44, 공민왕 22년 7월 을사조.

17 이형우, 2002,「고려 우왕의 외척과 측근」『민족문화연구』37, 고려대학교, 377쪽.

18 이형우, 2002, 앞의 논문, 378쪽.

아울러 이림의 딸이 왕비가 될 수 있었던 것은 고성이씨 가문의 정치 사회적 배경이 더 커질 수 있는 배경이 되었다. 이존비 이후 크게 성장한 세족(世族)으로서의 위치는 그의 손자 이암과 이교 대에 와서 더욱 번창시켰고, 이교가 성주이씨를 부인으로 맞으면서 혼맥으로 얽힌 양가 세력들이 이제는 서로를 필요로 하게 되었다. 특히 문신으로 굴기(屈起)한 선조와는 달리 이림 대에 오게 되면 무장으로 활약하는 경우가 많았는데, 이림과 그의 아우 이희필은 물론이고, 이림의 처남들인 문달한, 경보 등도 무장으로 활약하던 인물이었다. 따라서 고성이씨 도촌계 가문의 구성원들은 연립정권의 한 축을 형성했던 무장세력들과 자연스럽게 연결될 수밖에 없었다.

또한 이림의 처남 유번은 무장은 아닐지라도 우왕 5년 연립정권이 주도하여 양백연(楊伯淵)·홍중선(洪仲宣) 등을 숙청할 당시 귀양지로 가서 그들을 처단하였던 인물이니,[19] 연립정권의 핵심 인사들과 정치적 동지였음을 알 수 있다. 이런 요소들 때문에 고성이씨 도촌계는 연립정권의 양측을 다 충족시켜 줄 수 있는 배경이 되었고, 급기야는 왕비까지 배출하였던 것이다.

고성이씨 도촌파가 왕실과의 혼인을 통해 재차 도약의 길에 들어섰던 것은 분명하다. 근비의 아버지 이림이 철성부원군(鐵城府院君)으로, 이림의 어머니 이씨가 삼한국대부인(三韓國大夫人)으로, 이림의 처 홍씨가 변한국대부인(卞韓國大夫人)으로 각각 책봉되었고,[20] 또한 근비를 위한 후덕부(厚德府)를 두었다. 이는 근비의 공어(供御)를 맡았던 관아였으며, 판사(判事)·윤(尹)·소윤(少尹) 등의 관원을 두어 전반적인 업무를 관

---

19 『고려사』 권111, 열전24, 홍중선(洪仲宣) ; 『고려사』 권114, 열전27, 양백연(楊伯淵).

20 『고려사』 권116, 열전29, 이림(李琳).

리하고 있었는데, 이를 계기로 이후 이림과 그의 아들 이귀생 및 조카 이근 등의 정치적 행보가 점차 확대되었음은 물론이다.

2. 위화도회군 이후 정국과 고성이씨

근비가 왕실로 들어 간 이듬해 가을에 왕자 창을 낳게 되었는데,[21] 이는 당시 왕실에서의 차지하는 의미가 남달랐을 것으로 보인다. 우왕이 비록 공민왕 아들이라 할지라도 왕실 밖에서 몰래 얻었던 사생아에 불과하다. 그리하여 우왕을 공민왕 후궁 한씨 소생으로 입적할 수밖에 없는 상황에서 반야까지 제거하게 되자 후세에까지 시비가 일었던 것인데, 이미 왕위를 지키는 우왕과 정비로 입궁한 근비 사이에서 난 창의 경우는 시비 거리를 원천적으로 차단할 수 있는 경사였기 때문이다.

그러나 근비 아들인 창이 대통을 이을 때 정치적 상황은 매우 복잡하게 돌아가고 있었다. 위화도회군으로 이성계가 실권을 장악한 후 우왕을 강제로 폐위시켰기에 창이 옹립되지 못할 상황으로 치닫고 있었기 때문이다. 회군 도중에 이성계가 "왕씨 후손을 새로 세우자"는 제의를 실제로 조민수에게 하였던 가에 대해서는[22] 의문점이 많지만, 『고려사』 표

---

21 『고려사』 권134, 열전47, 신우2, 신우 6년(1380) 8월 을축조.

22 이 점은 이성계가 "신우신창설"로 집권 계획 시나리오를 언제부터 획책하였던가 하는 문제와 결부되어 있는 것으로 매우 중요하다. 즉, 우왕을 신돈의 아들로 미리 상정을 한 상태라면 창왕이 즉위할 당시에도 이 문제를 집중적으로 공론화하여 창왕 등극을 끝까지 반대했어야만 설득력이 있다. 그러나 그러한 노력들이 별로 보이지 않는다는 점이 있다. 또한 조민수의 창왕 옹립 추진과정이나 그 이후의 행동으로 봐서 회군 당시 이성계와의 밀약을 배반하였다는 것도 석연치 않은 점이 많다. 신우신창설의 등장배경 등에 대해서는 후술하는 내용을 참조바람.

현을 빌리자면 조민수는 결국 이성계를 배반하고 창을 옹립한 셈이 되었다.

조민수가 자신을 천거해 준 은혜 때문에 이인임과 연관된 창왕을 추대하였다는『고려사』기록은 왜곡된 것일지 모르나, 명망 있던 한산군 이색에게 창 옹립에 관한 자문을 구했다는 사실은[23] 의심의 여지가 없을 듯하다. 그리고 이것이 빌미가 되어 조민수와 이색은 이성계 일파에게 줄기차게 공격을 받아오다 끝내 축출되고 말았다. 당시 이색의 현실 인식은 군신 의리와 천리(天理)·천륜(天倫)을 강조하면서 급진 개혁파들의 유교적 명분론에 맞서고 있었기에, 근비에 대한 무한한 애정을 보낸 것도 당연하였다. 이색이 남긴 시문들을 보면 이를 잘 표현하고 있기도 하다.[24]

이렇듯이, 위화도회군 이후 반이성계파로 돌아섰던 조민수와 사대부 지식인층을 이끌던 이색의 지원으로 우여곡절 끝에 창왕이 즉위했다. 정몽주는 복잡하게 얽혀있던 세력 간의 균형을 위해 정치적 봉합 차원에서 8살에 불과한 어린 임금에게 건의했다. 당대의 정신적 지주였던 이색과 정치적 실권자였던 이성계, 그리고 외척세력으로 대표되던 이림(李琳)에게 검리상전(劍履上殿)과 찬배불명(贊拜不名)이라는 특전을 내리고, 각각 은 50량, 채다 10필, 말 1필씩 주어 격려했다. 왕실의 권위를 높이고 신하들을 다독이는 조치였다. 검리상전(劍履上殿)이란 신하가 검을 차고 신을 신고 궁전에 오를 수 있는 특전이며, 찬배불명(贊拜不名)은 신하가 조견(朝見)할 때 절하면서 자기 이름을 고하지 않은 특전이다.

이런 특전의 교서에서 이림에 대해 "문하시중 이림(李琳)은 선대부터

---

23 『고려사』권126, 열전39, 간신2, 조민수.

24 『牧隱詩藁』권20, 詩, "至晚太后謹妃移御" ;『牧隱詩藁』卷21, 詩, "十二日 謹妃生辰 宰樞進手帕別膳 旣罷 與權左使奉敎撰定府名 日晚未上" ;『牧隱詩藁』卷24, 詩, "謹妃移御之日未明時 吟得短律"

나라의 중신(重臣)으로서 오랫동안 적덕을 많이 하여 어머니를 낳아 상왕(上王)의 배필이 되어 내치(內治)의 방조가 있게 하였다. 내가 강보에 싸였을 제 질병이 많았는데 그대가 마음과 힘을 다하여 보호하여 주었으므로 오늘날에 이르러 만백성에 군림(君臨)하게 되었으니 그 공이 막대하다. 그가 세자의 외조부라는 지친으로서 대신의 직위에 이른 것은 결코 나의 사친 관계에 의한 것이 아니요 실로 공론(公論)의 결과였다." 라고 천명 하였다.[25]

창왕이 어린 나이로 등극하자 폐왕 우를 높여 상상이라 하고, 근비 이씨를 높여 왕대비라 하였다.[26] 이제 근비는 왕대비로서 어린 왕을 보살펴야 했다. 창왕이 즉위한 후 직접 명에 친조(親朝)해야 할 상황이 벌어졌다. 그러나 친조 계획을 그만 둔 것은 창왕이 어려서 원행이 불가하다는 근비의 의견 때문이었다.[27] 당시 근비의 판단이 정치적 결단이었는지, 아니면 단지 창왕이 어리다는 이유 때문이었는지는 명확하지가 않다. 권근이 친조 문제로 명나라에 다녀 온 것이 9월이었고, 3개월 후 이성계 일파는 황제의 자문을 사전에 보았다는 것을 문제 삼아 권근을 귀양 보내고 반대파들에게 숙청을 가한 일이 벌어졌는데, 이를 사전에 예견한 것인지도 모를 일이다.

조선이 건국된 후까지도 근비는 개성의 본집에서 우왕만을 그리며 살았다. 그곳에는 한 첩의 꺾어진 병풍이 있었다. 계집종이 이를 수리하려고 하자 근비가, "이것은 선왕께서 친히 꺾으신 것이니 개비할 수 없다."고 만류한 것에서 그녀의 삶이 잘 나타나 있다. 근비는 우왕의 기일이 되면 항상 눈물을 흘리며 정성껏 제사를 올렸다. 이리하여 태조는 우

25 『고려사』 권137, 열전 50, 신우 5 신창 원년 9월조.
26 『동사강목』 17 上, 기사년 後廢王昌 즉위년.
27 『동사강목』 17 上, 기사년 後廢王昌 원년.

왕을 위해 수절하는 근비에게 수신전(守信田) 300결을 내려 주어 칭송하였다.[28] 근비의 이런 성격이고 보면, 자신의 시종이던 석비가 의비(毅妃)가 되어 우왕의 총애나 사치가 자신보다 곱절이나 더 했다 할지라도[29] 항상 의연한 모습을 보여 주었다.

우왕 14년(1388)에 벌어진 위화도회군을 계기로 신진사대부 계층이 집권 세력으로 등장한 동시에 이들이 다시 내부 분열로 가는 계기가 되었다. 정몽주와 정도전·조준 등이 이성계와 모든 사안을 함께 의논할 정도로 긴밀한 관계를 유지하고 있었던 것에 비해[30] 이색이나 권근은 물론이고 근비의 아버지 이림은 이들을 견제하는 역할을 했기 때문이다. 이렇게 집권세력으로 부상한 혁명파 사대부는 권력 개편에 성공한 후 사전 개혁과 개혁정치를 주도하면서 왕조 교체 기반을 조성하고 있었고, 이런 과정을 거치는 동안 내적 분화를 겪기 시작하게 되었는데, 현안 문제에 대한 정치적 경제적 이해관계를 달리하고 있었기 때문이다.

특히 문란했던 토지 문제를 어떻게 해결할 것인가 하는 문제가 직면하게 되자, 양 세력 간의 충돌이 불가피하게 일어났다. 권근은 이색 등과 함께 공민왕대부터 주장해 왔던 '일전일주론(一田一主論)'에 입각해서 해결하자는 입장이었다. 이는 수조권 분급제를 유지하는 가운데 전주(田主) 1인을 확정함으로써 여러 명이 중첩적으로 수취하는 폐단을 없애자는 것이었다. 그런데 비해 조준은 아예 사전(私田) 자체를 혁파해야 한다는 급진적인 개혁안이어서 권근의 입장에서는 받아들이기 어려웠던 것이다. 특히 권근은 종동서(從同壻)였던 조준이 야심차게 준비했던 사전

<hr>

28 『청파극담』; 『林下筆記』 12권, 文獻指掌編, 辛禑의 王妃 ; 『增補文獻備考』 143, 田賦考 3, 職田, 高麗條.

29 『고려사』 권134, 열전 47, 신우 2, 신우 8년 3월조.

30 『고려사』 권118, 열전 31, 조준(趙浚).

혁파라는 급격한 토지개혁에 대하여 이색·이림(李琳)·우현보(禹玄寶)·변안렬(邊安烈) 등과 함께 분명하게 반대하는 입장이었는데, 이것은 권문세족을 대변하는 입장에 서 있었기 때문이기도 하다. 이렇듯 전제개혁을 앞두고 신진사대부 내부의 분열은 물론이거니와 한 가문 내에서도 서로 입장을 달리하는 분화가 이루어지고 있었음을 볼 수가 있다.

위화도 회군이후 정도전과 조준을 필두로 한 이성계 일파들은 유교적 명분과 춘추대의를 앞세워 창왕 즉위에 반대하고 나섰고, 이색을 비롯하여 권근과 창왕의 외조부였던 이림(李琳) 등은 군신 의리와 천륜을 앞세워 팽팽하게 맞섰다. 그러다가 결국 창왕이 왕위를 잇게 되었다. 이성계 일파가 필요한 것은 반대파를 제거할 물리적 힘이었다. 창왕 원년(1388)에 벌어진 김저(金佇)의 옥(獄)은 반대파를 제거할 큰 명분이었다. 이를 계기로 이성계·조준 등은 '우창비왕설(禑昌非王說)'을 또 다시 제기하여 공양왕 옹립을 추진하였다.[31] 왕위를 이은 우왕과 창왕이 왕씨가 아니란 것이었다. 왕실의 정통성에 대한 시비였다.

김저의 옥이 일어나 공양왕을 옹립한 상황에 대한 기록을 보면 다음과 같다.

전 대호군 김저(金佇)와 전 부령(副令) 정득후(鄭得厚)가 몰래 황려(黃驪 여주)에 가서 우(禑)를 알현하였다. 김저는 최영(崔瑩)의 생질인데 최영을 따른 지 오래되어 자못 권세를 부렸으며, 정득후도 역시 최영의 먼 인척이었다. 우가 울면서 말하기를, "답답하게 이곳에 있으면서 손을 묶고 앉아 죽음을 받을 수는 없다. 역사(力士) 한 사람만 얻어 이시중(李侍中 이성계)만 해친다면 내 뜻은 성취할 수 있다. 내가 평소에 예의판서(禮儀判書) 곽충보(郭忠輔)를 좋아하였으니 네가 가서 보고 이 일

31 『고려사절요』 권34, 신창 원년 11월조.

을 도모하라." 하고는 칼 한 자루를 충보에게 전해 주게 하면서, "일이 이루어지면 비(妃)의 동생을 처로 삼고 부귀를 함께 누릴 것이다. 이번 팔관일(八關日)에 일을 일으키라." 하였다. 김저가 충보에게 알리니 충보가 겉으로 승낙하고는 달려와서 우리 태조에게 알렸다. 김저와 정득후는 밤에 태조의 사저로 갔다가 문객에게 잡혔는데, 정득후는 스스로 목을 찔러 죽었다. 정축일에 김저를 순군옥에 가두고 대간과 더불어 번갈아 문초하니, 진술한 말이 전 판서 조방흥(趙方興)에게 관련되므로 모두 옥에 가두었다. 김저가 말하기를, "변안열(邊安烈)·이림(李琳)·우현보(禹玄寶)·우인열(禹仁烈)·왕안덕(王安德)·우홍수(禹洪壽)가 공모하여 여흥왕(驪興王)을 맞이하는데 내응하려고 하였습니다." 하였다. 무인일에 우를 강릉부(江陵府)로 옮겼다. 우리 태조가 판삼사사 심덕부(沈德符), 찬성사 지용기(池湧奇)·정몽주(鄭夢周), 정당문학 설장수(偰長壽), 평리 성석린(成石璘), 지문하부사 조준(趙浚), 판자혜부사(判慈惠府事) 박위(朴葳), 밀직부사 정도전(鄭道傳) 등과 흥국사(興國寺)에 모여서 삼엄한 군사의 호위 속에서 의논하기를, "우(禑)와 창(昌)은 본래 왕씨(王氏)가 아니니 종사(宗祀)를 받들게 할 수 없으며, 또 천자의 명도 있으니 마땅히 가왕을 폐위시키고 진왕을 세워야 될 것이다. 정창군(定昌君) 요(瑤)는 신종(神宗)의 7대손으로 그 족속이 가장 가까우니 왕으로 세워야 할 것이다." 하니, 조준이 말하기를, "정창군은 부귀한 집에서 나고 자라서 자기의 재산을 다스릴 줄만 알고 나라를 다스릴 줄은 알지 못하므로 왕으로 세울 수 없다." 하였으며, 성석린은 말하기를, "임금을 세우는 데는 마땅히 어진 이를 가려야 될 것이고, 그 족속이 가까운지 먼지는 논할 필요가 없다." 하였다. 이에 종실(宗室)의 몇 사람의 이름을 써서 심덕부·성석린·조준을 보내어 계명전(啓明殿)에 가서 태조(고려 태조)에게 고하고 제비를 뽑았더니 정창군의 이름이 뽑혔다.[32]

김저 사건을 위의 자료 액면 그대로 믿는다 할지라도, 구세력과 연계

---

32 『고려사절요』 권34, 공양왕 원년 11월 갑술조.

된 우왕을 이성계 일파가 제거할 수 있는 계기가 된 것은 분명하다.[33] 실권을 잃고 배소에서 죽음을 목전에 둔 우왕이 전직 관료에 불과한 김저와 정득후에게 하소연 했을 것으로 보이는 넋두리가 큰 문제를 일으키고 만 것이다. 김저가 이성계의 정적이던 최영의 조카였다는 사실과 창왕이 전제개혁에 비협조적이었다는 점에서, 그들의 현안에 대한 반대세력을 제거하는 계기로 이용한 것으로 보인다.[34]

이 사건을 계기로 이성계는 판삼사사 심덕부(沈德符), 찬성사 지용기(池湧奇)·정몽주(鄭夢周), 정당문학 설장수(偰長壽), 평리 성석린(成石璘), 지문하부사 조준(趙浚), 판자혜부사(判慈惠府事) 박위(朴葳), 밀직부사 정도전(鄭道傳) 등과 흥국사(興國寺)에 모여 우왕과 창왕이 왕씨가 아니란 이유로 정창군을 공양왕으로 옹립했다. 공양왕의 이종사촌이 이성계의 며느리이자 방번의 처였고, 아울러 공양왕이 성격 자체가 본시 나약한 편이었기에 이성계가 집권함에 걸림돌이 되지 않을 거란 판단 때문에 추대되었을 가능성이 높다.[35]

이성계 일파가 공양왕을 즉위시킨 날 우왕과 창왕을 평민으로 삼았고, 우왕의 장인이자 창왕의 외조부였던 이림(李琳)과 그 아들 이귀생(李貴生), 사위 유염(柳琰)과 최렴(崔濂), 최렴 사위 노구산(盧龜山), 이림의 조카 이근(李懃) 등을 먼 곳으로 귀양 보냈다.[36] 이어 문하평리(門下評理) 정지(鄭地)·이거인(李居仁), 전 판후덕부사(判厚德府事) 유혜손(柳惠孫)·

33 김당택, 1998, 「고려 昌王 원년(1389)의 金佇事件」『전남사학』 12, 전남사학회 ; 이형우, 2015, 「고려말 정치적 추이와 김저 사건」『圃隱學硏究』 16, 포은학회.
34 박천식, 1996, 「이성계 집권과 고려 멸망」『신편 한국사』 19, 국사편찬위원회.
35 이상백, 1954,『李朝建國의 연구』, 을유문화사.
36 『고려사』 권45, 세가 45, 공양왕 원년 11월 기묘조, "王卽位于壽昌宮 降禑昌爲 庶人 流李琳及子貴生女壻柳琰崔濂外孫女壻盧龜山姪李懃于遠地遣"

이을진(李乙珍), 전 밀직(密直) 이유인(李惟仁)·유번(柳蕃)·조호(趙瑚)·안주(安柱) 등 27명에 달하는 대신들도 김저(金佇)와 공모한 혐의로 유배형이 내려졌다.[37]

이때에 권근 역시 이색 등과 더불어 유배를 당하였다.[38] 권근이 창왕 1년(1389)에 윤승순(尹承順)의 부사(副使)로서 명나라에 다녀올 때 가져온 예부(禮部) 자문(咨文)이 화근이 되어 우봉(牛峯)에 유배되어 있었다. 현존하는 기록으로 보면, 천자가 보낸 그 자문에는 다시 왕씨를 왕위에 올리라는 내용이 들어 있었다고 전한다. 그리고 권근이 귀국 도중에 이를 사사로이 열어보고 밀지 내용을 도당(都堂)에 보고하지 않은 채 우왕의 장인이었던 이림에게 먼저 알렸다는 죄목이었다. 권근은 그 후 다시 영해(寧海)·흥해(興海)·김해(金海) 등지로 이배(移配)되는 신세가 되었다.

김저의 옥을 처리하는 과정에서 공양왕과 이성계 일파의 힘겨루기는 지속 되었지만, 고려 왕실과 혼인으로 맺어진 고성이씨 이교 가문은 결국 멸문의 화를 당할 수밖에 없었다.

공양왕이 이성계와 심덕부를 불러, "대간이 말한 대로 조민수와 권근에게 이미 죄를 주었으니 경들은 대간을 설득하여 다시 논죄를 고집하지 말게 하라."고 지시한 후, 이림은 철원(鐵原)으로, 이색은 함창(咸昌)으로, 정지는 횡천(橫川)으로, 이귀생은 고성(固城)으로 옮기게 했다. 우인열은 청풍(淸風)으로 유배하고, 이을진과 이경도는 곤장을 쳤으며, 왕안덕과 우홍수는 공이 있고 원상은 변안열의 말만 들었을 뿐이라고 하여 모두 용서하였다. 이에 대간이 다시 주청했다. … 이림과 이귀생이 역모의 수괴인 변안열과 함께 몰래 반역을 꾸민 정황은 이미 드러났습니다. 우인열이 이림·이귀생과 함께 변안열의 집에 간 것으로 보

37 『고려사』 권45, 세가 45, 공양왕 원년 11월 병술조.
38 『고려사』 권45, 세가 45, 공양왕 원년 12월 기해조.

아 그들이 공모했던 정황이 명백합니다. 변안열이 신우를 맞아들이려 하면서, 사람이 많은데도 불구하고 기필코 우인열·왕안덕·우홍수 세 사람을 시켰으니 그들이 함께 모의한 것은 뻔한 일입니다. … 이에 이림·이귀생·조민수·이색·우인열·정지·권근·이을진·이경도·왕안덕·우홍수·원상 등을 외지로 유배 보냈다. 간관이 다시 상소하여 극력 간쟁하였으나 들어주지 않았다. 이에 대간이 다시 번갈아 글을 올렸다. … 왕이 또한 허락하지 않았다.[39]

공양왕은 결국 김저 사건을 마무리하는 과정에서 이림을 철원으로, 이색을 함창으로, 이림의 아들 이귀생을 고성으로 유배를 보냈다. 그러나 혁명파들은 이들을 살려 두고 조선 건국을 실행에 옮기기 어려웠다. 대간(臺諫)에서 이 사건을 지속적으로 더 확대하여 강한 처벌을 요구하고 있었던 것도 그러한 저간의 사정이 있었을 것으로 추정된다.

3. 조선 건국 과정과 고성이씨

김저의 옥으로 한 차례 정치적 소용돌이가 일어난 이후 또 다른 정치적 사건이 벌어지게 되었는데, 공양왕 2년(1390)에 일어났던 윤이·이초 사건이 그것이다.[40] 이로 인해 이림과 그의 가족들은 또 한 차례 가혹한 시련을 겪어야만 했다. 이에 대한 이해를 돕기 위해 『고려사』에 기록된 당시 사건의 전말을 보면 다음과 같다.

---

39 『고려사』 권116, 열전29, 이림(李琳).
40 조계찬, 1987, 「조선건국과 윤이·이초 사건」 『이병도박사구순기념 한국사학논총』, 지식산업사.

① 왕방(王昉)과 조반(趙胖) 등이 명나라로부터 귀국해 다음과 같이 보고했다. "명나라 예부(禮部)에서 저희들을 불러놓고 '당신 나라 사람 윤이(尹彝)와 이초(李初)라는 자가 와서 황제께 다음과 같이 호소했소. 「고려의 이시중(李侍中)이 왕요(王瑤)를 왕으로 옹립했는데 기실 왕요는 종실이 아니라 곧 인척에 불과한 사람입니다. 왕요와 이성계가 군대를 동원해 장차 상국을 침범하려는 계획을 세웠는데 재상 이색(李穡) 등이 반대하자 이색 등 10명을 살해하고 우현보(禹玄寶) 등 아홉 명을 멀리 유배 보냈습니다. 현재 유배 가 있는 재상들이 은밀히 우리들을 천자께 보내 아뢰게 했습니다.」 그리고 친왕(親王)이 천하의 군대를 동원해 고려를 토벌해 줄 것을 요청했소.'라고 말한 후 이어 윤이와 이초가 이색 등이 적은 성명을 제시하면서, '당신들은 속히 귀국해서 왕과 재상들에게 알려 윤이의 쪽지에 거명된 사람들을 조사한 후 다시 와서 보고하시오.'라고 지시했습니다."[41]

② 밤에 김종연(金宗衍)이 도망하자 온 나라를 철저히 수색하게 했다. 이어 우현보(禹玄寶)·권중화(權仲和)·경보(慶補)·장하(張夏)·홍인계(洪仁桂)·윤유린(尹有麟)을 순군옥에 수감하는 한편, 아울러 최공철(崔公哲) 등 11명도 수감시켰다. 또 이색(李穡)·이림(李琳)·우인열(禹仁烈)·이인민(李仁敏)·정지(鄭地)·이숭인(李崇仁)·권근(權近)·이종학(李種學)·이귀생(李貴生) 등을 청주(淸州)의 감옥에 가두었다.[42]

위의 『고려사』 자료들이 윤이·이초의 사건이 일어난 상황과 사후 조치에 대한 내용들이다. 윤이와 이초가 명나라로 도망가서 황제에게 이성계를 모함했다는 이 사건이 보고되자 헌부와 형조에서는 잇따라 소를 올려 이초당을 처벌할 것을 요구했다. 하지만 공양왕은 이를 궁중에 두

---

41 『고려사』 권45, 세가45, 공양왕 2년 5월 계사조.
42 『고려사』 권45, 세가45, 공양왕 2년 5월 무술조.

고 내려 보내지도 않을 정도로 반응을 보이지 않고 있었다.

이렇듯 사건 초기에는 조반의 말을 듣고 추국을 하고자 하면서도 의심하고 주저하여 쉽게 결정하지 못하고 있었다. 그러는 사이, 친분이 두터웠던 지용기(池湧奇)가 김종연에게 몰래, "윤이와 이초의 글 속에 공의 이름도 거론되어 있으니 위태할 것이다." 라고 알려준 것이 계기가 되어,[43] 김종연이 두려워 도망하면서 사건이 확대되고 있었음을 보여준다.

이를 계기로 반이성계 세력들은 또 다시 큰 타격을 입지 않을 수 없었다. 윤이·이초 사건에 대해 이색이나 이림·권근을 비롯한 구세력들은 직접 개입할 정도의 여유가 있었던 상황은 아니었다. 이색·이림·변안렬·이귀생·권근·이숭인 등과 같은 구세력 대다수가 귀양 가 있던 상황이었기 때문이다. 물론 구세력을 지지해 온 일부 인물들이 개입하여 일으킨 사건일 수도 있다.[44] 하지만 청주에 큰 홍수가 났을 때 옥에 갇혀 있던 이색과 권근을 비롯한 이초당 관련자들을 대거 석방한 사실에서도 이 사건이 무고였음을 스스로 인정한 셈이 되고 말았다.[45]

윤이(尹彝)와 이초(李初)의 옥사가 일어나자 이림을 청주(淸州)에 수감했다가 곧이어 물난리 때문에 사면하였다. 또 헌사(憲司)에서 가볍게 사면해서는 안 된다고 간언했으나 들어주지 않고 곧이어 이림 및 이귀생도 용서하였다. 이에 낭사(郎舍) 허응(許應) 등이 상소했다. "전하께서 즉위 초에 이림·강인유(姜仁裕)·왕흥(王興)·신아(申雅) 등이 가짜 조정에 재임하면서 왕이 총애하는 여자에 의지해 법을 훼손하고 기강을 문란하게 하였으므로 모두 유배 보냈습니다. 그러나 곧이어 은사(恩赦)를 받아 모두 개경으로 모인 후로는 전혀 징계를 받지 않았습니다. 바라옵

43 『고려사절요』 권34, 공양왕 2년 5월조.
44 조계찬, 1986, 「조선건국과 윤이 이초 사건」 『이병도박사구순기념 한국사학논총』.
45 유경아, 1996, 『정몽주의 정치활동 연구』, 이화여대 박사학위논문.

건대 헌사에 회부해 먼 지방으로 내치소서." 왕이 간언을 쫓아 이림은 충주(忠州)로, 강인유는 풍주(豊州)로, 왕흥은 청주(淸州)로, 신아는 전주(全州)로 유배 보냈는데 이림은 유배지에서 병들어 죽었다.[46]

이렇듯 이 사건에 연루된 인물은 이색이나 이림 등 공양왕 옹립에 반대하여 우창당(禑昌黨)으로 지목되어 유배된 사람들이 대부분이었다. 그리고 윤이·이초 사건에 연루된 이초당 33명 가운데 이색·이림·조민수·권근·이숭인 등 13명 정도는 이미 탄핵되어 처벌받았던 인물들이다. 따라서 이성계 일파는 우창당 처리 당시 만족할 만한 성과를 내지 못했기 때문에 새로이 이초당 처벌을 통해 권력을 더욱 공고히 한 것으로 파악된다.

이초당 처벌 과정에서 19명 정도가 무장 세력이었다는 점을 감안한다면 무인들의 반발 또한 만만치 않았음을 보여주는 것이기도 하다.[47] 김종연 도주 사건이 발생한 이후에 심덕부를 중심으로 한 무인들이 또 한 차례 숙청되었던 것도 그 연장선상에서 나타난 것이었는데, 그 실상은 다음의 자료에 잘 나타나 있다.

도주했던 김종연이 서경에 와서 저와 함께 군사를 동원해 시중을 해치기로 약속했습니다. 김종연은 이미 송경(松京 : 개경)으로 잠입해 시중 심덕부, 판삼사사 지용기(池湧奇), 전 판자혜부사(判慈惠府事) 정희계(鄭熙啓), 문하평리 박위(朴葳), 동지밀직(同知密直) 윤사덕(尹師德), 한양부윤(漢陽府尹) 이빈(李彬), 나주도 절제사(節制使) 이무(李茂), 전주도 절제사(節制使) 진을서(陳乙瑞), 강릉도 절제사(節制使) 이옥(李沃), 전 밀직부사 진원서(陳原瑞) 및 이중화(李仲和) 등과 함께 난을 일으키기로 모

46 『고려사』 권116, 열전29, 이림(李琳)
47 유경아, 앞의 책.

의했습니다. 그리고 조유도 저에게, 심시중(沈侍中 : 심덕부)이 자신의 심복인 진무(鎭撫) 조언(曹彦)·김조부(金兆符)·곽선(郭璇)·위충(魏种)·장익(張翼)으로 하여금 조유 등과 함께 휘하의 군사를 지휘해 이시중(李侍中)을 습격하려 한다고 말했습니다."[48]

위의 자료에서 보듯, 시중 심덕부 이하 많은 무장세력 인물들이 함께 군사를 거느리고 이성계를 비롯한 9공신을 살해하려는 모의를 했다는 것이다. 여기에서 심덕부·지용기·박위·이빈(李彬) 등과 같은 인물들이 연루되었다는 것은 무장세력 내부 분열로 설명될 수 있을 것 같다. 심덕부나 지용기와 박위 등은 공양왕 추대 공신들이기 때문이다. 위의 자료에서 확인된 인물 가운데 한양부윤(漢陽府尹) 이빈(李彬)은 행촌 이암의 손자이자 이음(李蔭) 아들이었다.

이초당 처벌 과정에서 일방적으로 처리하려는 이성계 일파에 제동을 건 것은 정몽주였다. 여기에서 정몽주가 독자세력을 형성하고 있었던 점이 주목된다. 그리하여 공양왕은 정몽주의 의견을 받아들여 이색과 권근에게 은사를 내리기도 했으며,[49] 이초당 연루자들에게 형량을 낮추거나 사면해야 하는 입장을 견지하기도 했다. 그럼에도 힘이 부친 쪽은 정몽주 세력이었기에 대간들의 뜻에 따라 우현보·경보 등을 귀양 보내지 않을 수 없었지만, 정몽주를 옹호하는 세력과 반대세력으로 나뉘어 첨예하게 대립하고 있었다.

형조(刑曹)의 관원들이 또 글을 올려 우현보 등을 귀양 보내자고 요청하였더니 왕이 그 상소문을 도평의사사에 내려 보내 심의하라 하였

---

48 『고려사』 권104, 열전17, 김주정(金周鼎) 부 김종연(金宗衍)
49 『고려사절요』 권34, 공양왕 2년 7월조.

다. 도평의사사에서는 사헌부와 형조의 요청을 따르는 것이 좋겠다고 말하였는데 다만 찬성사 정몽주(鄭夢周)만은 "윤이·이초의 무리들의 죄는 본래 명백하지 않는데다가 또 대사령이 내린 후이니 다시 논할 수 없다"고 하였다. 왕이 하는 수 없이 우현보, 권중화, 장하 등을 유형케하고 김사형 등에게 직무를 보라고 명령하였다. 김사형 등이 형조의 관원들을 사촉하여 정몽주가 윤이·이초의 무리들의 편을 들어서 법 맡은 관청의 관리들을 모해한다고 탄핵하게 하였다. 형조판서 안경공(安景恭), 성석인(成石珚) 등이 정몽주를 탄핵하다가 모두 강직을 당하였고, 이근(李懃), 이정보(李廷補)를 그 대신으로 임명했다. 이근 등이 또 정몽주를 탄핵하고 또 좌상시(左常侍) 정우(鄭寓), 좌사의(左司議) 최운사(崔云嗣) 등이 정몽주 당이 되어 윤이·이초의 무리들을 논하지 않았음을 탄핵하였더니, 헌납 이반(李蟠), 정언 권훈(權塤) 등이 "탄핵은 형조에서 할 일이 아니다"라고 왕에게 말하였다. 이근, 이정보가 낭사(郞舍)들을 공격하고 또 정몽주가 대신들을 모해하려 한다고 탄핵하면서 문초할 것을 요청하였다. 그런데 결국 이근 등의 관직을 파면시키게 되었다.[50]

위의 자료에서 보는 바와 같이, 윤이·이초 사건의 처리과정에서 강경한 이성계 일파에 맞서는 정몽주 세력이 한 치의 양보도 없었음을 볼 수가 있다. 서로의 강경한 탄핵으로 파면이 지속되자 헌사와 형조가 이 때문에 텅 비어버렸다고 표현될 정도였다.[51]

이근(李懃) 등이 파면된 이후에도 이반이 형조가 월권해 시사(時事)에 대해 발언한 것을 고발하지 않았다고 장령 최경(崔竸)을 탄핵했고, 이에 헌사(憲司)에서는 간성(諫省)은 풍헌(風憲 : 풍기를 단속하는 관리)의 임무가 아니라고 하며 다시 이반 등을 탄핵했다. 그러자 이반 등이 안경검·최원·허주·조용 등을 탄핵하여 공격했고, 이들 모두 파면되는 상황

50 『고려사』 권104, 열전17, 김방경(金方慶).
51 『고려사』 권104, 열전17, 김방경(金方慶) 부 김사형(金士衡).

으로까지 갔다.

아무튼 이 사건은 정몽주 일파와 공양왕의 결속력으로 이어졌고, 이성계 일파는 군제 개혁을 통하여 견제력을 높여갔지만, 정몽주 동조 세력이 우세한 형국으로 전개되기까지 했다. 그런 상황에서 이방원에 의해 정몽주는 선죽교에서 주살되고, 그의 당류(黨類)들은 모두 유배되어 마침내 새로운 나라 조선이 건국되었다.

여기에서 주목되는 것은 이희필의 아들이었던 이근(李懃)의 현실 인식에 대한 변화 부분이다. 무장으로 활약했던 이희필은 우왕 3년에 생을 마감했기 때문에 고려 말의 격동기 정치상황과 무관할 수 있지만, 그의 아들 이근은 조선조에 들어서도 여전히 공신세력으로 부상한 바가 있다. 위화도 회군 이후 1388년 우왕의 시대가 막을 내리고 창왕이 즉위했을 때 이근은 좌부대언이 되었고,[52] 김저의 옥사가 일어난 공양왕 1년(1389)에 우왕·창왕이 서인(庶人)으로 강등 될 때 숙부 이림과 함께 유배되고 말았다. 이때까지만 해도 이근은 우창당으로 낙인찍힌 인물이었음을 알수가 있는데, 아무튼 얼마 뒤 석방되었고,[53] 이듬해 좌상시(左常侍)로서[54] 염문계정사(廉問計定使)가 되어 경상도에 파견되는 등 이성계 세력의 핵심으로 부상하고 있었다. 공양왕 2년(1390)에 파견된 염문계정사는 이성계 세력이 심혈을 기울여 조선건국에 초석을 다지고자 각 지역별로 전정(田政)·군정(軍政)과 아울러 민정(民政)을 살피는 임무를 수행하기 위한 것이기 때문이다.

이후 이근의 정치 행보를 보면, 윤이·이초 사건을 계기로 정몽주의 태도를 문제 삼아 탄핵에 앞장서고 있었고, 그 과정 속에서 물러나게 된

---

52 『고려사』 권137, 열전50 신창 원년 9월조.
53 『고려사』 권45, 세가45 공양왕 원년 11월 기묘조.
54 『고려사』 권45, 세가45, 공양왕 2년 3월 경오조.

형조판서 안경공(安景恭)과 성석인(成石珚)의 직무를 이어받았다. 그러다가 공양왕 4년(1392) 이조판서에 이어 우대언이 되었고,[55] 이 해에 이성계(李成桂)를 추대할 때 조준·정도전과 함께 국새를 들고 이성계 사저로 갔던 일원 중에 한 명이었다.[56]

이리하여 개국공신 3등에 녹훈되고 좌승지로 근무하다 태조 2년(1393)에는 대사헌이 되어[57] 동국 역대 여러 현인들의 비록을 두루 상고하여 요점을 추려서 바치기도 하였다.[58] 아울러 좌정승 조준(趙浚)과 함께 신덕왕후(神德王后) 시책(諡冊)을 올렸으니,[59] 당대의 문사로 이름을 더 높였다 할 것이다. 이후 관직을 더하여 판중추원사(判中樞院事)·종묘감독관에 이르렀다. 그러나 이방원이 왕위 계승에 불만을 품고 일으킨 1차 왕자 난에 연루되어 정도전과 함께 주살되면서 관직도 추탈되었다.[60]

행촌 계열의 이빈(李彬) 역시 한 때는 이성계의 정적이었건만, 후일 조선 건국에 동참한 인물이었다. 그는 우왕 말년에 동북면부원수로 요동정벌(遼東征伐)에 참가하였다가 이성계(李成桂)와 함께 위화도에서 회군하였던 인물이었다. 창왕이 즉위한 뒤 우왕의 후궁들을 모두 사가(私家)로 돌려보내고 그들 아비 모두를 멀리 유배를 보냈는데, 이 때 덕비(德妃)의 아비 조영길(趙英吉)이 몰래 도망 나와 개경에 들어온 적이 있었다. 이빈은 이것을 알고도 보고하지 않았다 하여 대간의 탄핵을 받고 안변에 유배되었다.[61]

55 『고려사』 권46, 세가46, 공양왕 4년 4월 계유, 5월 기사조.
56 『태조실록』 권1, 태조 1년 7월 병신조.
57 『태조실록』 권4, 태조 2년 9월 을묘조.
58 『태조실록』 권5, 태조 3년 2월 갑신조.
59 『태조실록』 권10, 태조 5년 10월 갑오조.
60 『태조실록』 권15, 태조 7년 9월 경인조.
61 『고려사』 권137, 열전50 신창 즉위연 11월조.

우왕이 총애하던 덕비는 원래 이인임의 가비(家婢)가 낳은 딸인데, 제4비 숙비와 서로 총애 다툼을 벌여 숙비의 어머니와 오빠를 죽음에 이르게 하기도 하였다. 우왕의 총애가 깊어짐에 따라 덕비의 아비 조영길 관직도 따라서 승진되었는데, 전농부정(典農副正)에서 밀직부사(密直副使)의 위치에까지 오르게 되었다가 우왕이 쫓겨나자 조영길도 유배되었다. 그런 연유로 조영길이 몰래 개경에 잠입하는 사건이 발생했고, 이에 대한 보고를 소홀히 했던 이빈은 이인임 당파로 몰려 한 동안 유배지에서 생활해야만 했다.

이빈이 공양왕 2년(1390) 4월에 실시된 회군공신에 봉하여졌음을 볼 때,[62] 이성계 세력으로 분류될 수 있는 인물이긴 하지만, 이 당시에도 배소에서 풀려나지 못한 것으로 추정된다. 그가 공양왕 3년(1391) 정월에 배소에서 풀려나 개경에 거주할 자유의 몸이 되었기 때문이다.[63] 그런데 곧 이어 발생한 김종연(金宗衍)과 판사 조유(趙裕)가 이성계를 해치려 한 음모에 연루되어 또 다시 안협으로 귀양 갔다. 그리고 이듬해 석방되었다. 이빈은 그 뒤 동지밀직사사(同知密直司事)가 되었으나 정몽주(鄭夢周) 당으로 몰려 다시 탄핵을 받았다. 그러다가 조선 건국 몇 달 전인 공양왕(1392) 4년 4월에 동지밀직사사에 제수되었고,[64] 이어서 이성계가 조선을 개국한 뒤에 원종공신(原從功臣)으로 이름을 올렸다. 이 때 그의 관직이 전(前) 한성윤(漢城尹)으로 기록된 것으로 미루어[65] 현직을 갖고 있지 못한 상태에서 개국원종공신으로 책봉되었음을 알 수 있다.

이런 우여곡절을 겪고 난 무장 이성계(李成桂)는 드디어 1392년 7월

---

62 『고려사』 권45, 세가45, 공양왕 2년 4월 임인조.
63 『고려사』 권46, 세가46, 공양왕 3년 정월 기축조.
64 『고려사』 권46, 세가46, 공양왕 4년 4월 계유조.
65 『태조실록』 권2, 태조 1년 10월 정사조.

17일에 개경 수창궁(壽昌宮)에서 새로운 왕조를 열어 왕으로 등극했다. 중국 대륙의 신흥 강국이었던 명나라를 지지하는 위화도회군(威化島回軍)을 성공시킴으로써 실권자로 급부상했지만, 구제도를 개혁하는 과정에서 치열한 내분을 겪어야만 했다. 즉, 전제개혁(田制改革)이나 척불운동(斥佛運動) 등을 전개하는 과정에서 신구 정치세력의 대립과 치열한 투쟁과정이 있었는데, 이 과정에서 이색(李穡)을 필두로 하여 이림(李琳)·변안렬(邊安烈)·우인렬(禹仁烈)·이숭인(李崇仁)·권근(權近) 등이 죽음을 당하거나 유배지를 전전해야만 했다.

특히 중원지역의 원·명 관계 진전에 따라 구세력 중심이었던 친원파들이 철저히 제거되었고, 친명 노선을 따른 정몽주·박상충·정도전·김구용·이숭인·권근 등은 당시 척불양유(斥佛揚儒)의 선봉에 섰던 자들이었지만, 이들 내부에서도 반이성계파 입장을 견지한 인물이 더 많았을 정도였다. 그럼에도 고려를 지배해 왔던 불교를 대신한 주자학적 신유학에 심취한 인물들이 새로운 시대를 열어가고 있었다.

이러한 시대적 분위기는 고성이씨 가문에서도 예외는 아니었다. 고려 말 이래 백양사라는 규모가 매우 큰 사찰을 원찰로 둔 고성이씨 가문을 보면, 불교에 심취한 면을 보인 가운데 신유학에 훈도되어 개혁적인 신진사대부 자세로 임하는 인물들 또한 공존하고 있었다. 전자를 대표하는 인물이 행촌 이암이었다면 후자를 대표하는 인물은 행촌의 아들이었던 문경공(文敬公) 이강(李岡)이라 할 수 있다. 이렇듯 격동기라는 특수성으로 인해 한 가문 내에서도 구세력과 신세력이 공존할 수밖에 없었고, 신세력 내부에서도 이성계파와 반이성계파로 정치적 입장을 달리하는 경우가 허다하였다.

이성계 즉위 하루 전인 7월 16일, 배극렴·조준·정도전·김사형 등 50여 명의 대소신료들이 국보(國寶)를 받들고 이성계 저택으로 몰려갔을 때, 이희필의 아들이었던 이근(李懃) 역시 함께 했다. 이 때 이성계는 대문을 잠그고 그들을 들이지 않자, 늦도록 기다리던 배극렴 등은 부득이 문을 밀치고 들어가 왕이 될 것을 간곡히 권하였다.

이 때 대사헌(大司憲)이었던 민개(閔開)가 홀로 기뻐하지 않는 기색을 얼굴빛에 나타내고 머리를 기울이고 말하지 않으므로, 남은(南誾)이 그를 쳐서 죽이고자 하였다.[66] 이 과정을 지켜 본 이성계의 만류와 조준의 적극적인 변호로 일단락되었는데, 민개는 태종 이방원의 장인이었던 민제의 동생이자 고성이씨가 배출한 사대부 일원이었던 이강의 사위였다. 여기에다 민개를 적극적으로 변호해 준 조준은 이숭(李崇)의 사위였다. 따라서 이들은 서로 사촌에 불과할 정도의 가까운 인척이었다. 이성계를 추대할 당시 민개는 대소신료의 일원으로 부득이 참여하였으나, 그의 동서였던 권근은 유배지에서 풀려나 충주의 은거하고 있었고, 이강의 아들이었던 이원은 아직 정치적 활동을 할 만큼의 위치에 있지 않았던 시기였다. 따라서 민개는 이강의 후손들 중에 유일하게 이성계 즉위과정에 참여한 인물이었다.

이렇듯 한바탕의 소동 끝에 이튿날인 7월 17일 대소 신료와 한량·기로들의 간청에 따라 이성계는 수창궁(壽昌宮)에 나아가 즉위하였다.[67] 이성계가 군신들의 추대를 거절하다 마지못해 즉위한 것으로 기록되어 있는 것은 찬탈이 아니라 천명(天命)에 따른 명분이었음을 강조한 것이었다. 이성계가 즉위한 다음날 의흥친군위(義興親軍衛)를 설치하고 종친과 대신들에게 각 도의 군사를 영솔하게[68] 조치를 취한 동시에 지밀직사사(知密直司事) 조반(趙胖)을 명나라에 보내 역성혁명 불가피성과 이성계

---

66 『태조실록』 권1, 태조 원년 7월 병신조.
67 『태조실록』 권1, 태조 원년 7월 병신조.
68 『태조실록』 권1, 태조 원년 7월 정유조.

추대사실을 알리게 하였다.[69] 이는 대내적으로 인정을 보장받는 동시에 대외적으로 사대외교의 출발점을 삼고자 하는 의지 표명이었다.

그런 다음 7월 28일에 가서 즉위 교서를 반포하였다. 이 교서에서 '국호는 그대로 고려(高麗)라 하고, 의장(儀章) 법제(法制)도 고려의 것을 그대로 따른다'라고 선언한 바와 같이, 급격한 변화로 초래될 정치사회적 불안을 줄이기 위해 노력하고 있었음을 볼 수 있다. 이와 함께 신왕조가 각종 현안 문제 해결을 위해서 ① 종묘·사직제도를 정하는 일, ② 왕족·왕씨에 대한 처리문제, ③ 문무과의 실시, ④ 관혼상제를 정하는 일, ⑤ 수령의 엄선, ⑥ 충·효·의·열의 정려(旌閭), ⑦ 환·과·고·독에 대한 진휼·제역(除役), ⑧ 외리(外吏)의 상경종역(上京從役) 폐지, ⑨ 궁중 창고의 회계 출납에 대한 감찰, ⑩ 역관(驛館)의 사사로운 이용 금지, ⑪ 기선군(騎船軍)의 부담감축, ⑫ 호포 폐지, ⑬ 국둔전 폐지, ⑭ 형률은 대명률 적용, ⑮ 토지제도는 과전법에 의함, ⑯ 경상도 재선공물(載船貢物)의 폐지, ⑰ 우현보·이색 등 반이성계 세력에 대한 징계, ⑱ 범죄자에 대한 사면령 등으로 되어 있다. 이는 국가와 왕실의 위상정립과 민심 안정, 인사제도 확립과 유교윤리 수립, 고통과 부담을 주었던 각종 제도 폐지, 형률 일원화, 반이성계파 제거 등으로서, 새 왕조 정치방향을 잘 보여주고 있다.[70]

그리고 이날 문무백관 제도를 정해졌는데, 고려 제도를 따랐으나 명칭이나 내용은 필요에 따라 조정되었다. 정1품에서 종9품에 이르는 동반 18품계 산계(散階) 명칭이 고려시대의 그것과 크게 달랐다. 문반 핵심 기구로 도평의사사(都評議使司)·문하부(門下府)·삼사(三司)·중추원(中樞

---

69 위와 같음.
70 최승희, 1997,「개국초 왕권의 강화와 국정운영체제」『신편 한국사』 22, 국사편찬위원회.

院)을 두었는데, 도평의사사는 합좌기관으로 문하부·삼사·중추원의 2품 이상으로 구성되었다. 이 밖에 예문춘추관·경연관·세자관속·사헌부·개성부·6조·상서원·성균관 등을 비롯하여 40여 개의 부서가 있으나 대개 고려 말 관제를 따른 것이다.

이어 8월 29일에 다시 전 밀직사(密直使) 조림(趙琳)을 명나라에 보내 이성계 즉위를 인정해 줄 것을 요청하였는데,[71] 조반은 10월 22일에, 조림은 11월 27일에 새 왕조의 개창과 이성계의 추대 사실을 명으로부터 인정받고 돌아왔다.[72] 그런데 태조 즉위교서에 보이듯이 국호를 그대로 고려(高麗)로 쓴다고 했고, 조림을 명나라에 파견했을 때에도 외교 문서에 이성계 직함을 권지고려국사(權知高麗國事)라고 썼었다. 그런데 조림이 가져 온 명나라 예부의 자문(咨文) 속에 국호를 어떻게 고쳤는지 보고하라는 내용이 있었다. 급히 예문관학사(藝文館學士) 한상질(韓尙質)을 명에 파견하여 조선과 화령 가운데 하나를 택해 줄 것을 청하였다.[73] 태조 2년(1393) 2월 15일 한상질이 귀국하면서 태조는 즉각 교서를 내려 국호를 조선(朝鮮)이라 선포하였다.[74]

이성계는 즉위한 지 26일이 지난 8월 13일에 한양(漢陽)으로 도읍을 옮길 것을 명령하였지만,[75] 그대로 추진되지는 못하였다. 그러다가 태조 2년(1393) 정월에 공주 계룡산 아래를 도읍지로 예정하고 공사에 들어 갔지만,[76] 그해 12월 하륜(河崙)이 풍수지리상의 문제점을 제기하여 신

---

71 『태조실록』 권1, 태조 원년 8월 무인조.
72 『태조실록』 권2, 태조 원년 10월 경오조·11월 갑진조.
73 『태조실록』 권2, 태조 원년 11월 병오조.
74 『태조실록』 권3, 태조 2년 2월 경인조.
75 『태조실록』 권1, 태조 원년 8월 임술조.
76 『태조실록』 권3, 태조 2년 정월 을축. 2월 병자·계미·갑신·을유·무자조.

도(新都) 역사가 중지되었다.[77] 그 후 무악(毋岳 : 서대문구 신촌동·연회동 일대)이 대안으로 떠올랐으나,[78] 왕사 무학의 자문에 따라 한양으로 도읍을 결정하여[79] 기초공사도 이루어지기 전인 10월에 한양으로 천도하였다.[80] 이 과정에서 구세력의 반발 또한 만만치 않았으나 강경한 이성계의 천도 방침에 따른 것이었음은 말할 나위가 없다.

4. 조선초기 정국과 고성이씨

새 왕조를 개창할 때 필연적으로 따르는 것이 개국공신 책봉이었다. 이성계는 개국공신 책봉에 앞서 개국 주도세력에 대해 우선적으로 봉작(封爵)을 실시하였고,[81] 그로부터 22일이 지난 8월 20일에 3등급으로 나눈 개국공신 44명을 발표했다. 이희필의 아들이었던 이근(李懃)은 이날 3등 공신으로 이름을 올렸다.[82] 우왕이 폐위되던 날 숙부 이림과 함께 귀양 갔던 그였지만, 그 이후 행보를 달리하여 조선건국에 적극 참여한 결과였다. 개국공신은 이후 추록한 인물까지 합치면 모두 52명이 되었다.[83]

---

77 『태조실록』권4, 태조 2년 12월 임오조.

78 『태조실록』권6, 태조 3년 8월 을해·무인·기묘조.

79 『태조실록』권6, 태조 3년 8월 경진조 ;. 9월 무술·병오·경신조.

80 『태조실록』권6, 태조 3년 10월 신묘조.

81 『태조실록』권1, 태조 원년 7월 정미조에 의하면, 裵克廉에게 翊戴補祚功臣門下左侍中星山伯, 조준에게 佐命開國功臣門下右侍中平壤伯, 李和에게 佐命開國功臣商議門下府事義興親軍衛都節制使義安伯, 金士衡에게 佐命功臣門下侍郎贊成事判八衛事上洛君, 정도전에게 佐命功臣門下侍郎贊成事義興親軍衛節制使奉化君으로 봉작하였고, 이 밖에 鄭熙啓·李之蘭·남은 등에게는 佐命 또는 補祚功臣으로서 封君하였다.

82 『태조실록』권1, 태조 원년 8월 기사조.

이어 태조 원년(1392) 10월부터 6년 10월까지 약 5년간에 걸쳐 10여 차례에 이르는 원종공신(原從功臣)을 책봉하였는데, 무려 1,400여 명에 이르고 있다.[84] 이는 정권 초기의 불안한 정국을 돌파하는 데 큰 보탬이 된 것만은 분명하다 할 것이다. 이성계와 공신 간에 굳은 군신관계가 성립될 수 있었던 계기를 마련한 것이기 때문이다. 고성이씨 인물 이빈(李彬)은 1차 원종공신 책봉 당시 26명 중의 한 사람으로 이름을 올렸는데,[85] 이 때 원종공신으로 책봉된 인물 대부분이 정몽주 당여를 막아 이성계 집권에 도움을 준 사람들이었다.

개국 원종공신으로 책록된 대다수 인물들은 전직 관료였다. 따라서 새로운 인물들이 조선을 건국한 것이 아니었음을 말한다. 이 당시 공신 책봉은 이성계가 그를 추대한 자들에 대하여 경제적 또는 경제외적 특전을 주어 충성스러운 신하로 묶어놓고, 중간지대에 있었던 세력까지 공신으로 포섭하여 이들 간에는 서로 화합·단결하게 함으로써 왕권의 확립과 정치의 안정을 꾀한 것이라 볼 수 있을 것 같다.

이성계가 조선을 건국한 후 조준·정도전·남은 등 몇몇 재신들 중심의 정치를 했기 때문에 대부분의 개국공신과 종친들은 정치권력에서 소외되지 않을 수 없었다. 특히 개국을 위해 헌신했던 이방원은 불만이 매우 컸다. 공민왕 16년(1367) 이성계의 다섯째 아들로 태어나 우왕 9년(1383) 17세에 문과 급제하여 공양왕 2년(1390)에는 밀직사대언(密直司代言)이 되었고, 정몽주를 살해하는 비상수단을 동원하여 조선 건국에 기여한 공이 컸다. 이런 과단성은 오히려 그 이후의 정치 행보에 걸림돌이 되게 하는 결과를 초래하기도 했다. 그의 아버지 이성계는 물론이요

---

83 『태조실록』 권2, 태조 원년 9월 을사조 ; 『태조실록』 권2, 태조 원년 11월 병신조.
84 최승희, 1987, 「朝鮮太祖의 王權과 政治運營」 『진단학보』 64, 진단학회.
85 『태조실록』 권2, 태조 1년 10월 정사조.

강비(康妃)와 개국공신 모두가 그를 어려워하고 기피하였을 것으로 짐작되며, 왕자 중에서 가장 어린 방석(芳碩)을 세자로 책봉하는 일에 이성계와 중신들의 합의가 쉽게 이루어진 것도 그런 반작용이었다.

그런 반작용에 굴할 이방원은 아니었다. 결국 태조 7년(1398) 8월에 왕자의 난(1차)을 일으켜 세자 방석을 비롯한 반대파를 숙청시켰다. 이 거사에서 공을 세운 구성원을 보면, 방원의 처남이던 민씨 형제들과 인척 그리고 방원계 무장들이었는데, 그 중에서도 이숙번이 가장 돋보이는 인물이었다. 이들 27명을 정사공신(定社功臣)으로 책봉했는데, 조준은 1등 공신, 이숙번과 민씨 형제들은 2등 공신에 올랐다. 이숙번은 고성이씨 가문의 외손으로서 후일 백양사를 고성이씨 가문에 되돌려 주어야 한다고 용헌공 이원과 함께 진정서를 낸 인물이기도 하다.

이렇듯 정치적 격변기에 해당했던 조선초기에는 공신 책봉이 남발되기도 했지만, 정치세력간의 알력이 심하여 처형되는 경우도 많았다. 특히 이방원이 집권하는 과정에서 야기된 왕자의 난으로 개국공신들이 대거 제거되었는데, 정도전·남은 등과 함께 이근(李勤) 역시 난신으로 처형됨과 아울러 관직도 추탈되었다.[86] 이렇듯 개국공신으로 책봉 받아 승승장구하던 이근은 태종 집권기에 화를 당하였지만, 그의 아들 이중지(李中至)는 곧 연좌에서 풀려나 순조로운 관직생활을 영위하였던 것으로 보인다. 그는 무과 출신으로 누릴 수 있는 부분을 다 누리고 생을 마감하였다. 특히 세종이 즉위한 이후 공신적장으로 큰 대우를 받았다.[87] 왕자와 공주들을 조신(朝臣)의 사가에 보내 양육했던 세종은 수양대군을 이중지 집으로 보냈을 정도였다.[88]

---

86 『태조실록』 권15, 태조 7년 9월 경인조.
87 『세종실록』 권28, 세종 7년 4월 임인조.
88 『세종실록』 권13, 세종 3년 8월 정미조.

이중지는 세종 3년(1421) 명나라가 수도 옮긴 것을 축하하는 진하사 사절로 청성부원군(淸城府院君) 정탁(鄭擢)을 수행하여 북경에 다녀 온 이래,[89] 여러 차례 중국 사절단으로 파견되어 외교적 수완을 발휘했다. 그 후 지중추원사(知中樞院事)로 재직하다가 세종 28년(1446)에 죽었다. 첨총제(僉摠制)·병조참판 등을 두루 역임했던 그가 죽자, 세종은 조회를 폐하여 조제(弔祭)하고 부의(賻儀)를 내렸다. 시호(諡號)를 평정(平靖)이라 하였으니, 일을 잘 다스려서 과실이 없는 것을 평(平)이라 하고, 관락(寬樂)하여 고종명(考終命)한 것을 정(靖)이라 하였다. 벼슬이 성재(省宰)에까지 이르렀던 보답이었다.[90] 이어 세종은 친히 그의 제문을 내렸는데, 그 내용은 다음과 같다.

"경(卿)은 의표(儀表)가 괴위(魁偉)하고 기우(器宇)가 뇌락(磊落)하였으며, 무예(武藝)에 능하고 또한 학식(學識)도 있었도다. 소고(昭考 ; 태종)를 섬기어 특별히 은악(恩渥)을 받았는데, 내가 더욱 은총(恩寵)을 기울여 갑자기 승진 발탁하였도다. 여러 번 변방의 장관[邊閫]에 임명되고, 네 번이나 상국(上國)에 조회하였도다. 곳에 따라 재능을 시험하니 성성과 공적[聲績]이 있었도다. 바야흐로 의임(倚任)하려 하니 갑자기 양병(養病)하기를 청하였다. 나아와 접견함은 비록 어기었으나, 은총을 베풂은 더욱 간절하였도다. 장차 다시 일어나기를 생각하였는데 갑자기 죽음에 이르렀도다. 예전의 덕(德)을 추념(追念)하니 이에 상심(傷心)함이 더하도다. 이에 예관(禮官)을 보내어 한 잔의 술을 드리게 하노니, 경이 혼령이 있거든 와서 음향하기 바라노라."[91]

---

89 『세종실록』권11, 세종 3년 2월 무오조.
90 『세종실록』권111, 세종 28년 2월 신축조.
91 『세종실록』권111, 세종 28년 2월 을축조.

아울러 『세종실록』에 실린 이중지의 졸기(卒記)는 다음과 같다.

지중추원사(知中樞院事) 이중지(李中至)가 졸(卒)하였다. 중지(中至)의
본관은 고성(固城)이니, 이근(李懃)의 아들이었다. 을유년에 무과(武科)
에 합격하였고, 경인년에 중시(重試)에 발탁되어, 여러 번 옮겨서 첨총
제(僉摠制)가 되었고, 병조참판·지중추원사를 역임하고 졸하였다. 조회
를 폐하고, 조제(弔祭)하고 부의(賻儀)를 내렸다. 시호(諡號)를 평정(平
靖)이라 하였으니, 일을 잘 다스려서 과실이 없는 것을 평(平)이라 하
고, 관락(寬樂)하여 고종명(考終命)한 것을 정(靖)이라 하였다. 중지는 다
른 재능이 없으나, 수양 대군(首陽大君)을 시양(侍養)으로 삼아, 벼슬이
성재(省宰)에까지 이르렀다.[92]

세종이 승하한 후 영릉(英陵) 비음(碑陰)을 조성할 때, 여기에 실을
만한 자헌대부(資憲大夫) 이상 대신(大臣)들을 선정하는 문제를 놓고 문
종과 대신들이 이마를 맞대었다. 이때 이중지에 대해 "큰 덕행이 없어
사람들이 값있게 여기지 아니하나, 큰 허물이 없고 또 내외(內外)의 공로
가 있으니 제외할 수는 없습니다."라는 대신들의 공통된 의견이 제시되
자, 문종 또한 이를 쾌히 받아 들였다.[93] 그의 아들 지(地)는 부사(府使)
로 있다가 세조가 등극할 때 원종공신 3등에 녹선 되었다. 세조 즉위 과
정에서 그의 정통성 문제는 큰 고민거리였고, 대대적인 공신 책봉을 통
해 불만들을 희석시켜 나갔다. 이때 이미 이 세상 사람이 아니었던 이중
지도 원종공신으로 책봉되었는데,[94] 수양대군이 어릴 때 이중지의 사가
에서 양육된 인연을 잊지 않고 있었던 것으로 보인다.

---

92 『세종실록』권111, 세종 28년 2월 3일 신축조.
93 『문종실록』권8, 문종 1년 7월 6일 임인조.
94 『세조실록』권2, 세조 1년 12월 무진조.

우왕의 비 근비(謹妃) 조카이자 이귀생(李貴生)의 아들이었던 이운노(李云老)는 고려 말 계해방(癸亥榜)에 응시하여 이방원과 동방(同榜) 급제한 후,[95] 조봉랑(朝奉郎)을 거쳐 삼사판관(三司判官) 겸 성균박사(成均博士)가 되었다. 가정보(嘉靖譜)에 따르면, 우왕 10년(1384) 선덕(宣德) 장흥사(長興使)가 되었고, 을축년(1385)에 승봉군부 좌랑(承奉軍府佐郎)으로 비어대(緋魚袋)를 하사 받았으며, 병인년(1386)에 진덕박사(進德博士)가 되었다가, 정묘년(1387)에 직강(直講)으로 승차하니 왕이 자금어대(紫金魚袋)를 하사했고, 곧 이어 군자감(軍資監)으로 승진했다고 한다.[96]

이운노가 속한 가문의 비극은 우왕 14년(1388)에 일어난 위화도회군으로부터 시작되었다. 우왕이 폐위당하면서 창왕이 즉위했지만, 이어서 벌어진 우왕 복위 사건으로 조부 이림(李琳)과 이귀생(李貴生)이 귀양 갔다가 결국 배소에서 죽음을 당했다. 이는 고려 왕실을 끝까지 지켜야 했던 우왕 비 근비(謹妃) 집안이었다는 점으로 본다면 조선 건국 과정에서 필연적으로 제거되어야 할 인물들이었다.

그런데도 이운노는 조선 건국 후에도 관직을 이어가고 있었던 것으로 보인다. 이는 동방급제 한 이방원의 배려 때문일 수도 있다. 당시에는 과거 고시관과 합격자간의 좌주(座主) 문생(門生) 관계가 매우 돈독했을 뿐만 아니라, 같이 합격한 이들도 동방(同榜)이라 하여 나이를 불문하고 끈끈한 동료애를 형성했던 풍속이 있었기 때문이다. 그럼에도 이운노가 조선 건국 과정에서 적극적으로 협조한 것은 아닌 것 같다. 한 때 경기도 용인 남곡으로 퇴거하여 울적한 심사를 달래며, 호를 남곡(南谷)으로 했다는 것이다. 아무튼 아버지와 조부는 이성계가 집권하는 데 걸림돌이

95　『등과록전편(登科錄前編)』(규장각한국학연구원[古 4650-10]).
96　고성이씨대종회, 2004, 『고성이씨대종회발전사』 595쪽.

되어 배소(配所)에서 죽음을 맞이했지만, 이운노는 조선이 건국된 후에도 25년을 더 살다 죽었다. 그에 대한 실록의 기록은 태종 8년(1408)경부터 확인되고 있다.[97]

고려 말부터 조선에 이르기까지 중국에서 지속적으로 요구해 온 공녀(貢女)는 정치·외교적으로만이 아니라 사회적으로도 큰 문제였다. 공녀로 끌려 간 여인들이 간혹 황제의 배필에까지 오른 경우도 있었으니, 원나라 순제(順帝) 제2황후가 된 기자오(奇子敖)의 딸 기황후(奇皇后)가 대표적이었다. 조선조에서도 한확(韓確)의 누나가 명(明)나라 공녀(貢女)로 들어가 당시 황제인 영락제(永樂帝)의 후궁 한비(韓妃)가 되었다. 이런 배경으로 정승의 지위에 오른 한확(韓確)은 조선 왕실과도 겹사돈을 맺었는데, 세종의 아들 계양군(桂陽君)과 세조 큰아들 덕종(德宗:의경세자 추존)에게 두 딸을 각각 시집보냈으니, 후자가 바로 인수대비(仁粹大妃) 한씨(韓氏)였다. 그러나 대부분은 이국땅에 끌려가는 공녀를 회피하여 조혼(早婚)의 풍속까지 생겨났다.

그런 상황이라 이운노의 딸 역시 공녀로 징발될 위기에 처하게 되었는데, 다리가 병든 것 같이 절룩거리는 흉내를 냈다는 이유로 이운노는 충청도 음죽(陰竹)으로 귀양 가는 처지가 되었다. 이 때 이운노 직책을 전(前) 군자감(軍資監)으로 기록했던 것으로 미루어, 현직을 떠나 있을 때였다. 군자감이란 군사상 필요한 물자를 조달하던 관청이다. 충렬왕 때 내부감(內府監), 공민왕 때 소부감과 소부시(少府寺)로 고쳤다가 공양왕 때 그 임무는 내부시(內府寺)에 병합하고 군자시(軍資寺)를 두어 군사상 필요 물자와 그 저축의 일을 맡게 했다. 이성계가 조선을 건국하면서 고려 제도에 따라 군자감을 설치했는데, 관원으로는 판사(判事) 2명 정3

---

97 『태종실록』권16, 태종 8년 7월 2일 무신조.

품, 감(監) 2명 종3품, 소감(少監) 2명 종4품, 승(丞) 1명, 겸승(兼丞) 1명 종5품, 주부(注簿) 3명, 겸주부(兼注簿) 1명 종6품, 직장(直長) 2명 종7품, 녹사(錄事) 2명 정8품 등이었다.[98] 따라서 당시 이운노가 군자감의 어느 직책을 수행했는지에 대해서는 알 수가 없지만, 조선조에 들어와서도 여전히 관직생활을 하고 있었음을 알 수 있다.

이로부터 2년 후 이운노는 또 한 번 귀양 가게 되었다.[99] 이운노가 판제용감사로 재직 중에 김화(金化)로 귀양 가게 되었는데, 그 이유는 국가 재정을 충당할 목적으로 백성들에게 과도하게 물품들을 징집한 사실 때문이었다. 그의 근무처는 제용감(濟用監)이었고, 그의 직책은 제용감을 책임지는 으뜸벼슬 판사(判事), 즉 정3품의 판제용감사(判濟用監事)였다. 제용감이란 관청은 태종 9년(1409)에 제용고(濟用庫)를 승격시켜 나라의 탕장(帑藏)을 맡게 하였던 곳으로, 국가 재정이라는 업무의 중요도에 비해 관직 품질(品秩)들이 낮다는 이유로 개편했던 곳이다.[100] 조선 건국 초기의 상황임을 감안할 때 국가 재정이 어느 때보다 시급한 시점이었고, 특히 이 시기엔 저화(楮貨)라는 지폐를 발행하여 새로운 유통 방법을 장려할 때였다.

이운노의 3딸 중에서 장녀는 태종 후궁으로 들어갔다. 태종이 재위 중에 입궁한 것이 아니라 세종에게 양위하고 상왕(上王)으로 물러앉았던 세종 4년(1422) 무렵이었다.[101] 태종의 후궁은 모두 19명이었다. 그 중에는 천한 신분들도 있었지만, 최고 양반가문의 딸들도 많았다. 이직(李稷)의 딸도 포함되었는데, 그의 증조가 정당문학(政堂文學) 이조년(李兆年),

---

98 『태조실록』 권1, 태조 1년 7월 28일 정미조.
99 『태종실록』 권20, 태종 10년 12월 4일 병신조.
100 『태종실록』 권18, 태종 9년 12월 24일 신유조.
101 『세종실록』 권15, 세종 4년 1월 6일 갑자조.

할아버지가 검교시중(檢校侍中) 이포(李褒), 아버지가 문하평리(門下評理) 이인민(李仁敏)인 당대 최고 명문가였다. 그리고 이직(李稷) 본인은 황희 (黃喜)와 함께 충녕대군(忠寧大君: 뒤의 세종)의 세자책봉을 반대하다 성 주에 안치되었지만, 세종 4년(1422)에 풀려 나와 그로부터 2년 후 영의정 에 올랐다. 이운노 역시 이조년 가문과 혼맥으로 얽혀있는 가문이었다.

그런데 이때 입궁했던 양가의 두 딸 모두 한 차례 결혼하였다가 홀로 된 과부였다는 점이다. 아직 고려의 유풍이 잔존하고 있었음을 잘 보여 준다 하겠다. 이운노의 딸은 입궁한 지 수개월이 지나 혜순궁주(惠順宮 主)에 봉해졌다.[102] 이는 태종이 승하한 지 4개월이 지난 시점이었다. 즉, 혜순궁주는 세종 4년 1월에 입궁하였으나, 5월에 태종의 국상을 당했고, 9월에 세종으로부터 궁주(宮主) 봉작을 받았던 것이다.

궁주(宮主)는 내명부(內命婦) 위계상 비(妃)나 빈(嬪)보다 하위 작호였 다. 고려초기에는 체계화 된 내명부가 마련되지 못하여 후(后), 비(妃) 이 하의 후궁을 모원부인(某院夫人), 모궁부인(某宮夫人) 등으로 불려졌는 데, 고려 성종 때부터 후궁을 궁주(宮主)라 부르기 시작했고, 조선초기에 도 내명부 직제가 확립되지 않아 그대로 사용되고 있었음을 볼 수 있다. 혜순궁주(惠順宮主)는 세종 20년(1438) 춘삼월에 생을 마감했다. 부음을 전해들은 세종은 쌀과 콩을 합쳐 70석을 부의로 내렸다.[103]

조선 건국과정에서 원종공신 책봉을 받은 이빈(李彬)은 앞에서도 잠 시 언급이 있었지만, 회군 당시 이성계와 뜻을 함께 한 이후 잦은 유배 생활을 경험했고, 끝내 정몽주(鄭夢周) 일당으로 몰려 탄핵을 받았던 인 물이다. 그러다가 개국 원종공신 책봉을 계기로 태조 2년(1393) 하륜이

---

102 『세종실록』 권17, 세종 4년 9월 25일 기묘조.
103 『세종실록』 권80, 세종 20년 3월 5일 기축조.

경기좌도관찰출척사로 나갈 때 경기우도관찰출척사(京畿右道觀察黜陟使)에 임명되었고,[104] 이어 태조 4년(1395) 판중추원사에 승진하였다가 이듬해 축성 제조(築城提調)를 겸하였을 때 감독을 소홀히 했다는 이유로 영해로 유배된 적이 있다.[105] 정종 1년(1399) 왜구가 서북면 선천과 박천에 침입하자 충청도조전절제사로 출정하였고,[106] 태종이 즉위한 이후 서북면 도순문사(西北面都巡問使)·사평부좌사(司平府左使)를 거쳐 서북면도절제사가 되었으며, 이방원이 일으킨 왕자의 난에 불만을 품고 조사의(趙思義)가 군사를 일으키자 이를 평정하여 공을 세웠다.

그 뒤 이빈은 내직으로 옮겨 사평부 좌사와 우군도총제를 겸직하다가 태종 3년(1403) 민무휼(閔無恤)과 함께 명나라에 사은사(謝恩使)로 가서 종계변명주본(宗系辨明奏本)을 올렸다.[107] 종계변명에 대한 것은 실로 국가 정통성을 훼손하는 큰 문제였다. 고려 말 윤이와 이초가 명나라에 도망가 도움을 요청할 때, 이성계가 이인임의 아들이라고 한 것이 빌미가 되어 명나라 『태조실록』과 『대명회전』에 그대로 실리게 되었고, 이런 사실을 확인한 것은 조선이 건국된 후의 일이었다. 이에 대한 시정 조치가 시급했지만, 명나라에서는 시일만 끌다가 선조 때에 가서야 마무리되는 상황이었기 때문이다. 아무튼 이런 중차대한 외교 문제 해결을 위해 그가 파견되었던 것이다. 이어 이빈은 태종 4년(1404)부터 참찬의정부사(參贊議政府事)·참판사평부사(參判司平府事)·순금사만호(巡禁司萬戶) 등을 거쳐,[108] 태종 9년(1409)에는 형조판서와 호조판서를 번갈아

---

104 『태조실록』 권4, 태조 2년 9월 을묘조.
105 『태조실록』 권9, 태조 5년 5월 갑자조.
106 『정종실록』 권2, 정종 1년 9월 정축조.
107 『태종실록』 권6, 태종 3년 11월 기축조.
108 『태종실록』 권7, 태종 4년 3월 갑인조 ; 『태종실록』 권7, 태종 4년 6월 을해조.

역임하였다.[109]

이렇듯 현달한 관직을 두루 거쳤지만, 민무휼 사건을 비켜갈 수가 없었다. 건국과 태종 집권 과정에서 공신 책봉이 남발되었지만, 왕권 강화를 위한 걸림돌이 되었다. 이에 태종은 이들 세력을 척결하는 데 심혈을 기울였다. 민씨 가문의 척족들 제거 역시 같은 차원에서 진행되었다. 민무구(閔無咎)·무질(無疾) 형제는 왕비의 동기(同氣)이자, 정사·좌명공신이었다. 그러하니 이들 형제는 태종 즉위 직후부터 강력한 정치세력으로 부상한 면이 있었다. 그런데 태종 초부터 있어 온 태종과 정비 간의 불화는 민씨 형제들의 태종에 대한 불만·혐오의 마음을 품게 하였을 것이며,[110] 태종으로서는 민씨 세력을 반왕세력으로 의심하고 두려워하기에 이른 것으로 보인다.

민무구 형제는 탄핵에 시달렸고, 유배지를 전전했다. 이와 관련된 정치파동은 태종 10년 3월 민무구 형제가 사사(賜死)될 때까지 거의 3년을 끌었고, 조호(趙瑚)·조희민(趙希閔)·이무(李茂)·이지계(李之誠)·윤목(尹穆)·이빈(李彬) 등 많은 희생자를 냈다. 민무구 형제나 그들과 연계된 세력에 대한 숙청이 있은 지 5년 후인 태종 15년(1415)에 살아남았던 민무휼(閔無恤)·무회(無悔)의 옥사가 또 일어났고, 다음해 정월에 무휼 형제는 폄소(貶所)에서 각자 자진(自盡)하였다.[111]

이렇듯 태종은 왕권 강화를 위해 척족 민씨 형제는 물론 그 동조세력까지 제거해 나갔는데, 그 과정에서 윤목(尹穆)을 위시한 5명의 죄인에게 특별히 연좌 죄가 적용되었다. 이빈(李彬)은 윤목의 옥사에 연루되어

---

109 『태종실록』 권17, 태종 9년 2월 무술조 ; 『태종실록』 권17, 태종 9년 6월 을사조.
110 김성준, 1962, 「太宗의 外戚除去에 대하여—閔氏兄弟의 獄」『歷史學報』 17·18, 역사학회.
111 『태종실록』 권29, 태종 15년 6월 신미조.

장류(杖流)되었다가 유배지에서 참수 당하였음은 물론,[112] 연좌제로 숙부였던 이목(李牧 ; 이암 소생)이 영해(寧海)에 유배되었고, 이빈의 처는 관노비가 되었다.[113] 태종 16년(1416)에 이빈(李彬)의 아내 수청(水淸)은 입역(立役)하지 않고 자신의 거주지에서 신공(身貢)만을 바치게 되는 공비(貢婢)의 신분이 되었고,[114] 그 후 세종 때 명나라 환관 윤봉(尹鳳)의 청으로 방면됨과 아울러 적몰되었던 우봉의 전답과 노비들도 되찾을 수 있었다.[115]

고려 말 이래 중국에서는 공녀와 환관 요구가 많았고, 이 때 보내졌던 어린 환관들이 후일 중국 사신으로 본국에 파견되어 권세를 부렸던 일들이 많았는데, 이런 관례는 조선초기까지도 이어졌다. 윤봉 역시 조선에서 태어나 명나라로 보내졌던 환관이었는데, 세종 당시 중국사신 신분으로 고국인 조선으로 온 자였다.

윤봉(尹鳳)이 우부대언(右副代言) 이대(李臺)에게 이르기를, "내가 아홉 살 적부터 이빈(李彬)의 집에서 양육되어 20여 세에 〈명나라〉 조정으로 들어가 지금까지 편안히 영화를 누리고 있는 것은 모두 그의 은덕이다. 이빈이 스스로 죄를 지어 이미 형(刑)을 입었으나, 그의 아내가 아직도 생존하고 있으니, 비록 잠깐 나를 본다 하더라도 내가 무슨 말을 하며, 그도 또한 무슨 말을 하겠는가. 이 뜻을 아뢰어 주기 바란다."고 하였다.[116]

---

112 『태종실록』권18, 태종 9년 10월 경자조 ; 『태종실록』권19, 태종 10년 1월 정유조.
113 『태종실록』권19, 태종 10년 2월 갑진조.
114 『태종실록』권31, 태종 16년 5월 을묘조.
115 『세종실록』권41, 세종 10년 9월 계유조.
116 『세종실록』권27, 세종 7년 2월 병진조.

위의 자료에서 확인되듯이, 윤봉이란 환관은 어릴 때 이빈의 집에서 양육되다가 명나라로 보내졌던 인물이었다. 이런 사연으로 이빈의 처 구씨를 양모(養母)로까지 불렀으며, 그가 양모를 돕기 위해 세종에게 아뢰도록 우부대언 이대(李臺)에게 부탁하였음을 볼 수 있다. 이대는 이암의 손자 용헌공 이원의 아들인데, 당시 관직이 승지에 해당하는 우부대언이었으니, 직책상으로 볼지라도 윤봉이 그에게 부탁하는 것이 당연한 순서였지만, 이대에게는 5촌 당숙모와 관련된 일이었기에 그에게 부탁을 했을 수도 있을 것 같다. 세종 27년(1445)에 이빈의 처 구씨가 죽자 임금은 부의로 미두(米豆) 20섬을 내려 주었다.[117] 이런 사실로 미루어 본다면, 민무휼 사건으로 죄를 입은 이빈은 그 후 세종 조에 이르러 신원(伸寃)되었음을 알 수 있다.

이렇듯 조선 건국 초기는 정국 자체가 매우 불안정하여 한 가문을 보전한다는 것이 매우 어려웠다. 태조 이성계의 왕위 계승 계획에 불만을 품은 이방원은 왕자 난으로 웬만한 개국공신들까지 제거하기에 이르렀고, 그런 상황에서 정종 2년(1400) 정월에 제2차 왕자의 난이 일어났다. 1차 왕자의 난 때 정도전(鄭道傳) 등이 이방원을 제거하려 한다고 밀고했던 박포는 논공행상 과정에서 일등공신에 오르지 못했다. 이를 불평하다 죽주(竹州: 지금의 충청북도 영동)로 귀양 갔던 박포가 이성계 아들 중에 또 다른 야망을 가졌던 이방간을 충동하여 거병하였다. 이에 양측의 사병들이 동원되어 개경 시내에서 치열한 시가전을 벌였고, 방간을 비롯하여 박포 등이 체포 되었다. 일명 방간의 난으로 불리는 이유도 여기에 있는데, 이 사건으로 정국 흐름은 이방원 일파의 일방통행이 가능했다. 이방원을 반대하는 세력은 거의 소멸되었고, 그의 정치적 세력

---

117 『세종실록』권107, 세종 27년 2월 갑인조.

은 더욱 강화되었기 때문이다. 난이 평정된 뒤 이방원의 심복이던 참찬 문하부사(參贊門下府事) 하륜(河崙)의 주청을 받아들여 1400년 2월에 이방원을 왕세제로 책봉하였다. 그러다가 정종은 11월에 결국 왕위를 물려주었으니, 즉위한 이방원이 바로 조선조 제3대 태종이다.

이방원은 왕위를 물려받기 전의 사전 조치로 사병을 혁파하고 본격적인 정치기구 개혁도 실시하였다. 도평의사사를 개혁하여 의정부를 설치하고, 중추원을 삼군부(三軍府)로 하되, 삼군부 직을 가진 자는 오직 삼군부에만 근무하게 하고 의정부에 합좌하는 것을 금했다.[118] 이는 정부와 군부의 분리를 의미하며, 의정부 기능이 도평의사사보다 축소·약화되었음을 뜻한다. 이렇듯 이방원은 왕권 강화를 위한 중요 과제를 즉위하기 전에 마쳤다. 즉위에 성공한 태종은 곧 이어 공신을 책봉했다. 이것이 조선 건국 후 3번째로 책봉된 좌명공신(佐命功臣)이었는데, 이숙번은 1등 공신의 반열에 올랐다. 아울러 좌승지 이원(李原)은 그의 자형이었던 참찬문하부사(參贊門下府事) 권근(權近)과 함께 4등 공신에 책봉되었다. 당시 4등 공신에게 내려진 특전을 보면 다음과 같다.

> "부·모·처를 봉증(封贈)하고, 직계 아들은 음직(蔭職)을 주고, 밭 60결, 노비 6명, 2품 이상은 백은 25냥, 3품 이하는 은대 1요, 표리 1단, 구마 1필, 구사 1명, 진배파령 4명을 주고, 처음 입사하는 것을 허락하며, 아울러 모두 각(閣)을 세워 형상을 그리고, 비(碑)를 세워 공을 기록하며 적장(嫡長)이 대대로 승습(承襲)하여 녹(祿)이 끊어지지 않게 하고, 자손은 정안(政案)에 기록하기를 좌명(佐命) 몇 등 공신 아무개의 후손이라 하여, 비록 죄를 범하는 것이 있더라도 영세(永世)토록 용서하라."[119]

---

118 『정종실록』 권4, 정종 2년 4월 신축조.
119 『태종실록』 권1, 태종 1년 1월 을해조.

태종이 즉위하는 과정에서 새로 책봉된 정사공신(定社功臣)은 그의 든든한 지원세력이었다. 개국공신 책봉에서 누락된 이방원이 방의·방간 두 형과 함께 개국 1등 공신에 추록한 것 또한 태조에 대한 불만의 표시였던 동시에, 개국공신으로서의 위상을 공식적으로 대내외에 확인시켜 준 것이다. 그럼에도 정종의 이방원에 대한 선위는 상당수 신하들이 부당한 것으로 치부했다. 태종 원년(1401) 2월에 선위를 반대하는 운동을 벌이다가 31명이 사헌부 탄핵을 받았고, 그 중 26명은 외방에 자원안치(自願安置) 되었다.[120]

탄핵된 인물의 면면을 보면 전 현직 문무 고관들이었는데, 도촌계 인물이었던 이림의 외손녀 사위 전밀직제학(前密直提學) 노귀산(盧龜山)도 포함되어 있었다. 그는 전술한 바도 있듯이, 우왕이 폐위될 당시 이림과 함께 귀양 간 적이 있다. 이림의 사위였던 최염의 딸과 혼인한 사이였기 때문이다. 그러다가 조선조에 들어와 이 때 외방으로 또 다시 유배를 갔으나 10년이 지나 그의 딸이 태종 후궁으로 정식 혼례까지 치르게 됨으로써[121] 재기의 발판을 마련했다. 노귀산은 이후 도총제·판한성부사(判漢城府事)·함길도관찰사 등을 역임한 후 세종의 치세에 생을 마감했다. 이 때 세종은 3일 동안 조시(朝市)를 멈추고 관곽과 종이를 내렸으며, 내관 황숭(黃崇)을 보내 그를 조상하게 하는 한편 제대(齊戴)라는 시호를 주었는데, 마음을 잡고 장엄할 수 있음이 제(齊)이고, 예(禮)를 맡아보아 틀리지 않음이 대(戴)이다.[122]

태종이 집권한 2년 후에는 조사의(趙思義) 난이 일어났다. 친태조 세력의 반태종 난이라 할 수 있는 이 난은 조영무와 이빈이 파견되어 곧

---

120 『태종실록』 권1, 태종 원년 2월 신묘조.
121 『태종실록』 권22, 태종 11년 10월 을묘조.
122 『세종실록』 권5, 세종 1년 10월 임진조.

평정되었는데,[123] 고성이씨 인물이었던 이빈(李彬)에 대해서는 전술한
바가 있다. 이렇듯 태종 집권기는 반왕 세력의 위협으로부터 사직을 지
킨다는 구실로 왕위 보존에 대한 정당성 찾기가 시급했다. 태종대에 보
이는 이러한 일련의 일들은 태종의 왕위·왕권의 정통성에 대한 취약점
과 관련 있는 것으로 해석된다.

그리하여 태종은 오로지 왕권 강화에 힘을 쏟았다. 즉위 과정에서 우
선적으로 개국 공신세력을 제거하였고, 집권 후에는 척족 민씨계(閔氏
系) 세력과 관료 세력 및 친세자 세력 등이 제거대상으로 떠올랐다. 결
국 이거이(李居易)와 같이 왕실과 연혼관계를 맺은 공신까지 거세하였던
것이나, 처남이던 민무구(閔無咎)·무질(無疾) 형제를 숙청하였던 것이
대표적인 사례들이다.[124] 태종 원년(1401) 정월 초하루에 태종이 조하(朝
賀)를 받고 연회를 베풀 때 상장군 이응(李膺)이 반열의 차례를 어겼다
고 사헌부 탄핵을 받았는데, 이 때 태종이 민무구가 헌사(憲司)를 사주하
여 일으킨 소동으로 의심할 정도였다.[125] 그러다가 태종 7년(1407) 7월에
민무구·무질 형제와 신극례(辛克禮) 등이 결국 반왕세력으로 탄핵 받았
다. 그 당시 민무구·무질 등의 죄목은 세자에게 양위하겠다는 선위파동
에서 기뻐하는 안색을 보였고,[126] 이것이 바로 역심이었다는 것이었다.
결국 민무구 형제와 관련된 정치파동으로 이빈(李彬)과 그 가족들이 희
생당했다.[127] 이빈의 부친과 백숙부들이 모두 사망한 시점이어서 유일한
생존자였던 이목(이암의 소실 소생)만이 영해로 유배되었고, 이빈의 처

---

123 『태종실록』 권4, 태종 2년 11월 병오조.

124 김성준, 1962,「太宗의 外戚除去에 대하여」『歷史學報』 17·18, 역사학회.

125 『태종실록』 권1, 태종 원년 정월 신유조.

126 『태종실록』 권14, 태종 7년 6월 신유조.

127 『태종실록』 권18, 태종 9년 9월 무인조.

자들은 노비로 예속되어 멸문의 화를 당했다가 후일 신원되었다. 이 때 유기(柳沂)의 아들이었던 유방선(柳方善) 또한 청주로 유배되었다가 이 듬해 영천으로 이배되었는데, 유방선은 이원의 맏사위였다.

태종 집권기에 가장 주목되는 인물은 고성이씨의 외손 이숙번(李叔蕃)인데,[128] 그는 1차 왕자 난으로 정사공신 2등, 태종 즉위 공으로 좌명공신 1등에 올랐다. 평소 민무구 형제와는 꺼리는 사이였고, 고려 구신 계인 이무(李茂)나 하륜(河崙)과도 대립을 보인 자세로 일관했던 것은[129] 태종의 의지가 반영된 것으로 추정된다. 그럼에도 태종은 이숙번이 정치 세력으로 성장하는 것을 경계해 왔고, 태종 16년(1416)에 이르러 결국 거세될 수밖에 없었다. 이숙번이 태종에게 오히려 부담이 되었기 때문이다.[130] 그리고 양녕대군 편에 섰던 다수의 관료들은 태종의 왕권 강화와 정국 안정에 방해되는 인물로 간주되어 철저히 제거되었다.

따라서 태종 집권기에는 하륜(河崙)이나 이원(李原) 같이 정치세력화 하지 않았던 인물들이 천수를 다 할 수 있었다. 용헌공 이원(李原)은 고 성이씨 가문에서 배출한 족적이 가장 뚜렷한 인물로 성장했을 뿐만 아 니라, 이를 바탕으로 그 후손들은 훈구(勳舊)세력으로 성장할 수 있었다. 아울러 성종(成宗) 이후 사림(士林)들이 중앙정계에 진출하여 활발한 활 동을 벌일 때, 그 후손들이 주역으로 활동하면서 가문의 위상을 이어갔

---

128 이숙번은 이우(李瑀)의 사위였던 이사정(李思正)의 손자이다. 따라서 그는 고 성이씨 외손 자격으로 이원과 함께 백양사가 고성이씨 원찰이었음을 주장하여 관에 청원서를 제출한 바가 있다. 당시는 양측적 가족제도가 일반화 된 친손과 외손을 구분하지 않는 사회였기에 이들이 함께 고성이씨 가문을 위해 청원서를 제출한 것이다.

129 김성준, 앞의 글.

130 최승희, 1997, 「개국초 왕권의 강화와 국정운영체제」『신편 한국사』22, 국사 편찬위원회.

다. 고려후기에 발흥(勃興)한 고성이씨 가문이 조선에서도 그 가격(家格)을 이어갈 수 있게끔 징검다리 역할을 한 이가 바로 용헌공 이원이었다고 하겠다.

제2장 용헌 이원(李原) 등장과 가문 융성

1. 용헌 이원의 정치적 활동

이원(李原, 1368~1429)은 조선초기 국가의 기틀을 다지고 제도를 정비하는 데 공헌한 인물이다. 그의 자(字)는 차산(次山)이며, 호(號)는 용헌(容軒)이다. 그가 태어난 지 3개월 만에 아버지 이강(李岡)이 죽었고, 5세부터 그의 손위 매부였던 권근(權近)에게 수학하여 학문을 배웠는데, 이 때 권근이 "우리 장인이 사망하지 않으셨다"라고 한 바 있듯이, 학문과 기풍이 남달랐다. 이원은 15세(우왕 8년, 1382)에 진사과에 합격하고 18세에 정몽주가 시관(試官)이었을 때 급제하였는데, 포은이 "문경공(이강)이 재주와 덕으로 크게 펼치지 못하였는데, 이제 이런 아들이 있으니 하늘이 보답하여 베풀어줌이 참으로 징험이 있구나"라는 찬사를 보냈다고 전한다.[1]

이원은 21살이던 우왕 14년(1388)에 사복시승(司僕寺丞)으로 관로에 나아가 좌랑과 정랑을 역임했다. 25세 되던 해에 조선이 건국되자 사헌부에 배속되어 새 왕조 건설에 일익을 담당하게 되었다. 사헌부 잡단(雜端 ; 지평)에서 출발한 그는 이듬해 시사(侍史 ; 장령)로 승진하였는데,[2]

---

1 『국조인물고』 권1, 상신, 이원신도비명(서거정 찬).

이 시기는 새 왕조 기틀을 집중적으로 잡을 때여서 그 역할이 컸다. 당시 사헌부 수장이었던 대사헌 자리에는 민개(閔開) 남재(南在) 등이었고, 이들과 함께 국가 개혁을 위한 장문의 10조 소(疎) 혹은 12조 소(疎)를 각각 연명으로 임금께 올렸던 것이 그것이다.

예컨대, 이원이 그의 손위 매형이었던 대사헌 민개와 함께 올렸던 10조 소의 대강(大綱)을 보면, ①기강(紀綱)을 세울 것 ②상벌(賞罰)을 명확히 할 것 ③군자를 가까이 하고 소인을 멀리할 것 ④간쟁을 잘 받아들일 것 ⑤참언(讒言)을 잘 가릴 것 ⑥일욕(逸欲)을 경계할 것 ⑦절검(節儉)을 숭상할 것 ⑧환관을 배척할 것 ⑨승니(僧尼)를 도태시킬 것 ⑩궁위(宮闈)를 엄하게 할 것 등이었는데, 이에 대해 태조는 단시일 내에 정리하기 어려운 환관과 불교 문제를 제외하고 나머지는 기꺼이 가납하였다.[3] 이어서 남재와 함께 연명 상소한 12조 내용도 세부적인 각론이 약간 보충되긴 했으나 큰 맥락에서는 전과 대동소이한 것인데, 주자학을 지배 이데올로기로 선택한 건국 초기의 상황을 감안할 때 선결과제이기도 했다.

태조 2년(1393) 6월 이원이 사헌부 시사(侍史)로 재임하던 중에 세자 현빈 유씨가 사제로 쫓겨나고 내시 이만(李萬)이 참형을 당하는 사건이 발생했는데, 이 때 동료들과 함께 사건을 명확히 규명하여 의혹을 풀어

---

2 조선건국과 함께 문무백관 관제를 제정할 당시 사헌부에는 종2품 대사헌(大司憲) 1명, 중승(中丞) 1명, 종3품 겸중승(兼中丞) 1명, 정5품 잡단(雜端) 2명, 정6품의 감찰(監察) 20명을 두었다(『태조실록』권1, 태조 1년 7월 정미조). 그 후 태종이 즉위하여 관제 개편 할 당시 사헌 중승(司憲中丞)을 집의(執義), 시사(侍史)를 장령(掌令), 잡단(雜端)을 지평(持平)으로 변경했다(『태종실록』권2, 태종 1년 7월 경자조). 따라서 이원이 처음 사헌부에 진출했을 때는 지평이 아닌 잡단으로 근무했음을 알 수 있다.

3 『태조실록』권1, 태조 1년 7월 기해조 및 『용헌집』권3, 「上十條疏」.

야 한다고 주청하였다가 태조의 노여움으로 순군옥에 갇혔으며 유배형까지 당했다.[4]

얼마 후 풀려난 이원은 양근 군수인 외직으로 나갔다가 전교시(典校寺) 문한(文翰)으로 복귀한 뒤 태조 5년에 다시 사헌부의 정3품 중승(中丞 ; 집의)의 직무를 맡았다. 정종이 즉위한 후에는 우부승지에 올랐다가[5] 이어 좌승지로 승진하였으며, 정종이 이방원에게 양위할 당시 태조에게 보고하는 임무를 맡아 무리 없이 잘 수행하였다.[6] 따라서 정종 퇴위와 태종 집권기의 예민했던 정치국면에서 승정원의 승지로서의 뛰어난 수완을 보였던 이원은 두 임금 모두에게 신임을 얻었음은 물론 불편한 심기로 일관했던 태조 이성계까지 화합의 장으로 끌어내는 업무를 무리 없이 수행했음을 볼 수 있다. 이로써 태종 즉위와 함께 좌명공신 4등에 책록되어 철성군에 봉해졌으니, 이후 그의 원만한 성격과 개인적인 능력을 바탕으로 순탄한 관직생활을 영위할 수 있었다.

당시 4등 공신의 특전은 부·모·처를 봉증(封贈)하고, 직계 아들은 음직(蔭職)을 주고, 밭 60결, 노비 6명 등의 혜택이 내려짐과 아울러 각(閣)을 세워 형상을 그리게 하고 비(碑)를 세워 공을 기록하며, 적장(嫡長)이 대대로 승습(承襲)하여 녹(祿)이 끊어지지 않게 하고, 자손은 정안(政案)에 기록하기를 좌명(佐命) 몇 등 공신 아무개의 후손이라 하여, 비록 죄를 범하는 것이 있더라도 영세(永世)토록 용서한다는 것이었다.[7]

태종이 왕위에 오른 이후 좌승지 이원은 대사헌으로 갔다가 다시 관찰사로 파견되기도 했고, 판한성부사와 예조판서를 거쳐 태종 후반기에

4 『태조실록』 권3, 태조 2년 6월 계사~정유조.
5 『정종실록』 권4, 정종 2년 2월 기해조.
6 『정종실록』 권6, 정종 2년 11월 신미조.
7 『태종실록』 권1, 태종 원년 정월 을해조.

는 병조판서와 이조판서 등의 요직을 차례로 맡았으며, 태종 18년(1418)에 드디어 우의정에 제수되었으니 태종의 신임 정도를 가히 짐작할 수 있겠다. 특히 태종대의 그에 대한 신임도를 보면, 빈전도감판사(殯殿都監判事), 신경제조(新京提調), 의금부제조(義禁府提調), 위관(委官), 봉책보(封冊寶)와 같은 특별한 직책을 주어 임무를 수행토록 한 것이나, 왕을 대신하여 연복사정(演福寺井)에 제사를 지냈고,[8] 또 신도소격전(新都昭格殿)에서 금성양초(金星禳醮)를 행했던[9] 사실들에서 잘 드러난다.

아울러 태종이 "내가 병조판서 이원과 공신 유사에게 명확히 말하겠으니 우선 기다려라"라고 한 것이나,[10] "임금이 대언들을 물리치고 유정현 유관 박은 이원 정역 등과 더불어 비밀히 의논하였다"라고 한 사례들에서 엿 볼 수 있듯이,[11] 태종 후반기의 정국 운영은 이원을 비롯한 몇몇 공신들에게 의존한 바가 컸음을 짐작케 한다. 이원은 정종 때에 이미 우부승지로 재직하면서 정종과 이방원 사이를 연결하는 매개체 역할을 잘 함으로써 정치적 입지를 굳힌 바가 있었기에 가능한 것이었다.[12]

태종은 이원에게 자주 각도순찰사(各道巡察使)나 도순문사(都巡問使) 도안무사(道安撫使)와 같은 특수 임무를 주었는데,[13] 왕조 초기라는 점을 감안할 때 지방 지배체제를 정비하여 민심을 다독여야 하는 것이 선결

---

8 『태종실록』 권1, 태종 원년 정월 을유조.

9 『태종실록』 권1, 태종 원년 5월 기유조.

10 『태종실록』 권32, 태종 16년 11월 병오조.

11 『태종실록』 권30, 태종 15년 8월 을유조.

12 이병휴, 2004, 「朝鮮初期 政局의 推移와 容軒 李原의 對應」 『歷史敎育論集』 32, 역사교육학회.

13 『태종실록』 권18, 태종 9년 10월 경술조 ; 『태종실록』 권26, 태종 13년 7월 갑진조 ; 『태종실록』 권18, 태종 9년 10월 경술조 ; 『태종실록』 권26, 태종 13년 7월 갑진조.

과제였기 때문이다. 특히 강원도나 동북면 지역으로 이원을 파견한 것은 군사상의 요충이었던 점도 있지만, 태종 집권 초기에 이 지역에서 반이방원 세력들을 규합하여 일어났던 조사의의 난을 생각해 보면 그 해답이 될 것 같다.

아울러 조선초기 대 중국 외교문제는 명나라 과잉 반응으로 표전 문제가 불거졌고, 요동을 둘러싼 영토 문제까지 겹쳐 매우 민감하게 작용하고 있었다. 거기에다 내부의 정치적 격동까지 겹쳤던 불안한 정국을 타개하는 데 매우 중요했던 외교 분야에서 이원이 보여 준 일련의 활동은 높이 평가되어야 할 부분이다. 정종이 물러나고 이방원이 즉위하자 우정승 성석린(成石璘)과 함께 그의 즉위에 대한 고명(誥命)과 인장을 내려 준 데에 대한 사은을 위해 명나라에 파견된 것을[14] 필두로 사대외교에 빠질 수 없는 인물이 되었다. 특히 당시 명나라에서는 공녀와 환관에 대한 무리한 요구를 조선 측에 끊임없이 해 오던 때였고, 태종 9년(1409)에 왔던 중국 사신 일행의 무례함이 도를 넘어 지나침이 있었으나, 천자국의 사신이라 어찌 할 방도가 없었다. 이에 조정에서는 능력과 위상을 감안하여 철성군 이원을 파견하고 있다.

조정의 내사(內史) 해수(海壽)가 의주에 이르렀다. 서북면 도순문사(西北面都巡問使)가 치보(馳報)하기를, "내사(內史) 해수(海壽)가 13일에 압록강을 건너 의주에 이르러, 까닭 없이 성을 내며 목사 박구(朴矩)의 옷을 벗기고, 판관 오부(吳傅)를 결박하여 볼기를 치려다가 그만두었는데, 그 행색이 심히 급하여 끝내 온 까닭을 말하지 않았습니다."하였다. 임금이 말하기를, "내가 공경히 천자(天子)를 섬겨 오직 한 가지 마음을 다할 뿐이고, …… 그런데도 악한 짓을 하는 것이 이에 이른다." 하고,

---

14 『태종실록』 권5, 태종 3년 4월 정묘조.

의정부(議政府)에 명하기를, "해 천사(海天使)가 심히 공손하지 못하니, 만약 재상 중에 위엄과 명망이 있는 사람을 보내어 원접사(遠接使)를 삼으면, 그 독기(毒氣)를 부리지 못할 것이다." 하였다. 의정부에서 철성군(鐵城君) 이원(李原)을 보내기를 청하니, 임금이 대언(代言) 등에게 이르기를, "…… 천자는 조관(朝官)을 보내지 않고 환시(宦寺)를 명하여, 오기만 하면 혹은 탐(貪)하고 혹은 포학(暴虐)하여 무례(無禮)한 짓을 자행하니, 어떻게 처치할 것인가?" 하니, 대답하기를, "이것은 실로 고금(古今)의 공통된 근심입니다." 하였다. 임금이 말하기를, "…… 하루아침의 분함으로 인하여 백년의 근심을 끼칠까 염려되니, 내가 마땅히 참겠다." 하였다.[15]

철성군 이원은 학문의 경지나 원만한 성격과 인품을 갖춘 것은 물론 체구가 크고 반듯하여 중국 사신으로는 제격이었다. 세종이 즉위하매 문황제(文皇帝)가 고명과 관복을 내렸는데, 이원이 표문을 받들고 명나라에 가서 사은할 때, 공의 모습이 크고 잘나서 사람들 가운데 뛰어나므로, 황제가 보고 기특히 여겨 말하길 "황염(黃髥: 누렇게 변한 구레나룻)의 재상은 뒤에 다시 와야 한다"고 한 바가 있을 정도로 중국 황제에게까지 신임을 얻고 있었다. 그리하여 세종 7년(1425)에 선종(宣宗) 장황제(章皇帝)가 등극하였을 때에도 이원이 명나라에 가서 진하(陳賀)하였다. 당시의 외교는 사절단끼리 서로의 학문적 경지를 견주고 시로 창화(唱和)하여 실력을 테스트 하는 것이 관례였다는 점으로 미루어 보면, 철성군 이원은 풍모와 인품만이 아니라 그의 유학적 소양도 당대에 으뜸이었음을 짐작케 한다.

이원의 관력을 놓고 보면, 그의 신도비에서 참지정사 때부터 묘당에 출입하기를 20여 년이었고, 재상을 한 것이 대략 9년이라 한 바와 같이,

---

15 『태종실록』 권18, 태종 9년 11월 계미조.

중앙의 요직을 두루 거쳤던 인물이었다. 태종이 집권한 이후 이원의 경력은 크게 대사헌(大司憲)과 판서(判書), 그리고 지방관(地方官)과 의정(議政) 등으로 대별된다 하겠다.

대사헌으로 있을 당시에는 그의 묘지명에서도 "예조판서로 승진하였다가 곧 대사헌으로 옮겼다. 이때에 이르러 모두 세 차례 대사헌이 되었는데, 정색하고 조정에 나아가 악을 물리치고 선을 추켜올리며 거리낌 없이 직언하여 헌신(憲臣)의 체모가 있었다"라고 한 바가 있듯이, 선악과 시비를 가려야 하는 직임이었던 헌부 수장으로서의 직임에 언제나 충실한 자세로 임했음을 알 수 있는데, 이와 함께 불필요한 제도를 새 왕조의 틀에 맞게 정비하는 것도 잊지 않았다. 고려 말부터 남발되어 태종대에 이르면 포화상태에 이르렀던 검교직을 혁파하여 관료집단의 비대화를 막고 재정 낭비를 없애는 효과를 얻도록 노력했던 것이 그것이다.[16]

사헌부란 관청은 정치의 시비에 대한 언론 활동이 중심이었기에 조선시대 관료사회의 꽃이라 할 수 있는데, 그 외에도 백관에 대한 규찰, 풍속을 바로잡는 일, 원통하고 억울한 일을 펴주는 일, 외람되고 거짓된 행위를 금하는 일 등이 주 업무였다. 따라서 간쟁을 주 임무로 하는 사간원과 더불어 양사로 구성된 언론기구였고, 양사의 구성원을 대간(臺諫)이라 하였던 것도 그런 이유 때문이다.[17] 고려의 제도를 이어받긴 했지만, 이런 제도들이 조선조까지 연결되어 정착하는 데는 매우 어려운 과정들이 있었는데, 이원이 오래도록 사헌부에 근무하면서 사헌부다운 사헌부를 정착시키는 데 큰 공을 세운 인물이었다. 대간이 조계(朝啓)에 입참(入參)할 수 있게 된 것도 이원의 건의에 따른 것이었다.[18] 매일 아

---

16 『태종실록』 권2, 태종 원년 8월 신유조.
17 최승희, 1973, 「조선초기의 언관에 관한 연구」『한국학논총』1, 계명대학교.
18 『태종실록』 권31, 태종 16년 정월 경술조.

침 문무백관이 임금을 조알하는 상참(常參)에는 대간이 참석하는 것이 관례였지만, 이를 마친 후 조신(朝臣)들이 임금에게 국사(國事)를 아뢰는 정규 회의나 계사(啓事)할 관원들이 사관(史官)과 함께 전내(殿內)에 들어가 부복(俯伏)하고 차례로 용건을 계문(啓聞)하던 조계(朝啓)에는 대간이 참여하지 못하고 있었는데, 태종 16년(1416)에 이원의 건의에 따라 대간이 조계에도 입참할 수 있었다. 이는 대간 기능의 확대 과정을 보여 주는 좋은 사례 중의 하나이다.

그 뿐만 아니라 태종 6년(1406)경 대사헌으로 재직할 때에는 대간의 탄핵을 받은 자가 그 의혹이 완전히 벗겨지지 않은 상태에서 인사권자인 국왕에 의해 다른 직책으로 발령을 내 버리는 상황에 대해 잘못을 지적하면서, 먼저 대간으로 하여금 그 죄를 면해 준 까닭을 알려 주도록 요구하여 관철시켰음을 볼 때, 당시 대간권(臺諫權)을 보장받기 위한 이원의 노력은 적은 것이 아니었다. 다음의 자료가 이를 잘 나타내 준다.

대사헌 이원(李原)이 또 아뢰기를, "근일에 대간의 관원이 탄핵한 바 있어도 아직 핵실(覈實)하기 전에 간혹 내지(內旨)를 내려 탄핵 받은 사람으로 하여금 직임(職任)에 나아가게 하는데, 대간관(臺諫官)은 알지 못하니, 의리에 미편(未便)합니다. 바라건대, 먼저 대간의 관원으로 하여금 그 죄를 면해 준 까닭을 알게 하시고, 또 대간의 관원이 아뢸 바가 있으면 대언방(代言房)에 나아가야 되므로 설만(褻慢)한 듯하니, 전정(殿庭)에 나아가서 있게 하고, 아전으로 하여금 대언(代言)에게 알리게 하면, 대언이 나와서 듣고 이를 계문(啓聞)하게 하소서." 하니, 그대로 따랐다.[19]

---

19 『태종실록』 권12, 태종 6년 10월 계축조.

조선시대의 수많은 제도 중에서 왕권을 견제하는 가장 핵심적인 제도가 바로 대간제도와 사관제도였는데, 대간은 생존 당시 국왕을 견제하는 기구였던데 반해 사관은 사후까지 평가한다는 점이 다르다. 아울러 역사로 기록한다는 것은 영원토록 평가한다는 의미여서 대간보다 사관의 평가가 더 두렵고 무서운 법이다. 이런 시스템이 조선이라는 나라를 보다 건강한 사회로 500년이나 지속되게 하는 밑거름이었는데, 철성군 이원은 앞에서 보았듯이, 대간제도가 조선에 정착할 수 있도록 노력을 다했음을 알 수 있다.

뿐만 아니라 이원은 사관제도가 정착하는 데도 큰 영향을 끼친 인물이 아닐 수 없다. 태종대에 사관들의 입시(入侍) 과정에서 수난을 겪었음은 잘 알려져 있는데,[20] 실상은 사관들이 임금과 신하들이 정사를 논하는 조계(朝啓) 등에 종이와 붓을 들고 직접 입시하여 기록하던 관례가 처음부터 정착된 것이 아니기 때문이다. 통상적으로 8명의 전임사관들이 교대로 2명씩 입시하여 기록하던 관례를 관철시킨 인물이 바로 이원이었다. 사관 1명이 입시하여 기록할 경우 미처 모든 일을 기록할 수 없어 중요한 문제를 누락시키는 일이 비일비재하다는 것이 이유였다.[21] 세종 7년에 만들어 진 이런 제도는 조선이 망할 때까지 지속되어 갔고, 이 사초들을 근거로 『조선왕조실록』이 편찬되었다는 점에서 이원의 역할은 매우 컸다 하겠다.

조선초기에는 불교나 전통의식에서 벗어나 하루빨리 성리학적 질서로 재편하기 위한 노력들이 경주되었는데, 이원이 예조 판서로 있을 당시 사전(祀典) 체제 개편이나 예제(禮制) 정비와 향촌 자치질서로의 재

---

20 박홍갑, 1999, 『사관 위에는 하늘이 있소이다』, 가람기획.
21 『세종실록』 권30, 세종 7년 11월 무술조.

편에 대한 성리학적 이념 보급에는 소극적이었던 반면, 조세 수취나 진휼 제도와 같은 현실적인 측면에서 더 적극적이면서도 시행 과정에서는 '의구(依舊)'토록 주장하였다는 점이 특징이라 할 것이다. 그리하여 후대의 인물로부터 "정무를 관대히 처리하였고, 섣불리 바꾸는 것을 좋아하지 않았다"라는[22] 평을 받았던 점에서 그의 성격이 잘 드러난다 하겠다.[23]

병조판서로 재직 중에는 부렴(賦斂) 수취를 위한 경차관 파견 방법이나 군역 책정에 관한 의견을 개진하였고,[24] 젊은 유학자들의 반대가 심했던 태종의 잦은 강무(講武)에도 적극 지지하는 편이었다.[25] 군사훈련의 한 방편으로 받아들였던 노대신 이원의 생각과 신진 유학자들과의 의견 충돌이었던 셈이다. 병조판서 이후 판우군도총제부사를 잠시 맡았다가 의정부 찬성으로 옮겨갔는데, 잠시 이조판서에 제수되긴 했으나 다시 우의정으로 승진 발탁되었으니, 바로 의정부로 되돌아 와서 국정 운영을 주도한 셈이다.

이 시기는 태종이 양녕대군을 폐하고 충녕대군을 세자로 세우는 과정에서 논란이 극심할 때였는데, 황희가 세자 폐출의 불가함을 극간하다가 태종의 진노를 사서 교하(交河)로 유배된 것과는 달리 이원은 충녕대군 지지하는 쪽이었다. 아무튼 충녕이 세자가 된 뒤에는 이원이 세자 사부(師傅)를 겸하였고,[26] 충녕이 즉위하는 일을 주관하여[27] 종묘에 고하는 일까지 그가 맡았다.[28] 그렇기에 이원은 태종과 세종에게 동시에 신임을

22 『국조인물고』 권1. 상신, 이원신도비명(서거정 찬).
23 이병휴, 앞의 논문.
24 『태종실록』 권33, 태종 17년 정월 계묘조.
25 『태종실록』 권32, 태종 16년 10월 갑술조.
26 『태종실록』 권35, 태종 18년 5월 기미조 ; 6월 경진조.
27 『태종실록』 권36, 태종 18년 8월 정해조.
28 『세종실록』 권1, 세종 즉위년 8월 기축조.

얻는 원로대신이었다.

태종은 세종에게 양위하는 순간에도 좌의정 박은과 우의정 이원에게 보필을 부탁했고, 한편으로는 세종 스스로도 "내가 두 의정(박은과 이원)의 말을 잘 따르겠다."거나, "대사헌 하연이 '비밀리 아뢸 일이 있사오니, 좌우 신하들을 물리치고 의정 이원만을 남게 하시기를 청합니다'라고 하니, 임금이 허락하였다"라고 했던 사실에서[29] 보는 바와 같이 세종 집권 초반에는 우의정 이원에게 의존하는 바가 매우 컸던 것은 사실이다.

그런데다 박은이 좌의정에서 물러나자 이원이 그 자리를 이어받게 되었고, 태종대에 실시되던 육조직계제에서 벗어나 의정부서사제가 시행되던 세종조에는 의정부 의정들의 활동반경이 더 넓어진 것이 사실이다. 하지만 세종 8년(1426) 많은 노비를 불법으로 차지했다거나 임의로 작첩 행위를 하여 임금을 속였다는 등과 같은 사헌부의 탄핵으로 공신녹권이 박탈되고 여산(礪山)으로 유배되었다. 그리고 4년 후에 유배지에서 생을 마쳤다.[30] 이러한 사헌부의 탄핵은 표면적인 명분 보다는 그의 세력 비대가 직접적인 요인이었을 것으로 추정된다. 이미 태종이 그의 혐의를 벗겨 준 일이 있고, 이어 집권한 세종 역시 사헌부 탄핵을 막아주려는 노력을 했음에도 현실적인 어려움이 있었던 것으로 보이는데, 이에 대한 애석함이 서거정이 찬한 이원의 묘지명에 잘 나타나 있다.

조정이 그 풍모를 사모하여 우러러보았으나 공은 또한 차고 넘치는 것을 경계하여 몇 년 전부터 사직을 청하려고 하였다. 이에 앞서 공을 시기하는 자가 있어 공의 잘 알려지지 않은 잘못을 탄핵하였으나 태종이 친히 죄를 벗겨 주었다. 태종이 훙하자 공을 시기한 자가 전의 감정

---

29 『세종실록』 권2, 세종 즉위년 11월 계축조 ; 권21, 세종 5년 9월 계묘조.
30 『세종실록』 권31, 세종 8년 3월 기유조.

을 품고서 대각을 부추겨 공을 죽이려고 하였다. 세종은 공이 다른 마음을 품지 않았음을 알면서도 대신(臺臣)의 청을 어기기가 어려워 여산군(礪山郡)으로 귀양 보내니, 이때가 병오년(1426, 세종 8) 봄이다. 세종이 옛날의 공훈을 생각하여 돌아보고 살펴 주기를 소홀히 하지 않았으며, 큰일을 논의할 때마다, "철성이 있었으면 반드시 처리했을 것이다." 하였다. 얼마 안 되어 공을 불러들여 다시 재상으로 삼고자 하였으나, 공을 시기하는 자가 다시 저지하였다.(『사가문집보유』 1권, 비지류(碑誌類) 「좌의정 철성부원군(鐵城府院君) 증시(贈諡) 강헌(康憲) 이공(李公) 신도비명(神道碑銘) 병서」)

좌의정 이원이 연루된 사헌부의 노비 뇌물 탄핵 사건에는 여러 대신들도 함께 혐의를 받았는데, 우의정 조연도 피해가지 못했다. 조연(趙涓)의 아버지 조인벽(趙仁璧)은 이자춘[桓祖 ; 이성계 父] 사위였다. 그리고 한양 조씨 중에는 그의 동생 조온과 숙부 조인옥이 개국공신이었고, 그역시 제2차 왕자 난에 방원(芳遠)을 도와 좌명공신(佐命功臣) 4등이 되어 한평군(漢平君)으로 봉해졌다. 1426년 우의정에 올랐으나 곧 이어 김도련(金道鍊)으로부터 노비를 뇌물로 받았다는 사헌부 탄핵으로 황해도 수안에 부처되었다. 그리고 이원을 이어 유정현(柳廷顯)이 재차 좌의정에 제수되었지만, 사헌부 입장에서는 그 역시 재물을 탐하는 구신(舊臣)으로 몰아 서경(署經)조차 거부하며 버티기 작전으로 나갔다.[31] 유정현은 고려말 최대의 권세가였던 유경(柳璥)의 현손이니, 당시 사헌부로부터 탄핵을 받은 의정부 대신 모두가 고려 권문세족의 후손들이자 조선 건국초기 공신세력이었다는 점이다.

---

31 『세종실록』 권31, 세종 8년 3월 경신조.

2. 이원의 탄핵사건 전말과 세종시대

세종 8년에 이루어진 이원에 대한 탄핵은 정치권력의 중추를 담당하던 공신 집단을 대신하여 새로이 중앙정계에 진출한 인물들이 주도권을 잡기 위한 정국 변화 과정에서 필연적인 것이기도 했다. 구세력이 체제정비를 통해 종래의 사회 변화를 요구했던 부분들이 어느 정도 마무리가 된 시점에 와 있었고, 이를 토대로 기층사회에서 일어나고 있던 신사회 건설을 위한 새로운 인물과 그들에 의한 정국 운영이 주도되어야 할 필요성이 제기되었던 것이다.[32] 그에 따라 종래 정국 운영을 주도하던 인물에 대한 재평가가 냉혹하게 이루어질 수밖에 없는 현실이 그를 유배지로 보내진 것이다. 따라서 이원은 훈구세력이었지만, 훈구세력 내부에서의 세대교체 과정에서 도태된 인물이었고, 그 후손들은 후일 훈구세력에 대항하는 사림세력으로 성장하여 활동하게 되는 역사적 흐름으로 이어져 갔다.

세종 8년 3월 15일 사헌부가 이원을 탄핵한 핵심요건은 김도련에게 받은 노비가 뇌물에 해당하고, 내은달의 딸을 첩으로 삼았던 것이었다.[33] 김도련(金道練) 노비문제는 그냥 넘어갈 상황은 아니었다. 김도련이 벌인 노비 소송에서 권력자들에게 노비를 증여해 주었다는 것이 핵심이지만, 그 규모가 작은 것이 아니었기 때문이다.

고려말 철원 호장(鐵原戶長) 김생(金生)이 낳은 자식들이 유망(流亡)하여 여러 대에 걸쳐 흩어져 살았던 자손들이 남녀 4백 26명이나 되었다. 이 중에는 왕조 교체기라는 혼란기를 거치면서 양천교혼이나 자의에

---

32 이병휴, 앞의 논문.
33 『세종실록』 권31, 세종 8년 3월 기유조.

의해 노비로 전락한 경우도 많았으니, 이와 관련된 소송 시비가 끊이질 않는 것은 당연지사였다. 그 중에는 고려 말 권세가였던 임견미(林堅味) 위세에 편승하여 양인을 노비로 전락시킨 소유자들 또한 많았으며, 임견미가 참형을 당한 뒤에는 다시 양인 신분으로 된 자들 또한 적지 않았다. 이런 상황이니 조선조에 들어와서도 양천 판정에 대한 소송 문제가 끊이질 않는 원인이 되었고, 이를 교묘하게 이용한 자가 바로 김도련이었다. 김도련이 노비 추핵(推覈) 판결을 얻어 권세가에게 증여한 내용을 보면, 이미 죽은 평성 부원군(平城府院君) 조견(趙狷)과 우의정 정탁(鄭擢)도 관련되어 있었다. 김도련은 우의정 정탁·평성부원군 조견·공조 참의 조숭덕에게 각각 17명과 7명, 8명을 바쳤고, 우의정 조연(趙涓) 6명, 곡산 부원군(谷山府院君) 연사종(延嗣宗) 7명, 이원(李原) 4명, 판서 조말생 36명, 정주 목사(定州牧使) 남궁계(南宮啓) 2명, 총제 이흥발(李興發) 4명, 지의천군사(知宜川郡事) 윤간(尹諫) 14명, 지안산군사(知安山郡事) 김이공(金理恭) 3명, 소경(少卿) 최득비(崔得霏) 1명, 대호군 이을화(李乙和) 1명, 전 정랑(正郞) 오비(吳備) 1명, 전 사정(司正) 신득지(申得止) 8명, 변귀생(卞貴生) 12명, 전 판사(判事) 이열(李烈) 1명 등으로 조사되었다. 이들 노비들은 주로 함길도 거주의 외거노비여서 집안에 두는 가노(家奴)와는 성격이 달랐으니, 보다 정확한 실상 파악을 위해 함길도에 특별감사관 격인 행대감찰(行臺監察) 이사증(李師曾)을 파견하여 진상을 조사한 결과였다.[34]

사헌부에서 이 문제를 처음 제기한 것은 세종 8년 3월 4일이었다. 이 날 제기된 내용은 이미 죽은 우의정 정탁·평성부원군 조견·공조 참의

---

34 『세종실록』 31권, 세종 8년 3월 7일 신축조, 『세종실록』 32권, 세종 8년 4월 26일 기축조.

조숭덕 이외에 우의정 조연이 15명, 곡산 부원군 연사종은 10명, 병조 판서 조말생은 24명을 증여받았는데, 이는 사면이 내리기 전의 일이라 할지라도, 지금까지 부려먹고 있다는 점에서 탄핵요건에 해당한다는 것 이었다. 그리하여 세종은 조연을 황해도 수안(遂安)에, 연사종을 강원도 인제(麟蹄)에 부처하고, 조말생은 직첩을 회수하고 충청도 회인(懷仁)에 부처했는데, 조연과 연사종은 공신이기에 특별히 감면하여 유배만 보낸 것이었다.[35]

사헌부에서 문제의 노비들이 흩어져 살고 있는 함길도에 행대 감찰 을 파견해야 한다는 주장에 따라 이사증을 선임하여 보낸 것이 그로부 터 이틀 후였다.[36] 행대감찰이란 특별한 임무를 띠고 파견되던 특수 감 찰관이었다. 파견된 행대 감찰 이사증이 복명한 것은 1개월 20일이 지난 뒤였고, 이 때 이원이 증여받은 노비 4명도 확인되었다. 우의정 조연은 당초 15명 혐의에서 6명으로 줄었고, 조말생은 24명에서 36명으로 늘었 던 셈인데, 조사결과가 나오기도 전에 즉각 유배형이 내려졌음을 알 수 있다.

이원의 경우 처음부터 이 사건 연루자로 거론된 것은 아니었다. 김도 련 노비 증여 사건이 처음 불거지고 열흘이 지난 3월 15일에 사헌부 탄 핵이 있게 되자 세종의 명으로 공신록과 직첩을 회수했고, 이원은 자원 (自願)하여 여산(礪山)에 안치되었다. 녹권과 직첩이 회수되었다는 점에 서 조연이나 연사종이 누렸던 공신 특혜조차 받지 못했음을 짐작케 한다.

두 번째 탄핵사유는 태종의 명을 어기고 끝내 내은달 딸을 첩으로 삼았으니 임금을 기망했다는 것인데, 이 사건의 시작은 태종 18년(1418)

35 『세종실록』 31권, 세종 8년 3월 4일 무술조.
36 『세종실록』 31권, 세종 8년 3월 7일 신축조.

으로 거슬러 올라간다. 원래 장사치였던 내은달에게 딸이 하나 있었는데, 판서(判書) 윤향이 첩으로 삼고자 하였으나 나이가 어려서 두고 보던 차에 봉명 사신(奉命使臣)으로 갈 적에 내은달에게 세마포(細麻布) 20필을 받았던 것도 그런 인연 때문이었다. 세마포 20필로 무역한 물건을 갖고 오던 도중에 윤향이 사망하기에 이르렀고, 그 물건들이 모두 윤향 본가(本家)에 들어가 버리니, 내은달로서는 이를 찾고 싶은 욕심이 앞섰다. 이를 기화로 윤향의 처제(妻弟) 홍여방이 내은달 딸을 자신의 집에 숨겨두고 있었는데, 실은 이원이 내은달 딸과 약혼한다는 소문 때문이기도 했다. 홍여방이 윤향을 대신하여 내은달 딸을 첩으로 삼으려는 생각이 있음을 알아차린 이원은 마음이 급했다. 그리하여 하인을 시켜 내은달 딸을 빼앗아 오는 과정에서 시비 거리가 생겼고, 이에 홍여방 어미가 헌사(憲司)에 호소하여 죄를 청하였으니, 세상 밖으로 알려진 일이 되고 말았다.

이에 태종은 승정원으로 하여금 자세하게 조사하게 하여, 내은달을 장 50·60대에 처했다. 딸 하나를 홍여방의 형제(兄弟)에게 추천하여 윤상(倫常)을 어지럽혔다는 것과 정승의 자는 것을 허락하고서 이를 버리고자 한 것에 대한 가중처벌이었다. 그리고 이원의 하인이었던 장양수도 범람(汎濫)한 죄가 있지만, 그가 죄를 받으면 정승이 반드시 부끄러워 할 것이기에 불문에 붙인다는 단서를 달았다. 측근에 대한 배려였다. 그리고 내은달 딸은 직접 알아서 처리하겠으니, 아무에게도 시집가지 말게 하라는 판결을 내림으로써 마무리가 되었다.[37]

그런데 세종 8년(1426)에 와서 사헌부에서 재차 이 문제를 제기한 것은 태종이 승하한 후 졸곡을 지내자마자 이원이 내은달 딸을 첩으로 삼

---

37 『태종실록』 35권, 태종 18년 6월 10일 기축조.

았기 때문이다. 공신으로 수상(首相)의 지위에 있던 사람이 기군역명(欺君逆命)했다는 탄핵이었다. 언필칭 임금을 속이고 명을 거역했다는 내용이니, 한 마디로 불충(不忠)을 저질렀다는 것이다. 태종이 승하한 때에 저질러진 일이라면, 이는 이미 4년 전의 일이었으니 굳이 지금 와서 새삼 밝혀진 것은 아니었음이 분명하다. 태종이 상왕으로 있을 당시까지만 해도 대간의 탄핵권이 정상적으로 발휘되기는 힘들었던 상황이었고, 세종 집권기 전 기간을 통해서 보면 대간권이 최고조로 확대된 시기가 바로 이 때였다.

그리하여 이원의 탄핵사유가 된 두 사건이 일어났을 당시의 사헌부 근무자들도 모두 파직당하는 수모를 겪어야 했다. 즉각 문제를 제기하지 않고 덮으려 했다는 이유였다. 예조 참판 하연(河演)·경창부 소윤(慶昌府少尹) 이숙치(李叔畤)·이조 정랑 조극관(趙克寬)·판내자시사(判內資寺事) 김타(金沱)·첨지통례문사(僉知通禮門事) 임인산(林仁山)·호조 정랑 이효례(李孝禮) 등은 직첩을 회수 당했고, 지승문원사(知承文院事) 황보인(皇甫仁)·부정(副正) 남지(南智)는 공신자제란 이유로 관직만 파면 당했지만,[38] 이들도 억울한 면이 있었을 것으로 보인다.

아무튼 우리가 이 대목에서 눈여겨봐야 할 것은 세종과 의정대신, 그리고 사헌부와 사간원 같은 조선초기 권력구조 속에서 이해해야 한다는 점이다. 주지하듯이 세종 초반의 권력 구조는 태종이 상왕으로 버티고 있었기에 신하들 또한 양쪽을 헤아려야 한다는 점에서 매우 피곤했을 것이다. 세종 즉위년에 병조판서 박습(朴習)이 상왕에게 군사에 관한 일을 상의 없이 처리했다는 이유로 대간에 탄핵되어 유배형에 처해졌듯이,[39] 판서나 의정부 정승 권한 또한 왕권 아래에 놓여 있었다. 아울러

---

38 『세종실록』 권31, 세종 8년 3월 20일 갑인조.

사헌부나 사간원 역시 아직 왕권의 눈치 보기에 급급하여 대간권은 미약한 수준에 놓여 있었다.

그러다가 세종 4년(1422)에 태종이 승하하자 세종의 홀로서기 정치 실험이 있어야만 했다. 세종은 조선조에 있어 누구보다 호학의 군주에다 유교이념을 정치에 반영하고 실현하려는 의지가 강했다. 조선조의 정치 행위는 국왕과 대신 그리고 대간(臺諫)들의 균형 잡힌 권력구조가 안정적으로 굴러갈 때 가장 이상적인 모습을 갖춘다고 볼 수 있다. 세종 32년간의 치세를 통해 대간의 활동량이나 탄핵 건수가 가장 많았던 것이 태종이 승하한 지 3년쯤 지난 세종 7년부터 세종 10년에 이르는 약 3년 간이었다.[40] 특히 세종 8년(1426) 1월에는 대간들의 서경권(署經權)을 1품관에까지 확대하는 것을 허락할 정도였다.[41] 고려 이래 대간들이 행사해 오던 서경(署經)이란 국왕이 관리를 임명할 때 대간의 동의를 얻는 절차인데, 대체로 4품 이하 관직자에게만 적용하던 것이 관례였다. 그런데 세종초기부터 대간들이 서경권 확대를 여러 차례 요구하였고, 번번이 거절당하다가 이때 와서 허용된 것이다.

따라서 영의정을 임명해도 대간들의 동의를 얻어야 한다는 것은 대간권의 엄청난 확대를 의미한다. 그러자 대간들은 곧 바로 병조판서 이발의 서경을 거부했고, 이어 좌의정 이원을 귀양 보낸 그 자리에 영의정까지 지낸 바 있던 유정현을 보임하자, 대간에서는 그가 식리(殖利)를 했다는 이유로 또 서경을 거부하는 사태들이 벌어졌다.[42] 그리하여 결국

39 『세종실록』 권1, 세종 즉위년 8월 계묘조. 9월 신묘조.
40 정두희, 1983, 「세종대 대간의 정치적 지위」 『조선초기 정치지배세력 연구』, 일조각.
41 『세종실록』 권31, 세종 8년 정월 신유조.
42 『세종실록』 권31, 세종 8년 3월 기유조, 경신조.

9개월 만에 서경권이 원래대로 환원되고 말았는데,[43] 이후부터 대간들의 파면이나 좌천되는 일이 잦아졌다. 세종은 왕의 고유 권한에 대해 침해받는 것을 더 이상 용인하지 않았으며, 정부 내 핵심 고위 관리들을 탄핵으로부터 적극 보호하면서 정국을 주도해 나갔다.

예컨대, 세종 9년(1427) 양녕이 궁중에 오는 것을 막지 않았다는 이유로 탄핵당한 우의정 맹사성을 끝까지 보호했고, 좌의정 황희의 사위가 고을 아전을 때려 죽게 한 사건을 처리 과정에서 심리를 지연하였다는 황희와 맹사성에 대한 대간들의 탄핵에 대해서도 기각했다.[44] 대신의 진퇴는 가볍게 처리하는 것이 아니라는 것이 세종의 입장이었다. 세종 12년(1430)에는 황희가 교하현령에게 토지를 요구했던 대가로 그 아들에게 행수(行首) 자리를 만들어 주었고, 태석균이란 자의 죄를 면해주기 위해 사적인 부탁을 넣었다는 탄핵을 받았을 때도 세종은 강경한 자세로 일관하다 결국 파직하게 되었지만,[45] 1년도 채 안되어 황희를 영의정으로 승진시켜 불러들이고 말았다.[46] 이에 반발했던 대간들에 대해 하옥까지 시키는 강수를 둘 정도로 세종의 의지는 굳건했다.

이후 세종대의 의정부 대신은 물론이고 사헌부 대사헌을 비롯한 다른 관직자들도 그들의 재임기간이 다른 시기에 비해 길었던 특징을 보인다. 이는 정책이 일관성과 연속성의 효과를 기대할 수 있다는 점에서 긍정적인 측면이 있다. 그러나 관례와 구제도에 매여 혁신적인 면에 다소 소홀해 질 수 있다는 단점도 아울러 가진다. 아무튼 세종대 대간(臺

---

43 『세종실록』 권33, 세종 8년 9월 갑오조.

44 『세종실록』 권36, 세종 9년 6월 무인조 ;『세종실록』 권37, 세종 9년 7월 신축조.

45 『세종실록』 권50, 세종 12년 11월 무오조, 신유조.

46 『세종실록』 권53, 세종 13년 9월 갑자조.

諫)의 위상은 앞 시대보다는 확대일로에 있었지만, 후대에 비하면 아직 미성숙한 단계였던 것만은 틀림없고 후속세대의 사림정치가 자리 잡는 시기에 들어가서 보다 안정적인 제도로 구가된다 할 것이다.

지금까지 살펴 본 바와 같이, 세종대 정치적 역학 구조는 이원이 탄핵된 세종 8년(1426) 무렵이야말로 대간의 탄핵권이 정점에 있었다는 점이다. 다시 말한다면 태종의 정치적 그늘에서 막 벗어난 세종은 자신의 시대를 열기 위해 새로운 제도와 인재가 필요했다. 궁궐 안에 집현전(集賢殿)을 설치한 것도 그런 이유 때문이었다. 태종의 시대에는 그에 걸맞는 동반자가 필요했지만, 세종의 시대에는 구신(舊臣)에 불과했다. 이원의 정치적 역할은 세종 세자시절 학문의 스승인 사부로 혹은 집권 초반기의 든든한 지원군으로서의 소임이 요구 되었을 뿐이다. 이에 따라 이원에 대한 사헌부 탄핵이 있자 바로 처리해 버린 것이라 여겨진다.

그로부터 4년 후 이원은 배소에서 불귀의 객이 되고 말았다. 그가 죽은 이듬해 손녀가 양녕대군 둘째 아들 함양군 회와 혼담이 있었다. 이를 논의하던 대신들의 반대가 심했다. 공신록과 직첩까지 회수된 죄인의 손녀가 대군의 정실에서 태어난 아들과 혼인한다는 것이 불가하다는 논리였다. 이에 세종은 이원이 지은 죄는 대역죄가 아니고, 아들에게 벼슬길을 허용한 사실을 들어 혼사를 강행했던 사실로[47] 미루어 보면, 이원이 일찍 죽지 않았다면 해배되었을 가능성도 없지는 않았다. 그러나 그가 죽은 지 한 세대가 지나 세조가 즉위한 후에야 복권되었는데, 이는 그의 아들들이 원종공신으로 책봉되기도 했지만, 사위였던 권람(權擥)이 세조 집권의 1등 공신이었기 때문이다.

세조가 이원의 공신녹권 환급을 명하자, 대간에서 반대하고 나섰다.

---

47 『세종실록』 권52, 세종 13년 5월 기사조.

이에 세조는 "당시 자손까지 금고(禁錮)하지 않았으니, 어찌 죄가 크고 악이 지극했다고 하겠느냐"라는 것이 복권시킬 명분이고 이유였다.[48] 대간의 반대로 여러 차례 논란이 있게 되자, 세조는 반대하는 대간을 직접 불러 "세종(世宗)께서 일찍이 이원(李原)을 다시 쓰고자 했고, 하물며 자손이 이미 공신(功臣)이 되었으니 녹권(錄券)을 돌려주겠다. 너희들은 그리 알라."라고 일갈한 모습에서,[49] 세조의 강한 의지를 읽을 수 있다.

3. 이원의 사상과 현실의식

철성군 이원에 대한 인물평을 보면 다음과 같다. 신도비에 나타난 내용이기에 이를 액면 그대로 믿을 수는 없다 하겠지만, 이를 통해 한 평생 어떻게 살다 갔으며, 그의 현실의식이 어떠했는가를 짐작하는 데는 큰 어려움이 없다.

공은 도량이 넓고 성품이 충직한데다 바른 학문을 더하였으므로, 그 논의에서 나타내고 사업에서 조처하는 것이 대단히 볼만하였다. 평생 남과 말할 때에 속이고 꾸민 적이 없고 또 모가 나서 스스로 남과 다른 체하지 않았으나, 큰일에 임하여 결단하게 되면 확고하여 동요하지 않는 것이 산악(山岳)처럼 우뚝하였다. 전주(銓注)를 맡은 10여 년 동안에 현명하고 재능이 있는 자를 선발하되 사심으로 관직을 주거나 빼앗지 않았으므로 원망하는 말을 하는 사람이 없었으니, 참으로 태평재상(太平宰相)이었다.[50]

---

48 『세조실록』 권4, 세조 2년 7월 갑오조,
49 『세조실록』 권5, 세조 2년 9월 무진조.
50 『국조인물고』 권1. 상신, 이원신도비명(서거정 찬).

그는 어릴 때 손위 매형이었던 양촌 권근에게서 학문을 배웠고, 과거 시험에 합격할 당시에 시험을 주관했던 이가 바로 포은 정몽주였다. 따라서 권근과 그의 좌주격인 정몽주의 영향을 크게 받았음을 부인할 수가 없다. 그리고 선대로 올라가면 성리학을 처음 받아들였던 백이정과의 관련성 또한 무시할 수는 없다.

그가 사헌부에 재직하던 태종 초에 올렸던 '상십조소(上十條疏)'에 나타난 현실의식들은 권근으로부터 배운 수양철학을 담은 것이기도 할 것인 바,

대저 경(敬)이란 한 마음의 주재자이고, 만 가지 일의 뿌리인 것입니다. 그러므로 크게는 하늘을 섬기고 상제를 받들며 작게는 자리에서 일어나고 집에 거처하며 밥 먹고 숨쉬는 등의 일이 경(敬)에서 떠날 수 없습니다. …… 그런 즉 경(敬)이라는 글자는 본래 임금의 다스림으로 나아가는 원동력입니다. …… 원하옵건데 전하께서는 경으로써 마음을 보존하여 하늘의 뜻에 응하십시오.[51]

에서 보는 바와 같이, 경(敬)에 대한 수양 방법의 중요성을 강조했을 뿐만 아니라 정치적 실천의 원동력으로까지 삼았던 것이다. 올바른 정치를 위해 반드시 실천해야 할 10개 조항의 구체적 내용은 전술한 바가 있어 생략한다. 주자학이 고려에 수입된 이래 예치(禮治)를 중심으로 하는 정치사상 보다는 거경(居敬)을 주로 하는 수양 철학에 매료되었는데, 이는 목은 이색에 이어 그의 제자 권근에게서 잘 나타나는 점에서 보면, 이원의 사상적 특징은 경(敬)을 성인이 되기 위한 수양방법으로 고정시켜 수양철학의 체계적 완성을 향하여 나아가지 않고 정치적 실천의 원동력으

---

51 『용헌선생문집』 권3, 상십조소(上十條疏).

로 설정한 것이었다. 이처럼 이원이 경(敬) 중심의 수양철학을 바탕으로 지치(至治)의 실현을 추구한 것은 한국적 특징을 대변한 것이라 할만하다.[52] 이원에게서 수양 철학이 경(敬)이었다면, 정치적 실천 철학의 핵심은 신(信)으로 집중된다. 내부를 가다듬는 게 경이라면, 가다듬어진 마음을 외부로 발현되는 것이 신(信)이기 때문이다. 따라서 수양과 실천의 조화를 이룰 수 있도록 실천 방법과 실천원리를 꾸준하게 제시하고 있었는데, 그것이 개혁안을 담은 몇 차례의 상소문에 잘 나타나 있다.

그 중에서 태종이 당장 받아들이기 힘들었던 두 조항이 환관과 불교에 대한 대책이었다. 이원은 상소문 제9조에서 타락한 불교의 폐해가 막심하므로 제대로 수행하는 승려 이외에 부귀를 탐하고 여색을 탐하는 등의 타락한 승려들로 하여금 머리를 기르게 하고 환속시켜 생업에 종사하게 해야 한다는 것이었는데,[53] 불교에 대한 폐단을 바로잡기 위한 그의 노력을 보면, 정도전이나 권근 등과 같은 과격한 척불론과는 다소 차이가 있음을 볼 수 있다. 이러한 불교에 대한 자세는 후일 세종 6년경에도 그대로 나타난다. 사헌부에서 이단(異端)을 물리치라는 상소 때문에 세종이 대신들에게 의견을 구하자,

> 이원은 계하기를, "헌사가 계(啓)한 것은, 진실로 옛사람의 이단(異端)을 물리치는 본의이나, 젊고 건장한 중들은 오히려 능히 생활을 영위할 수 있으나, 그 늙은이들은 젊었을 때부터 놀고 지내서 노고(勞苦)를 감내하지 못할 것이므로, 일조(一朝)에 혁파하게 된다면 기한(飢寒)을 면하지 못할 것이니, 그 생활이 염려됩니다. 그 중들도 또한 인물(人物)의 하나이거늘, 만물(萬物)이 각기 제 자리를 얻어 지내게 된다는 의

52 이기동, 2010, 「용헌 이원의 철학사상」 『고성이씨 가문의 인물과 활동』, 일지사.
53 『용헌선생문집』 권3, 상십조소(上十條疏).

미에 있어 어찌할 것이겠습니까. 만일 옛 사람이 말하는 대로 그 사람들은 사람다운 사람으로 만들고, 그 글은 불사르며, 그 거처하는 곳은 집으로 만든다면, 혁파하는 것이 마땅하나, 능히 그렇게 하지 못한다면, 그 중에서 가히 개혁해야 할 사사(寺社)는 없애고, 그에 딸린 전토(田土)는 현재 남겨 둔 사사(寺社)에 합속시켜, 중들을 거기에 모여 살도록 하는 것이 가하고, 승선(僧選)과 승비(僧批)와 승록(僧錄) 등을 혁파하자는 것은 신은 잘된 일이라고 할 수 없습니다."[54]

라고 한 것에서 볼 수 있듯이, 불교를 용인하되 폐단만을 정비하여 국익에 도움이 되도록 하자는 온건론으로 일관하고 있었다는 점이다. 이는 고려 이래로 고성이씨 가문이 불교세력과 밀착되어 있던 것과 무관한 것은 아니라고 본다. 당시 고성이씨는 백암사를 원찰로까지 두고 있었는데, 조선에 들어와 국가에서 일방적으로 백암사(정토사) 주지를 임명하자 이원은 이를 철회해 달라는 청원서를 참찬(參贊) 최유경(이암 손녀사위), 안성군 이숙번(이암 누이의 손자)과 함께 태종 7년에 제출한 바가 있었던 상황은 전술한 바가 있다.

이처럼 이원은 그의 가문적 배경이 그렇듯이 불교와의 인연을 이어갔던 것으로 보인다. 그의 조부 이암이 관직을 그만두고 춘천의 청평사에 낙향하였듯이, 철성군 이원은 원주 법천사와 인연이 깊다. 광해군 때 북인 정권의 한 축으로 권력주변에 있다가 목숨까지 잃었지만 우리에게 문장가로 더 잘 알려진 교산 허균이 원주 법천사를 둘러보면서 감회를 읊은 글 속에는 이런 구절이 있다.

절의 동편에 석상과 자그만 비석이 있어, 살펴보니 묘가 셋인데 모

---

54 『세종실록』 권23, 세종 6년 2월 기미조.

두 표지가 있었다. 그 중 하나는 본조(本朝)의 정승 이원(李原) 모친의 분묘요, 하나는 태재의 묘인데 그 아들 승지 유윤겸(柳允謙)이 뒤에 묻혀 있었다. 나는, "원(原)의 부인이 곧 나의 선조 야당선생(이름은 許錦)의 따님이시다. 내가 듣기를, 정승이 처음에 그 모친을 장사할 때 술자(術者)가 '그 땅에는 왕기(王氣)가 있다.'고 말했는데, 이 때문에 끝내 죄를 입었으므로 자손들이 감히 뒤따라 묻히지 못했다 한다. 태재(유방선호)는 곧 사위인데, 이곳에 거주했으니 반드시 이로 인하여 끝내 궁한 채 죽었기 때문에 여기에 묻힌 것이 아니겠는가. 연대가 오래되어 알 수 없구나."하였다.[55]

법천사는 원주 남쪽 50리 되는 곳의 비봉산(飛鳳山) 아래 있는 신라의 옛 사찰이다. 이원의 어머니 곽씨부인이 죽자 법천사 바로 동쪽 언덕에 장사를 지냈다. 이곳에 묻힌 연유는 명확하지 않지만, 이 일대가 이강-이원으로 이어지는 별서(別墅)가 존재했기 때문일 가능성이 크다. 그런데 문제는 이원의 어머니 곽씨의 무덤에 왕기가 서려 있었다는 것 때문에 끝내 죄를 입었다는 것인데, 『실록』자료에 보이는 이원에 대한 탄핵 내용은 노비를 불법으로 차지했다거나 임의로 작첩 행위를 하여 임금을 속였다는 죄목이어서, 크게 상반되고 있는 점이다. 법천사 쪽 무덤의 왕기 설은 이미 200여 년이 훨씬 지난 시점까지도 구전되었음이 분명하다. 아울러 구전이 바탕이 된 허균 글을 뒷받침 할 근거가 없는 것은 아니다.

세종은 임금이 된 뒤에도 양녕을 보호해 주려 애쓰고 있었는데, 그럴수록 이에 대한 난언(亂言)과 유언비어들이 잦았다. 세종 6년(1424)에 양

---

55 『惺所覆瓿稿』권6, 文部 3,「유원주법천사기(遊原州法泉寺記)」"寺東偏有翁仲及短碣 就看則三墓皆有表 一則國朝政丞李原之母之墳 一則泰齋之藏 而其子承旨允謙從焉 余曰 原之夫人 卽吾之先祖野堂先生 諱錦之女 吾聞政丞初窆其母 術者言其地有王氣 終以是獲罪 故子孫不敢從 泰齋卽贅也 其居此必因是而卒窮以死 故仍卜兆也歟 年代久遠 不可知矣"

녕대군이 군사를 모은다고 거짓 발설한 지영우란 자를 처리하는 과정에서도 세종은 더 이상 확대되는 것을 경계하려 했다. 그런데 이 일을 논의하는 과정에서 세종의 입에서 흘러나온 이야기는 예전에 이원이 임금이 된다는 말을 퍼뜨린 자가 있었다는 것이다.

> " …… 옛날에 어떤 사람이, 좌의정 이원(李原)이 임금이 된다는 말을 지어내어, 요망한 말을 만들어서 여러 사람을 의혹시킨 율(律)에 의하여 죄를 주었는데, 만일 이 사람이 사면(赦免)을 받았다면 반드시 면죄되었을 것이다. 이제 지영우가 임금에게 관계되어 정리를 크게 해친 율로 죄를 준다면 경중(輕重)이 같지 아니하니, 어떤가."라고 하문하셨다. 유정현 등이 아뢰기를, "옛날에 이원이 왕이 된다는 말을 지어낸 자는 법을 내기 전의 일이요, 또 원은 본디 양녕과 다르므로 의혹하는 자가 적습니다. 원컨대, 지영우를 법으로 처단하여 거짓말을 근절 시키게 하소서." 하니, 임금께서 마지못해 따랐으나, 특히 그 죄를 감하였다.[56]

위의 실록 자료에서 보이듯이, 좌의정 이원이 임금이 되려 한다는 요망한 말을 지어낸 자가 종국에는 난언(亂言)으로 죄를 입었다는 것인데, 왕조국가에서 이런 소문은 매우 예민하면서도 위험한 것이 아닐 수 없다. 국왕의 절대적 신임이 없다면 역모로 몰려 멸족할 수도 있었던 사건이었지만, 애초부터 황당한 이야기로 치부되었던 것은 왕실 쪽이나 선비 사회에서도 공히 이원에 대한 믿음이 작용했기 때문으로 판단된다. 하지만 이후 이원의 노비 소송 문제와 작첩 등에 대한 집요한 탄핵은 이어졌고, 그리하여 결국 유배형에 처해지고 말았는데, 보다 근원적인 이유는 그 모친의 무덤에 왕기가 서려 있다는 풍수상의 문제가 더 큰 원인으로

---

56 『세종실록』 권26, 세종 6년 10월 무진조.

작용했을 수 있다고 본다. 이렇듯 예민한 사실을 실록이나 묘지명 같은 곳에 기록으로 남긴다는 것은 매우 어려웠을 것이며, 구전으로 내려오던 것을 허균이 채록하여 그의 기행문에 넣었을 확률이 높다고 하겠다. 그리하여 더 이상 이원의 후손들은 이곳에 묻히지 못하고 평생 불우하게 살아야만 했던 맏사위 유방선(柳方善)이 이곳에 우거하다 묻힌 것으로 허균은 판단을 내리고 있다.

유방선은 태종 9년(1409)에 민무구 형제들이 죄를 입었을 당시 아버지 유기가 연루됨에 따라 관직에 오르지도 못하고 청주에 귀양 갔다가 이듬해 영천으로 이배되었으며, 영천의 송곡(松谷) 아래 두어 칸의 집을 짓고 편액을 태재(泰齋)라 하며 지낸 것이 19년이었으니, 이때의 제자가 이보흠이었다. 유방선의 나이 44세 되던 해에 유배지에서 풀려나 새로 거처로 삼은 곳이 원주 법천의 촌사(村舍)였으며, 56세의 일기로 생을 마감할 때까지 이곳을 지켰다.[57] 법천 별서(別墅)는 본가에서 상속받았던 것일 수도 있지만, 이원의 사위가 됨으로써 획득된 재산일 가능성도 크다. 이원의 어머니 곽씨 무덤이 조성된 시기가 태종 11년(1411)이고, 그로부터 17년이 지난 시점에서 유방선이 이곳에 우거(寓居)했기 때문이다. 당시 자녀 균분상속이 일반적이었던 점을 감안한다면, 유방선 처의 상속분이 법천에 있었을 것으로 추정된다.

특히 이원은 법천사의 이름 높았던 선승(禪僧) 일운 스님과 깊은 우정을 나눈 사이로 잘 알려져 있는데, 그가 일운 스님에게 보낸 시「기일운상인(寄一雲上人)」에서 그들의 관계가 잘 드러난다.

　　법천사는 앙암 동편에 있고 (法泉寺在仰巖東)

57　『泰齋先生文集』권5, 부록(附錄) 연보(年譜)

높다란 치악산은 허공에 기대있네 (雉岳山高倚半空)
언제쯤 한가로이 시골집에 돌아가 (何日閒尋田舍去)
향 피우고 마주하여 솔바람 소리 들을까 (焚香相對聽松風)

　법천사는 충주 앙암(仰巖 ; 현 충주 앙성면 지역)과 치악산 중간 즈음에 자리잡고 있는 절이다. 남한강 줄기를 끼고 도는 앙암에는 이원이 동방급제 한 최앙암이 살던 곳이었고, 법천사는 그의 막역한 지우 일운 스님이 거처하던 곳이기에, 용헌집에는 「주필기앙암최동년겸정법천규상인(走筆寄仰巖崔同年兼呈法泉珪上人 ; 급히 시를 지어 친구 최앙암과 법천사 고승에게 드림)」이란 제목의 "상인 스님 절은 푸른 산그늘에 있고 / 옛 친구 집은 한강물 가에 잇닿아 있네 / 마침 봄바람 향해 귀거래사 읊으며 / 짚신에 죽장 짚고 날마다 서로 찾네"라는 시가 수록되어 있음을 볼 때, 이곳이 그에겐 귀거래 해야 할 곳임을 짐작케 한다. 뜻 맞는 친구와 그의 생활 터전이 있었기 때문이다. 위에 소개된 「기일운상인(寄一雲上人)」 3소절에 보이는 "언제쯤 한가로이 시골집에 돌아가"에서 시골집이란 법천사 인근의 별서(別墅)를 지칭한다고 보면 무리는 없을 것 같다.
　이렇듯 충주와 원주 중간 언저리에 있던 법천사는 신라 성덕왕 때에 창건, 고려 문종 때 지광국사(智光國師)가 머물며 큰 가람을 형성했다. 임진왜란 때에 병화를 입어 전소되어 지광국사현묘탑비와 당간지주만 남아 있지만, 그 규모로 볼 때 절의 위용을 가히 짐작할 수 있다. 일운 스님은 세종 때 흥천사(興天寺) 사리탑 중창을 기념하는 경찬법회를 주관했던 고승이다. 이런 인연이 이원의 사위였던 유방선에게 이어졌음을 앞에서 소개한 허균의 유람기에서 확인한 바가 있다.
　유방선은 본관이 서천으로 고려조에 이름 높았던 학자 유숙(柳淑)의 증손이다. 아버지 유기(柳沂)가 고려말의 대학자 이색(李穡)의 손녀와 혼인하였으니, 명가의 자손이었다. 어릴 때 변계량에게 글을 배웠고, 17세에 양촌 권근의 문하에 들어가 수학하였다. 18세에 생원시에 합격한 유방선은 성균관에 들어갔는데, 그가 이원의 맏딸과 혼인한 것도 이 무렵이었다. 이원의 손위 매형이 권근이니, 유방선에게는 처고모부가 된다. 이런 후광을 업고 기세 좋게 벼슬길에 나섰지만, 불운한 운명이 앞을 가로 막고 말았다.

유방선은 권근과 변계량에게 수학한 인물이지만, 그의 장인이었던 이원에게도 큰 영향을 받았음이 분명하다. 이원은 세종이 세자로 있을 당시 사부를 역임한 뛰어난 인재다. 세상살이를 달관의 자세로 살아갔던 유방선의 처세는 그의 장인에게서 비롯된 것이나 다름없다. 유방선은 "인간이 명성을 밝게 드러나는 행운을 얻는 것은 천자에게 인정받는 일이로되, 내가 그것으로부터 도망하는 것은 싫어하여 도망하는 것이 아니라 운명이 그런 것이니 요행으로 얻을 수 있는 것은 아니다"라는 장인 이원의 말을 그대로 인용하여 "자신이 정치에 참여하지 못하고 도연명의 귀거래를 본받는 것은 싫어서 도망하는 것이 아니라 운명이 그러한 때문이라"라고 내 비쳤던 것이다. 그리하여 유방선은 1443년 54세로 죽을 때까지 법천사에 머물며 오로지 시문(詩文)으로 살았던 것이다.

태재(泰齋) 유방선은 워낙 문명(文名)이 드높아, 글을 배우려는 제자들이 법천사로 몰려들었다. 길창군(權吉昌) 권람(權擥)·상당군(韓上君) 한명회(韓明澮)·사가정(四佳亭) 서거정(徐居正)·삼탄(三灘) 이승소(李承召)·화중(和仲) 성간(成侃) 등 기라성 같은 자들이 모두 쫓아와 업을 익혀 문장으로 한 세상을 울리고, 공력으로 나라를 안정시켰으므로, 이로 말미암아 법천사 명성이 후세 사람들 입에 오르내렸다. 『동국여지승람』에 의하면, "유방선 제자들이 법천사에서 배울 때 탑 위에 시를 써 놓은 것이 지금까지도 남아 있다"라는 기록과 함께 이들 시를 수록하고 있기도 하다.[58] 조선조에 문장으로 한 세상 풍미했던 서거정은 "내가 문명(文名)을 도적질하여 오늘에 이르게 된 것은 모두 태재 유방선 선생 은혜이다"라고 고백한 바가 있고, 세종이 집현전 학사들을 선생에게 보내 질문하게 하여 새로이 밝힌 바가 많았고, 조선조 사장학(詞章學)이 크게 부흥한 것도 유방선으로부터 출발한다는 것이었다.[59]

유방선은 평소 그의 장인 이원을 잊지 못하였다. 그의 문집인 『태재집』에 보이는 「봉정빙옹이용헌(奉呈氷翁李容軒)」에서 "만나고 헤어짐 모두 다 운명이요 / 궁하고 통함 또한 때가 있는데 / 몇 년이나 돌보아 사랑해 주심을 입었던고 / 오늘날 헤어져 있음을 탄식하노라 / 병든 아내를 돌보아야 하고 / 어린 아이를 부양해야만 하는데 / 이 몸은 다시금 뵈옵기 어려워 / 끝내 슬픈 마음만이 일어나네"라고 읊조린 시를 음미해 보면, 가슴 절절히 묻어 둔 장인을 향한 마음을 잘 읽을 수가 있다. 유방선은 여기에 그치지 않고 「봉회빙옹(奉懷氷翁)」이란 시에서 그의 장인을 그리워하며 다음과 같이 노래했다.[60]

> 인간세상 만남과 이별은 뜬 구름 같지만 (人間聚散似浮雲)
> 멀리서 그리워하며 몇 번이나 정신이 혼미했던가 (南北相思幾斷魂)
> 어린 나를 아들 같이 보살펴 주셨으니 (弱歲郞蒙猶子視)
> 깊은 정 어르신 같이 나눠 줄 이 있으리오 (深情安有若翁分)
> 배속에 거친 밥은 배부르지 못하고 (腹中糲飯何曾飽)
> 몸에 걸친 홑옷은 따습지가 않더라 (身上單衣若不溫)
> 슬퍼다 이내 인생 헛되이 자랑할 건 (惆悵此生徒自負)
> 나이 겨우 삼십에 수염이 희어지네 (年方三十鬢絲紛)

58 『신증동국여지승람』권46, 강원도 원주목 불우(佛宇).
59 박홍갑 역, 2008, 『필원잡기(서거정 찬)』, 지만지 고전선집.
60 『泰齋先生文集』권3, 시(詩) 칠언사운(七言四韻).

후일 유방선의 아들 유윤겸은 세조가 즉위하자 겨우 과거 응시 허락을 받아내어[61] 대사간과 승지 등 고관을 지냈으나, 그 역시 이곳 법천사 동쪽 유방선 묘소 뒤편에 나란히 묻혔다. 그도 법천사를 그리워했는지 모를 일이다. 이강과 이원의 문집이었던 『철성연방집』을 간행할 때 유윤겸이 편집을 하고 이종사촌 윤호가 간행에 힘을 보태 빛을 보게 되었던 것도 외조부에 대한 존경의 의미를 담은 것이었다.

철성군 이원은 강직했고 원칙을 준수했다. 평생 남을 속이지 않았으니 선비의 기상이 준절하고, 평탄한 인물이었다. 그를 따르던 사람들에겐 참으로 태평성대를 구가할 시절의 재상이었지만, 세종 중반 이후의 유신 정치를 지향하던 신세력들에겐 걸림돌이 되었다. 신진세력들이 보기에 따라서는 경장(更張)을 좋아하지 않았다는 이원의 현실의식 태도가 비판의 대상이 될 만한 것이었고, 그리고 그 비판은 숙명처럼 다가왔다.

무엇보다 정무에 관대하여 경장(更張)을 좋아하지 않고 대체(大體)를 지켰던 그를 상대적으로 시기하는 무리들이 많았다. 그에게 누명을 씌우려는 무리들이 있을 때마다 태종은 친히 그의 누명을 벗겨 주었지만 시기하는 무리들의 참언은 계속되었다. 결국 그가 참언을 견디지 못하고 여산으로 귀양 가는 정도에 그친 것은 세종의 배려가 있었기 때문이다. 세종은 큰일이 있을 때마다 "철성(鐵城: 이원)이 있으면 반드시 잘 처리할 것이다"고 말했다는 것이다. 그러므로 세종은 그를 해배시켜 정승에 임명하고자 했지만 시기하는 자들에 의해 번번이 저지되었다. 따라서 그가 유배지에서 죽음을 맞이한 것은 그의 숙명인지도 모른다.[62]

그가 교유했던 인물 중에는 변계량과의 친분이 두드러진다. 『용헌집』

---

61 『세조실록』 권2, 세조 1년 8월 기사조.
62 『국조인물고』 권1, 상신, 이원신도비명(서거정 찬).

에 나타난 시문을 보면 그렇다. 아울러 그가 유람했던 전국의 누각과 사찰에서 감회를 품은 시문들이 약간 남아있는데, 사찰 중에는 법천사 외에도 평양 망일사와 나주 보흥사(普興寺), 장단 영통사, 양주 회암사(檜巖寺), 인왕사 등에서 인연을 이어갔고, 그와 교유했던 승려들 또한 일운 스님을 비롯하여 인왕사 장로, 백운산 염 스님 등 다수가 보인다. 인왕사 장로 스님의 시권(詩卷)에 써 준 시 「제인왕장로시권(題仁王長老詩卷)」에는 "봄이 되어 한가한 날 많아 (乘春多暇日) / 앞길 물어 절간을 찾아 가네 (尋寺問前程) / 소나무 그림자엔 누대가 고요하고 (松影樓臺靜) / 강물 소리는 절간을 맑게 하네 (江聲院落淸) / 이제부터 결사를 함께하여 (從今同結社) / 이곳에서 불법을 배우리라 (坐此學無生) / 관직을 가벼이 여겨서가 아니라 (不是輕軒冕) / 물외의 정을 금할 길 없기 때문이네(難禁物外情)"라고 읊조렸다. 불교에 귀의하여 결사(結社)를 행하고 수행 정진하고 싶은 속내를 은근하게 표현한 시는 비단 여기에서뿐만 아니라 장단(長湍) 영통사에서 차운했던 시에서도 반복되고 있다.[63] 이런 점으로 미루어 이원은 불교와의 인연을 끊고 살아 갈수 없음을 잘 보여주고 있다. 오관산에 위치한 영통사는 대각국사가 수행한 절이기도 했다.

이원한테서 이런 시가 나왔던 시기를 생각하면, 유교사회 정착을 위한 노력들이 시급하던 때였고, 그 역시 태종 이래 사헌부에 재직하면서 올린 상소문에서 불교 폐단을 조목조목 지적한 바가 있다. 그럼에도 불교 자체를 부정한 것이 아니라, 부수적인 폐단을 바로 잡아야 한다는 의식세계에서 벗어 난 적은 없었다. 그의 가문적 배경이 불교를 단호하게 배척할 상황이 아니었기 때문이다. 결사만 할 수 있다면 벼슬길의 부침

---

63 『철성연방집』제2권, 용헌공 습유시(拾遺詩), 「차장단영통사운(次長湍靈通寺韻)」 "…… 만약 결사하여 이곳에 눕는다면(若爲結社亭中臥) 벼슬길 부침도 다 버릴 수 있다네(一任名塗昇與沈)"

도 다 버릴 수 있다는 표현은 현실과 이상의 갈림길에서 고민으로 나타난 흔적들이 반영된 구절이다. 아울러 당대의 유학자와 선사들의 교류는 비단 이원에게만 나타나는 현상은 아니었다. 유학자들의 정치적 명분은 분명했지만, 강호의 선사들과 교유는 끝없이 지속되었듯이, 이원한테서 선사들이란 이념과 사상을 떠나 함께 호흡하며 생을 살아가는 경외와 흠모의 대상이었다. 「기백운산염상인(寄白雲山焰上人)」을 조용히 읊조려 보면, 그렇게 살아갔던 공의 마음을 조금이나마 이해할 것 같다.

몇 자 편지 아득한 속세에 전해져 (隻字遙傳落塵寰)
스님께서 백운산에 계신 줄 알았네 (知師住錫白雲山)
눈 깊은 계곡 길 지나는 이 없으니 (雪深溪路無人過)
솔 아래 바위 문은 늘 닫혀 있겠지 (松下巖扉盡日關)

제 4 편

조선전기
정치세력과 고성이씨

제1장 훈구·사림 갈등과 고성이씨 현실대응

1. 훈구세력 형성기 고성이씨 정치활동

조선초기 훈구세력은 주로 공신 집단과 그 후예들 중심으로 형성되어 갔다. 어느 시기를 막론하고 건국이라는 격동기를 거칠 때 필연적으로 발생하는 것이 공신책봉이었고, 조선도 예외 없이 개국공신(開國功臣)을 비롯하여 정사(定社)·좌명(佐命功臣) 등과 같은 공신들이 책봉되었다. 정사공신이나 좌명공신은 이방원이 집권하는 과정에서 책봉된 것이긴 하나, 개국 후 왕권 강화라는 측면과 개국 초기라는 격변기 속에서 책봉된 것이어서 어느 정도 정당성을 가짐과 동시에 새로운 정치 참여 세력 교체를 뜻한다는 점에서 의미 있는 현상으로 받아들여지곤 한다.[1]

특히 개혁의식이 분명했던 개국공신의 경우에는 출신성분이나 그들이 처한 경제적인 여건과 깊은 관련이 있었는데, 개혁 주도 세력을 보면 모계나 부계가 불분명하여 평민 내지는 서출인 경우가 꽤 많았던 점에서 그들의 개혁의지가 잘 드러난다. 중소지주층으로 인식되고 있는 이들

---

1 최이돈, 1997, 「사림의 훈구정치 비판과 새로운 모색」 『신편 한국사』 28, 국사편찬위원회.

의 경제적 기반 보다 더 열악한 처지에 놓였던 인물도 많았고,[2] 기존 지배층과는 기반이 다른 인물들이 국가를 운영할 때 정책 변화가 더 클 수밖에 없었다. 이후 정사공신과 좌명공신이 책봉되는 과정에서 개국공신 계열이 다소 후퇴한 모습을 보이긴 했지만, 이방원의 정치 행위 그 자체가 조선조 기틀을 잡는 개혁적인 성향의 인물이어서 비상시국의 국가 운영을 비교적 안정적으로 끌고 갈 수 있었다.

이를 바탕으로 즉위한 세종의 치세에는 대내외적으로 안정기를 구가했다. 태종대에 급격하게 유학자들이 줄어들긴 했지만, 세종 시기에는 집현전을 두고 사가독서를 권장하는 가운데 새로이 충원되는 학자들이 꽤 많이 양성되어 인재가 넘쳐나던 시대를 맞이했다. 세종초기 의정부를 구성했던 이직(李稷)·이원(李原)·조연(趙涓)·유정현(柳廷顯) 등과 같은 정승들이 세종 8년(1426)을 전후하여 물러났지만, 황희(黃喜)·허조(許稠)·맹사성(孟思誠) 같은 명재상들이 뒤를 이어갔을 뿐만 아니라, 집현전에서도 신진 학자들이 배출되고 있어 실로 인재가 넘쳐나던 시절이었다.

그런데 능력과 인군의 자질을 함께 갖췄다는 기대를 한 몸에 받았던 문종이 뜻하지 않게 일찍 승하함에 따라 정국이 급변하기 시작했다. 어린 단종 시절 김종서·황보인으로 지칭되는 재상들의 권위가 왕실을 압도할 지경에 이르렀다고 판단한 수양대군이 비상수단을 동원하여 이들을 제거하고 권력을 장악하는 과정에서 또 다시 공신들이 배출되고 있었다. 이원의 사위 권람을 비롯한 한명회·정인지 등이 1등 공신에 포함된 소위 정난공신(靖難功臣)은 수양대군의 권력 장악에 기여한 공로로 창출된 공신들인데, 수양대군 집권 자체가 역사적 정당성이 희박했기에

---

2 한영우, 1983, 『朝鮮前期 社會思想 硏究』, 지식산업사 : 정도전의 출신성분이
   나 처해진 경제여건을 보면 기존의 세력들과는 다르다는 점에서 좀 더 개혁적인
   정치인물이 아닐 수 없다.

공신들 역시 개혁적인 성향이 미미한 수준이었다. 그리고 이들 출신성분이나 경제적 지위도 건국공신들과는 달리 기득권을 가진 자들이 대부분이었다. 세조가 즉위한 뒤에 책봉된 좌익공신(佐翼功臣) 역시 거의 같은 성향을 보이고 있는데다 별다른 공도 없이 핵심인물 친인척이라는 이유로 공신에 책봉된 경우가 많았다.[3]

세조가 즉위한 세조 1년(1455) 9월 5일에 좌익공신을 봉했고, 같은 해 12월 27일에 무려 2,300여 명에 달하는 원종공신을 책봉했다. 원종공신은 본래의 공로포상 의미와는 달리 정국이 불안정할 때 공신 책봉을 통해 국가나 왕실 취약성을 보완하고 지지 세력을 광범위하게 확보하려는 의미가 컸다. 원종공신은 1등에서 3등으로 분류해 공신녹권을 지급하고 각종 특혜를 부여했다. 하지만 경제적인 특권보다는 주로 품계를 올려주거나 자식들에게 음서(蔭敍) 혜택을 주는 정도에 그친다는 점에서 정공신보다는 격이 떨어지는 것은 분명하다.

세조 즉위 과정에서 정공신에 오른 이들은 없지만, 원종공신에 녹훈된 고성이씨 인물들의 면면을 보면, 이원의 아들 6형제 중에서 상호군 이비(李埤)와 이장(李場)은 1등 공신, 사헌부 감찰(監察)로 재직 중이던 이질(李垤)은 2등 공신으로 각각 책봉되었고, 이빈(李彬)의 아들 이지(李地)도 3등 공신에 올랐다.

당시 이들 좌익원종공신에게 내린 특전을 보면, 1등 공신에게는 ① 한 자급(資級)을 더 올려주고, ② 아들과 손자에게 음서의 혜택을 부여하며, ③ 후세에까지 유죄(宥罪 : 죄를 지었을 때 용서해 주는 것)하고, ④ 부모에게 봉작하고, ⑤ 아들과 손자 중에서 자원에 따라 한 사람에게

---

3 정두희, 1983, 「세조 성종대 공신집단의 정치적 성격」 『조선초기 정치지배세력 연구』, 일조각.

산관(散官) 한 자급(資級)을 더해 주었다. 2등 공신에게는 ④의 혜택만 제외한 1등 공신과 같고, 자손 없는 자에게는 형제·사위·조카 중에서 자원에 따라 산관 한 자급을 더해 주었다. 3등 공신에게는 ①·②·③은 1등공신과 같다. 그리고 공신 가운데 통정대부(通政大夫 : 정3품) 이상은 아들·손자·형제·조카·사위 가운데서 자원에 따라 1인에 한해 산관(散官) 한 자급을 더해 주고, 공신 가운데 죽은 자는 부여받은 등급에 따라 시행하되 한 자급을 추증해 준다. 죄를 범해 산관(散官)이 된 자는 본품(本品)으로 서용(敍用)하고, 상중(喪中)에 있는 자와 연고가 없이 산관이 된 자는 한 자급을 올려 서용하며, 영구히 서용하지 못하게 된 자는 벼슬길에 나가게 하였다. 그리고 직첩(職牒)을 거둔 자는 돌려주고, 첩의 아들에게는 한품(限品) 적용을 철폐하고, 공사천(公私賤)은 모두 면천시키고, 사천인 경우 공천으로 노주(奴主)에게 보상해 주도록 하였다.[4] 따라서 정공신에게 내려지던 막대한 토지와 노비 등이 있었던 것은 아니지만, 양반관료제 사회에서 품계를 높여주고 자손들에게 음서(蔭敍)의 혜택을 준다거나 부모 봉작 의미는 작은 것이 아니었다.

조선조 건국 과정에서 책봉된 건국공신들에게 막대한 정치적 경제적 혜택을 부여하면서 아울러 이들과 자손들에게 충성을 재차 강요하던 회맹(會盟)의식을 거행했는데, 이는 태조 이래의 관례였다. 삽혈동맹(歃血同盟)이라 하여 맹세할 때에 주로 사슴 종류로 희생(犧牲)을 잡아 서로 그 피를 들이마셔 입술을 벌겋게 묻히고, 서약(誓約)을 꼭 지킨다는 단심(丹心)을 신(神)에 맹세하게 되는데, 잔치가 끝나게 되면 낭독했던 회맹문(會盟文)에 참가자 전원의 서명을 회맹축(會盟軸)으로 만들어 1부씩 나누어 가졌다.

---

4 『세조실록』 권2, 세조 1년 12월 무진조.

태조가 주관했던 회맹에서 삽혈 의식까지 거행했는지는 확실치 않으나, 특별히 충효계(忠孝契)를 조직하여 공신자제들을 관리하고 있었다.[5] 그런데 1차 왕자 난으로 책봉된 정사공신 회맹에서는 삽혈의식이 거행된 것으로 보인다. 태종이 즉위한 후 공신들 간의 논쟁으로 이저가 조박을 공박할 때 "정사(定社)의 회맹(會盟)한 피가 입에서 마르지도 않았는데, 도리어 해치고자 합니다"라고 한 것에서 볼 수 있듯이, 삽혈맹약을 하였음을 알 수 있다.[6] 그런데다 태종은 즉위하자마다 좌명공신을 거느리고 삽혈동맹을 하였고,[7] 이어 삼공신(개국 정사 좌명)을 모두 한자리에 불러 참가자들에게 회맹문에 서명하는 충성의식을 거행했다.[8] 원래 공신책봉이란 불안한 정국일 때 나타나는 현상이며, 그런 정국을 타개하기 위해서는 주도세력들의 단결된 힘을 과시해야만 하는 것이 고금의 인지상정이라, 태종이나 세조대에 이런 회맹 모임이 잦았던 것은 당연한 이치였다. 따라서 회맹에 불참하는 그 자체가 탄핵 사유가 되기도 했다.[9]

김종서나 황보인 같은 단종 지지 세력을 척결하고 등극한 세조 초반기는 단종 복위 운동이 말해주듯이 정국이 불안할 수밖에 없었다. 세조 2년(1456) 6월에 발생한 사육신 사건이 일어난 지 몇 달이 지나, 세자 이장(李暲 ; 후일 덕종 추존)이 5공신회맹을 주도한 것도 민심 수습과 충성 서약을 재차 강조하기 위한 것이었다. 여기에서 5공신이란 개국(開國)·정사(定社)·좌명(佐命)공신을 비롯하여 세조 정권 탄생의 주역이었

---

5 『태조실록』권2, 태조 1년 9월 병오조.
6 『정종실록』권1, 정종 1년 5월 을유조. "定社之盟, 口血未乾, 反欲害之"
7 『태종실록』권1, 태종 1년 2월 신축조.
8 『태종실록』권8, 태종 4년 11월 갑인조.
9 대사헌 함부림(咸傅霖)이 삼공신 회맹에 불참했다는 사유로 탄핵받은 적이 있다 (『태종실록』권9, 태종 5년 3월 신축조).

던 정난공신과 좌익공신 등 총 다섯 차례 책봉된 공신을 말한다. 아울러 태종 이전에 책봉된 3공신의 경우 참석대상자는 친자(親子) 및 적장자손 (嫡長子孫)까지 포함되었다.

이렇듯 공신들과 그 자식들을 총 집합시키는 대규모 집회인지라, 좌명공신 이원의 아들과 적장손(嫡長孫) 또한 참여했던 것은 당연한 일이었다. 공신회맹에 참여했던 승의교위(承義校尉 : 종6품 무반 품계) 이증 (李增)이 수령하였다가 후손들에게 남긴 5공신회맹축(五功臣會盟軸)[10]은 현존하는 회맹관련 자료 중에 가장 오래된 것으로, 보존 상태 또한 가장 양호한 것으로 알려져 있는데, 모두 226명의 명단이 기록되어 있다. 회맹 의식을 끝낸 이튿날 세조가 친히 참여자 하례를 받고 사정전에서 회맹 음복연을 베풀었는데, 이 때 약 180명이 참석했다.[11] 세조 7년(1461) 에도 위와 같은 오공신회맹이 또 한 차례 시행되었다는 점에서[12] 당시 상황을 짐작케 한다.

태종 때와는 다르게 세조 집권 초기에는 공신에 의존하지 않으면 안될 정도였고, 그에 따라 개혁적인 면모를 찾기는 힘들다. 세조 10년 (1464)에 와서야 군역을 고르게 부담하는 보법(保法) 개정이 논의될 수 있었고, 세조 12년의 직전법(職田法) 개정도 기득권자에게 매우 불리한 것이었다. 이런 제도들이 이 시기와 와서 큰 논의 과정 없이 실시된 사실만 간략하게 전하고 있는데,[13] 이는 아마 신하들의 입장을 배제한 채

---

10 세조 2년에 발급된 5공신회맹축(五功臣會盟軸)은 서울대 규장각, 장서각, 연세 대학 등에 각각 소장되어 있으며, 이원의 6남 이증이 분급 받았던 오공신회맹축 (서울특별시 유형문화재 제97호)은 그의 후손 이항증(서울특별시 강남구 역삼동 797-3)이 소장하고 있다.

11 『세조실록』 권5, 세조 2년 11월 신사조.

12 『세조실록』 권23, 세조 7년 2월 정축조.

13 『세조실록』 권34, 세조 10년 10월 을미조 ;『세조실록』 권39, 세조 12년 8월 갑

세조의 강력한 의지로 주도해 나간 때문으로 추정되기도 한다. 보법은 실시 직후부터 양성지(梁誠之) 등에 반발을 산 적이 있고,[14] 훈구 기득권 세력이 극에 달하던 성종 초기에 번복되고 말았던 것은 왕권이 신권에 미치지 못하고 있었다는 반증이기도 하다.

세조 13년(1467)에 이시애 난(李施愛亂)이 일어나자, 한명회를 비롯한 핵심 훈구세력 연루설을 기화로 젊은 신예들을 중용하여 난을 진압한 것도 그런 맥락에서 이해가 된다. 6조직계제(六曹直啓制)에 대한 구신들의 반발과 세조 2년 사육신(死六臣) 사건, 세조 3년에 일어난 이보흠(李甫欽)의 저항 등으로 유신들이 대거 지방으로 낙향했다. 세조정권이 중앙집권을 강화하기 위한 조치들을 내리는 과정 속에서 지방 세력의 불만은 커져갔고, 결국 이시애 난이 일어나게 되었다. 이를 진압한 세조는 또 다시 공신책봉으로 자신의 정권을 연장하는 방법을 택하지 않을 수 없었다. 이때 와서 또 책봉된 것이 적개공신(敵愾功臣)인데, 이를 기화로 종실 인물이었던 구성군 준(龜城君浚)과 태종의 외손이었던 남이(南怡)가 두각을 나타내기 시작했다.

그러다가 세조가 죽고 예종이 즉위(1468)한 해에 남이의 옥사가 일어나자 한명회를 비롯한 훈구 공신세력들이 다시 정치 주도권을 장악하여 정치 일선에 복귀하였다. 이를 기화로 또 다시 익대공신(翊戴功臣)을 책봉하였는데, 이 역시 강력한 훈구의 영향력 아래 이루어진, 명분이 매우 약한 것으로 치부될 수밖에 없는 공신책봉이었다.

그런데다 어린 성종이 즉위하자 원상제를 중심으로 중요 관직을 독점적으로 운영하던 훈구세력들은 또 다시 성종 즉위에 대한 공로를 평

자조,『세조실록』권34, 세조 10년 10월 을미조 등에서 간략한 실시 내용만 기록되어 있을 뿐 논의과정은 보이지 않는다.

14 『세조실록』권37, 세조 11년 11월 기미조.

계로 좌리공신(佐理功臣)을 책봉하고 이어서 1천명이나 되는 원종공신을 책봉하였으니, 명분도 없는 공신 배출을 반복하고 있었다는 점에서 큰 문제점을 안고 있었다. 즉, 훈구세력들이 권귀(權貴)화 됨에 따라 비리와 폐해가 자주 지적되어 왔고, 이를 공격하는 신진 세력들이 대거 중앙 관료로 포진하는 시대가 열리게 되었다. 그리고 좌명공신이었던 이원과 세조 집권과정에서 그 자녀들이 원종공신으로 책봉되어 훈구세력을 대표하는 위치에 서게 되었지만, 손자 대에 이르게 되면 김종직과 교류하면서 신진 사림세력으로 활동하는 이들이 많아졌다.

이원의 장자 이대(李薹)는 이미 세종 때 생을 마감하였다. 이대는 그의 묘비명에 의하면 공신도감 녹사로 출사하여 군자감 직장 등을 거쳤다 하였는데, 이것으로 미루어 보면 공신적장 신분으로 문음 혜택을 입어 출사하였던 것으로 추정된다.[15] 이후 여러 관직을 거쳐 세종 5년에 동부대언(同副代言 ; 후일 동부승지)이 되었고,[16] 2년 후에는 우부대언(후일 우부승지)으로 있었으며, 이 당시 세종이 광연루(廣延樓)에서 삼공신과 적장(嫡長)에게 잔치를 벌일 때 수행했으니,[17] 아마 좌명공신이었던 그의 아버지 이원 또한 이 연회에 참석했을 것으로 추정된다.

그러다가 이듬해인 세종 8년에 아버지 이원이 유배가게 되었지만, 세종 13년에는 이대의 딸이 양녕대군 둘째 아들과 혼인하게 되었다. 함양군 희와 혼담이 오갈 때, 세종은 승정원에 전지를 내려 의논케 하였는데, 안숭선 등의 반대가 있었지만 김종서 등의 건의로 혼인이 허락되었다. 이 자리에서 세종은 "이원(李原)이 죄를 얻기는 하였으나 대역(大逆)이 아니며, 내가 전에도, '원의 아들에게는 벼슬을 더하여 서용(敍用)한다

15 박홍갑, 1995, 『조선시대 문음제도 연구』, 탐구당.
16 『세종실록』 권19, 세종 5년 3월 계사조.
17 『세종실록』 권28, 세종 7년 4월 임인조.

하더라도 무방할 것이다.'라고 한 적도 있었는데, 혼인하는 것이 뭐 해롭겠는가."라는 의견을 피력하였듯이[18] 세종의 이원과 그 후손들에 대한 배려의 뜻이 잘 나타난다. 그리고 이대는 세종 23년에 첨지중추원사(僉知中樞院事)에 보임되었다가 2년 후인 세종 25년에 8월에 중추원 부사(中樞院副使)로 있을 때 졸(卒)하니, 세종은 부의로 종이를 하사하였다.[19]

이원의 차자 이곡(李谷)의 행적에 대해서는 잘 알려져 있지 않다. 20세 전후에 음보(蔭補)로 출사(出仕)하였던 것으로 추정된다. 이후 여러 관직을 거쳐 세종 6년(1424)경이던 20대 후반 경에 종6품 선교랑(宣敎郞)의 계급으로 사헌부 감찰(監察) 직위에 제수되었고, 지통례문사를 역임했다. 이곡의 사위가 진주강씨 강희안(姜希顔)과 의령남씨 남전(南悛 ; 영의정 남재의 현손)이며, 생육신으로 이름 높았던 추강 남효온이 외손자이다.

3남 이질(李垤)은 사헌부 감찰(監察)로 있을 당시 세조가 즉위함에 원종공신 2등에 녹훈되었는데, 그 역시 문음으로 입사(入仕)하여 여러 관직을 두루 거쳤던 인물로 추정된다. 세조 2년 주문사 신숙주(申叔舟)와 사은사 권람(權擥)이 명나라 사신으로 파견되어 공을 세웠을 당시 이질이 서장관으로 수행하였다. 이때 사신단 일행이 세조로부터 크게 포상의 은전을 받았는데, 이질 역시 15결의 토지를 특별히 하사받았다.[20]

세조 7년에 이질은 경상도 경차관(慶尙道敬差官)으로 파견된 윤자영(尹子濚)을 대신하여 특수 임무를 부여받고 파견되었다.[21] 경상도 경차관

---

18 『세종실록』 권52, 세종 13년 5월 기사조.

19 『세종실록』 권93, 세종 23년 6월 병자조 ; 『세종실록』 권101, 세종 25년 8월 무술조.

20 『세조실록』 권2, 세조 1년 12월 무진조.

21 『세조실록』 권24, 세조 7년 6월 경인조, 임진조.

의 급작스런 교체는 학문의 깊이가 있는 윤자영이었건만 행정 실무능력이 미치지 못한다는 판단 때문이었는데, 이 때 이질이 가지고 간 특별 사목(事目)은 주로 경상도에 정착하고 있던 왜인(倭人)들의 동태를 세심하게 살펴 조선 백성들을 보호해야 하는 임무였다. 세종 8년 이후 삼포를 개항하여 왜인들에게 무역 등을 허락했지만, 크고 작은 문제들이 자주 발생하여 조선 정부에서도 세심한 관리가 필요했던 시점이었다. 이에 세조는 이질을 보내 경상도에 정착하고 있던 왜인들의 동태를 잘 감시하고 효율적으로 관리될 수 있도록 하였다.[22]

이어서 한 달 후에 이질은 다시 특별한 임무를 띠고 강원도로 파견되었는데, 당시 각 도의 호적과 군적을 대대적으로 정비하여 중앙집권의 효율성을 높이려는 작업 때문이었다.[23] 훈련부사로 있던 이질은 세조 8년에 우익위(右翊衛) 겸 사헌집의(司憲執義)가 되었고,[24] 이후 관력에 대해서는 상고(詳考)되지 않는다.

4남 이비(李埤) 역시 세조가 즉위할 당시 원종공신 1등에 오른 인물인데, 당시 관직이 상호군이었던 점으로 미루어 무과 출신으로 보인다. 세종 20년에 이비를 강계 판관(江界判官)으로 삼기위해 세종이 은밀히 승정원에 의논하라 일렀는데, 이비가 사전에 이 사실을 알고 모면하기 위해 "신의 처가 이미 죽어서 의복을 공급 받기가 어렵게 되었고, 어미 없는 아이들도 의탁할 곳이 없습니다."라는 쪽지를 내시를 통해 은밀히 계달(啓達)하려다 탄로 난 적이 있었다. 세종이 친히 그 쪽지를 승정원에 보이며 말하길 "무부(武夫)라는 것은 무사할 때에도 오히려 시용(試用)되어 그 재능을 펴 보려고 하거늘, 하물며 지금 변지의 경계가 끊임없이

---

22 『세조실록』 권24, 세조 7년 6월 임진조.
23 『세조실록』 권25, 세조 7년 7월 임술조.
24 『세조실록』 권28, 세조 8년 4월 신사조.

지속되는 마당에 사소한 사유로 이를 피하려고 하다니, 그렇다면 무사를 장차 어디에 쓴단 말인가. 비의 나이가 비록 젊긴 하나 재능이 우월하기 때문에, 내가 장차 특명으로 이를 보내려고 하였더니, 도리어 이런 소리를 하고 있으니 어찌 처리하면 좋겠는가. 만약 그가 원하는 대로 좇는다면, 이렇게 회피하려는 무리들을 앞으로 다 금하지 못할 것이다."라고 물으시자, 승지들은 탄핵해야 한다는 의견이었다.

이에 세종은 나이가 젊은 탓으로 돌리면서 능력 있는 자를 보내려면 죄를 물을 수 없다는 입장이었다. 이비를 대신할 강계 판관 적임자 몇 명을 놓고 한차례 논의과정을 거쳤지만, "천만인 속에서도 이비 같은 자는 정말 얻기가 쉽지 않다."라는 이유로 이비를 강계 판관에 임명하였다.[25] 세종의 인재를 사랑함 때문인지, 용헌공 이원과의 질긴 인연 때문인지는 모른다. 아무튼 이비가 강계 판관으로 사조(辭朝)할 때 세종은 활과 화살을 하사하였다.[26] 세조가 즉위할 당시 상호군이었던 이비가 1등 원종공신에 올랐고, 이를 기반으로 이듬해에는 첨지중추원사(僉知中樞院事)에 제수되었다.

이원의 5남 이장(李場) 역시 그의 형 이비와 함께 세조가 즉위할 당시 1등 원종공신에 올랐는데, 그는 태종 17년(1417)에 무과에 급제한 후 세종 1년(1419)에 병마사(兵馬使)로 동정(東征)에 참여하여 세운 공으로 상왕이 베푸는 선양정(善養亭) 위로연에서 말 1필을 하사받았다.[27] 세종이 승하하고 문종이 즉위할 당시 길흉(吉凶)이 섞이어 영명(迎命)하는 예와 접대를 동시에 진행하는 어려움이 컸다.[28] 세종 치하에서 여러 차

25 『세종실록』권81, 세종 20년 6월 갑인조.
26 『세종실록』권82, 세종 20년 7월 기해조.
27 고성이씨대종회, 2004, 『고성이씨대종회발전사』12세 병사공 장(場).
28 『문종실록』권2, 문종 즉위년 6월 18일 경인조.

례 사신단 일행으로 왔던 윤봉[29] 또한 함께 왔다. 이들 사신들이 모화관(慕華館)에 머무는 동안 큰 연회를 열거나 활쏘기 등과 같은 행사를 수시로 열었다. 이때 이장(李場) 등 20여 인이 동원되어 그 기예(技藝)를 내보이니, 사신(使臣)들이 칭찬해 마지아니했다. 임금이 환관 엄자치(嚴自治)에게 명하여 선온(宣醞)을 가지고 가서 위로하게 하였다.[30]

문종은 판중추원사(判中樞院事) 이천(李蕆) 이하 여러 신하들에게 환도(環刀 : 허리에 차는 둥근 모양의 패검(佩劍)을 말함. 검은 칠에 황동으로 장식함)를 만드는 체제를 정비하라는 명을 내린 적이 있었다. 이때 수 대호군(守大護軍)으로 있던 이장은 이천과 함께 임금의 명을 받아 조선의 실정에 맞는 환도 제작에 참여하였는데, 이장이 제시한 규격이 항식(恒式)이 되었다.[31] 아울러 군사 방어체계인 진법(陣法)을 위한 신법절목(新法節目)을 만들어 당상관(堂上官)에 승자(陞資)되었다.[32]

문종의 두터운 신임 하에 대호군으로 활약하던 이장은 단종 즉위 후 사헌부 장령 이보흠(李甫欽)으로부터 탄핵을 받아 파직되었다.[33] 하지만, 단종 2년 2월에 고신(告身 : 임명 사령장)을 돌려받았다.[34] 쉽게 죄를 용서받은 것은 수양대군을 시종하다 벌어진 일이었으며, 그의 아우 이지(李墀)가 수양대군에게 수차례 간청했기 때문이었다. 수양대군이 임금으로 즉위한 후 세자를 앉혀놓고, "이 모(某)는 형을 사랑한 사람이다. 너는 그 점을 잘 명심해라" 하면서[35] 모범 사례로 교육을 시켰다고 전한다.

---

29 어릴 적부터 이빈(李彬 ; 李蔭의 子)의 집에서 양육되어 명나라 조정으로 들어가 중국 역관이 된 자이기에 위세가 대단했다.

30 『문종실록』 권3, 문종 즉위년 9월 7일 무신조.

31 『문종실록』 권6, 문종 1년 2월 25일 갑오조.

32 『문종실록』 권9, 문종 1년 8월 29일 갑오조.

33 『단종실록』 권1, 단종 즉위년 5월 20일 임자조.

34 『단종실록』 권10, 단종 2년 2월 19일 경자조.

6남 이증(李增)은 음보(蔭補)로 출사하여 현감 벼슬을 지내다 안동으로 낙향한 것으로 알려져 있다. 단종 즉위년(1452)에 진사시(進士試)에 합격하기 이전에 부음(父蔭)으로 출사한 후 여러 관직을 거쳐 종6품 진해현감과 영산현감으로 부임하였는데, 영산현감 벼슬을 끝으로 관직에서 물러나 인근의 안동에 정착했다. 이증이 세조 2년에 무반 종6품계이던 승의교위(承義校尉) 신분으로 5공신회맹연(五功臣會盟宴)에 참여한 바가 있다.

안동을 낙향지로 삼았던 이증은 이 지역 재지사족들과 함께 어울릴 수 있는 결속체가 필요했다. 안동부 내 늙고 덕이 있는 12명과 더불어 우향계를 만들었던 계축(契軸)이 남아있다.[36] 참가 인원은 모두 13명인데, 안동 권씨 3, 홍해 배씨 4, 영양 남씨 4, 고성이씨 1, 안강 노씨 1명 등이며, 안동 인근 최고 반열의 명문가를 유지해 가던 인물들이었다. 이런 모임을 이증이 주도하였다는 것은, 이증의 안동 정착에 필요한 지분 확보 차원이었다. 좌목 구성방식은 계원의 관직·성명·본관을 적고 그 다음 줄에 아버지 관직·성명을 기록하였고, 구성원이 13명인 것은 중국의 향산구로회(香山九老會) 영향이었다. 이 계축(契軸)에는 달성군 서거정(徐居正)의 서시(序詩)가 있는데, 『영가지』에까지 실려 있다.

이원의 7남으로 막내였던 이지(李墀)는 이원이 배소에서 임종할 당시 9살에 불과했다. 아들 7형제 중에서 유일한 문과 급제자이기도 하다. 그가 문과에 급제한 것은 세조 3년(1457)에 치러진 별시(別試)였는데,[37] 그

---

35 서거정 찬, 「사암공묘비 (1486년)」,

36 우향계축 원본은 경북 봉화 충재박물관(沖齋遺物館)에 소장되어 있으며, 보물 제896-1호이다. 우향계원 13명 중에 한 분이던 권곤(權琨) 7세손 권두인(權斗寅)이 우향계원 자손이던 남두회(南斗會)로부터 전해 받은 것이 보관되었다가 충재박물관에 소장되었다.

때 나이가 37세였다. 세조 5년 직예문관(直藝文館) 이지(李墀)는 직강(直講) 노사신 등과 함께『역학계몽(易學啓蒙)』을 강(講)하였다. 세조 6년에는 사헌부 장령에 보임되어[38] 그의 부친 이원이 역임했던 관직에 다시 오르게 되었다. 이후 지사간원사(知司諫院事) 등을 거쳐 성종이 즉위한 후에는 겸승문원 참교(兼承文院參校) 등을 지냈다.

당대의 문호 서거정이 찬한 이지 묘지명에 의하면, 문종 원년(1451)에 음보(蔭補)로 직장(直長) 녹사(綠事) 등에 진출하였다가 계유정란에 세조를 도운 공으로 3급을 승진하여 통례원 봉례가 되었고, 세조가 즉위하면서 정란 원종공신 훈호를 받았으며, 성종이 즉위하자 좌리원종공신에 책봉되었다. 그가 괴산군수로 있을 당시 아들 이육(李陸)이 충청감사로 부임함에 따라 체직되어 통례원 봉례가 되었고, 이어 원주목사 광주목사 등을 역임한 후 1486년에 죽었고, 아들의 관직이 현달함에 따라 후일 예조참관으로 추증되었다.

이상에서 살펴보았듯이, 이원의 아들 7형제들의 입사(入仕) 과정을 살펴보면, 문과 출신 1명을 제외한 나머지 모두 무과나 음보를 통해 관직에 진출하였음을 알 수 있다. 조선초기 훈구 가문 자녀들의 전형적인 초입사 과정을 보여주는 것이기도 한데, 문음을 통하여 정승까지 역임한 황수신(영의정 황희 아들)이나 남지(영의정 남재 손자) 등과 같은 사례가 없었던 것은 아니지만, 관료사회에서 문과 출신일 경우 자신의 능력을 더 인정받던 것이 이 시기 관습이었고 풍토였다.[39]

고성이씨 도촌계의 이귀생(李貴生) 손자였던 이교연(李晈然)은 문과 출신이었다. 그는 문음으로 출사(出仕)하여 녹사(錄事) 진출하였다가 세

37 『국조문과방목』세조 정축(丁丑) 별시(別試).
38 『세조실록』권21, 세조 6년 8월 기유조.
39 박홍갑, 1995,『조선시대 문음제도 연구』, 탐구당.

종 24년(1442) 친시 문과에 장원 급제하여[40] 바로 전농 주부(典農主簿)에 제수되었다.[41] 따라서 훈구 권세가의 전형적인 입사(入仕) 형태인데, 세종이 친히 급제를 축하하는 은영연(恩榮宴)을 내리자 이에 감사하는 뜻으로 전문(箋文)을 지어 올렸다.[42]

성종 6년에 생을 마감한 그의 시호는 공안(恭安)인데, 『조선왕조실록』에 전하는 그의 졸기(卒記)는 다음과 같다.

행 부호군(行副護軍) 이교연(李皎然)이 졸(卒)하였으므로, 조회(朝會)를 정지하고 부의(賻儀)를 내리고 제사하기를 옛법대로 하였다. 이교연(李皎然)은 자(字)가 순보(淳甫)이며, 고성현(固城縣) 사람이다. 정통(正統) 임술년(1442)에 갑과(甲科)에 일등으로 합격하여 사헌부 감찰(司憲府監察)에 제수되었다가, 사간원 좌정언(司諫院左正言)으로 천직(遷職)되고, 예조 좌랑(禮曹佐郎)·사간원 좌헌납(司諫院左獻納) 등을 역임하였다. 경태(景泰) 신미년(1451)에 종부시 소윤(宗簿寺少尹)이 되었다가 임신년(1452)에 사헌부 장령(司憲府掌令)으로 승진하였고, 계유년(1453)에 예문관 직제학(藝文館直提學)이 되었다가, 외직(外職)으로 나가서 밀양 부사(密陽府使)가 되었고, 곧 원주 목사(原州牧使)로 천직되었다. 천순(天順) 정축년(1457)에 도목정(都目政)에서 최(最)를 받아 절충장군(折衝將軍) 대호군(大護軍) 집현전 직제학(集賢殿直提學)이 되었다가 곧 병조 참의(兵曹參議)로 옮겼다. 기묘년(1459)에 승정원 우부승지(承政院右副承旨)가 되었다가 좌승지(左承旨)로 옮겼고, 가선 대부(嘉善大夫)로 승진하여 형조 참판(刑曹參判)이 되었다. 신사년(1461)에 대사헌(大司憲)으로 옮겼다가 곧 수 개성부 유수(守開城府留守)로 파견되었고, 계미년(1463)에 중추원 부사(中樞院副使)가 되었다. 성화(成化) 을유년(1465)에 충청

---

40 『세종실록』 권97, 세종 24년 8월 14일 신축조.
41 『세종실록』 권97, 세종 24년 8월 18일 을사조.
42 『세종실록』 권97, 세종 24년 9월 7일 갑자조.

도 관찰사(忠淸道觀察使)가 되었다가 내직(內職)으로 들어와 첨지중추원사(僉知中樞院事)가 되었고, 곧 예조 참판(禮曹參判)으로 옮겼다가, 기축년(1469)에 한성부 윤(漢城府尹)으로 옮겼으며, 곧 부호군(副護軍)으로 천직되었다가 졸(卒)했다. 시호(諡號)는 공안(恭安)이니 공경하고 순종하며 윗사람을 섬기는 것을 공(恭)이라 하고, 화합을 좋아하고 다투지 않는 것을 안(安)이라 한다.[43]

조선초기 훈구세력들의 권세가 높아진 가운데 고성이씨 인물들 또한 훈구세력으로 분류될 수 있는 이들이 많아졌다. 그럼에도 용헌공 이원(李原) 아들 가운데 크게 현달한 인물이 배출되지 못했기 때문에 당대의 거족(鉅族) 반열에까지 오르지는 못한 것으로 보인다. 성현이 15세기 말에 저술한 것으로 보이는 『용재총화』에서 76개 거족(鉅族) 가문을 소개하면서 "지금 문벌이 번성하기로는 광주이씨가 으뜸이고, 그 다음으로는 우리 성씨(成氏)만한 집안도 없다"라고 하였듯이, 당시 사대부들 간에는 명족 의식을 곧잘 드러냈음을 알 수 있다.

광주이씨는 둔촌 이집과 그 후손들을 말하는데, 그의 손자 이인손과 증손 극배·극감·극증·극돈·극균 5형제가 모두 문과에 급제한 후 나란히 정승과 판서를 역임했으니, 당대에 누구도 따라올 수 없는 거족이었음이 분명하다. 그런데 비해 이원의 아들 7형제 중에는 유일하게 막내 이지(李墀)만 문과 급제자였을 뿐이다. 다만 이원의 손자대에 이르게 되면, 문과를 통한 현달한 인물들이 대거 진출하여 고성이씨 가문의 부흥기를 예고하고 있었다.

---

43 『성종실록』 권54, 성종 6년 4월 29일 정미조.

2. 사림의 학문적 성장과 고성이씨

당초의 학계 입장에서는 조선초기 정치세력을 훈구(勳舊)와 사림(士林)의 상호 대립적인 관계로 파악하여, 건국에 참여한 인물과 그 후예를 훈구로 지칭한 반면 불사이군의 절의를 앞세워 참여하지 않은 인물 후예를 사림으로 지칭해 왔다. 그런데 동일 시기의 양반관료제 아래 지배층을 형성한 이들을 엄격하게 구분하기란 쉽지 않았던 것도 사실이다. 이리하여 이러한 이분법적 이해 방식에 벗어나려는 시도 또한 오랜 전부터 있어 왔다.[44]

조선 건국과 세조 즉위나 이후 몇 차례 정치적 격동기를 거치면서 배출된 수많은 공신들이 훈구세력을 구성하는 가장 큰 요인이었지만, 이들 후예들도 일정 기간을 거치는 동안 사림의 성향을 보인 인물들이 너무나 많았기 때문이다. 이들을 전향 사림파로 보려는 시도도 그 중의 하나였다.[45] 고성이씨 행촌 이암 가문은 고려 이래로 세족의 지위를 누렸고, 조선 건국 과정에서도 용헌 이원이란 인물이 배출되면서 훈구세력으로 위상을 확고히 다져갔지만, 성종이 등극한 이후 관료로 진출 했던 용헌 이원 가문 후손들은 대개 사림파 성향을 보였던 자들이다. 따라서 고성이씨 이원 가문 내에서도 훈구와 사림들이 공존하는 모습을 보이고 있다. 그 원인은 크게 두 가지 측면을 고려할 수 있겠는데, 내부적인 요인과 외부적인 요인이 그것이다.

전자의 경우, 용헌 이원이 좌명공신에다 좌의정을 역임했다는 점에서

---

44 와거너, 1980, 「이조 사림문제에 관한 재검토」『전북사학』 4, 전북대 사학과 ; 김범, 2003, 「조선전기 '훈구사림세력' 연구의 재검토」『한국사학보』 15, 고려대 한국사학과.

45 이병휴, 1982, 『조선전기 기호사림파 연구』, 일조각.

보면 수많은 토지와 노비를 소유한 기득권 세력이었음이 분명하고, 이들 후예가 훈구세력으로 이어지는 것은 당연하다. 그런데 여기에는 대를 이어 문과에 합격하거나 연이어 고관 역임자가 배출되는 상황일 때 자연스럽게 훈구세력 위상을 유지해 갈 수 있다는 점이다. 그게 아니라면 세조가 집권하던 시기에 정난공신(靖難功臣)이나 좌익공신(佐翼功臣), 혹은 그 이후 수차례 배출된 공신록에 이름을 올렸던 가문일 경우엔 신흥 훈구세력으로서의 위상을 확보할 수 있었다. 그런데 세조 집권기의 고성이씨 인물 가운데는 원종공신으로 이름을 올렸을 뿐 정공신에 책봉된 인물 배출에는 실패하고 말았다. 따라서 후일 사림세력들이 성장하여 활발하게 훈구세력을 공격할 때도 그 대상조차 되지 못할 정도가 되고 말았다. 그리하여 이원으로부터 한 두 세대가 흐른 그의 손자나 중손들이 정치적 활동을 하던 시기에 이르게 되면 이들이 자연스럽게 사림세력으로 활동하고 있었음을 볼 수 있게 된다. 어느 가문에서든 누대에 걸쳐 고관을 연속하여 배출하기란 쉽지 않다는 사실에서 고성이씨 가문도 예외는 아니었다.

아울러 후자인 외부적 요인으로 말한다면 사림의 성장과정이나 그 성격과 연관 지어 봐야 할 문제이다. 사림이 하나의 정치세력으로 형성되었다면 짧은 순간에 된 것도 아니거니와, 여기에는 학문적 연원을 살펴보아야 하고, 또한 이들의 정치 사회적인 지향점에 있어서 동질성 문제 같은 것도 함께 놓고 봐야 할 것이다. 이러한 제반 요인들을 먼저 살펴 본 후 고성이씨 인물들의 구체적인 사림활동을 살펴보고자 한다.

사림이 중앙정치 무대에서 활동하던 시기는 대체로 성종의 치세에서 시작하지만, 초기의 사림은 여말선초의 왕조교체라는 정치 사회적 변동 속에서 향촌에 은거하여 성리학 탐구에 몰두하며 제자 양성에 주력하던 인물들이었다. 그들에 의해 훈도된 일군의 제자들이 성리학적 이해의 바탕 위에서 소학과 가례에 의한 행실 철학적 삶을 위해 노력했고, 아울러 향음주례나 향약을 통한 향촌질서 보급에 주력했던 인물들이 점차 확산 일로에 있었다. 그런데다 초기 사림들의 성향을 보면 성리학에 대한 학문적 이해보다는 사장학(詞章學)에 더 관심을 가졌던 유사(儒士)들도 다수였다. 그리하여 독서인층 또는 선비 무리라는 평범한 뜻으로 사용된 사림(士林)은 그 일부가 중앙정계에 진출하여 정치적 영향력을 지닌 집단으로서의 기능을 발휘하면서 사림파(士林派)란 용어로 통용되기에 이르렀다. 이는 길재(吉再)의 학통을 이은 김숙자와 그의 아들 김종직(金宗直)이 중앙 정계에 진출한 것으로부터 시작하여 조직성을 갖게 되었는데, 학문적인 측면에서 본다면 이때까지도 성리학을 깊이 이해하는 단계가 아니었거니와 오히려 사장학이 더욱 풍미하는 시기이기도 했다.[46]

성리학 본령의 이해 문제를 놓고 따진다면 이색-권근으로 이어지는 관학파(官學派) 출신들이 오히려 앞서가는 면들이 있었던 것도 사실이다. 고려 말 성리학이 도입된 이래 이색(李穡)의 문하에서 출발했던 훈구세력은 조선왕조 건국을 지지하거나 주도했고, 또한 기존의 유력한 정치권력을 세습했던 관계로 근기(近畿) 지역에 근거지를 두면서 정치 권력과 경제력에 있어 우위를 점하고 있었다. 그런데다 조선이란 나라가 유교적 통치 이념이라는 기반 위에서 운영 되었기에 학문적 측면에서 영남지역을 중심으로 일어선 사학파(私學派)에 결코 뒤지지 않았다.

조선 성리학 연원을 제공한 정몽주(鄭夢周)의 문하에 길재(吉再)나 조용(趙庸)과 같은 영남 출신만이 아니라, 권근(權近)·권우(權遇) 형제와 같은 기호 출신의 인물도 섞여 있었고, 이색과 권근 학문이 정몽주나 길재에 미치지 못하였던 것도 아니었다. 『목은집(牧隱集)』과 『포은집(圃隱

---

46 이수건, 1979, 『嶺南士林派의 形成』, 영남대출판부.

集)』에 나타난 그들의 학문적 관심이나 성과는 그 우열을 논할 만한 것이 되질 못한다. 아울러 길재와 권근을 대비시켜 놓고 보아도 권근이 저술한 『입학도설(入學圖說)』에서 보여 준 성리학에 대한 관심과 수준은 당대의 최고봉으로 평가될 만한 것이기도 하다. 또한 길재 자신도 정몽주에게서 뿐만 아니라 이색에게도 사사한 바 있었다.[47]

이처럼 이색·권근 등과 같은 초기 관학파와 길재·조용·김숙자 등과 같은 초기 사학파 사이에는 우열을 논할 만큼 뚜렷한 차이를 보이지 않았다. 그럼에도 후일 성리학이 무르익어 도통(道通)을 세우는 과정에서 불사이군의 정신을 되살려 사학파들이 성리학의 정통을 차지한 반면 이색이나 권근의 활동은 빛을 보지 못하고 말았다.

이색 권근으로 이어지는 관학파들은 개국 초기라는 특성상 부국강병이라는 현실 문제에 집착할 수밖에 없었고, 그 결과 변계량 이원 유정현 황회 맹사성 등과 같은 명관(名官)들이 많이 배출된 데 비해 명유(名儒)를 배출하지 못했던 점이 있다. 후일 성리학적 질서가 우위를 점하던 시대에 접어들어 조광조 일파가 성리학적 도통(道通)을 확립하는 과정에서 권근·이색 계열의 관학파들은 새 왕조에 출사(出仕)하여 명분상 절의를 버렸다는 비판 속에 버림받은 반면에 정몽주-길재-김숙자-김종직-김굉필로 이어지는 도통이 굳어가는 가운데 훈구세력이란 비난 대상이 되어 버린 것이다.

이렇듯 고려 말 조선초기 일군의 유학자들 간에는 그들의 학문적 수수나 인간관계로 볼 때 엄격하게 구분되는 것도 아니었거니와 우열을 논할만한 큰 잣대도 없는 형편이었다. 이 시기에 활동했던 고성이씨와 연관된 인물들을 놓고 그 학문적 연원을 따져 볼 때도 위에서 언급한

---

47 이병휴, 2002, 「사림세력의 진출과 사화」『신편 한국사』28, 국사편찬위원회.

내용들과 연관 지어 설명이 되어야 한다는 점이다. 조선 건국 과정에 참여한 고성이씨 가계 중에서 이암 후손들 중심으로 보면, 우여곡절을 겪다가 뒤늦게 합류한 권근 같은 인물에서 유추되듯이, 이원 역시 적극적으로 참여한 것은 아니었다. 그렇다 할지라도 태종 집권 과정에 직접 개입하여 공신으로 책봉되면서 훈구가문 반열에 오르게 되었는데, 고려 말이래 고성이씨 가문의 학문적 연원 역시 훈구계열로 채워졌던 것은 사실이다.

고려 말기 상황에서 목은 이색은 당대 가장 영향력 있는 학자였고, 그가 성균관에서 배출한 제자들이 관학파와 사학파로 흩어져 갔는데, 이색의 학문은 행촌 이암에게서 영향 받은 바가 컸다. 이색이 고성이씨 원찰(願刹) 백암사 쌍계루 기문(記文)을 지을 때 "내가 일찍이 행촌 시중공에 사사하여 그 아들 조카들과 함께 놀았는데, 사(師 ; 청수)는 선생의 동생이라 청을 이기지 못하여 골짜기에서 들은 말에 따라 이름을 쌍계루라 붙였다."[48]라는 고백에서 알 수 있듯이, 이색에게 행촌 이암이란 스승이자 부모로 모셔야 할 정도였음을 알 수 있다. 그리하여 백암사 주지였던 청수 스님의 청을 선뜻 받아들여 기문을 지은 것이라 여겨진다.

이보다 앞서 원나라로부터 신유학을 도입한 인물로 안향과 더불어 백이정을 빼 놓을 수 없는데, 행촌 이암의 조부였던 이존비는 어릴 때부터 그의 외숙이던 백문절에게 수학하였고, 백문절의 아들 백이정은 이암의 외사촌이었다. 백문절은 충선왕을 따라 원나라 연경(燕京)에서 10년간 머무르는 동안 성리학을 연구했고, 귀국할 때 정주(程朱)의 성리서적과 주자의 『가례(家禮)』를 가지고 돌아왔다. 그리하여 후진 양성에 힘써

---

48 이색, 『목은집』 문고(文藁) 권3, 「장성현백암사쌍계루기(長城縣白巖寺雙溪樓記)」
　　"予嘗事杏村侍中公 與子姪遊 師其季也 重違其請 用絶磵言 名之曰雙溪樓"

이제현(李齊賢)·박충좌(朴忠佐)·이곡(李穀)·이인복(李仁復)·백문보(白文寶) 등 많은 문인을 배출했으며, 도학과 예학을 발전시키는 데 크게 공헌한 인물이다.

고려에 성리학을 들여온 사람은 안향이지만, 성리학을 본격적으로 연구하고 그 체계를 파악해 크게 일가를 이룬 이는 백이정이었다. 큰 틀에서 보면, 안향과 백이정 학통은 이제현에게 전승되었고, 이제현은 다시 이색(李穡)에게, 이색은 또 다시 권근(權近)과 변계량(卞季良)에게 전수되었다고 할 수 있겠으나, 학맥은 단선으로 구조화 할 수 있지만, 학문 수수 관계는 단선으로 도식화 할 수는 없다.

아무튼 이런 가문적 배경에서 자란 사람이 행촌 이암이었다. 특히 그의 학문이 이색에게 전해졌으며, 이색의 아버지이자 백이정에게 배운 바 있던 이곡(李穀)이 과거시험을 주관할 때 이암의 아들 이강(李岡)이 15세 나이로 등과하여 좌주문생(座主門生)의 연을 맺었으니, 양가의 돈독함이란 꽤 컸을 것으로 짐작된다. 그런데다 이강의 사위가 권근이었고, 이색의 아들 이종선이 또 다시 권근의 사위가 됨으로써 중첩된 혼맥(婚脈)으로 묶여 있었다.

이강이 36세에 죽음을 맞이할 당시 태어난 어린 이원을 그의 매형이던 권근이 가르쳤을 뿐만 아니라 이원의 맏사위 유방선도 권근의 문하에서 수학하여 문명(文名)을 떨친 인물이었다. 유방선의 학문은 다시 초기 영남 사림의 한 사람으로 알려진 이보흠(李甫欽)에게 전수됨은 물론 훈구대신으로 이름 난 권람과 한명회는 물론 조선조 문명의 최고봉으로 일컬어지는 서거정에까지 이어지게 되었다.

이와 같이 성리학의 학문적 전통과 맥락이 면면히 흐르는 가운데, 선산과 밀양을 오가던 김종직이 중앙관료로 진출하면서부터 문인들이 모여들기 시작하여 사림파가 형성되기에 이르렀다. 그의 문인 중에는 김굉필(金宏弼)·정여창(鄭汝昌)·김일손(金馹孫)을 위시하여 친족 및 인척관계, 동향인 또는 지방관 재임 시 인연을 맺은 경우가 많았고, 이외에 김종직이 고시관으로 있을 때 과거에 합격하여 문인관계를 맺은 경우도 있었다. 그의 문인록에 등재된 인물 가운데 고성이씨가 배출한 망헌 이주(李冑)도 이 경우에 속한다.

이들은 각기 다른 계기나 다른 장소에서 개별적이고도 산발적으로 사제관계를 맺었음에도 불구하고 연대의식은 매우 강인하였다. 사림파 인물들의 문집과 『동유사우록(東儒師友錄)』에 따르면, 김종직 문인 65명, 김굉필 사우·문인 41명, 정여창 사우·문인 47명으로 나타난다. 그 중에는 중복된 인물도 있어 실제로는 약 105명 정도 인물이 추출되는데, 훈구계열로 대표되는 거족(鉅族) 출신이 약 23% 정도를 차지한다.[49] 여기에서 거족이란 성현이 『용재총화』에서 거론한 76개 가문이 대상이지만, 이는 절대적인 기준이 되질 못한다는 한계는 있다.

그럼에도 정치 경제적으로 유리한 여건과 환경을 거부하고 사림파로 활약한 거족 출신들을 살펴 볼 때, 그들의 학문적 취향이나 현실대응 의식에 있어 매우 진보적인 성향을 띤 것으로 볼 수 있겠다. 이 시기 사림파의 거주지 분석에서 영남 출신이 약 절반을 차지하여 영남사림파를 용어가 생겨날 정도였다.

이 시기 사림파는 경학(經學)에 치우쳐 성리학 탐구에 매진했던 것으로 이해되고 있지만, 이때까지도 기초를 다지는 준비기에 불과했고, 소학이나 주자가례를 보급하는 것에 주력하는 모습이었다. 김종직 문인들 가운데 사장(詞章)을 추구하는 부류와 경학(經學)을 탐구하는 두 갈래가 있었던 것에서도 잘 드러난다. 경학적인 측면의 성리학에 주력한 김굉

---

49 이병휴, 앞의 글.

필·정여창 같은 인물이 있었던 반면에 사장(詞章)을 중요시하고 절의(節義)와 효행(孝行)으로 이름 난 남효온(南孝溫)·김일손(金馹孫)을 비롯하여 망헌공 이주(李冑) 역시 후자에 속하는 인물이었다. 남효온은 이원의 차남 이곡의 외손자였고, 이주는 이원의 6남 이증(李增)의 손자였다. 이렇듯 사장에 관심을 가진 인물들은 학문이나 교육활동을 통해 문인을 배출하지는 못했으나, 그들의 저작은 중종 대에 증보된 『속동문선(續東文選)』에 큰 비중을 차지하며 자취를 남겼다.

사림파들의 현실대응 의식이나 학문 자세가 두 경향을 띠게 됨으로써 '수기(修己)'를 지향하는 무리와 '치인(治人)'에 경도된 무리들로 나누어지게 되었다. 전자는 다소 보수적이고 고답적이면서도 소극적인 성향을 띤데 반해 후자는 매우 진취적이면서도 적극적인 활동을 이어갔다. 예컨대 소학동자로 알려진 김굉필과 같은 인물은 평생토록 '위학(爲學)' 지향으로 일관하였던 데 반해 김일손과 남효온 이주 등과 같은 사장 지향의 인물은 훈구세력을 공격하는 면에서도 보다 강도를 높였던 것이다. 이런 양면성은 이후 중종 시기에 활약했던 조광조에게서 동시에 나타나는 양상을 보이게 되었고, 그의 실험은 오히려 훈구세력의 강한 반발로 꺾일 수밖에 없었다.

특히 세조 말 국왕 건강 공백을 메우려고 시작된 원상제(院相制)는[50] 의정부와 승정원 기능까지 흡수한 권한을 행사하는 기구였기에 어린 성종이 등장하였을 때에도 모든 정사를 이곳에서 처리했다. 당시 중첩된 공신 책봉으로 원상이 된 한명회를 비롯한 정인지(鄭麟趾)·신숙주(申叔舟) 등과 같은 훈구대신들의 위세는 더 이상 클 수 없을 정도였다. 그런데 비해 세조대에 1등 공신으로 활약하던 이원의 사위 권람이 세조 11

50　김갑주, 1973, 「相制의 成立과 機能」『동국사학』 12, 동국대 사학회.

년에 죽음으로써 고성이씨 가문은 상대적인 약세를 면할 길이 없었으나, 이원의 외손자 윤호(尹壕)의 딸이 성종의 비가 되는 국혼(國婚)으로 가문의 영광을 이어갔다.

이 당시는 훈구세력들이 집권세력으로 건재하였으며, 그들이 속한 가문의식이 발현되어 각종 편찬 사업에도 반영되던 시점이었다. 앞에서도 거론된 바 있던 성현의 『용재총화』에서 거족 가문을 나열한다거나, 새로 편찬되는 인문지리지 『동국여지승람(東國輿地勝覽)』 각 군현마다 인물조항을 두어 그들의 선조를 등재함으로써 소위 '명족의식(名族意識)'을 과시한 것에서[51] 그런 분위기를 잘 읽을 수 있다. 이런 시대적 산물이었던 『동국여지승람(東國輿地勝覽)』 고성현 조항에는 고려조에 배출되었던 고성이씨 인물이었던 이존비(李尊庇)·이암(李嵒)·이강(李岡)은 물론 조선초기 국정운영을 주도했던 이원(李原)과 그의 장자 이대(李臺)와 4남으로 원종공신이었던 이비(李埤), 7남으로 문과급제자였던 이지(李墀) 등과 함께 사림파들이 활약한 시기의 인물이던 이칙(李則)과 이육(李陸)까지 무려 9명이나 등재되었는데,[52] 이는 특정 가문 인물 등재 수로는 매우 희귀한 사례에 해당될 정도다.[53] 여기에는 사림으로 활약하다 갑자사화 때 김굉필 등과 함께 처형당했던 이주(李胄) 형제 같은 인물이 의도적으로 제외되었기 때문에 그 숫자가 줄어든 측면도 있다는 사실에서 고성이씨 가문의 위상을 짐작케 한다.

성종 후반부터 연산군 시기에 활약상이 주목되는 이주는 성리학 본령인 이기심성의 형이상학적 면까지 미치지는 못했다. 이 시기 사림들은 주로 유교 정치이념을 구현하는 데에 주력한 듯 했다. 그의 문집에 남아

---

51 이태진, 1976, 「15세기 후반기의 거족과 명족의식」 『한국사론』 3, 서울대.
52 『신증동국여지승람』 권32, 고성현 인물조.
53 고성현 인물조항에 고성이씨 이외에는 남수문(南秀文)이 유일하게 등재된 인물이다.

있는 시문이나 잡저를 통해서 보면, 충절을 최고 미덕으로 삼았는데, "사군자(士君子)가 이 세상에 태어났으면 반드시 충효(忠孝)로 스스로 기약을 해야 되는데, 이제 자신의 죄악이 깊고 무거워 성조의 버림을 받았으니, 신하가 되어 임금에 충성하지 못하고 자식이 되어 부모에게 효도하지 못하며, 형제와 붕우와 처자가 있으나 형제와 붕우와 처자의 즐거움을 갖지 못하니 나는 인류가 아니다."라고 한 것에서 잘 드러난다.[54]

성종이 승하하자 "이필(珥筆)이 능하지 못해 한 말씀도 도우지 못했고 / 4년 동안 모셨는데 대우 깊은 것을 알았네 / 임금님 지척에서 밝게 조서를 받들었고 / 밤 강석에 조용히 술잔을 받았었지 / 앙보하던 마음 아직 변하지 않았는데 / 구름 위로 학 타고 가시니 아득하여 따라가기 어렵다 / 초겨울 대궐 잔치 선정전에서 모셨는데 / 그때가 용안을 영결한 때였도다"라고 읊은 이주는 만사에서도 충절의 마음을 잘 담고 있다 하겠다.[55] 이외에도 이주의「문천상(文天祥)」이란 시 역시 올곧은 선비의 기상을 담은 것이라 여겨진다.[56]

이지의 장남 이육(李陸)이 남긴『청파집』의「오행설(五行說)」에서 오행을 인의예지신과 연관하여 설명하고 있는데, 사람 형체를 이루는 것은 오행이 주가 되고 오성이 그곳에 따라붙어 인의예지신이라 하는 것으로 보았다. 이에 맹자가 말한 성선(性善)은 요순을 지칭해서 말하는 것으로 풀이했다.[57]

이같이 이육이나 이주와 같은 인물들은 경·충효·오행과 인의예지신·성선 등으로 대표되던 유교 핵심 개념에 보다 철저한 인식을 하고 있었

---

54 『철성연방집』제4권 망헌선생문집, 잡저, 금골산록.
55 『철성연방집』제4권 망헌선생문집, 시, 성종대왕만.
56 『철성연방집』제4권 망헌선생문집, 시, 문천상.
57 『青坡集』권2,「오행설」.

다. 따라서 이 시기에 오면 고려 이래 불교와 밀착되어 있던 고성이씨 가문에서 벗어나 새로운 유교적 사유체계로 전환해 가고 있었음을 알 수 있다. 특히 이들이 활동하던 초기 사림파들의 성향 자체가 불교나 도교를 이단시하고 일체의 음사(淫祀)를 배척하여 순수 성리학적 질서와 사상체계로 나가는 과도기에 있었다는 점에서 궤를 같이 하고 있다.

3. 성종~연산군 초기 정국과 고성이씨

용헌 이원의 아들 7형제 중에는 막내였던 이지(李墀)가 유일한 문과 급제자였지만, 그의 손자대부터는 홍지(紅紙 ; 문과 급제 합격증)에 이름을 올리는 자들이 많아졌다. 그리고 이들이 정치 사회적으로 활동할 시기에는 훈구계열의 과도한 재산 증식과 권력 남용으로 폐해가 많이 노출되고 있었다.

어린 성종 집권초기에는 정현왕후의 수렴청정 기간이긴 했지만, 훈구 대신들의 입김이 너무 강하였다. 이리하여 성종은 차츰 친정 체제를 굳히고 대신들을 견제하기 위해 의도적으로 대간들의 권한을 확대하기 시작했다. 이와 짝하여 신진 세력들을 대거 발굴하여 대간을 비롯한 언론직에 포진시킨 것도 성종이 의도한 것이었다. 집현전 기능을 부활한 홍문관이 순수 학술기구에 머무르지 않고 정치적인 언론 활동을 하게 된 것 역시 그와 맞물린 결과였다. 이에 따라 언론 삼사는 훈구 대신을 효율적으로 견제할 수 있는 유일한 수단으로 부상했다. 이런 분위기에서 성균관 유생들이 과감한 상소를 올린다거나 여타 언론활동을 다양하게 전개하였던 것도 이 시점이었다.

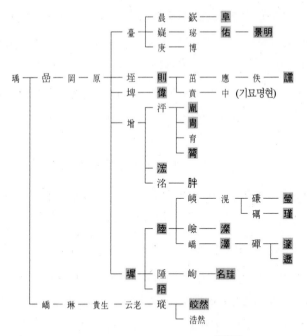

고딕체 : 문과급제자

이윤 이주 형제가 나란히 성종 17년과 19년에 문과에 합격했다. 때마침 이 시기는 성종이 친정을 시작한 지 거의 10년 정도 지난 시점이었고, 대간의 훈구대신에 대한 견제와 균형이 잘 이루어지던 시기였다. 예컨대, 성종 8년 주계부정 이심원이 세조 이래 훈구대신의 오랜 집권에 대해 올린 비판이나[58] 세조 정권이 훼손했던 문종 비 현덕왕후 소릉을 복구하자는 유학 남효온의 상소는[59] 매우 민감하고도 위험한 발상이어서 그 전 같았으면 살아남지 못할 일이기도 했다. 이런 일들이 벌어지자

---

58 『성종실록』 권85, 성종 8년 11월 기축조.
59 『성종실록』 권91, 성종 9년 4월 병오~을묘조.

훈구대신의 반발 또한 만만치가 않았으나, 성종은 끝내 언로를 보장해야 한다는 구실로 이들을 처벌하지 않았다.[60] 이로 미루어 보면, 성종의 대간 육성 의지는 매우 강했음을 보여준다. 이리하여 한명회마저 압구정 연회에 차일 문제가 불거지자 직첩을 회수하고 도성 밖으로 쫓아냈을 정도였다.[61]

이런 몇 가지 상징적인 것만으로도 이 시기 대간 언론 확대가 매우 컸음을 보여주는 것으로 충분한데, 이윤 이주 형제가 정계에 진출할 당시 사림들의 대간 활동은 최고조에 달하는 시기였다. 이원의 손자나 증손자들이 신예로 활동한 것은 이런 시대적 배경의 연장선상에서 파악할 필요가 있다.

그런 정치 사회적 분위기를 반영하듯, 이윤(李胤)은 성균관 유생으로 있을 당시부터 활발한 언론 활동을 벌이고 있었는데, 당시 시대적 과제였던 불교 배척과 유교 진작을 맹렬하게 주장하였다.

조선이 건국된 이래 불교에 대한 정비 문제는 큰 숙제였다. 이에 함부로 승려가 되는 길을 막기 위한 도첩제를 도입했는데, 이는 군역(軍役) 면제자인 승려의 수를 억제하여 군정(軍丁)을 확보하는 동시에 자연스런 척불이 가능했기 때문이다. 성종 8년(1477)부터 도첩 없는 승려를 색출하여 충군(充軍)하는 규정을 만들기도 했으나, 국가적인 토목공사에 동원된 부역승(赴役僧)에게는 도첩이 지급되고 있던 상황이었다. 특히 성종 14년경에는 창덕궁과 수강궁 수리를 위한 대대적인 토목공사가 벌어지고 있었는데, 여기에 동원 된 무리들에게 도첩이 남발되고 있음을 성균관 유생 이윤(李胤)이 엄준하게 따지는 상소를 올렸다.

60 『성종실록』 권91, 성종 9년 4월 을묘조.
61 『성종실록』 권130, 성종 12년 6월 무진~계유조. 7월 갑술조.

전하께서 즉위하신 이래로 삼대(三代)의 정치에 뜻을 두시어, 정도(正道)를 존숭(尊崇)하고 이단(異端)을 배척하시어 모든 승도(僧徒)로서 도첩(度牒)이 없는 자는 모두 충군(充軍)하게 하셨으니, 온 나라 신민(臣民)들로 어느 누가 기뻐하지 않았겠습니까? 그런데 요사이 영선(營繕)이 한 번 일어나자, 승도들을 불러 모아서 한 달 동안 부역을 하면 그 당자에게 도첩을 주기를 허락하여, 처음에 정한 액수(額數)가 2천 명에 이르렀으니, 그 수가 이미 많습니다. …… 궁(宮)을 영건(營建)함으로 인하여 천만(千萬)의 백성을 잃는 것이니, 나라의 근본이 어찌되겠습니까? …… 엎드려 원하건대, 전하께서는 하늘같은 굳센 결단을 내리시고 구원 계획을 생각하시어, 모든 승도로서 부역한 자에게 도첩을 허락하지 않는다면, 국가에 매우 다행하며, 우리 유도(儒道)에 있어서도 다행이겠습니다.[62]

척불 상소는 태조 이래 줄곧 있어 온 것이지만, 성종 후반의 것은 차원이 다른 것이었다. 건국한 지 한 세기가 지나 유교정치 이념이 정착하던 때였기에 그 비판의 수위는 더욱 높아만 갔다. 성균관 유생으로 있던 이윤의 척불에 대한 상소는 이후에도 지속될 수밖에 없었다. 수강궁 공사에 동원된 승도들에게 도첩을 남발해서는 안 된다는 성균관 유생들의 상소에 반감을 품은 중들이 학교로 난입하여 행패를 부린 사건이 발생하였기 때문이다. 이에 이윤은 동료 유생들을 이끌고 "깊은 산림에 들어가 고행 수도(苦行修道)함이 본래 석씨(釋氏)의 도(道)라 거리를 횡행하는 것도 이미 옳지 않은데, 더구나 이제 학교를 침범(侵犯)하여 유관(儒冠)을 난폭하게 욕을 보인 것이겠습니까? …… 저 중이 된 자는 인륜(人倫)을 멸절(滅絕)하고 인의(仁義)를 충색(充塞)하였으므로, 대저 사람마다 잡아서 죽여야 하니, 비록 5척 동자(五尺童子)라도 어찌 배척하는 마

---

62 『성종실록』 권158, 성종 14년 9월 신축조.

음이 없겠습니까. 사악함이 올바른 것을 이길 수 없음이 오래 되었는데, 어찌 스스로 그치지 않고 도리어 학교를 공격합니까. …… 삼가 원하옵건대, 전하께서는 빨리 유사(攸司)에 명하여서 극형(極刑)으로 처치하여 도시에서 그 머리를 장대[竿]에 달면, 유도(儒道)에 매우 다행하고 국가에 매우 다행이겠습니다.”라는 강경한 소를 올렸다가[63] 동료 정여창(鄭汝昌) 등과 함께 의금부에 하옥되기까지 했다.[64] 이런 사림들의 끈질긴 노력으로 도첩제는 결국 성종 23년에 가서야 최종적으로 폐지되기에 이르렀다.[65]

이처럼 이윤은 유생 신분일 때부터 강경한 사림의 현실인식과 자세를 취하고 있었음을 볼 수 있는데, 이후 이윤은 성종 17년(1486) 식년시(式年試)에 급제하여[66] 승정원 주서를 거쳐 연산군이 즉위한 후에는 사헌부 지평과 장령 등을 역임했다. 연산군 4년(1498년) 사간원 대사간으로 있을 당시 무오사화(戊午士禍)에 연루되어 아우 이주와 함께 거제에 유배당했다가 2년 만에 풀려났으나, 갑자사화(甲子士禍)로 또 다시 시련을 겪어야만 했다. 아우 이주가 처참한 죽임을 당했기 때문이다. 그는 다행히 화를 모면하여 1506년 극적인 중종반정이 성공하자, 부름을 받아 홍문관 응교·전한 등을 역임한 뒤 부제학에 오르는 등 연 이어 청직(淸職)을 맡았다.

이윤보다 2년 늦게 문과에 합격하여 관직에 오른 그의 아우 이주(李胄)[67] 또한 당대 사림파의 전형적인 삶을 살다 간 인물이기에 후세 사람

---

63 『성종실록』 권163, 성종 15년 2월 기사조.
64 『성종실록』 권163, 성종 15년 2월 경오조.
65 『성종실록』 권272, 성종 23년 12월 계묘조.
66 『국조문과방목』 성종 17년 병오 식년시(式年試).
67 『국조문과방목』 성종 19년 무신 알성시(謁聖試).

들에게 자주 회자되곤 했다. 이주가 문과에 합격하여 첫 발령을 받은 직책이 예문관 한림 벼슬 검열(檢閱)이었다. 예문관 소속 전임 사관(史官)들은 종9품의 검열 4명을 비롯하여 봉교(奉敎, 정7품) 2명과 대교(待敎, 정8품) 2명 등 모두 8명으로 구성되어 있으며, 이들이 2명씩 교대로 근무하면서 사초를 작성하는 업무를 수행하게 된다. 사관들의 품계가 낮은 것은 과거에 급제한 신진기예를 선발했다는 의미이고, 선발과정 또한 매우 엄격하여 반드시 전임자의 추천과 사관 전원의 동의가 있어야만 임명되는 것이 관례였다.[68]

이주가 성종 이후부터 무오사화가 일어난 시점까지 활약하면서 돋보였던 점은 3가지였다. 첫 번째는 사관제도 정착에 기여했다는 점이고, 두 번째는 대간의 언로를 더욱 확대하기 위한 노력이었다는 점이며, 세 번째는 소릉 복위를 위해 노력했다는 점이다. 이 세 가지는 당시 사림파들에게 직면한 여러 문제들 중에서도 시급한 해결 과제이기도 했고, 훈구세력을 보다 효과적으로 제지할 수 있는 방안이기도 했다.

주지하듯이 조선시대 사관제도는 중국의 것을 모방하였지만, 조선 나름대로의 특성들이 자리 잡혀가면서 방대한 『조선왕조실록』을 남겼다는 것에서 문화민족으로서의 긍지를 느끼게 하는 부분이다. 그런데 여기에는 수많은 인물들의 숨은 노력들이 있었기에 가능한 일이었는데, 유독 고성이씨 인물들과 연관된 일화들이 많다는 점이다. 조선조 사관제도가 정착하는 과정에서 가장 큰 걸림돌이 입시(入侍) 문제인데, 입시란 글자 그대로 국왕이 정사를 펴는 자리에 임석하여 기록하는 것을 말한다. 그런데 초창기에는 사관들이 국왕이 있던 전각 건물 뜰의 계단에서 부복하여 기록했는데, 멀리서 잘 들리지도 않는 상황이라 매우 불편했다. 이

---

68   박홍갑, 1999, 『사관 위에는 하늘이 있소이다』, 가람기획.

를 해결하여 전각 안으로 입시하도록 허락을 받아낸 인물은 다름 아닌 철성공 이원이었다는 점을 전술한 바가 있다. 이때부터 젊은 사관들이 전각 안으로 들어가긴 했으나, 바닥에 엎드려 고개를 들지 못하는 까닭에 음성만 듣고 기록해야 하는 불편함이 있었다. 그 후 성종 20년에 와서야 비로소 임금 좌우에 각 1명씩 입시하여 앉아서 기록하는 관례가 생겼는데, 이는 이원의 증손이었던 이주가 사관이었을 당시 성종에게 올린 건의에 따른 것이었다.

> 신 등은 직책이 일을 기록[記事]하는 데 있사온데, 무릇 신료(臣僚)들이 일을 아뢸 때에 땅바닥에 엎드리어 머리를 들지 못하므로, 다만 그 음성(音聲)만 듣고 용모(容貌)를 보지 못하니, 어찌 능히 그 사람을 분변(分辨)할 수 있겠습니까? 이것으로 인하여 일을 기록한 데 의심스러운 점이 없지 않을 수 없습니다. …… 이에 성종은 "그렇다면 서서 일을 기록하려 하는가?" 하였다. 이주는 "신은 서려고 하는 것이 아닙니다. 엎드려서 일을 기록하면 마음에 의심스러운 점이 있고, 또 옛날에는 좌사(左史)가 말을 기록하고, 우사(右史)가 일을 기록하였으니, 옛날의 사관(史官)은 반드시 좌우(左右)로 나눈 것이 분명합니다. 신이 또 듣자오니, 중국의 사관(史官)은 지필(紙筆)을 잡고 황제(皇帝)의 좌우(左右)에 선다고 합니다. 중국의 제도도 이미 이와 같으니, 땅바닥에 엎드리어 일을 기록하는 것은, 신은 옳지 못하다고 여깁니다."하니, 성종은 "사관이 잘못 기록하는 것을 어찌 직필(直筆)이라 하겠는가? 이 말은 과연 옳다."하고, 이어서 좌우(左右)에 물으시더니 "이제부터 사관은 앉아서 일을 기록하라."하였다.[69]

이 일이 있고 난 후 얼마 지나지 않아 이주(李胄)와 동료 남궁찬(南宮

---

69 『성종실록』 권233, 성종 20년 8월 임자조.

璨)은 사관 임무와 관련하여 또 한 차례 성종과 큰 의견 차이를 보이며 대립했다. 궁중의 은밀한 문제와 관련하여 죄인을 국문하는 자리에 성종은 도승지 한건(韓健)만 추국 현장에 참석하도록 조치하였는데, 이에 대한 반대 의견을 낸 것이다. 성종의 입장에서는 도승지 한건이 기록한 것을 사관에게 넘겨주면 된다는 입장이었지만, 이주는 사관 직책을 가진 자만이 사초를 기록해야 한다는 원칙론을 고수하였는데, 이에 대한 분위기는 심상찮게 돌아갔다. 이에 대한 의견들이 크게 상충한 것에 대해 성종은 "이주 등이 나의 말을 받들지 않았으므로 놔둘 수 없으니, 사헌부(司憲府)로 하여금 국문하게 하라." 하고, 홍문관 교리(弘文館校理) 정경조(鄭敬祖)·조지서(趙之瑞)·강경서(姜景敍)에게 명하여 대신 일을 기록하게 하였다.[70] 그러자 대간에서 연이어 성종에게 부당하다는 간언을 올리게 되었고, 심지어 훈구대신이던 윤필상 조차 대간들의 청을 들어줘야 한다는 입장이었다.[71] 이리하여 성종은 "내가 어찌 사관(史官)들로 하여금 끝내 그 일을 듣지 못하게 하려 하였겠는가? 기밀(機密)의 일은 비밀로 하지 않을 수 없는 법인데, 이주 등이 한건(韓健)은 춘추관(春秋館) 관원이 아니므로 일을 기록할 수 없다고 한 것이 어찌 신하된 도리이겠는가? 그러나 이주 등은 과연 사체를 알지 못한 것이니 마땅히 그대의 말대로 하겠다."하고는 이조(吏曹)에 전교를 내려, "사관(史官) 이주(李胄)와 남궁찬(南宮璨) 등은 그의 직(職)을 바꾸지 말라."하였다.[72]

이주의 두 번째 활약은 언관(言官) 임무였다. 연산군이 즉위한 후 사간원으로 그 직을 옮겨 김일손과 함께 대간의 언로(言路)를 막아서는 안 된다는 취지의 서계(書啓)를 올렸다. 연산군이 "내가 즉위한 이래로 대

---

70 『성종실록』 권233, 성종 20년 10월 정해조.
71 『성종실록』 권233, 성종 20년 10월 임인조.
72 『성종실록』 권233, 성종 20년 10월 경술조.

간이 노상 궐정에 서서 논쟁만 벌이고 있으니, 저 어리석은 백성들의 생각에 지금 사왕(嗣王 ; 연산군 자신을 지칭함)이 무슨 과오가 있어 이 지경에 이르는 것인가 라고 여길까 염려된다."는 것에 대한 반론이었다.

시작은 풍문 탄핵에 대한 문제였다. 대간의 탄핵권에서 핵심적인 것이 풍문만으로 탄핵 가능한가 여부인데, 탄핵의 속성상 풍문만으로 탄핵이 가능하다는 쪽은 대간권의 확대를 의미하고, 불가능하다는 쪽은 대간권의 확대를 막는다는 취지였다. 이주나 김일손 입장에서는 당연히 풍문 탄핵이 가능하다는 입장이었는데, 국왕인 연산군 입장에서는 허용해 줄 일이 아니었다. 더군다나 예민한 사안을 놓고 사간원 내부에서도 의견 일치를 보지 못한 상황에서 연산군이 대간의 정상적 언로를 축소할 기미가 보이자, 사간 이의무(李宜茂)·헌납 김일손(金馹孫)·정언 이주(李胄) 등이 다시 힘을 합쳐 논계하였다.[73] 이들은 재차 언론의 공도(公道)를 중요시해야 한다는 점을 들어 사피하기를 청했으나 연산군은 들어주지 않았다.[74] 아무튼 이주의 관료 생활은 성종 20년부터 시작하여 무오사화가 일어나는 시기까지 7~8년 정도의 짧은 기간이었고, 대개 한림원에서 사관으로 그리고 사간원에서 대간으로 지내다 생을 마감했는데, 선배 사림인 김일손과 함께 하는 시간이 많았음을 알 수 있다.

성종이 친정을 시작한 성종 8년부터 성종 17년 동안에는 대간권이 크게 신장된 시기였다. 이에 비해 그 이후부터 성종치세를 마감하는 성종 25년까지는 지나친 대간권의 확대로 성종조차 제어할 수 없는 지경에 이르렀다. 여기에다 홍문관이 언론기구로 변질되면서 사헌부 사간원과 함께 대신들을 탄핵하거나 임금에 대한 간쟁이 크게 늘었다. 훈구대

73　『연산군일기』 권11, 연산군 1년 12월 계축조.
74　『연산군일기』 권11, 연산군 1년 12월 갑인조.

신을 견제하기 위해 대간을 의도적으로 키웠던 성종에게 이제는 큰 부담이 되었다.

이리하여 성종 집권 말기에는 대신과 대간이 마치 호랑이 두 마리가 싸우는 것과 같은 형국이 되어 버린 것이다.[75] 비폭력적인 유교정치가 꽃 피우게 한 성종이었건만, 적절한 견제와 균형을 넘어 갈등과 분열로 치닫게 되었다. 이런 정치적 유산을 물려받은 연산군이 대통을 이어받았다. 연산군은 왕권에 도전하는 신권 제압이 절실하다고 느꼈지만, 대간들의 반발 또한 만만치가 않았다. 연산군은 이를 용서가 되지 않을 능상(凌上)으로 간주했다.[76] 대간의 왕권에 대한 지나친 견제를 능상으로 간주한 이상 그것이 지속될 경우 피바람은 예고된 것이나 다를 바 없었다.

이칙(李則)이나 이육(李陸)이 문과에 합격할 당시는 세조 8년과 10년으로 실험적인 사림정치가 시작되기 전이었을 뿐만 아니라 공신 자손이라는 훈구적 위세가 남아 있었다는 점에서 본격적인 사림의 길을 걷기란 어려웠다. 그럼에도 이칙의 경우를 보면, 사림의 모범이자 선비의 표상으로 일컬어져야 할 인물이 아닐 수 없다.

이칙은 19세 되던 세조 2년(1456) 진사시에 합격한 후 세조 8년(1462) 식년문과 병과에 급제하여[77] 장흥고 직장(直長)에 보임되었다. 세조 집권 과정에서 불거진 사육신 사건으로 집현전이 폐지되자, 젊은 문사(文士)들을 대거 겸예문(兼藝文)으로 임명하여,[78] 문풍(文風)을 진작시키려 노력했다. 아울러 적극적인 문교정책을 위해 향후 지향해야 할 학문(學門) 분야를 세분하였는데, 각 학문별로 6명의 정원을 두어 젊은 문

75　『성종실록』권290, 성종 25년 5월 임진조.

76　김범, 2007,『사화와 반정의 시대』, 역사비평사.

77　『문과방목』세조 8년 임오 식년시(式年試) 병과(丙科).

78　『세조실록』권33, 세조 10년 7월 6일 정사조.

신(文臣)을 배정하였다. 이 때 김종직은 사학문(史學門)에, 이칙은 시학문(詩學門)에 배정되었다.[79] 당시 학문 자체를 천문(天文)·풍수(風水)·율려(律呂)·의학(醫學)·음양(陰陽)·사학(史學)·시학(詩學) 등 7개 분야로 나누었던 것에서 볼 수 있듯이, 유학과 잡학(雜學)의 완연한 차별성을 보이지 않는 단계였다. 점필재 김종직이 사학과 시학을 제외한 다른 학문은 유학자들이 할 바가 아니란 불만을 제기하여 세조에게 미움을 받았던 것에서도 짐작되듯이, 아직 성리학 사회가 정착되지 못한 상태였다.

이칙은 조산대부(朝散大夫) 행 의정부검상 겸 승문원교리(行議政府檢詳兼承文院校理) 신분으로『세조실록』편찬을 하는 기주관(記注官)으로 활약했다. 이후 이조정랑 등을 거친 후 성종 때에 또 다시 재주와 행실을 겸비한 30명을 선발할 때 예문관(藝文館) 겸관(兼官)으로 차정(差定)되었고,[80]『세조실록』수찬을 잘 마무리한 공으로 후한 상을 받았다.[81]

성종 6년 당시 회간왕(懷簡王:성종 생부 의경세자. 후일 덕종으로 추존됨) 부묘(祔廟)에 대한 매우 민감한 정치 사안이 대두되었는데, 성종이 적장자로 계승한 임금이 아니었기에 예종 양자로 입적되어 대통을 이어받을 수밖에 없었기 때문이다.[82] 그럼에도 성종은 그의 생부를 추숭하여 종묘에 위패를 모시겠다는 강한 의지를 내보였지만, 신하들 입장에서는 선뜻 동의할 수 없는 미묘한 파장이 예상되고 있었다.

이 때 이칙은 "낳아 준 은혜는 비록 끊을 수 없더라도 정통(正統)의 계승을 문란하게 할 수는 없습니다. 전하께서 이미 양도왕(襄悼王:예종)의 뒤를 이었으니, 회간왕(懷簡王)에게 사자(嗣子)라 일컬을 수 없습니

---

79 『세조실록』권33, 세조 10년 7월 27일 무인조.
80 『성종실록』권4, 성종 1년 4월 5일 계축조.
81 『성종실록』권13, 성종 2년 12월 18일 을유조.
82 『종묘의궤』제3책, 추숭(追崇) 갑오년(1474, 성종5) 8월~9월조.

다. 이미 사자라고 일컫지 못한다면 부묘(祔廟)하는 것도 옳지 못합니다마는, 그러나 회간왕은 이미 중국 조정에서 명(命)을 받았은즉, 월산대군(月山大君)으로 가묘(家廟)의 제사를 받들게 함도 예(禮)에 어그러짐이 있으니, 신 등의 뜻으로는 황백고(皇伯考) 회간대왕(懷簡大王)이란 칭호를 올리고, 전하께서는 효질(孝姪)이라 일컬어 봉사(奉祀)한다면, 공의(公義)도 사은(私恩)도 편폐(偏廢)함이 없을 것입니다." 라는 다소 과감한 중재안을 냈다.[83] 이러한 중재안을 바탕으로 성종은 결국 자신의 의지를 관철하여 생부를 덕종(德宗)으로까지 추존하고 종묘에 위패를 모시는 부묘에 성공했다. 이 사건은 성종의 친정(親政)으로 가는 매우 중요한 역할을 한 것으로 평가받고 있는데, 이칙이 큰 역할을 하였음을 알 수 있다.

성종 8년(1477) 주청사(奏請使) 서장관(書狀官)으로 명나라에 다녀온 이칙은,[84] 이어 통훈대부 사헌부 집의에 제수된[85] 이래 대간(臺諫) 업무에 충실했다. 이 당시 대간의 권한과 역할은 크게 신장되어 갔는데, 성종의 적극적인 지원책 때문이었다. 성종이 즉위할 당시는 막강한 원로대신들이 국정을 주도해 갔기 때문에 자신의 친정(親政)을 위한 선결조건은 원로대신들을 견제하는 것이었다. 그리하여 성종은 대간들의 활동과 권한을 크게 보장해 주기 시작했고, 이런 분위기 속에서 이칙의 대간 활동 역시 매우 의욕적인 면을 넘어 과감하기까지 할 정도였다.

성종 10년에 당상관인 통정대부(通政大夫)로 승진하여 형조참의(刑曹參議)에 제수되었다.[86] 성종 11년(1480)에는 성균관 대사성으로[87] 교학

---

83 『성종실록』 권59, 성종 6년 9월 16일 임술조.
84 『성종실록』 권76, 성종 8년 2월 9일 무인조.
85 『성종실록』 권85, 성종 8년 10월 2일 병신조.
86 『성종실록』 권110, 성종 10년 윤10월 5일 정사조.
87 『성종실록』 권113, 성종 11년 1월 5일 병술조.

(敎學)에 힘쓰다가, 전라도관찰사로 전임되자 유생들이 여러 차례 그의 유임을 상소하였다.

성종 말년에 임사홍(任士洪)을 재 등용하려는 움직임이 있자,[88] 지파 (支派)로 대통을 잇고서 종묘사직의 중함을 생각지 않는다는 복합(伏閤) 상소를 올렸다가 큰 노여움을 산 적이 있다.[89] 쫓겨나 있던 임사홍이 정 미년(1487)에 외척 세력에 힘입어 점차 등용될 징조가 보이자, 대사헌 이칙(李則)이 동료들을 거느리고 합문(閤門)에 엎드려 극력 다투어 아뢰 기를, "전하께서는 방계(傍系)로써 왕통을 이었으니 어찌 종묘와 사직의 중함을 생각하지 않으십니까."라며 극간(極諫) 하였다. 임금은 노하여 문 기를, "무슨 말이냐?" 하니, 이칙이 아뢰기를, "아들이 아버지를 잇는 것 은 진실로 떳떳한 일이지만, 만약 부자상전(父子相傳)을 아니하고 백성 을 위하여 임금을 선택한다면 성인이 아니면 안 될 것입니다. 신은 전하 께서 요(堯)·순(舜)이 되실 것을 바랐사온데 이제 간하는 말을 따르지 않 으시니 신은 실로 마음이 아픕니다."라는 극간(極諫)을 마다하지 않았고, 이 말은 듣는 이로 하여금 등에 땀이 나고 목을 움츠리게 하였으니,[90] 이칙이야말로 간(諫)을 아끼지 않은 진정한 신하였다.

임사홍은 세조부터 중종에 이르는 기간 동안 사림(士林)의 배척을 받 은 조선조 희대의 간신으로 낙인찍힌 인물이었다. 그의 첫째 아들 임광 재(任光載)는 예종의 딸인 현숙공주(顯肅公主)에게 장가들어 풍천위(豊 川尉)가 되었고, 셋째 아들 임숭재(任崇載)는 성종의 딸인 휘숙옹주(徽淑 翁主)와 혼인하여 풍원위(豊原尉)가 되었다. 이렇듯 임사홍 집안은 왕실

---

88 『성종실록』권221, 성종 19년 10월 19일 기유조.
89 『성종실록』권221, 성종 19년 10월 20일 경술조 ; 10월 21일 신해조 ; 11월 16 일 을해조 ; 11월 19일 무인 ; 11월 23일 임오조.
90 『연려실기술』제6권, 성종조 고사본말, 「척임사홍(斥任士洪)」.

과 중첩적인 혼인을 맺은 부마 집안으로써, 권력의 핵심부에 들어가 유자광과 함께 파당을 만들어 권력을 휘둘렀다. 그러다 성종 9년(1478) 대간의 강력한 탄핵을 받아 유배되었는데, 성종 후반기에 재차 등용 기미가 보이자, 이를 차단하기 위해 대사헌 이칙이 앞장서서 반대했던 것이다.

성종 임금이 반궁(泮宮)에 행차하여 옛 글을 강론하고 직언을 구하려고 하였다. 이때 마침 노사신(盧思愼)과 이승소(李承召)가 어떤 일에 대하여 아뢰었으나 임금이 들어주지 아니한 일이 있었다. 이칙(李則)이 나와 아뢰기를, "노사신과 이승소는 노성(老成)한 대신인데도 아뢴 바를 들어주시지 않으셨거늘, 하물며 성균관에 행차하여 다시 무슨 말을 구하시렵니까." 하자 임금이 그 말에 마음을 움직였다.[91] 이렇듯 공은 "임금에게 인정을 받았는데, 생각한 것이 있으면 즉시 다 말하고 조금도 두려워하거나 기피함이 없었다. 매양 소를 올릴 적에는 반드시 『서경(書經)』에 있는 "다른 사람의 말이 너의 마음에 거슬리거던 반드시 도리[道]에서 구하라."는 말을 인용하니, 임금은 그의 말을 모두 따랐다."라고 전한다.[92]

또한 "공은 젊어서 호탕하고 얽매이지 않아 작은 허물은 제쳐두고 개의치 않으니 사람들이 그 끝간 데를 알지 못하고, 드디어 후한 사람 황헌(黃憲)의 자(字)에 비유하여 '도량 넓기가 만경(萬頃) 같은 것이 또한 우리 숙도(叔度)이다'라고 하였다. 이처럼 학문이 넓고 오래도록 기억하여 문장을 함에 붓을 잡으면 성취하였으며, 말을 하면 사람을 놀라게 하였다."라는 묘갈에서 표현한 것처럼,[93] 선비 정신의 표상이요, 뭇 사람의

---

91 『연려실기술』 제6권, 성종조 고사본말, 성종.

92 이행(李荇), 『용재선생집(容齋先生集)』 권10, 「자헌대부지중추부사겸춘추관사 증시정숙공묘갈명(資憲大夫知中樞府事兼春秋館事贈諡貞肅公墓碣銘) : 1521년)」: 『연려실기술』 제6권, 성종조 고사본말, 「성종조 명신」.

93 이행(李荇), 『용재선생집(容齋先生集)』 권10, 「자헌대부지중추부사겸춘추관사 증

사표였다.

역대 어느 임금도 따라올 수 없을 정도로 간(諫)에 너그러웠던 성종이었건만, 공의 직간(直諫)은 옆에 있던 시신(侍臣)들의 등줄기에 땀이 흐를 정도였다는 후대의 평가에서 보듯, 아무도 흉내 낼 수 없는 그만의 풍모를 지니고 있었다. 참으로 올곧은 선비의 표상이자, 후대에까지 모범을 보인 위인(偉人)으로 꼽는 데 주저해서는 안 될 인물이었다.

성종 20년(1489)에 동지중추부사에 제수되었다가[94] 다음해 대사성을 거쳐 충청도관찰사로 나갔고,[95] 성종 24년(1493) 평안도관찰사, 이듬해에 지중추부사가 되었다가 연산군 2년(1496)에 생을 마감했다. 공의 선견과 직언·덕망은 사표(師表)가 되었고, 시호는 정숙(貞肅)이다.[96]

4. 무오·갑자사화와 고성이씨

이칙의 사촌이던 이육은 『청파극담(靑坡劇談)』의 저자로 잘 알려져 있다. 행촌(杏村)·평재(平齋)·용헌(容軒) 선대 3세의 유고(遺藁)가 있었으나 오래 되어 산실될 위험에 처하자 공이 편집하여 세상에 전해지게 되었으니, 곧 『철성연방집(鐵城聯芳集)』이다. 공이 남긴 「유지리산록(遊智異山錄)」이 『동문선』에 전해내려 온다.[97] 절친했던 동료이자 사돈이었던 허백당 성현(成俔)이 찬한 신도비명에는 다음과 같이 기록했다.

시정숙공묘갈명(資憲大夫知中樞府事兼春秋館事贈諡貞肅公墓碣銘) : 1521년)」.
94 『성종실록』 권225, 성종 20년 2월 28일 병진조.
95 『성종실록』 권229, 성종 20년 6월 14일 신축조.
96 『연산군일기』 권14, 연산 2년 4월 29일 병오조.
97 『속동문선』 제21권, 녹(錄) 「유지리산록(遊智異山錄)」.

철성 이씨는 나라의 대성(大姓)이니, 혁혁한 제현(諸賢)이 대대로 그 여경(餘慶)을 도타이 하도다. 공에 이르러 덕행(德行)이 넉넉하니, 벼슬에 나아가 일을 맡아서 그 바른 것을 잃지 않았도다. 효우(孝友)와 공각(恭恪)은 천성에서 나오고 문사(文辭)가 싹터 나온 것은 마음과 손이 서로 어울린 것이로다. 담론(談論)이 도도하여 경쟁하는 사람 없고, 정명(精明)이 비추는 곳에서는 아무 것도 밝은 거울을 피하지 못하도다. 형옥(刑獄)을 심리하면서는 먼저 오청(五聽)을 변별하였고 언책(言責)을 맡으면서는 충직한 말을 하여 간쟁(諫諍)하도다. 네 도(道)의 관찰사로 나가서는 모두가 선정(善政)에 감복하였고, 육조(六曹)를 두루 거치면서 칭송이 컸도다. 경륜(經綸)의 큰 솜씨는 나라의 권병(權柄)을 맡겨 마땅한데, 어찌하여 덕(德)은 넉넉히 지니게 하고 수명에는 인색하였는가? 선경(善慶)이 쌓인 곳에 문벌(門閥)이 창성해질 것이고, 우뚝하게 큰 비석이 있으니 보는 자가 공경하는 마음을 일으키리라.

이육(李陸)은 무오사화 몇 개월 전에 죽었지만, 고신(告身)을 삭탈 당하는 처벌을 받았다.[98] 실록청 당상으로서 김일손 사초(史草)를 보고도 즉시 계달하지 않았다는 죄목이었다. 이듬해 정월 이육 어머니가 상언(上言)으로 억울함을 호소하여 직첩을 결국 돌려받았다.[99] 이육(李陸)의 죄는 사초를 보고 즉시 아뢰지 않았던 것뿐이며, 파직당한 당상들도 복직되었으니 이육(李陸)의 직첩도 돌려주는 것이 마땅하다는 윤필상 의견에 연산군도 동의했다.[100] 아무튼 이육은 무오사화 직접적인 연루자 44명 가운데 한명이었다. 이 때 사형에 처해진 자가 7명에 불과하다는 것은 후일 연달아 일어났던 사회의 예고편에 불과했다. 후일 갑자사화에서는 그 규모가 훨씬 광범위하고 컸기 때문이다.

---

98 『연산군일기』 30권, 연산 4년 7월 26일 경신조.
99 『연산군일기』 32권, 연산 5년 1월 24일 갑신조.
100 『연산군일기』 30권, 연산 4년 7월 26일 경신조.

이칙과 이육의 사촌이었던 이굉(李浤)은 성종 11년(1480)에 문과에 합격하였다. 여러 관직을 거쳐 연산군 6년 사헌부 집의(司憲府執義)에 제수되어[101]경학(經學)을 위주로 강독하기를 진헌함과 아울러 경연(經筵)을 멀리 하지 말 것을 촉구했다.[102] 예빈시 정(禮賓寺正)·승문원 판교(承文院判校)로 옮겼다가, 연산군 9년(1503)에 통정대부(通政大夫)로 승진하여 상주 목사(尙州牧使)에 임명되었는데, 이듬해 갑자년(甲子年)에 조카 이주(李胄)가 정언(正言)으로 있으면서 언사(言事)로 죄를 입은 데 연좌되어 영해(寧海)로 귀양 갔다.

중종반정(中宗反正)으로 사유(赦宥)되어 첨지중추부사(僉知中樞府事)를 제배하고, 병조 참지(兵曹參知)로 옮겼으며 얼마 후에는 참의(參議)로 제수되었다. 정묘년(丁卯年, 1507년 중종 2년)에 특별히 가선 대부(嘉善大夫)에 올라 충청도 병마절도사(忠淸道兵馬節度使)를 제수하였으나 고향에 돌아가 아버지 봉양을 위해 사직하니, 경상좌도 수군절도사(慶尙左道水軍節度使)로 바꾸라는 은명(恩命)을 입었다.

동지중추부사(同知中樞府事)·한성부 좌윤(漢城府左尹)을 제수 받았고,[103] 1512년에 개성부 유수(開城府留守)로 제배되었다.[104] 중종 8년(1513)에 치사(致仕)하니[105] 다시 동지중추부사로 제배되었는데, 병을 핑계하여 안동 농장(農庄)으로 돌아와 여러 차례 치사를 빌었으나, 윤허 받지 못하다가 간절히 청원한 뒤에야 허락을 받았다.

이굉은 낙향한 낙수(洛水) 상류에 귀래정(歸來亭)이란 정자를 짓고

---

101 『연산군일기』 37권, 연산 6년 5월 10일 계해조.
102 『연산군일기』 37권, 연산 6년 5월 19일 임신조.
103 『중종실록』 14권, 중종 6년 8월 4일 신사조.
104 『중종실록』 15권, 중종 7년 3월 13일 무오조.
105 『중종실록』 18권, 중종 8년 3월 8일 정축조.

날마다 그 안에서 생활하면서 여유롭게 즐겼다. 선부군(先父君)이 이곳에 터를 잡아 별장을 지으려고 하였으나 뜻을 이루지 못했는데 공이 이곳에 정자를 지었으니, 이 역시 선대의 사업을 계승한 일단(一端)이다. 낙동강이 합수되는 경승지에 지은 이 정자는 그 의미가 도연명(陶淵明)의 귀거래사(歸去來辭)에 나오는 글 뜻과 흡사하여 이름을 귀래정(歸來亭)이라고 지었다 한다. 조선후기 인문지리학자 이중환이 쓴 『택리지(擇里志)』에는 임청각 별당인 군자정 및 하회의 옥연정과 함께 안동에서 으뜸가는 정자로 꼽았다.

이굉은 타고난 자질이 영특하고 매우 침착 과묵하였으며 관후(寬厚)한 장자(長者)였다. 부모에게 효도하고, 형제들과 우애하였으며, 벗과 다른 사람을 각별하게 마음과 예의를 다해서 대하여 모두에게 환심(歡心)을 샀다. 시문(詩文)은 평담(平淡)하여 제배(儕輩)들의 대단한 추중(推重)을 받았다.

이굉이 서울에 있을 때 영상(領相) 문성부원군(文城府院君) 유순(柳洵), 이상(二相) 한산군(漢山君) 이손(李蓀), 판서 안침(安琛), 참판 김선(金瑄) 등 10여 분과는 남학(南學)에서 함께 공부한 옛날 동배들인데, 이때에 이르러 모두 70세를 넘겼기에 기로회(耆老會)를 결성하여 좋은 날 아름다운 계절에 돌아가며 집에 모여서 마시며 담소(談笑)하고 강론(講論)하길 즐겼다. 사대부들이 모두 감탄하고 경모(景慕)하여 성대한 일이라 하여 낙중기영회(洛中耆英會)에 비견하였다.

공은 벼슬에 물러나 퇴거(退居)해서는 향리에 돌아와 이곳 대부(大夫)들이나 순근(諄謹)한 노상사(老上舍)들과 함께 진솔회(眞率會)를 만들어 꽃피는 아침이나 달뜨는 저녁이면 모여 즐겁게 술을 마셨다. 집안은 가난하였으나 걱정하지 않아 있고 없음을 묻지 않았으며, 손님이 이르면 은근히 음식 대접을 독촉하여, 모두 동이 나도록 아침부터 저녁까지 지내는 것을 예사로 하였다. 선부군(先府君)이 사직하고 안동(安東) 전사(田舍)에 살면서 향리의 기로(耆老)들을 모아 우향계(友鄉契)를 만들어 날마다 그들과 노닐었는데, 공이 진솔회를 만들어 기로들을 좌우에서 모시며 접대하기를 이어가니, 모두 어진 자제(子弟)라고 일컬었다. 공은 76세에 병으로 집에서 졸(卒)하니, 정덕(正德) 병자년(丙子年, 1516년 중종 11년) 4월 초6일이었다. 황효헌(黃孝獻)이[106] 남긴 묘지명(墓誌銘)이 전한다.

연산군 시절 일어난 사화(士禍)에서 피해를 입은 고성이씨 인물들 중에는 안동으로 낙향한 참판공 후예들이 많았다. 연산군 4년(1498)에 일어난 무오사화에서 직접적인 화를 당한 고성이씨 인물은 이주였다.

연산군 4년 무오사화가 일어나자 추관(推官)이 이주를 심문하였다. 강귀손(姜龜孫)은 대사헌이 되어 사옥(史獄)에 참국(參鞫)하고, 좌우와 더불어 말하기를, '내가 승지가 되었을 적에 정언 이주가 아뢰기를 '성종은 우리 임금이다'하였으니, 그 말이 놀랄 만한 것이라 하였다.[107] 추관이 이주에게, "네가 성종을 일러, 내 임금이다 라고 했다면 금상(今上)은 유독 네 임금이 아니란 말이냐?"하니, 이주는 말하기를, "『맹자』에 '내 임금이 놀지를 못하면'이란 대목이 있고, 또 '내 임금의 아들'이란 말이 있기 때문에 신도 역시 성종을 내 임금이라 이른 것이옵니다."하므로, 연산군은 명하여 고쳐 묻게 하였는데, 이주의 대답은 전과 같았다.[108]

---

106 황효헌은 영의정 황희(黃喜)의 현손으로, 중종 9년(1514) 문과에 급제하여 홍문관 직제학 등을 역임한 후 만년 안동부사로 내려와 치적을 남겼다. 이행(李荇) 등과 함께 『신증동국여지승람』 편찬에 참여하였으며, 학문이 높고 문장으로 이름 높았다.

107 『연산군일기』 권29, 4년 5월 24일 기미조.

연산군은 정석견(鄭錫堅) 등의 초사(招辭)를 보고, 전교하기를, "이주의 말한 바는 반드시 내용이 있으니, 신문해 보라."했다. 윤필상 등이 이주를 형장 심문할 것을 청하니, 전교하기를, "이는 반드시 사연이 있을 것이니, 형장 심문하도록 하라."하였다. 이주는 형장(刑杖) 30대를 맞고 공초(供招)하기를, "신이 언관(言官)으로서 전하의 의향을 돌리고자 그리하였습니다. 어찌 딴 사정이 있사오리까."하였다.[109]

결국 이주는 김굉필(金宏弼)·박한주(朴漢柱)·임희재(任熙載)·강백진(康伯珍)·이계맹(李繼孟)·강혼(姜渾) 등과 함께 김종직의 문도(門徒)로 붕당을 맺어 서로 칭찬하였으며, 국정(國政)을 기의(譏議)하고 시사(時事)를 비방하였다는 죄목으로 화를 당하였다. 이주는 곤장 100대를 맞고 극변(極邊)으로 부처(付處)되고, 그 외 이종준·최보·이원·김굉필·박한주·강백진·이계맹·강혼 등은 곤장 80대에 먼 지방으로 부처되었다.[110]

아울러 이주는 김일손 등과 함께 소릉(昭陵)의 복위를 청했던 것도 연산군에게는 큰 죄목이 될 수밖에 없었다. 소릉을 복위한다는 것은 세조정권을 부정하는 것이기에 왕실 정통성 문제를 제기한 것이고 또한 세조 공신들을 부정하는 예민한 것이었다. 무오사화 연루자들 모두에게 형벌이 가해진 상황이기에 가족들이 사전에 자살하지 못하게 급히 잡아 가두도록 하였다. 그런 상황에서 훈구대신들이 김일손과 더불어 소릉(昭陵) 복위를 같이 간한 사람으로 이주(李胄)와 한훈(韓訓)이란 사실을 밝혀냈고, 이에 연산군은 김일손의 부친과 이주 부친을 부관참시(剖棺斬屍)하고,[111] 아울러 이주 아들을 난신(亂臣) 율(律)로 논죄하였다.[112] 이주

---

108 『연산군일기』 권30, 4년 7월 19일 계축조.
109 『연산군일기』 권30, 4년 7월 19일 계축조.
110 『연산군일기』 권30, 4년 7월 27일 신유조.
111 『연산군일기』 권56, 10년 10월 1일 무오조.

는 그의 형 이윤과 함께 진도로 유배되었다가 후일 갑자사화 때 처형당했으니, 짧은 생이었음에도 불구하고 역사에 큰 족적을 남긴 인물이었음이 분명하다.

연산군 10년에 일어난 갑자사화는 폐비 윤씨 문제가 직접적인 도화선이었지만, 사림은 물론 훈구세력까지 큰 타격을 입은 참화였다. 무오사화이후 왕권은 제어되질 않았고, 점차 사치와 향락의 세계로 **빠져들었**다. 연산군의 자의적인 왕권행사에 위기의식을 느낀 것은 대신들도 마찬가지였다. 서로 적대의식을 보였던 대신과 언론 삼사가 공조의 모습을 보인 것도 그 때문이었다. 이제 연산군은 대신들까지 능상으로 치닫는다고 믿었고, 이것이 갑자사화 규모가 확대된 주된 원인이었다.[113]

무오사화에서 유배형에 내려졌던 이주가 새로이 군기시 앞 거리에서 벤 머리를 장대에 매다는 효수형이라는 처참함을 겪게 된 것도 그런 이유 때문이었다. 아래 자료는 갑자사화 당시 이주가 처참하게 처형당한 모습이 잘 묘사되어 있다. 그리고 실록 편찬을 담당했던 사관(史官)들이 남긴 이주의 인물평이 첨부되어 있다. 일종의 졸기(卒記)인 셈이다.

의금부에서 아뢰기를, "이주(李胄)를 잡아 왔습니다." 하니, 전교하기를, "주(胄)가 전에 정언일 때 대간청(臺諫廳)을 대궐 안에 짓자고 하였으니, 너무도 무례한 짓이었다. 승지 권균(權鈞)이 그 죄명을 이주에게 효유하고, 이어 형벌을 감독하라"하였다. 그리하여 군기시 앞에서 베는데, 백관이 차례로 서고, 머리를 매달고 시체를 돌렸다.

이주는 젊어서부터 뜻을 세우고 힘써 공부하여 일찍 과거에 뽑혔으며, 강개(慷慨)하여 곧은 절개가 있었다. 글을 잘 지으며 시가 고매하고

---

112 『연산군일기』 권56, 10년 10월 1일 무오조.
113 김범, 앞의 책.

호상(豪爽)하여 옛사람의 기풍에 있었다. 김일손(金馹孫)·한훈(韓訓)과 함께 간원(諫院)에 있으면서 개연(慨然)히 말하는 것을 자신의 책임으로 삼아, 알면 말하지 않는 것이 없어 지탄 공격하되 피하는 일이 없었다. 무오년 사화(士禍)를 만나 오랫동안 외방에 찬축(竄逐)되어 있다가 이때에 와서 추후로 죄받은 것이다. 형 이윤(李胤)과 아우 이여(李膂)도 모두 당세에 이름이 있었다.[114]

이윤 이주 형제의 막내였던 이려(李膂)는 연산군 7년(1501) 생원시와 진사시 양과에 합격하였으나, 1504년에 일어난 갑자사화(甲子士禍)에 연좌되어 진도(珍島)로 귀양 갔다. 중종반정으로 해배된 이후 중종 5년(1510) 식년시에서 장원급제하였는데,[115] 그가 활동한 내용에 대해서는 후술할 예정이다.

이굉의 아우 이명(李洺)은 성종 17년(1486) 김일손 권오복 등 당대의 사림(士林) 명사들과 함께 사마시(司馬試)에 합격하였다. 이후 문음(門蔭)으로 관직에 나아가 형조좌랑(刑曹佐郞)을 역임했다. 연산군 10년에 일어난 갑자사화(甲子士禍)로 조카 망헌(忘軒)공 이주(李冑)가 처형되면서 집안이 화를 입게 되었을 때 형이던 낙포(落浦)공 굉(浤)은 영해에 유배되었고, 공은 정붕(鄭鵬)과 함께 인근인 영덕에 유배되었다.

이후 중종반정이 일어나자 해배(解配)되어, 의흥(義興) 현감(縣監)을 제수 받아 선정을 베풀었다. 중형 낙포공 또한 외방 수령이던 개성(開城) 유수(留守)를 지내다가, 문득 벼슬을 버리고 고향으로 돌아와 귀래정(歸來亭)을 지어 향리 군자(君子)들과 어울리며 여생을 즐겼는데, 공 또한 이를 본 받아 관직을 버리고 고향으로 돌아와 중종 14년(1519) 안동부

114 『연산군일기』 권53, 연산 10년 5월 신해조.
115 『국조문과방목』 중종 5년 경오 식년시(式年試).

(安東府) 동편 영남산(映南山)을 등지고 앞으로 흐르는 낙동강을 품은 기슭에 반가(班家)를 지어 임청각(臨淸閣: 현 안동시 법흥동 소재)이라 이름 하였다.

연산군 4년 문과 식년시에 급제한 이맥(李陌)은[116] 청파 이육의 아우이다. 성종 5년(1474)에 일찍이 진사시에 합격 하였으나, 그가 정작 대과에 급제한 것은 그의 나이 44세 때였다. 무오사화가 일어난 직후 바로 성균관 전적에 제수되고,[117] 이어서 벼슬이 누천되어 사헌부 장령에 이르렀다. 연산군 때 선교 양종에 대한 불교 정책이 느슨해지고 새로이 중을 선발하는 것으로 옮겨가자, 사헌부 장령 이맥은 이에 대해 부당함을 간했다. 이와 함께 경복궁이 내려 보이는 집들이 궁궐 보안을 이유로 철거되는 것에 대한 부당성도 간했다.[118] 아울러 대비 원찰이던 연굴사와 복세암 철거와 철거한 후에까지 잡물을 예전대로 바치라는 어명을 거두어 달라고 요구했다.[119] 장녹수가 연산군 은총을 기화로 호화주택을 짓고 축재를 일삼자, 수차례에 걸쳐 이를 탄핵했다. 결국 연산군의 미움을 받아 충청도 괴산에 유배되었다.[120] 중종반정으로 연산군이 몰려나면서 다시 관계에 진출하여 성균관 사예에 제수되었고, 그 후 대사간을 역임하였는데, 성품이 매우 강직하고 매사에 공정하였다는 세평을 얻었다.

---

116 『국조문과방목』 연산군 4년 무오 식년시(式年試).
117 『연산군일기』 권31, 연산군 4년 8월 계유조.
118 『연산군일기』 권51, 연산군 9년 11월 기사조.
119 『연산군일기』 권51, 연산군 9년 11월 신묘조.
120 『연산군일기』 권52, 연산군 10년 3월 계유조.

제2장 사림정치의 전개와 고성이씨

1. 기묘사화와 고성이씨

조선초기에는 통치체제 정비와 중앙집권화라는 명제를 수행하는 과정에서 왕권 전제성이 어느 정도 확보되어 있었다. 따라서 재상을 중심으로 하는 신료 세력과도 큰 마찰 없는, 군신간의 권력 구조가 안정되어 있었다.[1] 이러한 군신관계의 정국운영은 16세기를 접어들면서 변화를 보이기 시작했다. 그것은 사림세력들이 중앙정계의 언관직과 낭관직에 두루 포진하면서 왕권과 훈구세력들을 견제하기 시작했던 것에서 출발한다. 이에 대한 반작용으로 무오사화를 비롯한 두 차례의 사화를 거쳐 중종반정이 이루어지게 되었지만, 반정공신들의 입지에 따라 왕권이 크게 제약받는 형태로 움직이기 시작했다.

중종반정이 있게 되자 새로 부름을 받은 이윤은 홍문관 부제학으로 있을 때 13조 소를 올렸다. 첫째 마음을 바로잡는 일[正心], 둘째 뜻을 세우는 일[立志], 세째 성학(聖學)에 부지런할 일[勸聖學], 네째 간하는 말 좇을 일[從諫], 다섯째 내외를 엄하게 할 일[嚴內外], 여섯째 작상을 중히 여길 일[重爵賞], 일곱째 학교를 일으킬 일[興學敎], 여덟째 절의를

---

1 이태진, 1993, 「조선왕조 유교정치와 왕권」 『한국사론』 23, 서울대 국사학과.

숭상할 일[崇節義], 아홉째 사습을 바로잡을 일[正士習], 열째 이단을 물리칠 일[闢異端], 열한째 검약을 숭상할 일[崇儉約], 열두째 군자를 가까이할 일[親君子], 열세째 아첨을 멀리할 일[遠諂佞]이었다.[2] 아무튼 신하의 간언을 따르고 아첨배들을 멀리하며 학풍을 바로잡을 것 등을 포함한 이윤의 13조 소는 그의 증조 이원이 태종에게 올린 10조 소와 11조 소의 내용이나 형식과 매우 유사한 점이 많다는 점에서[3] 그의 가문 배경이나 가학(家學)의 전통이 몸에 젖어있음을 엿보게 한다.

반정으로 옹립된 중종은 반정 공신이었던 소위 3대장으로 컬어지는 박원종·유순정·성희안 등의 그늘을 벗어날 수 없었다. 국정의 모든 일들이 그들에 의해 좌우되었고, 이에 대한 견제를 할 겨를이 없었던 시절에 이윤의 13조 소는 가뭄에 단비와 같은 것이었다. 반정공신을 견제하고 공격하는 것은 어느 정도의 세월 흐름이 필요했지만, 이윤은 이에 개의치 않았다.

중종 2년 유자광(柳子光) 일파를 여러 차례에 걸쳐 신랄하게 배척한 것 역시 당대 사림의 현실인식을 대변했다고 볼 수 있다. 이윤의 유자광에 대한 탄핵은 매우 집요하고 끈질겼다. 임사홍과 결탁하여 정국을 어지럽힌 죄목을 강하게 제기했지만, 종종의 윤허는 떨어지지 않았다.[4] 이에 정국(靖國)의 공은 본래 3대장(大將)에게서 나온 것이고, 유자광은 공을 의논할 때 애써 참록(參錄)되기를 구하여 2등 공신에 책봉되어 부당하다는 강한 의견을 피력했지만, 이 역시 중종이 받아들일 입장이 되질

2 『중종실록』 권1, 중종 1년 10월 경오조.
3 지교헌, 2008, 「용헌 이원의 정치사상과 그 유가철학적 원리-「십조소」와 「십일조소」를 중심으로-」『용헌 이원실기』, 고성이씨용헌공파종중 ; 이기동, 2008, 「용헌 이원의 철학사상」『용헌 이원실기』, 고성이씨용헌공파종중) 참조.
4 『중종실록』 권2, 2년 4월 14일 정해조.

않았다.[5] 이윤은 재차 유자광이 성종조 때 임사홍(任士洪)과 짜고 현석규(玄錫圭)를 음해한 사실로 탄핵 하였음에도 윤허하지 않자,[6] 사퇴하겠다는 입장을 표명했다.

이에 중종은 그의 사퇴를 받아들이지 않았다.[7] 이윤의 유자광에 대한 탄핵은 홍문관까지 합세하여 언론 3사가 함께 했으나 결국 중종의 결심을 얻어내지 못했다.[8] 이는 반정 초기 공신들의 우위 속에 진행된 정국 흐름에서 사림의 한계를 보여준 것이기도 하다. 이윤은 한때 노모 봉양을 위해 청도 군수로 내려 와 청렴으로 이름을 떨쳤고, 김일손(金馹孫)·권오복(權五福) 등 당대 사림 명사들과 깊은 교유를 유지했으며, 만년에 창령 영산 마고리(麻姑里)에 쌍매당을 짓고 은거하였다.

이비(李塀)의 아들 이위(李偉)가 문과에 급제한 시기는 중종 2년(1507) 정묘(丁卯) 증광시(增廣試)였고, 급제 당시에 이미 정5품의 장례원 사의(掌隸院 司議)라는 관직을 갖고 있었다.[9] 따라서 급제 전에 이미 문음(門蔭)을 통해 입사(入仕)하였음을 알 수 있다. 이후 이위가 사헌부 장령에 제수되었는데, 그에게 닥친 첫 번째 사안이 정국공신들에 대한 음가(蔭加) 문제였다.

중종반정이 끝난 후 남발된 정국공신 문제가 제기된 가운데, 공도 없던 자들이 원종공신으로 책봉된 경우도 많았고, 이에 더하여 공신들에게 내려진 음직(蔭職) 가자(加資)[10] 문제가 핵심 쟁점으로 떠올랐다. 원래

---

5 『중종실록』 2권, 2년 4월 15일 무자조.
6 『중종실록』 2권, 2년 4월 21일 갑오조.
7 『중종실록』 2권, 2년 4월 22일 을미조.
8 『중종실록』 2권, 2년 4월 23일 병신조.
9 『국조방목』 중종 2년(1507) 정묘(丁卯) 증광시(增廣試).
10 음직(蔭職) 가자(加資)를 줄여 음가(蔭加)라 칭하였는데, 공신 본인이나 자제들에게 원래 갖고 있던 계급에서 몇 계단을 뛰어넘어 특진시켜 준 것을 말한다.

정국 4공신으로 책봉하려던 자들을 원종공신으로 임명하는 과정에서 공도 없이 책록 된 자들 다수가 끼어들었고, 실제로 80여 명이 당상관에 오를 정도로 남발되었다.

이런 문제 때문에 사헌부에서는 중종 즉위 시점부터 음가 문제를 바로 잡아야 한다는 사실을 간헐적으로 제기해 오고 있었다. 그럼에도 중종은 공신들의 위세에 눌려 바로잡을 생각을 하지 못한 채 시일만 끌고 있었는데, 특히 이위가 사헌부 장령으로 근무하던 때부터 이 문제를 놓고 집중적으로 대치국면에 접어들었던 시기였다. 중종 3년 1월부터 이위는 사간원 헌납 박상(朴祥)과 함께 중중에게 음가에 대한 문제를 제기했다. 그러나 중종은 윤허하지 않았다.[11]

그로부터 며칠이 지나 조강(朝講)이 열린 날 장령 이위는 사간원 정인 김굉(金磁)과 함께 또 다시 음가에 대한 문제점을 아뢰었다. 대신(大臣)들은 전례가 있었다는 주장이었고, 대간들은 전례가 없음을 이유로 음가를 허용해서는 안 된다는 팽팽한 주장으로 대립되고 있었다. 이에 영중추부사 노공필(盧公弼)이 중재안을 내었다. 『실록(實錄)』을 상고해 보자는 안이었다. 그럼에도 중종은 대답이 없었다.[12] 이후에도 이위는 사헌부 장령으로 근무하는 동안 꾸준하게 공신들의 음가 문제를 삭제해야 한다는 주장을 굽히지 않았다. 그럴 때마다 중종은 공신들 편에 섰다. 후일 음가 문제를 포함하여 정국공신 위훈(僞勳)을 삭제하는 강경책으로 일관한 조광조 일파는 결국 훈구대신들의 반격으로 화를 입었다. 이를 기묘사화라 부른다. 장령 이위가 제기했던 음가 문제는 기묘사화의 전초전이었던 셈이다.

---

11 『중종실록』 권5, 중종 3년 1월 20일 무오조.
12 『중종실록』 권5, 중종 3년 1월 24일 임술조.

장령 이위는 또 다른 개혁안을 중종에게 올렸다. 수령을 고향 가까이 제수하는 것을 금지하는 안이었다. 이런 개혁안은 훈구대신들조차 반대할 명분은 없었다. 당대 최고 실세였던 영사(領事) 박원종이 앞장서서 이위의 안을 지지하고 나섰다. 그러자 중종은 그 자리에서 이위의 개혁안을 가납하였다.[13] 원래 조선시대에는 상피(相避) 제도란 것을 운영하고 있었다. 자기 출신지에 지방수령으로 파견하지 않는다거나, 한 부서에 가까운 친인척을 임명하지 않는다는 원칙들이 그것이다. 지엄한 법전인 『경국대전』에 규정을 두고서도 지키지 않던 관례를 과감하게 바로 잡아야 한다고 나선 이가 이위였다.

그런 도중에도 음가에 대한 문제는 꾸준히 제기되는 상황이었고, 이위를 비롯한 사헌부 관원들이 모두 좌천되었다.[14] 이듬해인 중종 4년(1509) 11월에 이위가 성균관 사성(司成) 신분으로 김세필·김안국 등과 함께 시강(侍講)에 참여한 것으로 미루어 이위의 좌천 기간은 짧은 기간에 끝났고, 이어 종3품의 성균관 사성으로 승진해 있었음이 확인된다.[15]

이위가 사헌부 집의로 재직 중이던 중종 5년(1510)에 유생들이 불경을 탈취한 사건이 발생했다. 이에 내수사 종이 도적질로 무고하자 종을 가두고 심문하는 일이 벌어졌을 때, 이위가 "내간(內間)에서 이 종이 죽을까 염려한다"라는 말한 것이 대간 위풍을 훼손하였다 하여 탄핵받아 체임되었다.[16] 이 때 내간이란 정현왕후를 뜻하며, 정현왕후는 이위의 고종사촌이던 윤호의 딸이었다. 이 사건에는 장예원 판결사였던 이맥(李陌)도 함께 연루되었다. 대간들이 연일 치죄해야 한다고 중종에게 건의

---

13 『중종실록』 권5, 중종 3년 1월 30일 무진조.
14 『중종실록』 권6, 중종 3년 6월 21일 정해조.
15 『중종실록』 권10, 중종 4년 11월 9일 정묘조.
16 『중종실록』 권10, 중종 5년 2월 6일 임진조.

했다.

그럼에도 중종은 이를 받아들이지 않았다. 이런 일들이 잠잠할 무렵 도체찰사 성희안이 군직(軍職)에 붙여 종사관으로 출정시킨 이위를 위해 중중에게 서용해 달라는 청원까지 올리게 되었다.[17] 이런 사실이 알려지자 대간의 반발은 만만치가 않았다. 하지만 중종은 1510년 11월에 이위를 사헌부 집의로 다시 불러들였다.[18] 중종의 이런 인사에 대해 대간들의 반발은 심했다. 그러자 중종은 이맥을 판결사(判決事)에 제수하는 한편 이위를 정3품의 군자정(軍資正)으로 승진 발령을 내렸다.[19] 이런 중종의 인사행정은 당시 소격서를 혁파하는 문제와 함께 대간들의 지속적인 간쟁거리 단골메뉴가 되어버렸다.

조선 정치사에서 항상 문제가 되었던 부분이 바로 외척 세력을 어떻게 견제하는가 하는 점이었다. 대간에서는 이 사건을 바로 외척의 문제로 연결시켜 봤던 것이기에 더 큰 문제로 비화된 점이 있었던 것도 사실이다.[20]

성종 조에 올곧은 선비의 표상을 잘 보여준 이칙(李則)의 아들 이줄(李苗)은 무과 출신이었다. 성종은 외척이 되는 이줄을 승진시키려다 대간의 반발로 무위에 그친 바 있다.[21] 연산군 12년(1506) 8월 반정군들이 사전 모의할 당시 이줄은 전라도 광주목사로 있었는데, 김준손이 찾아가 모의를 논의하던 중에 소극적인 자세를 보인 적이 있었다. 그런 과정 속에서도 반정은 성공되었고, 이줄은 정국(靖國) 원종공신이 되었다. 반정

---

17 『중종실록』 권11, 중종 5년 5월 6일 경신조.
18 『중종실록』 권12, 중종 5년 11월 28일 경진조.
19 『중종실록』 권14, 중종 6년 6월 21일 기해조.
20 『중종실록』 권14, 중종 6년 6월 19일 정유조.
21 『성종실록』 권243, 성종 21년 8월 27일 정미조.

군 사전 모의를 발설하지는 않았지만, 이줄의 행위는 후일 큰 논란거리가 되었다.[22] 중종은 그 때마다 이줄을 변호했지만 결국 국문을 당한 후[23] 파직되었다.[24] 이후 대간에서는 추가 치죄(治罪)를 요구했지만, 중종은 전일에 은공이 있었다는 이유로 이줄을 지켜주려 노력했다.[25]

중종 3년(1508) 12월 6일 홍문관 부제학 이세인(李世仁) 등이 이줄을 탄핵했다. 지난날 중종 임금을 몰래 만난 사실을 문제 삼은 것이었다. 일종의 독대(獨對)였다. 조선조에 있어 사관(史官)의 배석 없이 독대를 하는 것은 있을 수 없는 일이었다. 그런데 이줄은 중종이 있던 합문(閤門) 밖에 와서 고변을 빙자한 독계(獨啓)를 청했다. 중종은 승지와 사관이 참청(參聽)을 해야 한다고 했지만, 이줄은 승지와 사관을 물리치기를 요구했다. 중종이 대군의 몸으로 사저에 있을 때 이줄과 자주 어울린 사이였다. 외척(外戚)이었기 때문이다.[26]

독대한 내용이 소상히 밝혀지지는 않았으나, '정치가 대각(臺閣)에 귀속되면 어지러워진다'라거나, '지금의 때를 당해서는 옥석(玉石)이 같이 타도 좋다'라고 하는 등 국정을 흐리고 어지럽혔다는 것인데,[27] 이 당시 실세였던 박원종을 등에 업고 사림(士林)을 제거할 목적이었다는 게 당대의 평가였다.

임금을 독대한 일로 홍문관과 대간의 연일된 합사(合司)로 중종 3년 12월 9일과 12일 의금부에서 첨지중추부사(僉知中樞府事) 이줄(李茁)의

---

22 『중종실록』 권3, 중종 2년 5월 13일 을묘조 ; 5월 14일 병진조.
23 『중종실록』 권3, 중종 2년 5월 15일 정사조.
24 『중종실록』 권3, 중종 2년 6월 6일 무인조.
25 『중종실록』 권3, 중종 2년 7월 17일 무오조.
26 『중종실록』 권7, 중종 3년 12월 7일 경오조.
27 『중종실록』 권7, 중종 3년 12월 7일 경오조.

죄를 조율한 초사(招辭)는 장1백 유3천리(杖一百流三千里)에 처하기로
결정했다. 중도부처는 안 된다는 조정 여론을 누른 중종은 이줄은 "화국
(禍國)의 죄로 논할 수는 없고, 다만 언어의 실수만 있을 뿐이다."[28]라고
하여, 람포(藍浦)에 유배 보냈다. 5년이 흐른 중종 8년(1513) 11월 충청
도 남포에서 경기도에 양이(量移)하도록 명을 내렸다.[29] 이줄의 어머니
권씨의 요구에 따른 조치였다. 당시 절절한 권씨의 사정을 실록에는 이
렇게 기록하고 있다.

> 이칙(李則)의 아내 권씨(權氏)의 상언에, "늙고 병든 몸으로서 3자녀
> 를 잃었고, 아들 이줄(李茁)도 나이 70에 가까운데 중풍이 들어서 목숨
> 이 조석에 달렸으니, 청컨대 생전에 서로 만나보게 하여 주소서." 하였
> 는데, 줄이 배소(配所)에 있었기 때문이었다. 대신에게 의논하라고 명하
> 였다.[30]

그 후 중종 15년(1520)에 이줄을 면방 했다.[31] 귀양 간 지 13년만이었
다. 그럼에도 조정의 의견은 냉담했다. 특히 대간의 반대가 심했다. 늙은
노모를 위해 방면되었지만, 모친 권씨 장례가 끝나자 배소에 돌아가게
했다.[32] 2년 후 아들과 딸들의 상언(上言)이 이어졌으나 방면되지 못하다
가, 중종 17년에 다시 조정에 논의를 붙였으나,[33] 대간의 반대로 방면되
지 못하였다. 중종 22년(1527)에 가서 신영석(申永錫·처부)의 아내 허

---

28 『중종실록』권7, 중종 3년 12월 12일 을해조.
29 『중종실록』권19, 중종 8년 11월 12일 병자조.
30 『중종실록』권24, 중종 11년 2월 28일 기묘조.
31 『중종실록』권38, 중종 15년 1월 8일 정유조.
32 『중종실록』권38, 중종 15년 2월 15일 갑술조.
33 『중종실록』권44, 중종 17년 4월 22일 무술조.

(許)씨의 상언(上言)으로 이줄은 방면되었다.[34]

이윤 이주 형제의 막내였던 이려(李膂)는 연산군 7년(1501) 생원시와 진사시 양과에 합격하였으나, 1504년 갑자사화(甲子士禍)에 연좌되어 진도(珍島)로 귀양 갔다. 중종반정으로 해배되어 중종 5년(1510) 식년시에서 장원급제하였다.[35] 그리하여 바로 호당(湖堂)에 뽑혔는데, 호당이란 당시 국가의 중요한 인재를 길러내기 위해 세운 전문 독서 연구 기구였다. 이 때 안질(眼疾)을 앓아 경연(經筵)에 나갈 수 없자 중종이 약을 하사했다. 그의 관직이 수찬(修撰)에 그친 것은 향년 29세를 일기로 세상을 떠났기 때문이다. 그런데 비해 그가 남겼던 사림파적 현실인식과 행적은 뚜렷하게 남아 있다. 당대 유학자들이 그렇게 원했던 조선 유학의 도통(道通)을 세우는 데 큰 기여를 한 인물이기 때문이다.

주지하듯이, 조선의 유학 도통은 동방의 이학지조(理學之祖)로 추앙받는 정몽주로 시작하게 되는데, 중종 때 가서야 확립되는 단계였다. 다시 말한다면 이런 결과로 오기까지는 수많은 시간과 노력들이 있어야만 했다. 조선 건국을 반대하다 참살당한 정몽주의 복권 문제는 양촌 권근으로부터 시작되었다. 태종이 즉위하자 권근은 정몽주의 복권을 주장했다.[36] 창업과 수성의 정치 운영 원리가 다르다고 강변을 했지만 매우 위험한 발상이었다. 그러나 격동기를 거친 당시는 충성과 윤리를 강조하는 이데올로기가 매우 절실한 때이고, 그래야만 안정적인 수성의 시대를 열 수 있다. 이미 죽었던 정몽주가 다시 역사의 부름을 받은 것은 이런 시대적 요청 때문이다. 권근의 예상은 적중했다. 형제들이 무참히 살육하

---

34 『중종실록』 권59, 중종 22년 9월 17일 신묘조.
35 『국조문과방목』 중종 5년 경오 식년시(式年試).
36 『태종실록』 권1, 태종 1년 1월 14일 갑술조.

고 왕위에 오른 태종은 정몽주를 복권시키면서 영의정부사로 증직했다.[37] 불사이군(不事二君)의 정신이 치세의 요건이라는 시대정신에 부합한 결과였다. 이어 세종은 정몽주 절개를 높이 사 새로 발간하는『충신도』에 넣어 널리 알리게 했다.[38] 정몽주 아들에게 특별히 관직도 제수했다.[39] 정몽주 추숭사업은 문종 이후에도 국가적 사업으로 지속되었다. 그중에서도 가장 핵심적인 것이 문묘 종사였다. 고려에서 이미 공자 사당인 문묘에 종사된 인물이 설총 최치원 안향 등 3명이 있기는 하였으나, 조선조에 들어와서는 배향된 인물이 한 명도 없었다.

세조 때 양성지가 처음으로 이 문제를 제기했다. 고려조의 문충공(文忠公) 이제현(李齊賢), 문충공(文忠公) 정몽주(鄭夢周)와 조선조에 활약했던 문충공 권근(權近)의 문묘종사를 주장했다.[40] 그러나 합의를 보지 못하고 말았다. 문묘는 사림파들의 핵심적인 관심 사안이었지만, 성종이나 연산군 시절에는 이 문제를 꺼낸 자가 없었다. 중종이 즉위한 후 새로운 사림세력들이 등장한 후 본격적인 문묘종사 운동이 벌어지게 된 것도 이 문제만큼은 정치적 부담이 큰 것이기 때문이었다. 종종 5년에 막 장원급제한 이려(李膂)가 정치적 파급력이 매우 큰 정몽주 문묘종사를 처음으로 제기하였다.

　　이려(李膂)는 "전조의 정몽주(鄭夢周)는 사람들이 다 동방 이학(理學)의 으뜸이라고 합니다. 동방은 상례(喪禮)를 오래도록 폐지하였었는데 몽주가 비로소 고정(考定)을 가하였습니다. 최치원(崔致遠)·설총(薛聰)·

---

37 『태종실록』권2, 태종 1년 11월 7일 신묘조.
38 『세종실록』권54, 세종 13년 11월 11일 임신조.
39 『세종실록』권79, 세종 19년 12월 1일 무오조.
40 『세조실록』권3, 세조 2년 3월 28일 정유조.

안유(安裕) 같은 이도 다 문묘(文廟)에 배향하였으니, 몽주를 치원 등의 예에 따라서 묘정(廟廷)에 종사(從祀)하면 인재를 흥기시키기에 족하겠습니다."고 말하였다. 이에 중종은 전교를 내려 "이려가 아뢴, 정몽주를 문묘에 종사하는 일의 당부(當否)를 해사(該司)에 명하여 삼공(三公)과 같이 의논하여 계문(啓聞)하게 하라."고 하였다.[41]

중종은 쉽게 결정 내릴 수 없었다. 중종 초반의 치세는 반정을 이끈 3대장 박원종 유순정 성희안이 모든 정무를 처리할 정도였다. 그러다 중종 5년에 박원종이 풍병을 앓아 사직하면서 김수동(金壽童)이 영의정에 올랐다. 이려가 제기한 문제를 중종이 삼공에게 넘겼는데, 영의정 김수동·좌의정 유순정(柳順汀)·우의정 성희안(成希顔)이 그들이다. 이들 훈구 공신들 입장에서는 쉽게 허락을 할 사안이 아니었다.[42]

그러나 사림파들에게 이는 당면과제였고, 마침내 중종 12년(1517) 정몽주가 조선 최초로 문묘에 종사되었다. 그는 조선을 위해서는 단 하루도 살지 않았지만 이를 통해 조선의 정신을 대표하는 인물로 재탄생한 것이다. 문묘종사를 통해 정치 윤리의 모범으로 공인되었고, 그의 학문은 조선 지식계보의 출발점이자 조선 성리학 도통의 기원으로 자리 잡았다. 결국 조선건국에 참여했던 권근 같은 인물들은 소외되고 말았다.

정몽주 문묘종사는 권근이 그의 정치적 복권을 건의한 태종 1년(1401)부터 116년 만에, 문묘종사가 처음 논의된 세조 2년(1456)부터 61년 만의 결실이었다. 그의 정치적 행보와 학문적 업적을 놓고 논란이 많았지만, 활짝 열린 조광조 시대였기에 가능했던 것이다.[43] 이에 대한 기

---

41 『중종실록』 권12, 중종 5년 10월 신축조.

42 『중종실록 권12, 중종 5년 12월 21일 계묘조.

43 김용헌, 2010, 「정몽주 문묘 종사 논쟁」 『조선 성리학, 지식권력의 탄생』 웅진씽 크빅 ; 이희권, 2003, 「정몽주 문묘종사에 관한 일고찰」 『인문논총』 10, 전북대

틀을 마련한 이가 바로 이려였지만, 그가 장원급제하여 관직에 오른 지 2년 만에 생을 마감했다. 아쉬운 부분이지만, 중종 14년 훈구세력들이 조광조 일파를 몰아낸 기묘사화를 생각하면 다소 위안이 되기도 한다.

용재(容齋) 이행선생(李荇先生) 문집에는 읽는 사람의 애간장을 녹이는 「강재애사(强哉哀辭)」가 실려 있다. 강재(强哉) 이려가 나이 서른 전에 요절하자, 이를 안타까이 지켜보던 절친 용재 이행이 애사(哀辭)를 남겼으니,[44] 후세 사람들은 문장에 감탄하고, 강재와 용재의 우정에 또 감탄한다. 아울러 십청헌(十淸軒) 김세필(金世弼) 문집에는 「강재묘표(强哉墓表)」가 전한다. 당대의 기묘명인들과의 교유관계가 잘 드러나는 대목이다. 딸 하나만 둔 채 요절했던 공은 처가가 있던 여산에 묻혔고, 그 후 명종이 즉위한 후 을사사화가 일어나자 사위 한옹(韓蓊)은 대윤파로 몰려 국문을 당했다.[45] 이 때도 수찬공 이려의 생활 기반은 여산에 그대로 있었던 것으로 나타나니, 외손봉사로 이어지다 절손된 것으로 파악된다.

중종 14년(1519) 기묘사화가 일어났다. 이위가 급제 후 초기 관직 생활이나 동료들의 성향으로 보면, 기묘명현들과의 접촉이 꽤 많았다. 사헌부 장령 시절 사간원에 근무했던 박상이나 그 후 김세필·김안국 등과의 교류가 꽤 친밀함이 있었다. 그럼에도 기묘사화에는 연루되지 않았다.

중종 15년(1520)년에 이위는 대사간에 올랐다.[46] 이어 판결사(判決事)의 자리로 옮겼고, 이듬해 황해도 관찰사로 부임하여 왜구 방비를 위해

학교 인문학연구소 ; 김영두, 2007,「중종대 文廟從祀 논의와 조선 道通의 형성」『사학연구』85, 한국사학회.

44 『국조인물고』권44, 연산시 이화인(燕山時罹禍人) ;『용재선생집(容齋先生集)』권9, 산문(散文) 이강재애사(李强哉哀辭).

45 『명종실록』권2, 명종 즉위년 9월 5일 을축조.

46 『중종실록』권40, 중종 15년 7월 2일 무자조.

해변 경비업무를 강화시켰다. 중종 18년(1523) 9월 대마도와 체결된 약조(約條)를 살피고 개정 불가의 주청을 드려 대마도 사신의 요구를 거절하였다. 중종 20년(1525) 4월 남곤(南袞)·이유청(李惟淸) 등과 함께 변방에 자주 침입해 왔던 여진족 처리 문제와 아울러 외침을 다스리는 방책을 수립하였다. 당시 함경도 일대를 괴롭히는 야인 왕산적하 무리는 조선 조정에서도 매우 골치 아픈 문제였다.

중종 20년(1525) 병조 참지 이위는 판서 유담년(柳聃年)·참판 성운(成雲)·참의 반석평(潘碩枰)과 함께 "요사이 화살을 본조(本曹) 문에다 쏜 자가 있는데, 이는 반드시 무상(無狀)한 자의 소행일 것입니다. 그러나 반드시 원망하는 독심(毒心)을 가지고 그런 것이어서 마음에 미안하므로 감히 사직합니다." 라고 하여 사직을 청했다. 이에 전교하기를, "전일에 누군가 정부와 사헌부 문에다 화살을 쏜 일도 있는데, 필시 간사한 무리가 공동(恐動)시키려고 그러는 것이다. 만일 이 때문에 사직한다면 그들이 반드시 다시 이런 일을 하게 될 것이니 사직해서는 안 된다."라며 중종은 사직을 받아들이지 않았다.

이려가 장원급제 할 당시 함께 합격했던 고성이씨 인물이 또 한명 있는데, 이대의 증손 이우(李佑)였다.[47] 중종이 유생들을 궁중에 불러 시험한 정시(庭試)에서 으뜸을 차지하여 전시(殿試)에 바로 응시하게 되는 특전을 받아,[48] 이듬해 문과에 합격하여 예문관 소속 사관(史官) 벼슬을 받았으니, 엘리트 코스를 달렸다.

이후 이우는 사간원 정언으로[49] 활약하다 사헌부 헌납에 제수되었으며,[50] 곧 이어 사헌부 지평에 올랐다.[51] 그 후 홍문관 교리에 제수되었으

---

47 『국조문과방목』 중종 5년 경오 식년시(式年試).

48 『중종실록』 권8, 중종 4년 3월 1일 계사조.

49 『중종실록』 권18, 중종 8년 6월 1일 무술조.

니[52] 경연에 참석하여 중종의 시강관이 되었다가 다시 사헌부 지평으로 돌아왔다. 정몽주 문묘 종사와 관련하여 조심스런 입장을 견지했고, 김굉필 건에서는 부정적인 입장을 취하였다. 그런 후 장문의 사직 소를 올렸으나 가납되지 않았고,[53] 의정부 사인으로 임명 받아[54] 재직하던 중에 생을 마감했다.

이 때 검토관(檢討官) 구수복(具壽福)이, "지성으로 아랫사람을 대우해야 한다는 뜻은 아뢴 내용이 지당합니다. 사인(舍人) 이우(李佑)는 지위가 시종·대간이 참여되었으되 집 살림은 매우 곤궁하여 그 처자가 의뢰할 바가 없었으며, 우(佑)가 죽자 아직까지 염장(殮葬)을 못하고 있으니 매우 슬프고도 딱한 일입니다." 하니, 중종이 부의(賻儀)를 내리라고 명하였다.[55]

이우의 종형이었던 이부(李阜)는 조광조(趙光祖)와 교유하였고, 중종 14년(1519) 현량과에 병과로 급제할 당시 천목(薦目)에 학식과 조행이 있다는 것이었다. 피선(被選)되어서는 그의 조촐한 수양과 고고(孤高)한 절조가 일세에 뛰어나니, 동제간(同儕間)에 추복(推服)한다는 세평을 얻었다.[56] 중종조에 조광조를 필두로 한 사림세력들이 큰 힘을 발휘한 것이 현량과였다. 조광조(趙光祖)의 건의에 따라 시행되었다.

조광조가 등용된 이래 중종이 힘을 실어 준 것은 반정공신을 비롯한 훈구 대신을 견제하기 위한 조치였다. 중종의 신임을 등에 업은 조광조

---

50 『중종실록』 권23, 중종 10년 11월 24일 병오조.
51 『중종실록』 권23, 중종 11년 1월 14일 병신조.
52 『중종실록』 권27, 중종 12년 1월 26일 임인조.
53 『중종실록』 권30, 중종 12년 10월 20일 임술조.
54 『중종실록』 권34, 중종 13년 10월 3일 기사조.
55 『중종실록』 권35, 중종 14년 2월 9일 계유조.
56 『대동야승』 「기묘록보유」 이부(李阜).

가 신광한(申光漢)·이희민(李希閔)·신용개(申用漑)·안당(安瑭) 등의 찬성을 얻어 현량과를 발의했으나 훈구대신들의 반대가 극심했다. 그런 와중에 중종 14년(1519) 천보된 120인의 후보자들을 근정전에 모아 장령(掌令) 김식(金湜), 지평 박훈(朴薰) 등 28인을 선발했고, 이부도 포함되었다.

시험을 치르지 않고 천거에 의해 선발된 현량과 급제자는 재능(16인), 학식(23인), 행실과 행적(24인), 지조(13인), 성품(12인), 기국(11인)순으로 나타났다. 따라서 현량과는 재능과 학식, 타고난 성품과 가치관에 바탕을 둔 행실 및 과거 행적과 사류(士類)로서의 지조 등을 충족시켜주는 인재를 발탁하려는 의도였음을 알 수 있다.[57]

현량과에 합격한 이후 이부는 병조좌랑·정언 등을 역임하였다.[58] 정언으로 있을 때 조광조 등과 함께 중종반정 공신에 대한 삭훈(削勳)을 상소하였고,[59] 이를 계기로 위기위식을 느낀 훈구 대신들의 큰 반감으로 기묘사화가 발생했다. 양사가 사직할 때 병을 칭하여 사직했던 시절이라 큰 화를 모면하였다.

현량과가 파방(罷榜)된 뒤에는 진천(鎭川)에 우거하면서 관직에 나가지 않았다. 인종이 즉위하고 현량과가 회복된 뒤에 병조 좌랑에 임명되었으나, 이어 사헌부 탄핵이 있게 되자 벼슬을 그만 두었다. 이 사실에 대해 사관(史官)들의 안타까운 심정이 『명종실록』에 잘 나타나 있다.

사신은 논한다. 이부는 기묘년에 천거과(薦擧科)에 급제하였는데 남

57 이병휴, 1977, 「현량과(賢良科) 급제자의 성분」『대구사학』 12·13합집, 대구사학회.
58 『중종실록』 권37, 중종 14년 10월 16일 병자조.
59 『중종실록』 권37, 중종 14년 10월 25일 을유조.

곤(南袞)·심정(沈貞) 등이 선류(善類)를 배척하면서 마침내 그 과거까지 혁파하여 그 출신들을 폐기한 지가 오래였다. 그러다가 인종이 천거과를 회복하도록 명하고 이부를 병조 좌랑에 제수하였는데, 이기 등이 청류(淸流)들을 모조리 축출하면서 또 이들은 기묘인들을 뿌리로 하는 것이라 여겨 아울러 미워하였기 때문에 이런 일이 있었다.[60]

이칙(李則)의 증손이었던 이중(李中) 역시 기묘록(己卯錄)에 이름을 올렸다. 그는 어린 시절 망헌 이주에게 글을 배웠고, 그 후 기묘명현 김식(金湜)의 문하에 나아가 김대유 조광조 등과 교유했다. 기묘사화가 일어나자 선산에 유배되었던 김식이 몰래 영산으로 피신했다. 이때 이중은 스승을 숨겨 준 죄로 금부에 끌려가 여러 차례 형신(刑訊)을 당했다.[61]
다행스럽게 사형에서 감면하여 장 1백에 전가사변(全家徙邊)의 형벌을 받았다.[62] 전가사변이란 조선 중중 시기에 특별한 형벌 중의 하나였는데, 죄인을 북쪽의 변방으로 쫓아내 살게 했던 제도였다. 세종 이래 신개척지에 사민정책을 폈으나 성과가 별로 없게 되자 중종 대에 이르러 궁여지책으로 만든 임시 형벌제도였다.[63] 기묘록에는 이중이 압송되어 심문 당하던 장면이나 전가사변 되어 어렵게 생활하던 모습이 생생하게 그려져 있어, 당시 상황을 이해하는 데 큰 도움이 된다.

이중은 임자생에 자(字)는 이강(而强)이고, 대사성 김식(金湜)에게 수업하였다. 뒤에 영산(靈山)에 우거하였는데 생계는 넉넉하였다. 김식이

60 『명종실록』 권2, 명종 즉위년 9월 20일 경진조.
61 『중종실록』 권39, 중종 15년 4월 16일 계유 ; 4월 17일 갑술 ; 4월 20일 정축조.
62 『중종실록』 권39, 중종 15년 6월 7일 계해조.
63 박홍갑, 1999,「조선 中宗朝의 徙民政策 변화와 그 문제점-자연재해와의 관련을 중심으로-」『朝鮮時代史學報』8, 조선시대사학회.

피신하면서 이신(李信)을 데리고 그 집에 갔을 때, 공이 마침 서울로 올라가고 없었으므로 같이 살던 서제(庶弟) 이용(李庸)이 안방에 숨겼다. 수일 동안 있다가 공이 돌아와 한 달 남짓 머물러 있었다. 어느 날 저녁에 이신은 소식을 염탐한다고 꾀여 서울로 가고, 김식은 무주(茂朱)로 향해 떠났다. 하루가 지나자 금부도사가 달려와서 공을 잡아갔다. 국문할 때 추관(推官) 심정(沈貞)이 그를 죽이고자 하여 친속(親屬)이라 칭탁하고 사사로이 말하기를, "처자를 거느리고 변방으로 옮기는 것은 자살하는 것만 같지 못하다." 하고, 곤장을 심하게 쳤다. 일곱 대를 맞은 공이 소리 지르기를, "이미 숨겨 두었음을 자백하였는데 어째서 또 때리는가." 하였다. 이에 곤장치기를 중지하고 공을 부령(富寧) 변방으로 쫓았다. 이후 이용은 해마다 종들에게서 거두어들인 포목(布木)과 건장한 종 10여 명을 데리고 영산(靈山)으로부터 가서 그 형을 만나보고, 종들은 그곳에 두어 이듬해 봄 농사를 짓게 하였다. 이러기를 14년 동안 매년 한결같아 게을리 하지 아니하였다. 이용은 성명도 쓸 줄 몰랐으나 그 우애(友愛)는 천성으로 이루어진 것이다. 공은 귀양살이를 하면서 적자녀(嫡子女) 6명을 낳았고, 뒤에 사면을 받았다.[64]

2. 훈척의 갈등과 고성이씨

조광조를 비롯한 기호사림들이 한 차례 숙청되고 난 후 이들은 향촌에 은거하면서 다음 시대를 기약하고 있었던 반면, 외척들이 암투를 벌이는 척신정치가 행해지고 있었다. 중종 후반기부터 본격적으로 표면화된 외척들의 암투가 결국 파행적인 정치운영 형태를 만들었고, 이를 흔히 척신정치 혹은 척족정치·훈척정치 혹은 권간정치(權奸政治)라 규정

---

64 『대동야승』「기묘록보유」하권, 이중(李中)전.

하기도 한다.[65]

척신정치란 궁실의 외척 중에서 대윤으로 불리던 윤임(인종 외숙)과 소윤으로 불리던 윤원형(명종 외숙) 등이 정국 주도권을 다툰 시기였기에 붙여진 이름이었다. 중종반정 당시 연산군의 처남이던 신수근이 제거되면서 그의 딸 단경왕후 역시 폐서인되었다.[66] 이는 정국공신들의 종사대계 명분이었지만, 자신들의 입지를 강화하기 위한 것이었다.

그 후 윤여필의 딸 숙원 윤씨가 중전(장경왕후)으로 올랐으나, 원자의 출산 후유증으로 죽고 말았다.[67] 이 때 중종의 총애를 받던 경빈 박씨는 원자보다 여섯 살이나 많은 복성군을 두고 있었으니, 세인의 관심이 그쪽으로 기울어지는 것은 당연하였다. 이를 막기 위한 방법은 여러 갈래로 나타났다. 신진 사림이던 김정과 박상의 폐비 신씨 복위 주장도 그 중의 하나였다.[68]

그러다가 중종 12년에 윤지임의 딸을 새로이 중전(문정왕후)으로 맞이하였고,[69] 이어 중종 16년에 원자를 세자로 책봉하게 되었다.[70] 정국 혼란을 미연에 막자는 의도였다. 그러나 세자는 후사를 보지 못하였다. 세자가 중종을 계승하면 되지만, 그 다음이 문제였다. 그런데다 정치적 야망이 대단했던 문정왕후가 경원대군을 생산함으로써 궁실 내부의 역

---

65 이 용어들은 石井壽夫가 40년대「後期李朝 黨爭史에 관한 一考察」『사회경제사학』10-7·8, 1940)에서 戚族政治라 규정한 이래, 80년대 후반기 이후 이태진·이재희·김우기 등의 연구자들은 戚臣政治, 김태영은 權奸政治, 한춘순은 勳戚政治라는 용어를 각각 사용하였다.

66 『중종실록』권1, 중종 원년 9월 을유조.

67 『중종실록』권3, 중종 2년 6월 기축조 ;『중종실록』권21, 중종 10년 2월 계축조 ;『중종실록』권21, 중종 10년 3월 기미조.

68 『중종실록』권22, 중종 10년 8월 임술조.

69 『중종실록』권27, 중종 12년 3월 경인조.

70 『중종실록』권41, 중종 16년 4월 기묘조.

학관계에 변화 조짐이 크게 일었다. 중종 후반기 세자와 그 주위를 둘러싼 의문의 사건들이 꼬리를 물고 일어났던 것도 그 때문이었다.

중종 22년 동궁의 처소에서 일어난 작서(灼鼠)의 변이나[71] 중종 28년 일어난 목패(木牌)의 변[72] 등이 그것이다. 결국 작서의 변 혐의자로 몰린 경빈 박씨와 복성군이 폐서인 되어 쫓겨났고, 그 후 또 목패의 변으로 박씨 모자는 결국 사사되기에 이르렀다.[73] 수많은 박씨 추종세력들도 제거되었다.

당시는 효혜공주를 며느리로 맞은 김안로가 동궁의 보호자로 자처하면서 정권을 농단하다 권세를 잃고 있던 때였다. 이러한 일련의 사건들은 권세를 만회하기 위한 김안로가 아들 김희(효혜공주 夫)를 사주하여 일으킨 것으로 판명되었지만, 그 배후에는 문정왕후가 있었다고 보는 시각이 지배적이다.[74] 왕의 총애를 받는 경빈 박씨를 견제하기 위해 양자가 힘을 합칠 수 있었던 상황이었기 때문이다.

그러나 중종 29년 문정왕후가 경원대군을 생산한 후부터는 두 세력 연합에 금이 가지 않을 수 없었다. 결국 김안로는 중종 32년에 사사되고 말았다.[75] 김안로 몰락은 윤임과 윤원형 등 대·소윤 연합에 의해 이루어졌다. 김안로 세력이 왕권을 제약할 정도로 너무 비대해 졌기 때문에 공동의 적이 될 수 있었던 것이다. 이는 공동의 목표가 있었기에 가능한 일시적인 연합이었다. 그 갈등에 대한 분출은 김안로 제거 이후 바로 나타나기 시작했다. 그 갈등이 표면화된 것은 중종 38년 동궁화재 사건이

71　『중종실록』 권58, 중종 22년 3월 기해조.

72　『중종실록』 권74, 중종 28년 5월 기미조.

73　『중종실록』 권74, 중종 28년 5월 을축조.

74　김우기, 1995, 『16세기 척신정치의 전개와 기반』 경북대 박사학위논문.

75　『중종실록』 권85, 중종 32년 10월 계유조.

었다.[76] 중종을 이은 인종은 양 세력의 갈등으로 인한 정국의 해법을 찾을 수 없어 문정왕후의 뜻에 따르는 정치를 하였다.

기묘사화가 일어나던 중종 14년(1519)에 생원·진사 양과에 합격한 이명규는 1528년 식년문과에 병과로 급제하여 사관 벼슬인 예문관 대교(待教 : 정8품)에 특별히 제수되었다. 이어서 홍문관 부수찬·수찬으로서 활발한 정치활동을 폈으나, 1531년 김안로(金安老)가 실권을 장악하면서 외직으로 도는 등 한 동안 침체기를 겪었다.[77]

중종 후반기는 사림세력들과 대척점에 서 있던 김안로(金安老) 등 소위 권귀(權貴)로 불리는 자들이 실세였다. 김안로는 그의 아들 김희(金禧)가 효혜공주(孝惠公主)와 혼인한 것을 계기로 권력을 남용하다 영의정 남곤(南袞) 등의 탄핵을 받고 유배되었다. 남곤이 죽자 유배에서 풀려나 실권을 되찾은 그는 이조판서를 거쳐 1534년부터 우의정과 좌의정에 올랐다. 고단(孤單)한 동궁(東宮: 인종)을 보호한다는 구실로 뜻에 맞지 않는 자를 축출하는 옥사(獄事)를 여러 차례 일으켰다. 대윤과 소윤으로 나누어진 혼란한 정국에서 1537년 문정왕후 폐위를 기도하다 사사되었다.[78]

이명규는 김안로가 제거된 이후 사간원 헌납과 사헌부 장령에 등용되었고,[79] 홍문관 응교로 시강관 등을 거쳐 직제학에 올랐으며,[80] 이어서 승정원으로 자리를 옮겨 동부승지·좌부승지·좌승지를 역임하고 한성부 우윤에 올랐다. 그러나 당상(堂上)에 승진한 지 겨우 10여 삭(朔)만에 갑자기 2품으로 승진한 것은 부당하다는 대간의 제기로 취소되었다.[81] 이

---

76 『중종실록』 권100, 중종 38년 정월 임자조. 같은 책 2월 무술조.
77 『중종실록』 85권, 32년 10월 27일 계유조.
78 『연려실기술』 권9, 중종조 고사본말.
79 『중종실록』 권88, 중종 33년 8월 20일 경신조.
80 『중종실록』 권94, 중종 35년 10월 8일 병인조.

어 호조참의를 거쳐, 인종이 즉위하자 도승지에 발탁되었다.

명종이 즉위하고 나서도 인종의 외척인 대윤이 정국을 주도하는 편이었다. 대의명분과 정통을 강조하는 사림파도 대윤을 지지하고 있었다. 이러한 우세를 바탕으로 명종이 즉위하였음에도 문정왕후의 오라비 윤원로를 탄핵하여 귀양까지 보낼 수 있었다.[82] 그러나 소윤 세력들은 자신들의 열세를 만회하기 위해 훈구계 대신들과 결탁함으로써 대윤을 제거할 힘을 얻게 되었다.

소윤세력들은 명종 즉위년 8월 21일 대윤을 이끌던 윤임을 비롯한 유관·유인숙에 대한 탄핵을 제기하였으나, 대간들의 반대로 뜻을 이루지 못했다.[83] 그러나 다음날 이기·정순붕·임백령 등이 고변 형식으로 죄목을 만들어 처벌을 주청하면서[84] 상황이 반전되고 있었다. 처음에는 애매모호한 죄목에다 밀지를 통해서 처리했다는 절차상의 하자로 반대 파문이 일기도 했다. 그러나 윤임 등이 역모를 꾀했다는 죄명이 덧 씌워졌다. 이에 따라 귀양 내지 파직이었던 윤임 일파의 형량이 갑자기 사사까지 이르게 되었다.[85]

을사사화는 이렇게 시작되었다. 처음부터 모호하게 출발한 이 사건을 놓고 시비가 일자 죄상을 갈수록 구체화 하였고, 그에 따라 처벌의 수위도 점점 높아지고 있었다. 이처럼 점차 확대되어 간 을사사화가 대의명분을 잃었다는 점에서 오히려 이를 합리화하는 쪽으로 옮겨가지 않을

---

81 『중종실록』권96, 중종 36년 9월 10일 계사조.
82 『명종실록』권1, 명종 즉위년 7월 경오조.
83 『연려실기술』권10, 을사사화
84 『명종실록』권1, 명종 즉위년 8월 임자조.
85 『명종실록』권1, 명종 즉위년 8월 무오조.

수 없었다. 정당성을 부여받기 위해 급히 공신책봉을 서둘게 되었는데,[86] 그것이 위사공신이었다.[87]

문정왕후 수렴청정 기간에는 지루한 사림 탄압 사건들이 있었다. 다행히도 이명규는 명종 2년(1547) 함경도관찰사로 나가서 북도민의 민폐 시정에 힘썼으며, 특히 도민의 큰 부담이었던 곤포(昆布) 진상을 중지시켰다. 대사헌·지중추부사를 역임하고, 명종 6년(1551) 한성부판윤이 되었다가 다시 대사헌을 역임하고, 형조·예조의 판서를 거쳐 1554년 평안도관찰사로 부임하여 3년 동안 민정을 주관하였다.

명종 6년(1551) 대사헌 시절 이명규는 대사간 김주(金澍)와 함께 양사의 대간들을 이끌고 폐행을 일삼던 이기(李芑)를 탄핵했는데,[88] 당대 최고의 실세를 대상으로 했다는 점에서 돋보인다. 이기는 당시 사림파들이 윤원형과 함께 을사사화 원흉(元兇)으로 꼽은 인물이지만, 문정왕후가 실권을 쥐고 있던 그 시절에 탄핵한다는 것은 매우 어려웠기 때문이다. 선조 초 완전한 사림정치가 펼쳐질 때 이기의 훈작(勳爵)이 추삭(追削)되고 묘비(墓碑)가 제거되었으니, 이기의 탄핵이 마무리 된 시점은 후일을 기약해야 했음을 알 수 있다. 그 후 이명규는 주청사로 명나라에 건너가 대비의 고명(誥命)을 받아 왔고, 그 공로로 숭정대부에 올랐으며, 판돈녕부사와 병조판서에 특채되었다.

청파공 이육의 손자 이찬(李澯)은 중종 11년 사마시 생원과과 진사과 양과에 모두 합격했고, 이런 문재를 바탕으로 중종 18년(1523)에 실시된 알성 문과에 병과로 급제하였다.[89] 중종 20년(1525) 승정원의 주서로서

---

86 『명종실록』 권1, 명종 즉위년, 8월 기미조.
87 우인수, 1987, 「조선 명종대 위사공신의 성분과 동향」 『대구사학』 33.
88 『명종실록』 권12, 6년 10월 25일 기묘조.
89 『국조문과방목』 중종 18년 계미 알성시(謁聖試).

사관(史官) 겸직이 부적당하다는 사헌부의 지적을 받았으나, 중종이 가납하지 않았다.[90] 중종 22년(1527) 사간원 정언이 되어 어전 조강(御前朝講)에서 당해 년 감시제술과(監試製述科) 급제자가 성적이 미흡한 점을 들어 인재양성을 주청하였다.[91] 중종 23년(1528) 이찬은 언관(言官)이 논계(論啓)한 것을 문제 삼은 중종에게 더 이상 직을 유지하기 힘들다 하여 사면을 청했다.[92] 대간의 공론(公論)을 저지한다고 하여 이튿날 사간원 동료들도 함께 사면을 청했다.[93]

이후 이찬은 이조좌랑이 되었고,[94] 사헌부 헌납을 거쳐 지평에 제수되었다.[95] 병조정랑이 되어 간관(奸官)을 적발하는 임무를 띠고 지방에 파견되었다. 중종 26년(1531)에 사헌부 탄핵으로 파직되었는데, 당시 김안로(金安老)에게 의지했다는 이유였다.[96] 중종 22년(1527) 김안로가 일으킨 작서의 변은 그 실체가 밝혀질 때까지 매우 불안하게 정국이 지속되었다. 쥐를 잡아 지져서 동궁(東宮)을 저주한 사건이었던 작서의 변 주모자로 경빈(敬嬪) 박씨가 의심 받아, 그 아들 복성군(福城君)과 함께 서인(庶人)으로 쫓겨났다가 사사되었다. 중종 27년(1532)에 김안로 아들 연성위(延城尉) 김희(金禧)가 진범이란 사실이 밝혀졌지만, 격동의 정국 속에서 대간 시종들 또한 김안로에 부합하는 경우가 많았다.

중종 26년(1531)에 파직된 이찬은 여기에 그치지 않았다. 그와 함께 장(杖)·배형(配刑)에 처해질 위기에 놓인 인물들은 중종 전지(傳旨)로 배

---

90 『중종실록』 권55, 중종 20년 9월 12일 무진조.
91 『중종실록』 권59, 중종 22년 9월 5일 기묘조.
92 『중종실록』 권61, 중종 23년 5월 29일 기해조.
93 『중종실록』 권61, 중종 23년 5월 30일 경자조.
94 『중종실록』 권62, 중종 23년 7월 8일 정축조.
95 『중종실록』 권69, 중종 25년 8월 13일 경오조.
96 『중종실록』 권70, 중종 26년 2월 20일 을해조.

형을 면했다.[97] 그러나 지평 이임(李任) 등이 사림을 모함하는 사악한 인물로 몰아갔다. 이찬은 결국 부여 은산역(恩山驛)으로 유배되었다.[98] 그 뒤 사면되어 1538년 의정부사인이 되었다. 같은 해 사간이 되어, 조강에서 법을 준수해 중정(中正)의 도(道)로 삼을 것을 주장하였다. 이후 홍문관교리·부응교·집의를 거쳐 이듬 해 시강관(侍講官)으로서 학문 진작에 대해 논하였다. 기묘사화 여파로 사림이 모두 중죄를 받게 되어, 당시의 신진 사림들이 기존 사림들의 가르침을 살피지 않고 그 학문까지 그르다 여기는 황폐함에 따른 것이었다.

1540년 이찬은 대사간이 되어 궁중의 사치를 지적하고 다음해에도 벼슬길을 바르게 할 것을 상소하였다. 1542년 동지사로 명나라에 다녀왔으며, 다음 해 당상문신정시(堂上文臣庭試)에서 재주를 과시, 숙마(熟馬) 한 필을 하사받았다. 개성부유수를 거쳐 명종 1년(1546) 한성부우윤·강원도관찰사에 제수되었으나 병사·수사를 통제하는 책임 있는 관리로서 군령을 다스리지 못했다는 사간원 탄핵으로 추고(推考) 되었다. 한성부 좌윤을 거쳐[99] 동지중추부사로 죽었다. 글씨를 잘 썼으며, 특히 초서·예서에 능했다.

그가 죽자 조정의 삼공이 나서서 "항상 병으로 출사(出仕)하지 못하는 것을 미안하게 여겨 녹을 받지 않았고 나중에 봉조하(奉朝賀)의 박한 녹만 받다 죽었는데, 집이 가난하여 장사지낼 일을 조치하지 못하고 있다 합니다. 이 사람은 중종조에 대간과 승지로 있었으니, 별치부(別致賻)를 명하시는 것이 어떻겠습니까?" 라고 아뢰어 명종이 허락하였다.[100]

---

97 『중종실록』 권70, 중종 26년 2월 임오~계미조.
98 『중종실록』 권70, 중종 26년 3월 12일 정유조.
99 『명종실록』 권11, 명종 6년 6월 25일 임오조.
100 『명종실록』 권17, 명종 9년 8월 27일 을미조.

청파공 이육의 손자 이택(李澤)은 중종 26년(1531)에 진사시에 합격하여 성균관(成均館)에 선보(選補)되고, 중종 33년(1538) 문과에 합격하였는데,[101] 중종은 이택을 비롯한 합격자들에게 사서삼경 중 원하는 책을 1질씩 내렸다.[102] 처음 벼슬로 승문원(承文院)에 들어가 부정자(副正字)를 거쳐 승진하여 박사(博士)에 이르렀으며, 중종 36년(1541)에 성균관 전적(成均館典籍)으로 승진하여 승문원 교검(承文院校檢)을 겸직하였으니, 이는 공이 사대문서(事大文書)를 잘 썼기 때문에 항상 승문원의 직책을 겸한 것이다.

이택은 공조(工曹)·예조(禮曹)·병조(兵曹)의 좌랑(佐郎)을 거쳐 사간원 정언(司諫院正言)으로 있을 때는 "시종신(侍從臣)이 입시할 때에 부복하여 감히 우러러보지 못하므로 아뢰고 싶은 일이 있어도 품은 뜻을 다 말하지 못하는" 사정을 진언했다.[103] 그 후 시강원 사서(侍講院司書)를 역임하고, 또 공조·형조·병조·호조의 정랑(正郎), 시강원 문학(侍講院文學)을 거쳐, 중종 39년(1544) 사헌부 지평(司憲府持平)에 제수되었다.[104] 홍문관 수찬(弘文館修撰), 사간원 헌납(司諫院獻納)을 역임한 후 종종이 승하하자, 통훈 대부(通訓大夫) 행 군기시 부정 겸 승문원 참교(行軍器寺副正兼承文院參校) 신분으로 『중종실록』 편수관(編修官) 임무를 수행했다. 아울러 중종 승하 사실을 중국에 고부(告訃)하고 청시(請諡)하는 사절단 일원인 서장관으로 파견되었다.[105]

인종 원년(1545)과 명종 원년 사이에 사간원 헌납 직책을 수행한 이

---

101 『문과방목』 중종 33년(1538) 무술(戊戌) 알성시(謁聖試).
102 『중종실록』 권87, 중종 33년 4월 22일 을축조.
103 『중종실록』 권100, 중종 38년 2월 11일 을유조.
104 『중종실록』 권102, 중종 39년 2월 22일 신묘조.
105 『인종실록』 권2, 인종 1년 5월 12일 계유조.

택은 명종 2년(1547)에는 내섬시 첨정(內贍寺僉正)으로 3품을 거치지 않았는데 부묘(祔廟) 때 집사(執事)를 하였다는 이유로 가자(加資)를 특명받았다.[106] 이 무렵 시의(時議)를 따르지 않다가 좌죄(坐罪)되어 수년 동안 산직(散職)으로 옮겨졌다.

명종 2년(1547) 여름에 육진(六鎭)에 흉년이 들어 조정에서 바야흐로 북쪽 변방을 진념(軫念)하였는데, 조정에서는 이택(李澤)이 어루만져 방어하는 재능이 있다고 하여 군기시 부정(軍器寺副正)을 거쳐 통정대부(通政大夫)를 제수하여 온성 부사(穩城府使)로 파견하였다.[107] 명종 4년(1549) 여름 병으로 체직(遞職)되었는데, 떠나온 뒤 백성들이 매우 사모하였다. 남양 부사(南陽府使)·의주 목사(義州牧使)·첨지중추부사(僉知中樞府事)·병조 참지(兵曹參知)를 거쳐 승정원 동부승지(承政院同副承旨)로 전직하여[108] 우승지(右承旨)를 거쳐[109] 좌승지(左承旨)로 승진하였다.[110]

명종 10년(1555)에 특별히 가선 대부(嘉善大夫) 품계를 더한 이택은 함경남도 절도사(咸鏡南道節度使)에 제배되었다.[111] 그 후 관찰사(觀察使)를 일곱 번 지냈으니, 청홍도(淸洪道)·전라도(全羅道)·황해도(黃海道)·경상도(慶尙道)·함경도(咸鏡道)와 경기(京畿) 두 번이다. 도승지(都承旨)를 한번 지내고,[112] 평안도 절도사(平安道節度使)를 한번 지냈다. 한성부 좌윤(漢城府左尹)을 한 번, 참판을 두 번 지냈으니 예조와[113] 형조

---

106 『명종실록』 권5, 명종 2년 1월 22일 을해조.
107 『명종실록』 권5, 명종 2년 6월 20일 기해조.
108 『명종실록』 권16, 명종 9년 2월 15일 병술조.
109 『명종실록』 권19, 명종 10년 7월 14일 병오조.
110 『명종실록』 권19, 명종 10년 8월 16일 무인조.
111 『명종실록』 권19, 명종 10년 10월 19일 경진조.
112 『명종실록』 권25, 명종 14년 3월 25일 정유조.

참판이다.[114]

선조 6년(1573) 예조 참판으로 있다가 병 때문에 면직되었던 이택은[115] 그 해 9월 29일(병오)에 집에서 졸(卒)하니, 향년 65세였다. 부음(訃音)이 알려지자 부의(賻儀)와 치제(致祭)를 의례(儀禮)대로 하여, 12월 15일(신유)에 광주(廣州) 갈마리(葛麻里) 선영(先塋) 옆에 장사하였다.

이택은 천성이 온화하고 행실이 평이하여 사람을 대하는 것과 일 처리에 경계(境界)를 두지 않았다. 관직에 있으면서 염근(廉謹)함을 숭상하고, 집에서는 검약(儉約)을 숭상하여 세리 분화(勢利芬華)에 급급해 하지 않았다. 공은 물러나 집으로 돌아와서는 교유(交遊)를 좋아하지 않았고, 벼슬이 아경(亞卿)에 이르렀으나 골목에 거마(車馬)가 없어 마치 한미한 선비 같았다. 집사람들이 찾아오는 손님이 없음을 조롱하면, 공은 "손님이 없는 것이 나의 참다운 즐거움이다."라고 하였다.[116]

행촌(杏村)의 후손 가운데는 글씨를 잘 써서 이름이 알려진 분이 많았다. 공은 필세(筆勢)가 호건(豪健)하여 스스로 일가(一家)를 이루었으며, 시(詩) 역시 전아(典雅)하였으나 남과 수창(酬唱)함이 적어 세상에 전하는 것이 없다. 사예(射藝)의 묘(妙)를 얻어 무인(武人)들도 감히 다투지 못하였으니, 가위 문무(文武)를 겸비한 재능이라 하겠다. 항상 여러 아들을 경계하여 말하기를, "악덕(惡德)을 저질러 선조(先祖)를 욕되게 하지 말라."고 하였다. 만년에는 여강(驪江)가에다 작은 별장을 지어 벼슬에서 물러나 살 계책을 했으나 어머니가 늙으시어 결행(決行)하지 못하였다. 임종(臨終) 때 여러 아들에게 말하기를, "사람은 반드시 죽게 마련인데

---

113 『명종실록』 권29, 명종 18년 9월 6일 신사조.
114 『명종실록』 권31, 명종 20년 5월 29일 갑자조.
115 『선조실록』 권7, 선조 6년 8월 16일 계해조.
116 『국조인물고』 권18, 경재(卿宰) 이택의 비명(碑銘 : 李珥 撰).

죽는다고 슬퍼할 게 무엇이냐? 다만 늙으신 어머니가 마음 쓰인다." 하였고, 또 나랏일을 걱정하여 말하기를, "나는 이제 어쩔 수 없게 되었다만, 너희들은 마땅히 알아 두거라."라고 하였다.

중종 말부터 명종 초에 이르기까지 척신들이 발호하던 시기에 살았던 이제신(李濟臣)은 영남 우도의 남명학파를 계승한 학자였다. 중종 5년(1510) 창녕 외가에서 태어난 그는 의령의 종조부가에서 수양되었고, 이 때부터 의령 생활이 시작되었다.

21세에 한양으로 올라가 성균관에 입학하였는데, 이때 김범(金範)·김희년(金禧年)·배신(裵紳)·여응구(呂應龜) 등과 친교를 맺었다. 이들 모두 영남 유생으로 남명 조식과 인연을 갖고 있다. 이제신이 성균관에서 생활하는 동안 명륜당(明倫堂)에서 종래의 잘못된 관습을 버리고 좌차(座次)를 나이 순으로 해야 한다는 의견을 제기한 적이 있었다. 비록 실행이 되지는 못했지만 이로 인해 명성이 높아지는 계기가 되었다.

이 무렵 인종을 지지하는 대윤과 경원대군을 지원하는 소윤으로 나뉘어져 혼란한 정국 속이었다. 사림들의 공론을 바탕으로 지지 받고 있던 인종은 사류(士類)들을 좋아하여 이제신을 비롯한 젊은 선비들을 만나보려 했고, 사류들 또한 인종을 따르는 자가 많았다. 그러나 인종이 즉위한 지 9개월도 지나지 않아 승하하고 문정왕후의 아들 명종이 즉위하였다.

어린 나이에 왕위에 오른 명종을 대신하여 수렴청정을 하던 문정왕후와 명종의 외숙 윤원형이 국정을 농단하던 시기에, 이제신이 성균관에 있을 때 윤원형을 비판한 것을 두고 그를 죽이려 하였다. 소윤을 이끌던 윤형원은 "이제신 무리는 전왕 때 윤임과 유관의 문객이 되어 신진 사림들과 더불어 허위와 변란 시비만 일삼고 있었는데, 새 왕이 즉위한 이후에도 그 습관은 아직 남아 더욱 더 조정을 비방하고 공경을 모욕하니,

다스리지 않을 수 없다"고 하면서, 이제신과 그 무리들을 체포하여 국문하려 하였다.

한 때 의령에서 거주했던 판서(判書) 정사룡(鄭士龍)의 변호와 도움으로 화를 면했다. 정사룡은 이제신으로 하여금 청하(淸河) 교관(敎官)으로 부임토록 하였다. 이 때 이기가 정사룡에게 묻기를 '이모(李某)가 어디에 있는가?'라고 물으니, 정사룡이 말하길, '이모(李某)는 빈궁하고 의지할 곳이 없어 얼마 전에 정득청과 하훈도에게 갔다'라고 하였다. 이기가 말하기를, '이 사람은 족히 헤아릴 것이 못 된다'하고는, 드디어 해코지할 뜻을 접었다.

정사룡의 도움으로 화를 면할 수 있었던 이제신이 실제 청하 교관으로 부임하지는 않았다. 인종에 대한 군신의 의리를 다하기 위해 심상(心喪) 삼년을 지냈고, 매년 기일을 맞으면 의관을 갖추고 종일토록 혼자 앉아 탄식하면서 아무 말이 없었다고 전한다. 이후로는 관직을 포기한 채 처사형(處士形) 학자로 살아갔다.[117]

이제신은 젊은 시절 남명을 사사하였는데, 남명이 삼가(三嘉) 여소(廬所)에 있을 때부터였다. 1558년에 남명이 처소를 덕산으로 옮기자 이제신도 남명을 따라 그 곳으로 이주하였다. 이제신은 덕산동 여기저기 풍광이 좋은 곳에 초막을 지어 일 년 혹은 몇 년을 옮겨가며 지낸 바 있다. 그 중에서 덕산사 밑의 계곡 한 쪽에 있는 언덕에 집을 지어 여러 해 거주했는데, 이곳은 질그릇과 기와를 굽던 도와지구(陶瓦之丘)였다. 그리하여 이곳 이름을 따서 자신의 호를 도구(陶丘)라 정했다.

이제신은 남명의 처소에서 멀지 않은 곳에 거주하고 있었기에 매일 왕래하며 그와 담론하는 일을 게을리 하지 않았다. 이처럼 이제신이 남

---

117 김준형, 2002, 「陶丘實記 解題」『남명학연구』12, 남명학연구소.

명을 가까이 모시고 산 것이 15년이나 되었다. 깨달음에 투철한 곳이 많아 남명 선생이 이제신을 칭찬하여 이르기를, "언우는 나의 노우(老友)다"라고 할 정도였다. 덕산동으로 들어가는 입구 도구대(陶丘臺)에 놓인 바위에 새겨진 '입덕문(入德門)'도 이제신이 쓴 것으로 알려져 있다.

이제신은 뜻이 크고 기개가 있어 남에게 자유를 구속 받지 않으려는 성격을 지니고 있었다. 항상 활 쏘는 도구들을 챙겨 다니고, 장기를 휴대하고 다녔다. 이에 남명 조선생이 꾸짖기를 "어찌하여 소년 같은 짓을 하는가?"하니, 공이 즉시 일련의 시를 읊어 이르기를 "장기는 남의 헐뜯는 말을 끊는 것이요, 활쏘기란 마음속으로 자기 반성을 생각함이로다"라 하였다. 이렇듯 남의 눈을 의식하지 않는 호방한 성격에다 혼돈의 정국에서 관직에 뜻을 두지 않는 이제신이었기에, 스승인 남명에게는 '청광(淸狂)'이란 평을 들을 정도였다.

이제신은 한 평생을 남명의 제자로 살아갔지만, 퇴계 문인과의 교류 또한 없지는 않다. 명종 21년(1566) 소고(嘯皐) 박승임(朴承任)이 진주목사로 부임하였을 때, 매우 친밀한 교류를 하고 있었다. 박승임의 문집인 『소고집』에는 그가 목사직을 그만 두고 떠날 때 준 이제신의 시 2수가 실려 있기도 하다. 절친한 동료였던 배신(裵紳) 또한 남명과 퇴계 양 문하에서 글을 배웠던 사실은 잘 알려져 있다.

이제신이 남긴 글들이 인멸되어 크게 전하는 바는 없지만, 그에 관한 일화는 비교적 풍부하게 남아 있는 편이다. 정사룡이 향리(鄕里)의 후생인 이제신을 구하고자 청하 훈도로 보내자, 부임하던 길에 하양(河陽) 향교 명륜당 위에서 갑자기 하양 훈도를 물으니, 그를 암행어사로 의심하여 창황하게 관복을 갖추고 뜰 가운데 서서 외람되어 감히 앞으로 오지를 못하였다. 공이 소리를 가다듬고 손을 들어 빨리 오라고 부르니, 훈도가 땀을 흘리면서 몸 둘 바를 몰라 뜰 앞에 겨우 들어왔다. 이에 공이 또 다시 가까이 오라고 부르니, 하양 훈도가 당으로 올라와 부복하였다. 또 앞으로 나아오라고 부르니 훈도는 황공하여 달려서 들어와서는 감히 우러러 보질 못하였다. 이에 공이 그의 손을 잡고 호탕하게 웃으면서 말하기를, "나 또한 청하 훈도네"라 하고, 이어 술을 청하여 통음하고 돌아갔다. 공의 호방함이 이와 같았다.

정사룡이 파직당하고 잠시 의령에 와 있을 때 정암(鼎巖)에 정자를 지어 십완정(十玩亭)이라 하였는데, 이제신에게 시를 청하였다. 이에 이제신이 시를 지어 바쳤는데, 그 내용에는 창기(娼妓)를 많이 거느린다든지 편지를 보내 징색(徵索)을 많이 한다는 것을 은근히 비꼬는 내용이 들어 있었다. 그러나 정사룡은 그것을 알아차리지 못하고 대단한 칭송을 하였다. 당대에 문명이 높고 율시(律詩)에 뛰어났던 양곡(陽谷) 소세양(蘇世讓)만이 이제신의 해학 넘치는 풍자 사실을 알아챌 뿐이었다. 이를 계기로 정사룡 또한 알았지만 호방하게 웃으며 받아 넘겼다고 한다.

남명이 서거하자 제자들이 장례를 치르게 되매 수백 명이 모여들었다. 그 중에 덕계(德溪) 오건(吳健)과 수우당(守愚堂) 최영경(崔永慶)이 가장 연배가 높아 제주(題主)를 맡게 되었다. 이 때 제주의 복을 둘러싸고 논란이 벌어졌는데, 한강(寒岡) 정구(鄭逑)를 비롯하여 동강 김우옹, 내암 정인홍 등은 소복(素服) 입을 것을 주장했고, 다른 사람들은 모두 국제(國制)를 따라 길복(吉服)을 입어야 한다는 주장이 팽팽하여 오래도록 결말이 나지 않았다.

이 때 헤어진 옷과 헝클어진 관을 두르고 서편에 서 있던 이제신이 손을 내두르면서 자리를 옮겨 앞으로 나아가 "오정랑[건]은 선생의 고제로서 지위나 명성이 가볍지 않고 조정의 대사 결정에도 참여하니, 그의 한마디로 결정하는 것이 마땅하오"라고 소리쳤다. 오건은 근신한 사람이라 겸양하여 감히 결정하지 못했다. 이에 이제신은 정색하며 큰 소리를 질러, "이것은 당신이 전조(銓曹)의 지위를 얻은 까닭이요"라고 하였다. 이에 옆에 있던 최영경이, "이 노인이 원기도 왕성 하구려"라고 했다는 사실을 송암 이로는 회고하고 있다.

오건이나 최영경·정인홍·김우옹 등은 당시 사람들로부터 과격한 주장을 일삼거나 남의 눈치를 보지 않고 소신을 굽히지 않는 것으로 정평이 나 있었다. 그런 인물들이 모인 자리에서 이제신은 그들보다 더 돋보이는 행동을 보여주고 있었던 것이다. 후일 이제신의 놀라운 기담(奇談)들을 전해들은 미수(眉叟) 허목(許穆)은 좀처럼 믿어지지 않는다고 기록할 정도였으니, 이제신의 행적들은 어느 기인 못지 않았다.

친구였던 각재(覺齋) 하항(河沆)은 이제신의 죽음을 애도하며, 이인(異人) 신인(神人)이라 했던 것에서도 그의 기행(奇行)을 잘 대변해 주고 있다. 이제신은 1582년 73세로 세상을 하직했다. 진극경은 사우록에서 공에 대해, "일세의 위에서 소요했고, 천지의 사이에서 비예(睥睨 ; 눈을 흘기면서 세상을 바라 봄)하였다"라고 평했듯이, 평범치 않은 그의 삶을 잘 표현하고 있다. 선조 때 8문장의 한 사람으로 칭하는 데 주저함이 없는 양응정이 공(公)의 시문을 놓고 넋을 잃어 붓을 놓았다고 했으니, 이제신은 문장으로 한 시대를 풍미했다고 해도 지나침이 없을 것 같다.[118]

운당 이염(李琰) 또한 고성이씨 가문이 배출한 남명학파 중의 한 사람이었다. 강우학파를 이끌던 조식(曺植)의 문하생으로, 수우당 최영경(崔永慶)·각재 하항(河沆)·조계 유종지(柳宗智) 등과 친교를 맺었다. 이에 따라 남명 선생의 벗과 제자들의 행적을 기록한 『덕천사우연원록(德川師友淵源錄)』에 이름이 올라있다.

명종 5년(1550) 문정왕후가 불교를 중흥시켜 선교양종(禪敎兩宗)을

---

118 『도구실기(陶丘實記)』『진양지(晉陽誌)』.

부활하고 승려 보우(普雨)를 판선종사도대선사(判禪宗事都大禪師)에 임명하자 이염은 이를 적극 반대하였다. 18세에 삼각산에 들어가 독서를 하는 중에 문정왕후가 그 사찰에 100필(疋)의 금단(錦緞)을 내려 기복을 하였는데, 이염이 그 비단을 모두 불태워 왕후의 노여움을 사 극형에 처하게 되었으나, 명종의 두둔을 받고 형을 겨우 면했다.

공천(公薦)으로 남부 참봉(參奉)에 제수되었으나 나아가지 않았고, 학문에 힘쓰다 선조 21년(1588) 신병으로 죽으니, 수우당 최영경이 매우 애석하게 여기어, '내가 교유한 사람이 많았으나, 무실(務實) 독행(篤行)이 이와 같은 사람은 일찍이 보지 못했다'라 하였다. 선생이 임종할 때에 최수우당 하각재 류조계 하예산 등이 모여 병문안을 하자, 선생이 말하길, '내가 먼저 가는 것을 슬퍼 말라, 수년 뒤가 되면 마땅히 나의 죽음을 부러워 할 것이다'라 하였다. 곧 이어 기축옥사(己丑獄事)가 일어나 수우당을 비롯해 조계 등이 모두 화를 입었으니, 그의 선견지명이 이와 같았다.

『진주지명사』에 의하면 운당이 한 때 거처한 조동(槽洞)은 현재 금산면 갈전리에서 으뜸가는 마을이었다. 속사마을 뒤쪽에 있는 '구름등'을 '운당산'이라고도 부른다. 운당은 이곳에 임연정(臨淵亭)을 지어 고을 선비들을 초청하여 풍류를 즐겼다. 정자는 소실되었으나 임연대는 남아 있다. 이곳에는 징사운당이선생임연대유허비(徵士雲塘李先生臨淵臺遺墟碑)가 세워져 있는데, "임연대는 학문과 덕행이 높아 임금이 불러도 벼슬에 나가지 않은 운당 이공께서 이름 지은 곳으로 유유자적하게 지내던 곳이다"라고 새겼다.

남명의 수제자 수우당이 강 건너 도동에 은거하였으니, 당시 두 사람은 임연대에서 만나 시를 읊조리며 교유했음을 알 수 있다. 두 사람은 남강을 서로 사이에 두고 바라보며 때로는 노를 저어 거슬러 올라가며 서로 노니, 사람들이 '남쪽 지방의 두 처사'라고 불렀다.

운당은 청파의 현손이다. 청파 이육이 명나라 고명 사신으로 파견되어 늠름한 자태와 기개를 보이자, 명 효종 황제가 친히 불러 옥으로 된 퉁소를 불게 하였는데, 그 소리가 낭연(郎然)하게 울려 퍼지자, 주인이 따로 있는 법이라며 친히 옥퉁소를 내리셨다. 청파공은 갖고 온 옥퉁소를 자손 중에 능히 잘 부는 이에게 하사하였는데, 때마침 적임자로 뽑힌 운당공이 임연대에서 노닐 때 달밤에 이 퉁소를 불어 수우당 선생과 서로 화답하였다고 전한다. 운당의 또 다른 호 안계(安溪) 역시 지명에서 따온 것이다. 현재 하동군 옥종면 안계리를 뜻한다. 공이 만연에 살았던 곳이 조동, 태어나 오랜 기간 살았던 곳이 안계리로 추정된다. 옥종면 안계리에 그의 학행을 기리기 위한 정산재(鼎山齋)가 있으며, 묘소도 이곳에 있다. "남명 조선생이 지리산 아래서 도를 강론할 때 그 문하에서 얼굴을 맞대고 공부한 선비는 최수우[최영경], 하각재[河沆], 유조계[柳宗智]와 같은 여러 어진 선비가 있어 도리와 의리를 같이 했고, 명분과 절개를 실천해서 남명의 사문을 빛냈는데 징사 운당 이공은 실로 더불어 어깨를 견줄만 했다"라고 시작되는 묘비가 새겨져 있다. 조정에서 그의 효행과 청렴함으로 벼슬을 내렸으나 나가지 않고 학문에 정진하였고, 불교중흥을 배척한 용감한 선비로 인정받아, 진주의 정강서원(鼎岡書院)에 제향 되었다.

명종 재위 시절에는 척신들이 발호하여 사림(士林)들이 수세에 몰리긴 했지만, 문정왕후 치하에서도 올곧은 선비 정신을 보여주는 이들이 많았고, 그 중에서도 고성이씨 인물들이 다수를 점하고 있었던 것은 결코 우연이 아니었다. 기묘명인으로 널리 알려진 이우의 부인 성주이씨가 친정쪽으로 낙향하여 큰 동족 마을을 이룬 성주에서도 이경명(李景明)이나 이순(李淳) 같은 인물을 배출시켜 척신들의 정치 행태를 비판하는 데 앞장섰다.

이경명은 한양에서 태어나 3세에 아버님을 여의고, 8세에 어머님을 따라 성주에서 살았다. 29세 되던 명종 1년(1546) 진사과에 합격하였고,[119] 45세 되던 명종 17년(1562) 임술년 별시(別試)에서 병과(丙科)로 급제하였는데, 당시 전력(前歷)은 선략장군(宣略將軍)이었다.[120] 이듬해 4월에 정7품의 승정원 주서(注書)가 되었는데,[121] 이는 『승정원일기』 기록을 담당하는 청요직의 하나로 사관(史官)을 겸하는 자리였다. 그 후 명종 19년(1564) 12월에 다시 예문관 봉교(奉教)가 되었는데,[122] 전임 사관(史官)이던 한림(翰林) 8명 중의 한 명이었다. 따라서 그는 연이은 사관(史官) 직책을 수행하면서 관직생활을 출발했다고 할 수 있다.

사관의 임무를 마친 명종 21년(1566) 1월에 사간원 정언에 제수되었다.[123] 공이 사간원에 근무할 당시, 개성부 유생들이 중앙 권력에 반기를 들었던 큰 사건이 일어났다. 개성부 송악산의 신은 세속에서 영검하다고 일컬어져 국사(國祠) 이외에도 민간들이 총사(叢祠)를 마구 세워 제사를 지내왔다. 이렇듯 내력이 바르지 못한 귀신을 모셔놓은 곳을 음사(淫祠)로 규정한 성리학자들은 조선초기부터 철폐를 주장해 왔는데, 그 중에서 가장 비판 받은 곳이 바로 개성 송악산 대왕사(大王祠)였다. 문정왕후가 기도하는 일을 좋아하여 내사의 발길이 끊이지 않아 가산을 탕진하고

119 『가정25년병오9월일생원진사시(嘉靖二十五年丙午九月日生員進士試)』(국립중앙도서관 [古6024-213]).

120 『국조문과방목(國朝文科榜目)』(규장각한국학연구원[奎 106]).

121 『명종실록』 권29, 명종 18년 4월 21일 무진조.

122 『명종실록』 권30, 명종 19년 12월 21일 기축조.

123 『명종실록』 권32, 명종 21년 1월 21일 계축조.

남녀가 몰려들어 추한 소문까지 나돌았다. 문정왕후 동생이던 윤원형 또한 잡신을 받들고 제사지내기를 더욱 심하게 하였다.[124] 개성부 유생들 100여 명이 음사를 소각하자 왕대비가 중관(中官)을 보내 저지했으나 유생들이 듣지 않자, 급기야 의금부에서 유생들을 잡아들여 그 죄를 다스리려 하였다. 이 때 정신(廷臣)들이 적극 간(諫)하였고, 관학(館學) 생도(生徒)까지도 소(疏)를 올려 논쟁하므로 비로소 석방을 명하였다. 문정왕후를 견제하는 유생들이 반발이 적지 않았음을 상징적으로 보여주는 사건이다.

이 일을 처리하는 과정에서 사간원 또한 그 본래의 기능을 다해야만 했다. 대사간 이양원(李陽元)을 비롯하여 사간 고경허(高景虛), 헌납 황정욱(黃廷彧), 정언 이경명(李景明)·이이(李珥) 등이 함께 아뢰기를, "개성부 유생들의 일에 대하여 신들의 망령된 생각으로는 제생으로 하여금 그 뜻을 진술하게 하기 위하여, 본부에 명하여 사유를 물어 보도록 하자고 주청한 것인데, 지금 헌부의 의논을 보니 명백하고 절직하여 다 정론에서 나왔습니다. 신들이 모두 무상한 존재로 간쟁하는 체통을 크게 상실하여 드러나게 지척을 받았으니 더 이상 본직에 있을 수 없습니다. 속히 체직을 명하소서." 하니, 답하기를, "개성부의 유생에 대하여 본부에 명하여 사유를 물어 보도록 한 일을 어찌 불가하다 하겠는가. 죄가 있는 자를 불문에 부치고 그대로 둔다면 이는 간악한 풍습을 양성시키는 셈이니 후래의 폐단이 반드시 클 것이다. 기강을 진작시키지 않을 수 없으니 사직하지 말라." 하였다.[125]

이후 여러 차례에 걸쳐 사간원 정언직 사퇴를 요청했으나, 명종 임금

---

124 『명종실록』 권32, 명종 21년 1월 24일 병진조.
125 『명종실록』 권32, 명종 21년 1월 26일 무오조.

은 받아들이지 않다가, 명종 22년 5월에 공을 병조좌랑으로 이임 시키면서, 오건(吳健)을 후임으로 삼았다.[126] 선조가 즉위한 후에는 호조정랑의 임무를 수행하다가[127] 홍문관으로 직임을 옮겼다. 선조 5년(1572) 10월 동료 유희춘·조정기·우성전·정언지 등과 함께, 구언 납간(求言納諫)을 엄히 해야 함을 건의했다.[128]

이어 같은 해 12월에 사헌부 장령에 제수되었다가,[129] 이듬해인 선조 6년(1573)에 부수찬을 제수 받은 지 며칠 만에 다시 수찬(修撰)으로 제수되었다.[130] 홍문관 수찬이 되자, 경연(經筵)에서 국가의 불교 정책과 향약 시행에 따른 방향을 제시한 바가 있고,[131] 부제학(副提學) 유희춘(柳希春) 등과 함께 재변을 초래한 까닭을 아뢰고 덕을 닦아 재변을 없애기를 바라는 상차(上箚)을 올렸다.[132] 그리고 이틀 후 동래부사로 제수되었는데,[133] 그 이후의 관력에 대해서는 알려져 있지 않다.

이경명의 교유관계를 보면, 기호사림이었던 기대승·기대항 등은 물론 영남사림이었던 배응경·오건·오운 등과 같은 인물들이 보인다. 기대승이 죽자 공이 만장(挽章)을 보내 애도했고,[134] 오건이 죽고 난 후 공이 보낸 제문(祭文)도[135] 남아 있다. 또한 배응경·오건·오운 등의 문집에는 당시 이들이 공과 함께 어울려 주고받은 다수의 시들이 남아 있다.[136]

---

126 『명종실록』 권34, 명종 22년 5월 14일 무진조.
127 『선조실록』 권1, 선조 즉위년 11월 7일 무오조.
128 『선조실록』 권6, 선조 5년 10월 25일 무인조.
129 『선조실록』 권6, 선조 5년 12월 13일 을축조.
130 『선조실록』 권7, 선조 6년 1월 4일 을유, 10일 신묘조.
131 『선조실록』 권7, 선조 6년 1월 12일 계사조.
132 『선조실록』 권7, 선조 6년 1월 20일 신축조.
133 『선조실록』 권7, 선조 6년 1월 22일 계묘조.
134 『고봉별집(奇大升)』 부록 제2권, 挽章 李景明.
135 『德溪集(吳健)』 德溪先生年譜 卷2, 附錄 祭文[李景明].

퇴계는 물론 호남학파를 이끌었던 김인후 문하에서 글을 읽기도 했던 오건은 영남 우도의 남명 학통에서도 빼 놓을 수 없는 강직한 선비였다. 조정의 분위기가 직언을 싫어하고 사류(士類)들을 외면하는 경향을 보이자, 선조 5년(1572)에 오건은 이조정랑이란 관직을 과감하게 버리고 경상도 산음 덕계리(德溪里)로 낙향한 인물이었다. 오운 역시 조식·이황의 문인으로 곽재우를 도와 영남 우도에서 의병으로 활동하면서 유성룡(柳成龍)·정구(鄭逑) 등과 교유한 바가 있고, 배응경은 성주 출신으로 김륵(金玏)·김우옹(金宇顒) 등과 교류한 바가 있다.

성주고을의 선비였던 야로당 이순은 요승(妖僧) 보우(普雨)가 인심을 흐리자 명종 7년(1552)에 고산(高山) 신언(申漹)과 연서로 요승 보우를 물리칠 것을 상소했다. 이는 당시 실권을 쥐고 있던 문정왕후를 직접 비판한 것이나 다름없는 일이었으니, 올곧은 선비의 기상을 잘 엿볼 수 있는 대목이 아닐 수 없다.

선조 13년(1580) 어사 송언신(宋言愼)이 선생의 학덕(學德)과 의행(義行)을 임금에게 주청(奏請)하여 광릉(光陵:세조 능) 참봉(參奉)으로 제수(除授)되었고, 선조 23년(1590)에는 경상도 관찰사 일천(逸薦)으로 강릉(康陵:명종 능) 사관(祠官)에 제수되었으나, 모두 사양하고 나가지 않았다.[137]

문정왕후 죽음은 훈척세력의 몰락을 예고하는 것이나 다름없었다. 훈척 정권하에서도 사림세력은 꾸준한 성장을 하고 있었고, 이들이 주장하는 공론(公論) 정치가 반영되지는 않았지만, 각 지방 유생들의 성장이 괄목할 만한 것이었다. 사림계 언관(言官)은 물론 지방 유생들이 척신세력

136 『竹牖先生文集(吳澐)』卷2, 詩 ;『安村先生文集(裵應褧)』卷1, 詩.
137 『야로당선생일집(野老堂先生逸集)』행장(行狀) 및 묘갈명(墓碣銘).

의 상징이던 보우(普雨)와 윤원형에 대한 탄핵을 시도할 수 있었던 것도 그 때문이었다. 명종 20년(1565) 지방 유생들이 제기한 「청참보우소(請斬普雨疏)」는 큰 파장을 몰고 왔다.

명종대 대표적인 사림파의 인물로는 영남의 이황(李滉)·조식(曺植) 및 호남 태인의 이항(李恒), 장성의 김인후(金麟厚), 나주의 기대승(奇大升), 해남의 유희춘(柳希春) 등이 있었고, 중앙정계에서도 조광조와 서경덕 문인들이 활동하고 있었다. 후일 퇴계학파와 남명학파로 발전해 나가는 이황과 조식은 사림의 뿌리로 인식될 정도로 그 위치가 절대적이었다.[138] 이렇듯 퇴계학파(退溪學派)·남명학파(南冥學派)와 같은 학파가 형성되고 각 읍마다 향교·서원 및 동성촌의 문중이 형성되는 가운데 사림의 기반도 확대되어 갔다. 이러한 분위기 속에서 집단적인 유소(儒疏)가 나올 수 있었다.

보우는 제주에 유배되었고, 윤원형도 결국 삭탈관직(削奪官職)에다 방귀전리(放歸田里) 되었다.[139] 정상적인 사림정치의 토대가 마련되었지만, 어린 나이에 왕위에 오른 명종 또한 척신정치 책임이 없지는 않았다. 따라서 척신정치 청산 작업에 적극적으로 나설 수 없는 한계가 있기도 했다. 이에 사림계는 윤원형을 제거한 후에도 20여 년간 지속되었던 척신정치 잔재를 청산해야 할 정도였다. 을사사화 피화인들의 신원(伸冤)을 위한 노력들도 그 일환이었다. 그 결과 노수신(盧守愼)·유희춘(柳希春)·백인걸(白仁傑)·이원록(李元祿) 등 을사사화 당시 피화인에 대한 감형(減刑)·방환(放還)·직첩환급(職牒還給)이 이루어졌다.

명종이 재위 22년 만에 후사 없이 죽고 방계의 선조가 즉위했다. 이

---

138 이수건, 2002, 「사림의 득세와 붕당의 출현」 『신편 한국사』 30, 국사편찬위원회.
139 『명종실록』 권31, 명종 20년 8월 정묘조 ; 『명종실록』 권31, 명종 20년 8월 신묘조.

와 더불어 사림(士林) 정치 시대가 활짝 열리고 있었다. 구신계가 퇴조하고 사림계가 삼사(三司)의 언론권은 물론 의정부 대신직을 차지하게 되었다. 명종 집권기에 이미 중앙정계에 진출했던 인물들, 그리고 선조 즉위 이후 진출한 신진들이 뒤섞여 있었다. 이들이 조화를 이루어야 하지만, 선조 8년경부터 선배와 후배 사류(士類)가 또 다시 구분되기 시작했다. 관직에 처음 나온 신진기예들은 사림정치 실현에 대한 기대가 컸던 만큼 지지부진하기만 했던 정치현실을 비판하지 않을 수 없었다. 기성 관료화 되어 버린 선배사류에 대한 불만과 불신이 커져 갈 수밖에 없었다.

양측이 크게 대척점에 선 것은 선조 8년(1575) 이조정랑이란 관직 때문이었다. 이조정랑 김효원은 자기 후임자로 심의겸 동생 심충겸(沈忠謙)이 물망에 오르자 외척 이란 이유로 저지했다. 이는 사림정치 구현을 위한 구체제 혁신과정에서 불거진 일인데, 외척으로서 심의겸에 대한 정치적 존재를 용인하느냐 부정하느냐에 따른 선·후배간의 갈등과 대립이었다. 구체제를 어느 정도 수용해야 한다는 쪽이 서인으로, 수용해서는 안 된다는 쪽이 동인으로 갈라서게 되었다. 이처럼 초창기는 뚜렷한 정치이념이나 학파적 색채를 드러낸 것은 아니었다. 따라서 진정한 의미의 성리학적 공당(公黨)으로서의 붕당(朋黨) 개념에까지 이른 것은 아니었다. 그 후 선조 16년(1583)에 이이(李珥)가 서인으로 자정(自定)함으로써 동인과 서인 간에 학파적 성격이나 정국운영 방안에서 독자성을 띄었다. 급기야 붕당이란 것이 개념화되기에 이르렀다.

서인은 퇴계와 남명을 앞세우는 동인에 비해 학통상으로는 열세였는지 모르나, 현실적인 학문 수준에서는 이이·성혼의 참여로 뒤떨어지지 않았다. 지역적으로 경기·황해·충청 및 전라도 지역의 일부에까지 확산된 서인계 사림의 분포는 영남지역을 주축으로 한 동인계 세력을 능가

할 정도였다. 이제 두 개의 붕당이 사림정치라는 공동의 목표구현을 위해 공론을 앞세워 서로 비판하고 견제하는 정치 형세를 이루게 되었다. 개별적 갈등과 대립에 기초한 사당(私黨)을 뛰어넘은 공당(公黨) 형태로 출발한 것이었다.

이는 주자(朱子)에 의해 확립된 군자당(君子朋)·소인당(小人黨)의 형태와도 다른 제3의 개념이었다. 사류가 분열하여 각기 하나씩의 붕당을 형성한 것이기에 그것을 간당(奸黨)으로 치부하여 『대명률(大明律)』간당조(奸黨條)로 적용할 수는 없었다. 더욱이 군자당 소인당의 변별론을 적용하는 것도 불합리하였다. 사류가 모두 군자인 것만은 아니기 때문이다. 이제 각 당은 자체 정화과정을 거쳐 공당(公黨)으로서의 면모를 갖추고자 노력해야 했으며, 상대 당을 타도의 대상이 아닌, 사림정치 실현을 위해 같이 노력하는 경쟁 상대인 공당으로 인정해야 했다. 공론을 통해 사림정치를 실현하고, 이를 위해 정권장악을 다투는 새로운 정치형태가 나타났다.[140]

3. 임진왜란 의병활동과 고성이씨

임진왜란 전의 16세기 조선사회는 지배층의 편당과 정치 기강의 해이, 세제의 문란 등으로 민심이 이반되는 사회 구조적 모순을 내포하고 있었다. 그럼에도 조정에서는 임란 1년 전부터 왜국의 동향을 간파하면서 그에 대한 대비책으로 각 도의 성곽을 수축하고, 무기와 무장들을 점

---

140 정만조, 1990, 「16世紀 士林系 官僚의 朋黨論; 歐·朱 朋黨論과의 比較를 통하여 본」 『한국학논총』 12, 국민대 한국학연구소.

고하여 이에 대한 대비책을 세우기도 했다. 특히 경상·전라지역의 성곽 수축에 힘쓰라는 명과 함께 경상도의 영천·청도·삼가·대구·성주·부산· 동래·진주·안동·상주 및 좌우병영의 성을 수축하고 해자(垓字)를 깊이 파는 등의 대비책도 강구하였다. 그러나 이에 동원된 백성들의 원망 과[141] 더불어 심지어는 전쟁을 대비한 성곽 수축은 민폐만 고조시킨다고 반대하기도 하였다.[142]

이 같은 일부 식자들의 우려와 정세 속에서 선조 25년(1592) 4월 임 진왜란을 맞게 되었다. 4월 13일 일본군은 선발대 1만 7천여 명을 군선 약 7백여 척에 실어 부산포에 상륙시켰다. 경상도 가덕도의 응봉 봉수대 는 이러한 긴급 상황을 경상·전라 감영과 중앙에 보고하였다.[143] 이때 왜선의 수를 자세히 파악하지 못한 채 대략 90여 척이 가덕도 남쪽에서 부산포를 향해 가고 있다고 하였다. 이 보고를 접수한 경상도 좌수영과 우수영에서는 일본군의 부산포 상륙을 수수방관 하다시피 했다. 고니시 유키나가(小西行長)가 이끄는 군대가 부산성을 공격하고 이어 동래성을 함락시켰고, 일본군의 후속 부대가 연이어 부산에 상륙하게 되었다.[144] 4월과 5월 사이 조선에 침구한 일본군의 숫자가 총 20만 명에 이르는 숫자였다.

이렇듯 조선 군대의 저항을 거의 받지 않고 상륙한 일분군대는 한양 을 향해 북상하였다. 왜적들의 진로는 동래-양산-청도-대구-인동-선산-상

---

141 『선조수정실록』 권25, 선조 24년 7월 갑자조.
142 柳成龍, 『懲毖錄』 권1.
143 李舜臣, 『壬辰狀草』, 因倭警待變狀一.
144 4월 18일에는 가토 기요마사(加藤淸正)의 2만 2천여 병력이 부산에 상륙하였 고, 구로다 나가마사(黑田長政)의 1만여 병력이 다대포를 거쳐 김해에 상륙하 였다.

주-조령-충주-여주-양근-용진나루-서울로 가는 중로(中路)와, 동래-언양-경주-영천-신령-군위-용궁-조령-충주-죽산-용인-서울로 가는 좌로(左路), 김해-성주-무계-지례-금산-추풍령-영동-청주-서울로 가는 우로(右路)를 택함으로써, 경상도 의병활동이 크게 일어난 요인이' 되었다.

전라도 순찰사 이광(李洸)의 병력을 주축으로 하고 경상도 순찰사 김수(金睟)의 명목상의 군대, 충청도 순찰사 윤국형(尹國馨)이 합세한 3도의 연합군이 행재소를 향하여 북진하였다. 수만 명이나 되는 이 연합군은 순찰사들이 지휘하였으나 대부분 오합지졸이었으며, 용인에서 적의 역습을 받아 스스로 무너지고 말았다.[145] 3도 연합군의 궤산으로 각 지방에 초유사를 파견하여 관군의 재건을 위한 근왕병의 궐기를 독려하였으나 민심은 오히려 지방관에게 보복을 가하려는 분위기까지 고조되고 있었다.

전쟁초기 막대한 피해를 입었던 곳이 경상도였다. 그리고 이곳에서 의병활동이 시작되었다. 4월 22일 의령에서 곽재우(郭再祐)가 의병을 일으키자 뒤를 이어 김면(金沔)·정인홍(鄭仁弘)·이로(李魯)·이순(李淳) 등이 각각 고령과 합천, 단성·삼가와 성주 등지를 중심으로 봉기하였다. 영남 우도는 물론 영남 좌도였던 청도 영천 경주 등지에서도 동시에 의병들이 왜적과 싸웠다. 이때 의병을 일으킨 의병장의 대부분은 전직 관료이거나 유생이었다. 영남 의병들은 단독으로 전투를 수행하는 경우도 있었지만 소수의 의병집단을 형성하면서 보다 대부대로 통합되어 갔다.

가끔 이들 사이에는 군사동원 문제 등으로 대립하는 경우도 있었지만, 특히 영남우도 의병은 남명 조식의 문하에서 수학한 동문으로서 동질적 세계관을 형성한 가운데 긴밀한 교유를 지니고 있었다. 창의에 대

---

145 『선조수정실록』 권26, 25년 5월 경신조, 25년 6월 기축조 참조.

한 공감대 형성이나 신속한 의병 봉기 및 각자의 역할 분담을 통해 효율
적인 방어로 왜적을 격퇴함으로써 국난극복에 상승효과를 가져올 수 있었
던 배경이 되었다.[146] 곽재우가 의령을 거점으로 하여 함안·의령·영산을
통하는 길목을 차단하여 경상우도의 남부권을 방어하고, 김면은 거창을
거점으로 지례·금산을 차단, 중부권을 방어하였으며, 정인홍은 성주에 주
둔하여 고령·합천을 통하는 길을 차단함으로써 북부권을 방어하였다.[147]

한편 이들 의병장들의 인적 네트워크를 보면, 곽재우는 고성이씨 은
암공파가 대대로 살아 온 의령 출생일뿐만 아니라 이노(李魯)의 사위였
고, 김면은 이노가 두 아우와 함께 방문하였던 적이 있었던 정구(鄭逑)와
도의지교(道義之交)를 맺었으며,[148] 김우옹(金宇顒)은 곽재우와 함께 남
명의 외손서(外孫壻)이기도 하다. 이렇듯 영남 의병들은 학연과 혈연 등
에 의한 상호 연결 고리를 갖고 있을 뿐만 아니라, 이러한 동질성을 바
탕으로 의병 활동에 있어서도 서로간의 공감대를 형성하고 있었다. 이런
상황에서 영남지역에 산재한 고성이씨 인물들 또한 의병으로 투신했다.

임란을 당하여 활약한 의병들 중에 단연 돋보이는 고성이씨 인물은
송암 이노였다. 그는 종종 39년(1544) 경상도 의령에서 출생하여 정암
(靜庵) 조광조(趙光祖) 문인으로서 거제에 귀양 왔던 유헌(游軒) 정황(丁
熿)에게 나아가 수업을 받았다. 19세 때인 명종 17년(1562)에는 두 아우
와 함께 수우당(守愚堂) 최영경(崔永慶)을 좇아 배우고, 이듬해에 아우들
과 함께 진주의 남명(南冥) 조식(曺植) 문하에 수학하여 평생의 정신적

---

146 薛錫圭, 2005,「南冥學派의 世界觀과 來庵·松菴·忘憂堂의 現實對應 자세」,
     앞의 『松菴 金沔과 壬亂義兵』. 107쪽.
147 『大東野乘』권26, 난중잡록2, 임진년 8월 3일.
148 金沔,『松庵實記』下, 附錄, 家狀. "及至弱冠 師事曺南冥先生 又與寒岡鄭先
     生逑 爲道義之交 講論性理."

인 귀의처(歸依處)로 삼았다.

명종 19년(1564)에 진사(進士) 회시(會試)에 입격하고, 25세 되던 선조 원년(1568) 봄에 성주의 동강(東岡) 김우옹(金宇顒)과 한강(寒岡) 정구(鄭逑)를 방문하였다. 이듬해 성균관에 유학하여 학봉(鶴峯) 김성일(金誠一), 서애(西厓) 유성룡(柳成龍), 율곡(栗谷) 이이(李珥), 오리(梧里) 이원익(李元翼) 등과 친교를 쌓았다. 이때 을사사화에 피화된 윤임(尹任) 등의 신원(伸冤)을 청한 '청신토을사충간소(請伸討乙巳忠奸疏)'를[149] 올려 그 당시 선비들 사회에서 강직하다는 공론이 있었다. 이송암의 이런 성품은 일찍이 남명에게 수학한 영향이 그대로 나타난 것이다. 남명이 '단성소(丹城疏)'를 올릴 때 소인(小人) 척결과 군자(君子) 발탁을 주장하며 윤원형(尹元衡)의 척신정권을 통렬하게 비판한 바가 있고, 이는 이미 조선 선비 사회에 신선한 충격을 준 바가 되었다. 이런 스승의 정신을 이어받은 이송암은 척신정치의 폐해를 직접 눈으로 목도한 후 을사사화에 피화된 윤임(尹任) 등의 신원(伸冤)을 청한 '청신토을사충간소(請伸討乙巳忠奸疏)'를 올렸는데, 이는 시대적 모순과 타협하지 않는 강우학파의 기질을 잘 보여준 것이기도 하다.

29세에 스승인 남명의 장례에 참석하였고, 30세 되던 선조 6년(1573) 6월에 아우 보(普)의 죽음을 맞았으며, 34세에 부친상, 36세에 모친상을 당하는 등 30대 초반은 여러 우환이 겹쳐 상례를 치르는데 전념하였는데, 복을 마친 뒤 한동안 단성(丹城) 송암촌(松巖村)에 머물렀다. 이 기간에 집중적으로 학문에 증진하면서, 남명 학맥을 이은 강우학파들과 폭넓은 교류를 가진 시기였을 것으로 보인다.

선조 17년(1584) 41세의 나이에 비로소 봉선전 참봉에 제수되었고,

---

149   李魯, 『松巖先生文集』 권2, 疏, 請伸討乙巳忠奸疏 己巳.

별과 초시를 거쳐 선조 23년(1590) 10월에 증광시 문과에 월사 이정귀·
선원 김상용 등과 함께 갑과로 급제하였다. 급제 직후 과감하게 스승인
최영경 신원(伸冤)을 주장하는 소를 올려 주위를 놀라게 했다. 한 해 전
에 일어난 기축옥사(己丑獄事)에서 죄 없는 선비들이 수없이 당했는데,
그 중에서도 최영경은 길삼봉(吉三峰)이라는 무함으로 희생된 남도의 거
목이었다. 정철(鄭澈)을 위시한 서인들의 위세에 눌려 당시의 사류(士類)
들은 감히 따져 논변하지 못하던 시절이었음을 감안하면, 송암의 초개같
은 선비 기질이 잘 묻어난다.[150] 선조 24년(1591)에는 직장(直長)에 제수
되어, 왜서(倭書)에 답하는 문제로 신묘봉사(辛卯封事)를 올려, 일본과
담판하고 변방을 방비할 계책을 아뢰었다.[151]

선조 25년(1592) 4월 임진왜란이 일어나자 송암 이노는 우국충정의
심정으로 의병을 일으켰다. 그의 의병 활동은 임진왜란 발발과 거의 동
시에 경상우도 의병장들의 창의 기병과 궤를 같이 한다. 특히 그는 경상
우도 초유사 김성일(金誠一)의 종사관(從事官)·소모관(召募官)·사저관
(私儲官)으로 크게 활약했었다. 그럼에도 김성일의 초유(招諭) 활동에 묻
혀 별로 부각되지 않았던 면이 있었지만, 경상우도 의병의 소모 과정이
나 군량 확보를 위한 사저관 활약은 작은 것이 아니었다.[152]

임진년 5월 4일에 초유사 김성일이 함양에 이르렀을 때, 이노는 전
현령 조종도(趙宗道)와 함께 의병에 투신했다. 이때 조종도가 몸소 산에
들어가 여러 노씨(盧氏)들에게 창의(倡義)를 권면하였는데, 이는 판서 노
진(盧禛)의 맏며느리가 바로 조종도 누이동생이었기 때문이다. 당시의

---

150 『선조실록』 권146, 35년 2월 경오조.
151 李魯, 『松巖先生文集』, 권2, 疏, 辛卯封事.
152 이하 이노(李魯)의 의병활동은 『고성이씨 가문의 인물과 활동(2010, 일지사)』
　　 소재 「임진왜란기 松巖 李魯의 의병활동」을 주로 참고하였다.

의병도 인적 네트워크인 연줄을 따르는 경향이 많았는데, 함양 군내의 여러 선비들이 참여하게 된 것 역시 그런 경우가 많았다.[153]

5월 10일 의병진들이 함양을 떠나서 산음(山陰)으로 향하였는데, 초유사(招諭使) 깃발을 앞세워 함양 선비 황윤(黃潤)과 소상진(蘇尙眞)을 군관으로 앞장서게 하고, 조종도와 이노는 후미를 맡았다. 저녁 때 쯤 산음에 이르러 고을 수령인 김낙(金洛)과 함양인 오장(吳長), 이노의 아우 이지(李旨), 단성인 김경근(金景謹)을 만났다. 김낙은 평소에 민심을 얻고 있었으므로 갑작스럽게 군사를 모집하였는데도 8백여 명이나 될 정도였다.

5월 12일 초유사 김성일이 진주로 향하면서 조종도를 의령 가수(宜寧假守)로, 이노를 삼가(三嘉)와 단성(丹城) 소모관(召募官)으로 삼아 군졸을 모집케 하였다. 이때 이노가 "군사를 일으킨다는 것은 큰일이므로 마땅히 먼저 규율이 있어야 합니다. 잘못하면 혼란이 일어날 수 있습니다."[154]라고 하여, 초유사에게 전령 목패(傳令木牌)를 만들어 줄 것을 요청했다. 응모한 여러 고을 사람들에게 일일이 목패를 나누어 주어, 열읍(列邑) 호령에 명분이 서게 되었다. 이노가 단성에 이르러 지성으로 초유하니, 이곳 주민들도 창의 기병하였다. 산으로 도망간 단성 현감 이제(李磾)가 숨어 있다가 이런 사실을 전해 듣고 내려왔다.[155] 때를 같이하여 김면이 거창에서, 정인홍이 합천에서 기병하였다. 이미 4월 22일에 기병했던 곽재우와 더불어 원근에서 토적을 부르짖는 향병단(鄕兵團) 수가 많아지자 기세가 올라가고 있었다.[156]

153　李魯, 『龍蛇日記』.

154　위의 『龍蛇日記』.

155　위의 『龍蛇日記』.

156　李魯, 『松巖先生文集』, 권5, 부록, 연보, 5월조.

이노는 삼가에서 단성을 거쳐 진주 촉석루에서 김성일과 회합하였다. 이때 곽재우가 김성일의 서신을 보고 달려와, 서로 국사(國事)에 힘쓰다가 죽기로 약속했다. 초계나 의령 땅에 수령(守令)이 없는지라, 명망 있는 자들을 가수(假守)로 삼아 의병을 모으게 했다. 오운은 곽재우가 의병을 일으킨 첫날부터 군량을 공급한 자였다.[157] 김성일과 조종도·이노 등이 진양에 이르렀을 때, 목사는 산속으로 도망치고 군사와 백성들은 흩어져 사람 모습이 보이지 않았다. 조종도와 손을 부여잡은 이노는 김성일에게 사세가 다시 좋아지지 않을 것 같으니 함께 강물에 빠져 죽자고 했다. 김성일은 웃으면서, "한 번 죽는 것이야 어렵지 않지만, 헛되이 죽는다면 무슨 소용이 있겠는가. 장순(張巡)처럼 죽어도 늦지 않을 것이다."라고 하였다.[158] 이에 셋이 술잔을 들이킬 때, 학봉 김성일이 '촉석루 중삼장사' 시를 읊었다고 전한다.

김성일이 이노에게 진주는 호남의 보장처로서 적이 반드시 싸우려 들 것이니, 성곽과 참호를 수축하고 무기를 수선하여 죽음으로서 지킬 계획을 세워야 한다고 당부했다.[159] 여러 의병들이 군보(軍堡)를 지켜 점차 군세는 확장되고 있었다. 곽재우는 적의 머리를 베어 바치고 공을 기록하는 것이 의리에 맞지 않다는 생각에 참수를 금할 생각이었다. 그러나 이노의 생각은 달랐다. 선한 본의야 알겠지만, 그렇게 되면 군사들의 사기가 떨어질 것이라 판단한 것이다. 이노의 말을 좇아 기산(岐山) 전투에서 적 60여 급을 베었다.[160]

이노가 합천으로부터 돌아와 여러 장사들이 충의심을 분발하여 힘써

157　李魯, 『龍蛇日記』.
158　李魯, 『松巖先生文集』, 권5, 부록, 연보, 5월조.
159　위와 같음.
160　위와 같음.

싸우고 있다는 내용을 보고했다. 이튿날 김성일을 좇아 의령, 초계, 합천을 돌아서 거창에 이르렀다. 일행이 수리원(愁離院)에 도착하였을 때 거창에서 올라온 보고에 의하면, 지례, 금산, 개령에 있는 왜적이 합세하여 우지(牛旨)를 넘어오려 한다는 내용이었다. 김면이 고개 마루에 진을 치고 있다가 바로 치고 들어갔다. 인읍의 의병들도 모여들어 죽을 힘으로 싸우자 왜적이 퇴각하였다.[161] 이노는 열읍 사저관(私儲官)으로 차임되어, 의령미 680석, 함안미 150석, 산음미 100여 석을 구했다. 산음 수령 김락으로 하여금 김성일 의진의 군량미로 실어 보냈다.

일찍이 이노의 외삼촌인 문덕수가 경상도 관찰사 비위를 그르쳐 구속된 바 있었는데, 당시의 감사가 김수(金睟)였다. 평소 원혐(怨嫌)을 두었던 차에 이번에는 곽재우에게 이노의 사주로 불궤(不軌)를 도모한다고 행재소에 무계(誣啓) 하였다.[162] 당시 김수는 용인에서 크게 패하고 돌아와 산음에 머물렀는데, 여러 고을에 통문을 돌리고 장수들에게 군사를 나누어 붙임으로써 의병들의 노여움을 샀다. 민심이 떠들썩해지자, 그의 죄를 성토하고 격문을 돌려 스스로 달아나게 하려 했다. 이런 때에 곽재우가 김수의 죄를 나열하여 격문을 돌렸다. 그러나 곽재우는 오히려 무함을 받게 되었다.[163] 이를 지켜보던 김성일은 혹시 이 일로 뜻밖의 변고라도 일어날까 곽재우에게 서한을 보내어, 역순(逆順)의 이치로 달래어 무마시켰다.[164]

이노가 김성일을 좇아 거창에 오래도록 머물렀는데, 진양의 방비가 허술한 틈을 타서 왜적이 대거 진주로 침입하였다. 이 소식을 듣고는 성

---

161 李魯, 『松巖先生文集』 권5, 부록, 연보, 6월조.

162 위와 같음.

163 金誠一, 『鶴峯逸稿』 부록, 권2, 文殊誌, 鶴峯先生龍蛇事蹟.

164 金誠一, 『鶴峯先生文集』 권4, 書, 與義兵將郭再祐.

화같이 진주로 달려와 여러 장수들을 일깨워 더욱 분발하니, 왜적이 밤새 도망하여, 사천·진해·고성 3읍이 회복되었다.[165] 이때 김시민(金時敏), 곤양 군수(昆陽郡守) 이광악(李光岳), 곽재우(郭再祐) 등이 함께 구원하였다. 조정에서 8월에 김성일을 경상좌도 관찰사로 제수하였으니 우도(右道) 인심이 흉흉하다는 것을 듣고 다시 경상우도 관찰사로 제수하였다. 이에 이노는 지리산에 있다가 의병장 오장(吳長) 등과 함께 내려오고, 조종도가 함양에서 와서 다시 합류했다. 10월에 창원에 주둔한 왜적과 부산·김해의 적이 합세하여 그 무리가 수만이었는데, 장차 진주를 공격하리라는 첩보를 듣고 김성일을 좇아 의령에 도착, 제장들을 독려하여 분전하였다. 일곱 밤낮을 싸워도 왜적들 뜻대로 되지 않자 막사와 시체더미에 불을 지르고 물러갔다.

이때 진양의 세가대족(世家大族)들이 곡식을 지리산에 감추어 두었으므로 환곡 회수를 하지 못하고 있었는데, 그들은 산에서 내려 올 뜻이 없었다. 김성일이 진주에 이르러서 조안(糶案)을 가져다 보고는 크게 노하여 무거운 형률로 다스리고자 하였다. 그러자 이로가 "진주 토호(土豪)들의 습관은 갑자기 고치기 어려우니, 스스로 교화하여 순종하게 하자."라는[166] 건의를 올렸다. 이에 김성일은 효유(曉諭)하는 방문(榜文)으로 대신했다.[167] 그리고 판관에게 영을 내려 가두어 둔 사람들을 모두 석방하게 하였다. 그러자 두 달이 못가서 곡식 수 만여 석이 굴러 들어왔다.[168]

계사년(1593, 선조 26) 정월이 되어, 이노가 아이의 병으로 인해 집으

---

165 李魯, 『松巖先生文集』 권5, 부록, 연보, 7월조.
166 金誠一, 『鶴峯逸稿』 부록, 권2, 文殊誌, 鶴峯先生龍蛇事蹟.
167 위와 같음.
168 위와 같음.

로 들어가 김성일에게 장문의 편지를 보냈다. "왜적들의 형세를 보건대 7, 8년 안에는 소탕될 기약이 없는데, 여러 진영 장수들은 단지 속히 하고자 서두르는 마음만 품어, … 군량을 마치 흙 쓰듯 마구 낭비하니, … 영공(令公)의 일행 중에도 형식적으로 꾸미는 폐단이 없지 않습니다. 군관 수십 명을 감하고, 영리(營吏) 10여 명 또한 도태시켜야 합니다. …"라고 하였다.[169] 이에 김성일은 즉각 시행하겠다는 답을 보냈다.[170]

2월에 함양 군수 보고서에, '명나라 군사가 정월 7일에 평양의 왜적을 섬멸하여 … 해서(海西)에 진을 치고 있던 왜적들도 일시에 도망쳤다. 이긴 기세를 타고 추격하여 바야흐로 임진(臨津)에 이르렀으니, 한양(漢陽)은 금세 수복하게 생겼으니, … 호남에 통지해 알리라.'는 것이었다.[171] 이에 이웃 고을 수령들이 모여 도사(都事)를 하동·곤양·진주·의령 등 열읍의 군량과 필요한 것들을 운반해 오도록 하였는데,[172] 이노는, '명나라 군사들이 평양을 회복하였으나 한양에 웅거해 있는 왜적들을 당장은 패배시키기 어려울 것이다. 왜적들이 반드시 군사와 말을 쉬게 한 다음 다시 덤비려고 꾀할 것이니, 명나라 군사가 문경 새재를 넘어 남쪽으로 오는 일은 몇 달 뒤에나 가능할 것이다. 하물며 새재 이하의 여러 성에는 왜적들이 아직도 꽉 차 있다. 설령 명나라 군사가 빨리 온다고 한들 우리가 양곡을 어디에 쌓아 놓고 기다리겠는가? 조정에서도 반드시 본도에 이것을 조처하기를 바랄 수 없을 것이며, 양호(兩湖)에 전적으로 책임지울 것이니, 상황이 변해 가는 것을 보아가면서 잘 조처하는 편이 옳다.'하였다.[173] 그러자 온 좌중이 크게 놀라 너나없이 비난하

169 李魯, 『松巖先生文集』, 권3, 書, 上鶴峯金先生 癸巳.
170 金誠一, 『鶴峯逸稿』 부록, 권2, 文殊誌, 鶴峯先生龍蛇事蹟.
171 위와 같음.
172 위와 같음.

고 나무랐으나, 김성일만은 홀로 옳다고 여겼다.

김성일이 이노에게 "명나라 군사들의 소식을 염탐할 뿐만 아니라, 농사철이 이미 박두했으니, 종자곡(種子穀)도 아울러 청해 가지고 오라."명하면서, 유성룡에게 보낼 서한과 첩보를 내려 주었다.[174] 이노가 여산(礪山)에 이르렀으나 명나라 군사에 관한 정식 보고가 없으므로, 한 군졸을 보내어 김성일에게 보고하기를, "상도(上道)에는 현재 명나라 군사에 관한 기별이 없습니다. 그러니 소란스럽게 하지 말고 백성들로 하여금 살아갈 길을 생각하게 하소서."[175] 하였다. 김성일이 이 서한을 보고난 뒤 바로 김영남(金穎男)에게 통지하여 서둘지 말게 함으로써 백성들이 소요하지 않았다.

이노가 말을 달려 직산(稷山)에 도달하니, 직산 수령 박의(朴宜)가 동헌(東軒)에 묵고 있었다. 이때 도체찰사 유성룡은 임진에 머물러 있었고, 부사 김찬(金瓚)은 온양에 머물러 있었다. 직산 아전 조순걸(趙舜傑)과 함께 단기(單騎)로 임진을 향해 가려고 하였다. 수원(水原) 경계에 이르자 부사의 군관 2명이 말을 달려와서는, 용인·죽산·사평에 주둔한 왜적이 수원·금천 지역에 출몰하면서 약탈하는데, 날마다 쉴 새가 없으므로 가지 말라 하였다. 이에 되돌아 와 직산에 이르니, 직산 수령이 "그대의 하인들은 모두 병을 앓고 길은 이렇게 막혔으니, 단신으로 뚫고 나아갈 수 없는 형세이다. 종자곡을 운반하는 한 가지 일은 서한으로 품달함이 마땅하다." 하였다.

그런데 우연히 샛길로 가는 공차인(公差人)이 있어서 서애에게 올리는 서신을 그 편에 부쳐 보냈다. 또 아산(牙山)으로 가서 바닷길로 갈까

173　위와 같음.
174　李魯,『松巖先生文集』권5, 부록, 연보, 계사년 2월조.
175　金誠一,『鶴峯逸稿』부록, 권2, 文殊誌, 鶴峯先生龍蛇事蹟.

하였지만 이 역시 어려웠다. 호부(戶部) 낭관(郎官)이 조창(漕倉)에 와 머물면서 호서와 호남의 전세(田稅)를 운반하느라 공사(公私)의 선척을 모조리 끌어갔기 때문이다. 이에 온양에서 공주(公州)를 거쳐 부사를 알현하고 종자곡을 옮기는 일을 요청하니, 부사가 도체찰사에게 여쭈어서 조처하겠다고만 하였다. 이노가 다시 간곡하게 여러 차례 간청한 뒤에야 겨우 전라 도사에게 500석을 넘겨받아 전주에 이르러서 운반하고 돌아왔다.[176] 공주에 들렀을 때 선원(仙源) 김상용(金尙容)과 우복(愚伏) 정경세(鄭經世)를 내방하고 국사의 어려움을 논의하기도 하였다.

3월에 김성일이 함양에 머물러 있으면서 서쪽 소식을 기다리다가 군국(軍國)의 걱정스러운 기미를 눈으로 직접 확인했다. 그는 울분과 답답함을 이기지 못하여 수문장(守門將) 박경록(朴慶祿)을 보내어 치계(馳啓)했다. 유성룡이 그 첩장(牒狀) 및 서한을 보고는 딱한 생각이 들어 곧바로 주청(奏請)하여 승낙을 얻었다. 그 자리에서 2만 석을 넘겨주라는 공문을 호남 감사에게 보냈다. 그럼에도 호남 감사는 1만 석만 보내 주었다. 다급했던 김성일은 사람을 보내 여러 고을에 나누어 맡기는 것보다 남원(南原)과 순천(順天)에 각 5천 석씩 운반토록 조치했다. 이때 박이장(朴而章)이 종사관으로서 남원에, 이노는 순천에 파견되었다. 남원 곡식은 함양, 산음, 삼가, 합천 등 고을로 하여금 소와 말로 번갈아 가면서 실어다가 지례, 금산, 개령, 성주, 고령의 백성들에게 나누어 주게 하고, 순천 곡식은 진주, 하동, 곤양, 남해, 사천, 고성, 거제 등의 고을로 하여금 바다로 운반하여 사천, 거제, 고성, 함안, 단성, 진주 지방의 백성들에게 배부하였으니, 때맞추어 씨 뿌릴 수 있게 되었다.[177]

---

176 위와 같음.
177 위와 같음.

곳곳에 역질(疫疾)이 창궐하였고, 김성일 또한 내상(內傷)에다 감기 기운이 겹쳐 4월 19일부터 두통을 앓기 시작하더니, 점차 위태로운 지경에 이르게 되었다. 이노(李魯)와 박성(朴惺)이 곁에서 약과 미음을 올렸으나 4월 그믐날에 졸(卒)하고 말았다. 곁을 지키던 이노와 박성은 함께 통곡하고 염하였다. 박성은 고을에 머물러 관 짜는 것을 감독하고, 이노는 지리산 밑에 들어가서 임시로 장례지낼 묘혈 파는 일을 감독했다. 3일 뒤에 박성이 단성 현감 조종도(趙宗道)와 함께 관을 호송하여 그날로 장사를 마쳤다. 그리고는 세 사람이 모두 손을 잡고 목 놓아 통곡한 다음 흩어졌다.[178] 이노는 덕산으로 들어갔다.[179] 이해 6월 그믐날에 진양이 함락되고 말았다.[180] 당시 진주성에 들어 간 관군과 의병은 10만 왜적과 맞닥뜨려 열흘간의 공방전을 펼치며 항전하였으나 끝내 성을 보존하지 못하였다.

임란 중에 송암 이노는 왜장 가토 기요마사(加藤淸正)에게 격문을 보내고 또 명나라 제독 이여송(李如松)에게 서계(書啓)를 보내 화의의 잘못을 지적하였다. 그 사이에 이노는 형조좌랑 겸 기주관·거창 가수를 역임하였다. 1594년 3월에 아우의 상을 당하고, 7월에 비안현감에 제수되었다가 11월에 정언을 거쳐 다시 비안현감이 되었다. 선조 29년(1596) 봄에 모든 관직을 사임하고 귀향하였으나 12월에 다시 경상우도 도사가 되었다. 이듬해 3월에 『용사일기』를 저술하였고, 9월에 도체찰사 이원익(李元翼)의 별장으로 창원 등지에서 활약했다. 이때 이원익에게 서신을 내어 당시 지배층이 사병을 가지고 개인적인 원한을 갚는 데 급급하여 관군을 쇠약하게 만들고 적을 토벌하지 못하는 폐단을 지적하여 시

---

178 위와 같음.
179 李魯, 『松巖先生文集』 권5, 부록, 연보, 계사년 4월조.
180 『선조실록』 권40, 26년 7월 무진조.

정을 종용하였다.[181] 선조 31년(1598) 1월에 사간원 정언에 제수되어 서울로 가던 중 금산의 객관에서 졸하였다. 이때 그의 나이 55세였다.

순조 2년(1802)에 의령의 경산리에 경덕사(景德祠)가 건립되고 그의 위판이 봉안되었는데, 이는 후일 낙산서원(洛山書院)이 되었다. 순조 17년(1817)에 이조판서에 추증되었고, 시호는 정의(貞義)이다. 청백수절(淸白守節)함이 정(貞)이요, 견의능충(見義能忠)함이 의(義)란 뜻을 담은 시호였다. 이 송암이 평생토록 실천하고 몸소 지향한 바를 잘 나타낸 시호가 아닐 수 없다. 그는 참으로 정인(貞人)이었고, 의인(義人)이었다.

성주지역의 고성이씨 성암공파 가문에서 태어난 이순(李淳) 역시 임진왜란이 일어나자 의병에 투신한 인물이었다. 그는 가학(家學)으로 숙부 희명(熙明)에게 글을 배운 후 퇴계(退溪) 선생이 도산(陶山)에서 강학(講學)할 때 수학하고 돌아와 그 학설로 동남(東南)에서 교수(敎授)하니, 일시에 학자들이 모여들었다. 아울러 남명 조식(南冥 曺植) 선생과 뇌룡정사(雷龍精舍)에서 정주학(程朱學)에 관한 어려운 내용을 문답하니, 심오한 학문의 경지를 더욱 넓혔다.

이순이 살았던 선조 때부터 동인과 서인으로, 동인이 다시 남인과 북인으로 나누어졌다. 그에 따라 영남학파의 수장이던 이황 계열의 영남좌도는 남인으로, 조식의 문하의 중심지였던 영남 우도는 북인이 되었다. 야로당이 살았던 성주는 영남 좌·우도를 아우르는 곳인지라, 퇴계와 남명 양쪽 문하에 드나들었던 한강 정구(鄭逑)와 김우옹과 같은 대학자가 배출되어, 명종 13년(1558) 천곡서원(川谷書院)이 세워지는 등 영남학파의 한 중요한 근거지 구실을 하였다. 이에 이순은 동강(東岡) 김우옹(金

181　李魯,『松巖先生文集』권3, 書, 上梧里李體相元翼.

字顥), 한강(寒岡) 정구(鄭逑) 선생과 더불어 성리학과 예서(禮書)에 관한 강론(講論)을 이어가 명성이 높았다.

조선시대 영남지방 유학은 안동 중심 영남좌도의 퇴계학파(退溪學派)와 진주 중심 영남우도의 남명학파(南冥學派)를 양대 산맥이었다. 15세기 후반부터 크게 활약한 김종직 이하 영남사림파들의 기반 위에서 성장한 퇴계 이황(李滉)과 남명 조식(曺植)이라는 걸출한 대유학자가 16세기 중엽부터 활약하였기 때문이다. 이리하여 이 지역은 조선유학의 중심으로 급부상하게 되어, 곧잘 낙동강을 기점으로 좌도(左道)와 우도(右道) 혹은 상도(上道)와 하도(下道)로 나누곤 했는데, 이는 좌·우도의 풍속과 기질로까지 확대되어 인(仁)과 의(義)로까지 대별시켜 왔었다.[182]

즉, 조선후기의 실학자 이익(李瀷)은『성호사설(星湖僿說)』에서 상도(上道)는 인(仁)을 숭상하고 하도(下道)는 의(義)를 숭상한다고 하였는데, 특히 경상우도 지역의 강민(强敏)하고 무(武)를 숭상하는 경향에 대해 '남명이 지리산 밑에서 출생하여 우리나라에서 기개와 절조로서 가장 높은 위치를 차지하였다. 그 부류들은 고심역행(苦心力行)하며 의(義)를 즐거워하고 생명을 가볍게 여겼으며, 이익을 위해 뜻을 굽히지 아니하고 위험을 옮기지 않는 우뚝 솟은 지조가 있었으니, 이것이 영남 북부와 남부의 다른 점이다'라고 평한 데에도 잘 나타난다.

그런데 최근에는 낙동강 상류에 해당하는 영남좌도나 하류에 해당하는 영남우도의 중간지대를 주목하기 시작했는데, 낙동강 중류일대에서 포은(圃隱) 정몽주(鄭夢周)와 야은(冶隱) 길재(吉再)를 배출하여 성리학의 싹을 틔웠고, 길재의 제자였던 김숙자나 그의 아들 김종직을 사사했

---

182 이익,『星湖僿說』권1, 東方人文, "中世以後 退溪先生 於小白之下 南冥先生 於頭流之東 皆嶺南之地 上道尚仁 下道主義 儒化氣節 海濶山高於是乎 文明之極矣."

던 김굉필(창녕·현풍)과 김일손(청도) 등의 학맥이 인근 낙동강 일대로 확산되어 갔다. 그런데다 퇴계와 남명 학통을 이어받은 한강(寒岡) 정구(鄭逑)와 여헌(旅軒) 장현광(張顯光) 같은 학자의 출현으로 낙동강 중류 지역인 성주에서 이른바 '한려학파'가 생겨나고, 조선말에 이르러서는 당대 최고의 면모를 지닌 한주 이진상의 '한주학파'까지 출현하게 됨으로써, 이 지역을 새롭게 주목하는 시각들이 나타났다. 이러한 노력은 국문학 쪽에서 시작되었는데,[183] 그 이후 철학과 역사학 방면에서도 이 지역에 주목하여 강안지역 혹은 강안학이라는 명칭이 등장하였고,[184] 최근에는 낙동강 중류의 의미를 더한 낙중학(洛中學)이라는 용어가 더 빈번하게 사용되고 있다.[185]

이 지역은 영남이 강좌와 강우로 대별되면서 상대적으로 주목받지 못한 곳이지만, 퇴계학과 남명학 모두를 수용하면서 독특한 학풍을 형성한 성주를 비롯하여 고령 현풍 창녕 영산 의령 함안 밀양 청도 김해 창원지역을 포괄한다. 이곳은 한때 남명학파의 핵심지역이긴 했으나, 광해군 복립 모의사건으로 세력이 와해된 이후 한강 정구를 매개로 범퇴계학파로 흡수되고 말았다. 그렇지만 성주를 중심으로 하는 낙중지역은 여러 가지 미묘한 특징들을 나타내고 있는 지역으로 분류되고 있는 상황이고, 그 중심에는 야로당 이순 또한 빼놓을 수 없는 인물이다.

왜적들이 성주를 점령하자, 임진왜란 3대 의병장으로 이름을 알린 김

---

183 이동영, 1984, 『조선조 영남시가의 연구』, 부산대학교출판부.

184 박병련, 2002, 「광해군복립모의 사건으로 본 강안지역 남명학파」 『남명학연구논총』 11, 남명학연구원 ; 박병련, 2005, 「남명학파와 영남 강안지역 사림의 혈연적 연대」 『남명학보』 4, 남명학회 ; 정우락, 2003, 「강안학과 고령유학에 대한 시론」 『퇴계학과 한국문화』 43, 경북대학교 퇴계연구소.

185 홍원식, 2010, 「영남유학과 낙중학」 『한국학논집』 40, 계명대학교 한국학연구소.

면(金眄)과 정인홍(鄭仁弘) 등이 세 차례 격전 끝에 성주성을 탈환하는 개가를 올렸다. 이순 또한 의병소모관(義兵召募官)으로 창의격문(倡義檄文)을 지어 각 고을을 돌며 궐기승전(蹶起勝戰)을 독려했다. 이 때 정인홍이 합천(陜川)에서 의병을 일으켜, 사적인 원한으로 사람을 해치는 것을 보고 분하게 여겨 드디어 긴 편지를 써서 그의 문객에게 주어 전했더니, 정인홍은 명망(名望)이 높은 70노인으로 부터 이 편지를 받고서는 죄를 줄 수가 없게 되자, 선생의 시인(侍人)을 납치하여 욕보인 일이 있었다.[186]

이런 사실들이 향내에서는 자자했으나, 중앙에 알려진 것은 선조 36년 5월 의금부도사 양홍주(梁弘澍)가 정인홍을 탄핵(彈劾)한 소장에서 밝혀진 내용이다. 자칫 묻힐 수 있었던 사실이 관찬(官撰) 기록인 실록(實錄)에까지 오르게 된 것은 남인과 북인의 대립에서 온 결과였다. 즉, 선조가 죽고 실록이 편찬될 당시는 북인정권하에서 만들어진 것이지만, 곧 인조반정으로 북인정권이 무너지자 새로이 『선조수정실록』이 편찬되었고, 이 때 북인의 거두였던 정인홍의 부정적인 면들이 추가되었던 것이라 할 수 있다. 당시 성주의 이름난 선비 한강 정구나 동강 김우옹과 친교를 맺었던 야로당 선생은 당색으로 볼 때 남인의 입장을 견지한 것으로 추정된다.

이순은 만년에 성주 견곡촌(堅谷村)에 별장을 짓고 둔세(遯世)의 뜻을 지켰는데, 선조 39년(1606) 12월 산남정사(山南精舍)에서 77세의 일기로 생을 마감할 때까지, 향내 공곡서당(孔谷書堂)에서 후진을 양성하는 한편 위선(爲先) 사업과 족보(族譜)를 편찬하는 일에 매진하였다. 고성이씨 문중 내 또 다른 보학자였던 송암 이노(李魯)를 만나 당시까지

---

186 『선조수정실록』 37권, 선조 36년 5월 1일 병진조.

불명확하게 내려왔던 선세(先世) 계보(先系)를 바로잡는데 노력한 모습들이 『사성강목』에 잘 나타나 있다.

아울러 이순이 필생의 역작으로 남긴 『야로당초보(野老堂草譜)』는 후일 고성이씨 족보 편찬에 준거가 되었다.[187] 그는 한 때 성주 향교에 출입하여 이름을 높였는데, 한강 정구선생이 향교제생(鄕校諸生)들에게 이르기를, "이 선생의 일언(一言)은 운무(雲霧)를 걷어내어 청천(靑天)을 보는 것 같이 명쾌(明快)하지 않는가"라고 하면서 이순을 칭송해 마지않았다.[188] 성주의 유계서원(柳溪書院)에 제향 되었는데, 저술한 가훈(家訓)과 성리휘집(性理彙集) 등은 병화로 남아 있지 않고, 약간의 시문을 수습한 『야로당문집』만이 전하고 있다.

임진왜란 당시 함경도 지역에서 의병으로 크게 활약한 창주(滄洲) 이성길(李成吉)은 고성이씨 도촌계(桃村系) 후손이다. 사마시 장원으로 진사가 되고, 선조 22년(1589) 증광문과에 병과로 급제하였다. 선조 25년(1592) 임진왜란이 일어나자, 병조좌랑(兵曹佐郞)으로 도성수호 책임의 유도대장(留都大將) 이양원(李陽元)의 종사관이 되어 도성함락으로 병조좌랑에서 면직되었다.[189] 이에 부친을 모시고 안변(安邊)으로 가서 병마평사(兵馬評事) 정문부(鄭文孚)와 협력하여 의병을 일으켜 전공을 세웠다.

당시 왜군이 해안을 타고 함경도에 진입하자, 귀양살이 하던 회령 아전 국경인(鞠景仁)·국세필(鞠世弼) 숙질이 반란을 일으켰다. 이들은 북으로 피난 가던 임해군(臨海君)과 순화군(順和君) 두 왕자를 배종(陪從)하던 영중추부사(領中樞府事) 김귀영(金貴榮)과 전판서 황정욱(黃廷彧)

---

187 이노, 『사성강목』 ; 이순, 『야로당초보』.
188 『야로당선생일집(野老堂先生逸集)』 행장(行狀). 묘갈명(墓碣銘) 등에 의함.
189 『선조실록』 권57, 선조 27년 11월 19일 계사조.

등을 포로로 삼아 왜장 가토 기요마사(加藤淸正)에게 넘겨주고, 회령(會寧)과 경성(鏡城)을 다스리고 있었다.[190] 그 해 9월 이성길이 경성(鏡城)에 이르렀을 때, 왜병에 붙잡혔다가 탈출한 평사(評事) 정문부(鄭文孚)가 향교의 제자와 식견 있는 무사들에 의하여 의병장에 추대되어 장수를 모집하고 있음으로, 전 만호 강문우(姜文佑) 등과 더불어 의병장 정문부(鄭文孚)를 도와 인근 고을에 격문을 보내어 병사 3천명을 모우고, 기마병으로 선봉을 삼아 반역자 국세필과 국경인 등 두목 13인의 목을 베었다. 7천명으로 불어난 의병은 길주해창(吉州海倉)의 남촌에서 왜병 600명의 수급을 베었다. 하루는 마천령(摩天嶺) 아래 영동관책성(嶺東館柵城)에 주둔한 왜병이 임명(臨溟)촌을 불태우고 노략질함으로, 마을 앞 쌍포(雙浦)에서 적병 60명의 수급을 베고 패퇴시켰다.[191]

정문부(鄭文孚)를 따라 의병을 일으킨 전공으로 수성도 찰방(輸城道察訪)이 되었고, 선조 27년(1594) 4월 병조좌랑에 이어 북청판관(北靑判官)으로 나가 전란 수습 도중에 함흥판관(咸興判官)에 제수되었다.[192] 이어 선조 33년(1600) 사복시첨정(司僕寺僉正)을 거쳐[193] 이듬해 형조 정랑으로 함경도 어사로 파견되었다.[194] 그 후 여산 군수를 역임하고, 선조 36(1603)년 4월 모화관 문무백관의 친시(親試)에서 수석으로 뽑히어 숙마(熟馬) 1필을 하사 받고,[195] 여러 고을의 군수를 역임했다. 광해군 원년(1609) 8월 덕원부사(德源府使)·호조정랑(戶曹正郎)을 거쳐, 광해군 3년

190 『선조실록』 권31, 선조 25년 10월 23일 기유 ;『선조실록』 권35, 선조 26년 2월 10일 을미~11일 병신조.
191 『선조수정실록』 26권, 선조 25년 10월 1일 정해조.
192 『선조실록』 74권, 선조 29년 4월 20일 병진조.
193 『선조실록』 권133, 선조 34년 1월 22일 신유조.
194 『선조실록』 권154, 선조 35년 9월 22일 신사조.
195 『선조실록』 권161, 선조 36년 4월 5일 신조묘

9월 정자각조성랑청(丁字閣造成郎廳)으로 일을 잘하여 가상(嘉賞) 당상 관(堂上官)에 오르고, 같은 해 10월 장례원판결사(掌隷院判決事)를 거 쳐[196] 영흥부사(永興府使)로 파견되었다. 광해군 4년(1612) 조존성(趙存 性)과 함께 동지사(冬至使)로 명나라에 갔다가,[197] 다음해 2월 돌아와 관 직을 사임하였다. 광해군 9년(1617) 10월 병조참의(兵曹參議)를 제수 받 았고, 같은 해 11월 병조참판(兵曹參判)에 올랐다.

이 때 이이첨(李爾瞻)과 정인홍(鄭仁弘) 등이 폐모론(廢母論)을 발의 하자, 공은 임금께 서계(書啓)하기를, "전후로 올린 유생(儒生)들의 항의 하는 상소는 종묘사직(宗廟社稷)을 위한 대계(大計)가 지극하다 하겠습 니다. 재야 선비들의 충언(忠言)을 받아들이고, 온 나라의 공정한 논의 (論議)에 따라 속히 묘당(廟堂)의 대신들, 그리고 훈적(勳績)인 재상들과 함께 자세히 토론해서 서둘러 대의(大義)를 결정하소서."하였다.[198] 광해 군 10년(1618) 허균(許筠)의 반란을 수습하고, 광해군 12년 1월 과거의 부시관(副試官)으로 인재를 발탁하고, 이듬해 청나라 사신을 영접(迎接) 위로하기 위하여, 금교역(金郊驛)에 나갔다가 갑작스러운 병으로 졸(卒) 하였다.

청도 출신의 이해(李海)는 정유재란 당시 순국한 고성이씨 인물 중에 한 사람이다. 어릴 때부터 대기(大器)의 도량으로 행동이 비범하였다. 명 종 22년(1567)에 진사(進士) 시험에 합격한 후 교위(校尉)를 역임했다. 젊어서부터 문장이 수려하고 기질이 충직하며 효성이 지극했다.[199]

---

196 『광해군일기[중초본]』 권38, 광해 3년 2월 15일 을유조 : 『광해군일기[중초본]』 권46, 광해 3년 10월 12일 무인조.
197 『광해군일기[중초본]』 권63, 광해 5년 2월 30일 무오조.
198 『광해군일기[중초본]』 권123, 광해 10년 1월 4일 갑자조.
199 『청도문헌고』 인물조.

선조 25년(1592) 임진왜란으로 왜적들이 조선을 유린하자 분연히 일어나 망우당(忘憂堂) 곽재우(郭再祐), 기봉(岐峯) 유복기(柳復起) 등과 함께 창녕 화왕산성(火旺山城)을 근거지로 의병을 일으켜 적들과 싸웠다. 이어 명나라 원군의 도움으로 반전시켰던 전쟁이었지만, 명나라 군장들의 소극적인 대응으로 이듬해 4월부터 강화 협상에 들어가 지루한 전쟁은 끝날 줄 몰랐고, 선조 30년(1597) 휴전 회담이 깨어지자 왜적들이 재차 쳐들어 왔으니, 정유재란이었다.

행주대첩의 공으로 도원수(都元帥)가 되어 영남에 주둔했던 권율 장군은 1596년 도망병을 즉결한 죄로 해직되었으나 곧 재기용되어 호조판서·충청도관찰사를 거쳐 또 다시 도원수가 되었다. 정유재란의 위험이 감지되자 경상도방어사(慶尙道防禦使) 곽재우(郭再祐) 장군이 이해 장군을 추천하니, 도원수 권율(權慄)은 즉각 남원성에 출사(出師)하여 달라는 청유서(請諭書)를 보냈다. 이를 전달받은 이해는 선조 30년(1597) 1월 보국진충(保國盡忠)의 일념(一念)으로 달려가 남원성 방위(防衛)를 위해 의병장이 되었다.

이해를 비롯하여 각지에서 모여든 의병과 관군들이 남원에 집결했다. 선조 30년(1597)년 7월말 경 일본군의 대병력이 북상하자 조선과 명나라의 연합군은 호남의 관문인 남원에 병력을 집결시켜 이를 지키려는 전략이었다. 명나라 장군 양원은 명군 3,000인을 이끌었고, 접반사(接伴使) 정기원(鄭期遠), 임현과 함께 남원에 가게 하였다. 또 유격장(遊擊將) 진우충(陳愚衷)에게는 전주를 지키면서 남원전투를 지원하게 하였다. 같은 해 8월 6일에는 이원춘이 남원성에 들어왔으며, 8일에는 문안사(問安使) 오응정이 그대로 남아서 방어사를 겸하였다. 이어 12일에 이복남이 김경로, 교룡산성(蛟龍山城) 별장(別將) 신호(申浩) 등과 합세해 일본군의 포위망을 뚫고 남원성에 들어왔다.

8월 13일에 왜적 고니시의 주력 부대가 도착하자 양원은 이신방과 함께 동문을 지키고, 모승선은 서문, 장표는 남문, 이복남은 북문을 각각 지켰다. 전투는 이날 밤부터 시작되어 16일에는 결국 성이 함락되고 말았다. 남문을 돌파한 일본군과 대혼전이 벌어져 이복남·이신방 등을 비롯한 모든 장수들이 전사하였고, 양원만이 겨우 성을 탈출하였다. 이해 역시 이 전투에서 장렬히 전사했다.

성이 함락되는 날 이미 중과부적(衆寡不敵)임을 직시한 이해는 절명사(絕命詞)와 편지를 애마(愛馬)의 등에 매달아 고향 땅 청도(淸道)에 보냈다. 공의 애마가 절명사와 편지를 전하고 죽으니, 장군을 초혼장(招魂葬)하고 무덤 옆에 의마총(義馬塚)을 조성했다.

장군의 충혼(忠魂)은 오랜 세월 전북 남원(全北南原)과 경북 청도(慶北淸道)의 지리적 조건으로 소통되지 못한 채 대구 망우당공원(忘憂堂公園) 임란호국영남충의단(壬亂護國嶺南忠義壇)에만 봉안되어 왔는데, 후손들이 수집한 문헌과 자료를 토대로 1982년 12월 전북문화재관리위원회(全北文化財管理委員會) 심의로 남원만인의총충렬사(南原萬人義塚忠烈祠)에도 봉안되었다. 남원성이 함락되기 전에 장군이 남긴 절명사를[200] 보면, 죽음에 대한 두려움보다는 우국충정에 대한 심정이 더 잘 드러난다.

4. 인조반정과 이괄의 변

선조 17년경부터 정립되어 간 붕당정치가 그 초기에는 파행을 면치 못했다. 비교적 동인이 우세한 가운데, 선조 22년에 정여립(鄭汝立) 옥사

---

200 고성이씨대종회, 2004, 『고성이씨대종회발전사』 참조.

(獄事)가 일어났다. 이를 계기로 서인들은 동인들을 강경하게 숙청하여 명사(名士)들이 대거 죽임을 당했다. 서인은 후유증으로 오히려 실세한 상태가 되어, 겨우 정계의 일각을 차지하는 데에 머물렀다. 이런 상황에서 임진왜란이 발생했고, 서인들에 대한 온건한 태도와 강경한 입장에 따라 동인은 남·북으로 나누어지게 되었다. 북인은 임진왜란 도중에 강경한 척화 주장으로 집권 명분을 얻어 정국을 주도했다. 하지만, 이들 역시 권력 향배에 따라 대북(大北)·소북(小北) 등으로 재분열하는 양상을 보였다. 그 틈을 타고 선조 후반기에는 왕실과의 척분(戚分)을 앞세운 유영경(柳永慶)이 정권을 좌우하는 척신정치가 재현되는 현상마저 나타났다. 지나치게 높았던 붕당간의 대립 열기가 상호 비판과 견제 구도를 제대로 작동할 수 없게 만들었기 때문이다.

이렇듯, 선조 말년에는 북인이 우세를 점하는 가운데, 유영경(柳永慶)은 선조 후원을 받아 적자인 영창대군(永昌大君)을 지원했다. 이에 반하여 정인홍(鄭仁弘)을 중심으로 한 대북세력은 세자인 광해군을 지원했다.[201] 선조가 갑자기 죽자 유영경 일파의 방해를 뚫고 광해군이 즉위할 수 있었다. 대북 중심의 북인이 단순히 광해군을 지원한 것만으로 득세한 것은 아니었다. 경상우도를 중심으로 한 향촌사회 기반, 임진왜란 중 의병장으로 쌓아 놓은 공적과 주전론자(主戰論者)로서의 명분 획득, 남명 조식(曺植)의 학통을 이어받은 강한 결속력 등이 그들 세력 기반이었다.

광해군대 정치를 주도한 북인 세력은 나름대로 민생경제와 국방에 있어 특색 있는 정책을 추진하기도 했다. 아울러 정인홍과 이이첨(李爾瞻)을 주축으로 했지만 광해군 초반의 인사 정책을 보면 대북 일변도만은 아니었다. 소북 세력은 물론 이항복(李恒福)으로 대표되던 서인, 이원

---

201 한명기, 1988, 「광해군대의 大北勢力과 政局의 動向」『韓國史論』 20, 서울대.

익(李元翼)을 필두로 한 남인들도 어느 정도 참여하고 있었다.

정파 간에 골이 깊어진 것은 5현(五賢 : 金宏弼·鄭汝昌·趙光祖·李彦迪·李滉)의 문묘종사 때문이었다. 이는 조선 성리학의 도통(道統)을 확립하는 일이기도 하여 매우 중요했다. 선조 때부터 시작된 오현의 문묘종사 운동은 광해군이 최종 가납함으로써 종결되었다. 그러자 대북 학통의 중심인 정인홍은 조식을 이단에 가까운 인물로 지적했던 이황의 주장을 반박하는 데 이어, 조식을 배향하는 서원을 건립하고 그를 문묘에 종사하려는 운동을 벌였다. 그 과정에서 광해군 3년(1611)에 올린 정인홍의 회퇴변척소(晦退辨斥疏)는 남인뿐 아니라 서인들까지 큰 반발을 일으켰다. 정인홍은 결국 유생 자격을 부정당하는 청금록(靑衿錄)에 삭제를 당했고, 영남 사림 또한 경상좌도와 우도가 회복 불가능할 정도로 대립되었다.

이후 대북은 더 강력한 인사권을 장악해 나갔다. 그 과정에서 인목대비(仁穆大妃: 선조 妃)의 아버지인 김제남(金悌男)이 연루되었다고 주장하는 역모 사건이 일어났다. 영창대군(永昌大君)을 왕으로 추대하려 했다는 이 사건에 서인 인물들이 대거 연루되었다. 영창대군을 죽음으로 내몰았고, 인목대비가 서궁에 유폐되었다. 그러자 북인 내부에서도 폐모살제(廢母殺弟)에 대한 비판들이 제기되는 상황이 벌어졌다. 광해군 말년의 정치 세력 상황은 "서인은 이를 갈고, 남인은 원망을 품으며, 소북은 비웃는" 형세가 지속되어 가고 있었다. 인조반정의 전야는 이렇게 흘러가고 있었다.

인조반정은 광해군 12년(1620)부터 계획되어 15년 3월 12일에 시작되었다. 이서(李曙)·신경준(申景禛) 등 인조 인척들이 계획을 세워 구굉(具宏)·구인후(具仁垕) 등을 끌어들였고, 다시 김류(金瑬)·이귀(李貴)·최명길(崔鳴吉)과 같은 문신들이 합류함으로써 성공되었다.

선조 때 무과에 급제한 후 선전관·형조 좌랑·태안 군수·제주 목사 등을 두루 역임한 이괄 또한 반정의 주역이었다. 광해군 2년(1610) 10월 도체찰사가 함흥 부근에 진의 설치와 조방장을 맡길 인물을 논하면서, "일을 주관하는 재주를 가진 사람은 찾기가 힘듭니다. 영흥 부사(永興府使) 이괄이 본래 일 처리하는 솜씨를 가지고 있긴 하지만, 지금 막 고령(高嶺)에서 영흥으로 옮겨 왔는데 또 회양으로 옮기게 한다면 정사(政事)하는 체모가 아닐 듯합니다."한 것에서 확인되듯이, 이괄의 능력은 조정에서 인정받고 있었다.[202] 이런 사실은 광해군 집권한 후 "북병사를 아직까지 체차하지 않았는데, 만약 체차한다면 어느 사람이 합당하겠는가?" 하니 이항복은 "신진 무사 중에 이광영, 이괄, 이종일을 잘 키우면 병사로 삼기에 합당할 것입니다."라고 하였듯이,[203] 권율 사위였던 이항복 역시 이괄을 천거했던 사실에서도 잘 나타난다. 그 후 이괄은 제주 목사 시절 자체적으로 군기를 마련했고,[204] 인조반정이 일어나기 3개월 전인 광해군 14년(1622) 12월에 북병사로 파견되었다.[205] 이렇듯 이괄은 무관으로서의 자질과 실무 능력을 겸비한 인물이었고, 그런 이유로 반정 참여 권유를 받았을 것이다.

광해군 집권 기간에는 북인들의 독주 체제가 이어졌다. 남명 조식과 화담 서경덕의 학문을 계승한 남명학파와 화담학파를 모집단으로 하는 정치세력들이 그들이었다. 광해조 권력으로부터 소외되었던 서인과 남인들의 정치적 불만을 커져갔고, 그에 따라 쉽게 세력을 결집할 수 있었다. 특히 영창대군을 사사하고 계모 인목대비를 서궁에 유폐한 폐모살제

202 『광해군일기』 광해군 2년 10월 10일 신사조.
203 『광해군일기』 광해군 4년 9월 18일 기유조.
204 『광해군일기』 광해군 9년 4월 21일 을묘조.
205 『광해군일기』 광해군 14년 12월 16일 정축조.

(廢母殺弟)는 반정의 주요 명분이 되었다. 그렇기에 인조반정의 주도세력은 서인들 중심이었다. 그 면면을 보면, 이이와 이항복의 문인인 김류, 이귀, 김자점, 신경진 등이었다.

반정으로 왕위에 오른 능양군(후의 인조)은 선조의 다섯 번째 아들인 정원군의 장남으로, 동생 능창군이 광해군 때 역모 혐의로 처형된 아픈 과거를 갖고 있었다. 즉, 능창군 이전(李佺)은 호탕한데다 풍도(風度)가 있었으며 궁마술(弓馬術)이 남달리 뛰어나고 외모도 훤칠하였다. 광해군 때 정원군(定遠君)과 이전에게 특이한 상(相)이 있고, 그들이 사는 곳인 새문리(塞門里) 집 부근에 왕성한 기운이 있다는 참언으로 처형당했는데, 광해군은 그 집을 빼앗아 경덕궁(慶德宮)을 지었다.[206] 반정군에 의해 옹립된 중종과는 달리 인조가 반정 모의 당시부터 적극적으로 그 대열에 합류한 것도 그 때문이었다.

이서(李曙)·김류(金瑬)·최명길(崔鳴吉) 등 서인(西人) 중심에다, 인조와 인척 관계에 있던 신경진·구굉·구인후와 같은 인물이 반정의 중심에 있었다.[207] 1622년 평산부사로 부임한 이귀는 호환(虎患:호랑이의 공격)을 대비한다는 구실로 군사 활동을 하면서 자신의 군사력을 키워나갔고, 훈련대장 이흥립과 북병사 이괄의 참여로 반정군의 규모는 점차 확대되었다. 하지만 이들이 동원할 수 있는 군사는 대략 1천 명 정도에 불과했다. 조선군 최정예 군사인 훈련도감 군대에 비한다면 미미한 수준이었다.

반정군의 거사일은 3월 13일로 잡혔다. 김자점은 김상궁(일명 김개똥)을 통해 사전에 눈치 못 채도록 미리 광해군으로 하여금 주안상으로 취하게 했다. 야밤에 능양군(후의 인조) 또한 친위부대를 거느리고 연서

---

206 『광해군일기』 광해군 7년 11월 17일 기축조.
207 『인조실록』 인조 1년 3월 13일 계묘조.

역 근처로 이동했다. 2경에 홍제원에 모인다는 것이 사전 밀약이었다. 당시 정황을 기록한 『인조실록』을 보면 다음과 같다.

> 의병(義兵)은 이날 밤 2경에 홍제원에 모이기로 약속하였다. 김류가 대장이 되었는데 고변이 있었다는 말을 듣고 포자(捕者)가 도착하기를 기다려 그를 죽이고 가고자 하였다. 지체하며 출발하지 않고 있는데 심기원과 원두표 등이 김류의 집으로 달려가 말하기를, '시기가 이미 임박했는데, 어찌 앉아서 붙잡아 오라는 명을 기다리는가.' 하자 김류가 드디어 갔다. 이귀·김자점·한교 등이 먼저 홍제원으로 갔는데, 이때 모인 자들이 겨우 수백 명밖에 되지 않았고 김류와 장단의 군사도 모두 이르지 않은 데다 고변서가 이미 들어갔다는 말을 듣고 군중이 흉흉하였다. 이에 이귀가 병사(兵使) 이괄을 추대하여 대장으로 삼은 다음 편대를 나누고 호령하니, 군중이 곧 안정되었다. 김류가 이르러 전령(傳令)하여 이괄을 부르자 괄이 크게 노하여 따르려 하지 않으므로 이귀가 화해시켰다.[208]

이렇듯 거사를 앞둔 불안과 초조함 속에 반정세력들 간에는 미묘한 신경전들이 벌어지고 있었다. 특히 우유부단 했던 김류에 대한 이괄의 불만이 컸던 것으로 보인다. 그럼에도 김류를 총대장으로 하여 세검정에 다다른 반정 주도세력들은 이 곳 우물에서 칼을 한 번 씻으며 함께 죽기를 맹약하며 결의를 다졌다. 번정군들은 신속하게 창의문(彰義門)을 넘어 곧바로 돈화문에 이르렀다. 이미 반정군과 내통하고 있었던 훈련대장 이흥립의 명에 따라 궁궐 문은 쉽게 열렸다. 불시에 들이닥친 반정군은 창덕궁 전각에 불을 지르며 광해군 처소를 급습했다. 반정군은 창덕궁 안 함춘원 풀숲에 불을 지르며 반정 성공의 신호로 삼았다. 권력의 중심

---

208 『인조실록』 인조 1년 3월 13일 계묘조.

부를 일시에 제압함으로써 반정을 성공시킬 수 있었다.[209]

광해군을 옹립하고 득세한 북인, 그 중에서도 대북 정권의 실세들은 죽음을 면치 못했다.[210] 이이첨을 비롯한 이위경, 한찬남 등 대북파들은 시장 거리에서 처형되었고, 외척으로서 권세를 한껏 누렸던 박승종은 아들과 함께 도망하다가 스스로 목을 맸다. 광해군 정권의 정신적 지주이자 89세 고령이었던 정인홍도 고향 합천에서 서울로 압송되어 왔다. 서인과의 오랜 악연으로 처형을 면할 수 없었다.[211] 실록에서도 '적신 이이첨과 정인홍 등이 또 그의 악행을 종용하여 임해군과 영창대군을 해도에 안치하여 죽이고 연흥부원군 김제남을 멸족하는 등 여러 차례 옥사를 일으켜 무고한 사람들을 살육하였다.'고 했을 정도니,[212] 대북 정권의 주역임을 분명히 기록하고 있다.

고령으로 낙향한 정인홍을 대신하여 광해군 정국을 주도했던 이이첨은 이천으로 도주했으나 결국 체포되어 처형되었다. 광해군의 외교정책을 적극 받들어 실천했던 평안도 관찰사 박엽과 의주 부윤 정준도 처형되었다. 처형을 면한 북인 추종자들 역시 투옥되거나 유배되었다. 반정을 성공시킨 서인들은 인목대비의 교서를 통해 반정의 정당성을 만천하에 알렸다. 인조반정의 주요 명분은 '폐모살제'라는 성리학적 명분과 광해군의 중립외교에 대한 비판이었다.[213]

반정은 성공되었지만, 공신 책봉에는 상당한 시일이 소요되었다. 공신 선정을 둘러싼 논란이 컸기 때문인데, 반정 후 7개월이 지나서야 정

209 신병주, 2008, 「인조반정의 경과와 그 현재적 의미」『인문과학논총』 45.
210 한명기, 2000, 『광해군』, 역사비평사.
211 신병주, 2008, 『정인홍 평전』, 경인문화사.
212 『인조실록』인조 1년 3월 13일 계묘조.
213 『인조실록』인조 1년 3월 14일 갑진조.

사공신 53명을 발표했다.[214] 인조는 김류와 이귀를 불러 대신과 함께 빈청에 모여서 53명을 녹훈했다. 김류·이귀·김자점(金自點)·심기원(沈器遠)·신경진(申景禛)·이서(李曙)·최명길(崔鳴吉)·이흥립(李興立)·구굉(具宏)·심명세(沈命世) 등 11명이 1등 공신이었고, 이괄(李适)은 2등 공신에 만족해야 했다.[215]

인조가 문정전에서 신하를 인견한 자리에서, "어제 녹훈한 것은 취사(取捨)에 있어 과연 타당함을 잃었을 염려가 없는가? 이 일은 매우 중대하므로 반드시 십분 흡족하게 하여야 인심을 복종시킬 수 있다."라고 하문했다. 이에 김류가 아뢰기를, "2백여 인을 다 올릴 수는 없기 때문에 상의를 거쳐서 마감하였습니다. …… 이괄은 당초 결의한 사람은 아니지만 거사하던 날 칼을 잡고 갑옷을 입고 나서서 뭇 사람의 마음을 움직였고, 부오(部伍)를 나누어 군용(軍容)을 갖추는 데는 공이 컸기 때문에 2등의 맨 앞에 올렸습니다."[216] 라고 답했다. 김류 등 반정의 주도세력들은 마치 이괄을 배려하여 2등의 맨 위에 올린 것으로 생색을 냈다. 정사공신에 책봉된 인물 중에는 무인 출신이 많았다. 정사공신 중에서 경력 파악이 가능한 48명 가운데 24명이 무과 출신이거나 오래도록 무관직으로 근무한 자였다. 반정 성공의 일차적인 요소가 무예였기 때문이다. 무인으로 일등공신에 책봉된 인물은 신경진, 이서, 구굉, 이흥립 등 4명이었다. 2등 공신에는 이괄을 비롯하여 구인후, 이중로, 박효립, 장돈, 박유명, 구인기, 조흡, 홍진도, 신준, 이의배, 강득, 홍효손, 홍진문 등 10여명이 포함되었다.[217]

---

214 이기순, 1998, 『인조, 효종대 정치사연구』, 국학자료원, 38~41쪽.
215 『인조실록』 인조 1년 윤10월 18일 갑진조.
216 『인조실록』 인조 1년 윤10월 19일 을사조.
217 이기순, 1998 ,『인조, 효종대 정치사 연구』, 국학자료원, 38~41쪽 표 참조.

이홍립은 광해군대 훈련대장으로 반정군에 적극 협력했고, 신경진과 구굉은 전형적인 무반 가문으로 인조의 친인척이었다. 신경진은 선조 33년(1600) 무과에 급제하여 선전관과 도총부 도사 등을 역임했다. 그런 후 무과 출신자를 임용하는 지방관을 두루 지냈으니, 관력으로 따지면 이괄과 유사한 길을 걸었다 할 것이다. 구굉 역시 선조 41년(1608) 무과에 급제하여 비슷한 관력을 지낸 인물이었고, 그의 아들 구인후 역시 마찬가지였다.[218] 구굉의 권유에 따라 반정에 가담한 이서와 이중로 역시 무반직과 무반을 우선 임용하는 지방 관직을 지냈다. 결국 인조반정에는 무반 출신 인사들이 상당수 참여했고, 이들 중 인조와 친인척 관계에 있는 인사들 다수가 일등공신에 책봉되었음을 알 수 있다.

이괄이 2등공신이 된 것은 반정 주류 세력과 긴밀한 네트워크를 형성하지 못한 것에 기인했을 가능성이 크다. 김류나 이귀 등과 같은 인물은 이항복과 이이로 이어지는 서인학통을 이은 인물이다. 특히 광해군 집권이후 학맥에 따른 당파끼리 알력이 심해질 때였고, 그 결속력은 매우 굳건한 상태였다. 여기에다 무인이라는 신분적인 기반 또한 작용되었을 가능성이 컸다. 무인들 중에서 1등 공신에 오른 이홍립은 인조반정 당일 훈련대장으로 있으면서 반란군에 가담한 점이 고려되었고, 구굉, 신경진 등 나머지 무인들은 인조와 친인척으로 얽혀있었다.[219] 구굉은 능성 구씨로 김장생의 문인이며, 인조의 외숙이었다. 심명세는 청송 심씨로 황신의 문인이며, 인종의 이종이었다. 평산 신씨 신경진은 김장생의 문인이자 임진왜란 때 전사한 신립의 아들이니 인조의 인척이었다.

이괄은 서인 학통과도 별 교류가 없었으며, 인조와 연줄로 맺어진 가

---

218 이기순, 앞의 책 참조.
219 인조반정의 정국(靖國) 공신 53명의 가계와 관력 등에 대해서는 이기순, 1998, 『인조, 효종대 정치사 연구』, 국학자료원, 38~41쪽 참조.

문도 아니었다. 그 동안 고성이씨 가문에서는 문과 급제자를 연이어 배출한 명문이었고, 이괄의 형제들 또한 문과로 진출한 한 바가 있다. 하지만, 이괄은 무과 출신에다 왕실과 연결고리가 없는 상태에서 당일의 혁혁한 공로가 있었음에도 2등 공신 지위에 머무르고 말았다. 반정군이 거사를 위해 모인 날 밤의 상황을 보면, 제 때에 도착하지 못한 김류를 대신하여 지휘권을 맡아야 할 정도로 이괄의 위상은 컸다. 그런 가운데 김류와 이괄의 신경전이 꽤 깊었던 것은 앞에서 이미 살펴 본 바가 있다.

따라서 반정 후에도 이괄에 대한 주류 측의 견제가 있었다고 봐야 할 것이다. 반정이 성공한 다음날 반정주역 이귀는 인조에게 병조판서에 제수하도록 요청했다. 그런데 이괄은 이 자리에서 갑자기 형세를 관망하다가 뒤늦게 합류한 김류를 노골적으로 비판하였다.[220]

이 같은 두 사람의 갈등은 아들들의 공훈을 놓고도 이어졌고, 그것이 결국 이괄의 변이 있게 된 하나의 원인이었음을 지적해 왔다.[221] 그러나 존왕양이의 성리학적 기준으로 볼 때 신하들끼리의 불화로 반란을 획책했을 가능성은 회박하다. 이괄은 반정 이후 반란 직전까지도 인조의 신임을 받고 있었기 때문이다.

성공한 반정이었지만 서인들에 대한 민심은 냉담했다. 그들도 북인과 다를 바 없다는 노래들이 민간에 유포되었고, 명분 없는 반정에 대한 모역과 고변 사건이 잇달았다. 반정 직후 또 다른 역모가 예견되는 상황에서 반정 주체 세력들은 기찰(譏察)을 대대적으로 하고 있었는데, 이괄 부자 역시 이 대상에 포함되었다. 이러한 조처는 '잡혀 죽으나 반역하다 죽으나 죽기는 일반이다.'라는 절박한 상황으로 몰고 갔다.[222] 이괄 스스

---

220 『연려실기술』 권24, 인조조고사본말, 「이괄지변(李适之變)」.
221 『연려실기술』 권24, 인조조고사본말, 「이괄지변(李适之變)」.
222 『연려실기술』 권24, 인조조고사본말, 「이괄지변(李适之變)」.

로가 기찰 정치를 담당한 당사자였기에[223] 그 사정을 잘 알고 있었다.

인조반정 이후 후금의 위협이 커지는 가운데 이괄이 부원수에 임명된 데에는 반정 참여자라는 점과 병사(兵事)에 능하다는 점, 인조의 신임 등이 고려된 것이다. 이괄의 변 이후 인조가 "당초 역적 이괄에 대해서 재주가 있다는 것을 알았을 뿐이고 흉모를 가질 줄은 몰랐는데 사람을 알아보기 어려운 것이 이러하다."고 탄식한데서 이괄의 면모가 잘 드러난다.[224]

인조 2년(1624) 1월 17일 이괄과 그의 아들 및 한명련, 기자헌 등이 군사를 일으켜 변란을 일으킬 준비를 하고 있다는 보고가 올라왔다.[225] 조정에서는 즉시 추국청(推鞫廳)이 소집되었다. 고변 당한 기자헌 등에 대한 문초가 이루어졌지만 단서를 찾아낼 수 없었다. 이귀 등은 즉시 이괄을 잡아들일 것을 건의했다. '이괄의 반역 음모는 확실하지 않지만 아들 이전이 반역 음모를 꾀하고 있는 만큼 이괄이 충분히 반역에 참여할 것이다'는 것이 이유였다. 논공행상에 대한 불만에다 조정의 감시와 의심의 눈초리가 가해지자 궁지에 몰린 이괄 부자가 '변란'을 감행한 것이라 여겼다.

이괄의 변을 처음 보고받았을 때까지도 인조는 그에 대한 믿음을 버리지 않았다. 좌찬성 이귀(李貴)가, "이괄이 몰래 다른 뜻을 품고 강한 군사를 손에 쥐었으니, 일찍 도모하지 않으면 뒤에는 반드시 제압하기 어려울 것입니다. 더구나 역적들의 공초에 흉모(凶謀)가 드러났으니, 왕옥(王獄)에 잡다가 정상을 국문하지 않을 수 없습니다."라고 건의했다. 이에 인조는 이괄을 보호하려 하였다.[226] 이귀는 한걸음 물러나 이괄의

223 『인조실록』 인조 1년 5월 27일 병진조.
224 『인조실록』 인조 2년 3월 13일 정묘조.
225 『인조실록』 인조 2년 1월 17일 임신조.

아들에 대한 역심을 또 다시 강조했다. 이에 인조는 "사람들이 경이 반역한다고 고한다면 내가 믿겠는가. 이괄의 일이 어찌 이와 다르겠는가." 면서 이귀를 면박하기까지 하였다.[227]

결국 이괄의 아들인 이전을 체포하는 것으로 결론이 났다. 그러나 이괄 입장에서는 자신을 제거하기 위한 것으로 파악할 수밖에 없었다. 이괄은 1월 21일 급히 휘하 군관들을 소집하였다. 그의 휘하에는 평안도 토병(土兵)과 전라도에서 올라온 부방군(赴防軍) 1만 2천 명, 그리고 항왜 130여 명이 있었다. 이 정도 병력이면 승산이 없는 게임은 아닌 듯했다. 특히 항왜는 칼을 잘 쓰기 때문에 기습 작전에 능한 존재였다. 한양으로부터 자신의 아들 이전을 체포하려고 의금부 도사와 선전관이 내려오고 있다는 첩보가 전해졌다. 이괄은 다음날 반란군을 이끌고 본거지인 영변을 출발하였다. 반란이 준비되고 있다는 보고가 중앙에 접수 된지 6일이 지나가는 지난 시점이었다.

인조 2년(1624) 1월 24일자 실록은 다음과 같이 기록했다.

> 부원수 이괄이 금부 도사 고덕률·심대림과 선전관 김지수, 중사(中使) 김천림 등을 죽이고 군사를 일으켜 반역하였다. 이에 앞서 상변한 사람이 이괄 부자가 역적의 우두머리라고 하였으나, 상이 반드시 반역하지 않으리라고 생각하여 그 아들 이전을 잡아들이라 명하였는데, 이전은 그때 이괄의 군중(軍中)에 있었다. 이괄이 드디어 도사 등을 죽이고 제장(諸將)을 위협하여 난을 일으켰다.[228]

조정에서는 반군의 진압보다 먼저 내응 우려가 있는 세력부터 제거

---

226 『인조실록』 인조 2년 1월 21일 병자조.
227 위와 같음.
228 『인조실록』 인조 2년 1월 24일 기묘조.

했다. 광해군 때 영의정으로 폐모론의 부당성을 제기하여 유배되었지만, 인조반정 역시 부당하다는 의견으로 중도부처 되어 있던 기자헌을 비롯하여, 조금이라도 혐의가 있는 37명의 인물이 참형을 당했다. 김류가 주도하고 인조가 따른 것이다.[229]

『당의통략』에서는 북인을 제거한 당쟁사의 시각에서 조명하고 있는데, 기자헌과 김원량 등 49인이 하루 밤 사이에 죽었다고 기록하고 있다.[230] 이렇듯, 이괄의 변으로 희생된 인물이 대부분 북인 출신임을 감안한다면, 이는 반정 초기 취약한 정권에 부담이 되는 북인 세력 제거에 이용된 측면도 있을 것으로 보인다. 김원량은 인조반정 때 동문수학했던 이괄을 추천한 인물로 알려져 있다.

중앙 정부의 발 빠른 조치와는 달리 이괄의 군대는 빠른 기동력으로 황주, 임진강 등지에서 연이어 관군을 격파하고 서울을 향했다. 도원수 장만은 중과부적이었고, 이괄 군대는 2월 9일 서울에 입성했다. 우리 역사상 지방 반란군이 서울을 점령한 유일한 사건이었다. 인조는 피난길에 오르면서 가도에 머물고 있던 명나라 장수 모문룡에게 구원병을 요청했다. 백성들 또한 점령군을 환영하는 분위기였다. 급히 모집된 군사 수천 명이 앞을 인도하고 관청의 서리와 하인들이 의관을 갖추고 나와서 영접했다.[231] 한강을 건널 때 도와 줄 이들이 숨어 버렸던 인조를 대하던 민심과 대비되는 사건이다.

이괄은 서울을 점령한 후 홍안군을 왕으로 추대하고 민심을 수습해 나갔다. 홍안군 이제(李瑅)는 선조와 인빈 김씨 사이에서 태어난 4남 의창군(義昌君) 아들인데, 의안군(義安君)에게 아들이 없자 출계(出繼)하였

---

229 『인조실록』 인조 2년 1월 25일 경진조.
230 『당의통략(黨議通略)』, 인조조(仁祖朝)·효종조(孝宗朝).
231 『연려실기술』 권24, 인조조고사본말, 「이괄지변(李适之變)」.

다. 홍안군 이제(李瑅)는 임금을 따라 한강을 건너다가 중도에서 도망쳐 이괄에게 왔다. 이괄은 속으로 그 사람됨이 시원치 않다 여겼으나, 어쩔 수 없이 임금으로 삼았다. 경기 방어사 이홍립이 항복해 오자, 홍안군 이제를 호위하게 했다. 새로운 왕을 옹립했다는 것은 나름대로 대의와 명분을 쌓는 일이기도 했다. 반정으로 즉위한 인조가 아직 명으로부터 고명을 받기 전이었기 때문이다. 하지만, 이괄의 실패 원인으로 홍안군 추대를 꼽기도 한다. 이때 도성 백성들은, "이괄이 추대한 것이 이제(李瑅)이고 보면, 사세가 오래 못 가겠구나."하였다고 한다.[232]

패전을 거듭하던 정부군은 마지막 승부수를 던졌다. 민심이 이괄 쪽으로 굳어지기 전에 일전을 벌려야 한다는 판단이었다. 도성이 내려다보이는 안현(安峴)을 기습 점령했다. 정부군이 안현에 주둔하고 있다는 소식을 접한 이괄은 일전을 준비했다. 승리에 도취된 반군들은 경계에 소홀했고, 그로 인해 반군은 패배하고 말았다. 이괄은 경기도 광주 방향으로 달아났다.[233] 그럼에도 인조는 더 안전한 공주로 피난 장소를 옮겼다.

광주 경안역에 머물던 반군 사이에 내분이 발생했다. 안현 전투에서 패한 후 정부군의 공격력에 지레 겁을 먹은 부하들이 생겼다. 이들은 이괄, 한명련 등 핵심 주동자들의 목을 벤 뒤 전격적으로 투항했다.[234] 20여 일에 걸쳐 기세를 올리던 이괄의 변은 이렇게 종결되었다. 일시적으로 추대되었던 홍안군 이제(李瑅)도 복주(伏誅)되고 말았다.[235]

인조 2년(1624) 반란이 진압된 2월 28일, 인조는 "역적 이괄과 한명련의 족속 중 삼촌까지는 그대로 가두어 두고, 사촌은 모두 극변(極邊)에

232 『연려실기술』 권24, 인조조고사본말, 「이괄지변(李适之變)」.
233 『인조실록』 인조 2년 2월 11일 을미조.
234 『연려실기술』 권24, 인조조고사본말, 「이괄지변(李适之變)」.
235 『인조실록』 인조 2년 2월 16일 경자조.

정배하라."는 하교를 내렸다. 영의정 이원익은 이괄 처첩의 친속까지 논죄하는 것은 국법에 어긋난다고 아뢰었다. 이에 처첩의 친속은 논죄하지 말고 이성(異姓) 사촌도 등급을 낮추어 시행하게 되었다.[236] 반란에 실패한 한명련의 아들 한윤 등은 후금으로 도망쳐 조선의 불안한 정세와 후금을 자극하는 조정내의 분위기를 전했다. 이런 사정으로 조선은 신흥강국 후금과의 대립을 피할 수 없게 되었다. 그리하여 인조 집권을 뒷받침 한 서인 정권은 1627년에 일어난 정묘호란에 이어 병자호란(1636)이란 전대미문의 치욕을 겪게 되었다.

아들을 잡아들이려는 선전관과 금부도사가 파견되었을 때까지만 해도 이괄은 변란을 일으킬 계획이 없었던 것으로 보인다. 계획된 변란이 아니라 우발적으로 일어난 것임을 잘 보여준다. 즉, 인조반정을 주도했던 세력 내부의 분열에 따른 주도권 다툼의 결과였다. 반정이 성공하자 서인 천하가 되었다. 적대세력이었던 북인을 비롯하여 그들과 함께 할 수 없는 사람들은 제거될 수밖에 없었다. 이를 주도한 인물은 다름 아닌 김류와 이귀였다. 이들과 불편한 관계였던 이괄은 결국 제거될 위기를 슬기롭게 해결하지 못하고 극단적인 방법을 택했다. 조선이 망할 때까지 서인 세력은 집권을 놓치지 않았고, 그에 따라 이괄에게 덧씌워진 역적이란 굴레도 조선이 망할 때까지 벗어날 수 없었다.[237] 역사는 승자의 기록이기 때문이다.

사상사 입장에서 볼 때, 인조반정은 조선을 전기와 후기로 나누는 내재적인 기준점으로 파악하기도 한다.[238] 율곡 학통을 이은 서인들이 주

---

236 『인조실록』인조 2년 2월 28일 임자조.
237 『순조실록』순조 7년 7월 25일 을축조 ;『고종실록』고종 31년 4월 27일 계유조.
238 정옥자, 1993,『조선후기 역사의 이해』, 일지사. 21쪽.

도하고 퇴계 학통을 이은 남인들이 연합한 정권의 성격이었다. 인조반정 직후 남인 이원익이 영의정이 된 것에서 그런 성격이 잘 나타난다. 인조반정 이후 남인으로 높이 등용된 인물로 이성구, 이광정, 장현광, 김시양 등이 있다. 북인들이 계승했던 남명과 화담의 학문경향은 불교와 도교 사상까지 흡수하는 다양하고 개방적인 면을 보였고, 북인들이 집권하자 국가 정책 역시 그런 방향이었다. 그러나 이후 남명과 화담 학통은 소멸되고 말았다. 이전의 다양성과 개방성은 사라지고,[239] 순수 성리학만을 고집하는 사회로 나아갔다. 주자성리학 지상주의로 흘러 그 이외 학문은 사문난적으로 매도되는 사회가 된 것이다.

5. 고성이씨 파의 형성과 지역별 정착과정

조선후기에 들어와 족보 편간 과정에서 자연스럽게 생긴 것이 족파(族派)이다. 조상을 파조(派祖)로 구분하던 관례는 초기 족보에서부터 나타난 것이 아니라 대체로 17세기말부터 나타난 현상이었다. 같은 종족 내에서 파(派)를 구분한 것은 복잡한 계보를 보다 쉽게 구분하기 위해 출발한 것이지만, 19세기 이후에는 파조(派祖)를 중심으로 명문가임을 드러내기 위한 수단으로 변질되었다.[240]

예컨대, 초기에는 갑파·을파로 구분하거나 파조 이름을 붙인 파명을 사용했다. 그러하니 갑파·을파를 다시 세분하여 갑갑·갑을·갑병 등으로 분류하기도 하였다. 이를 통해서 보면, 그 존재감을 과시한다거나 타파

239　신병주, 2007, 『조선중, 후기 지성사 연구』, 새문사.
240　崔在錫, 1981, 「族譜에 있어서의 派의 形成」 『민족문화』 7, 민족문화추진회.

와 구별하려는 의식과는 상관없는 단순한 부호(符號)에 불과했다.[241] 한편 1704년에 간행된 기계유씨 족보에는 거주지명과 직역명(職役名)을 파명으로 삼은 적이 있고, 1731년의 풍양조씨 족보에는 거주지와 이름을, 1720년의 영일정씨 족보에는 거주지명의 파를, 1706년의 반남박씨 족보는 관직명의 파를 각각 출현시켰다.[242] 이렇듯 각 성씨별 족보 간행에 있어 파의 형성은 각기 처해진 상황에 따른 것이었으며, 일정한 틀이 정해진 것이 아니었음을 알 수 있겠다.

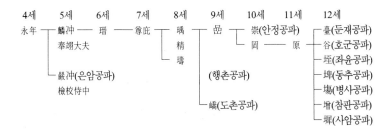

고성이씨도 당초에는 3개 파로 시작하였다. 고성이씨는 크게 5세에

---

241 이런 점은 시기별 족보 간행에 있어 파조(派祖)가 고정되지 못했다는 점에서도 잘 드러난다. 즉 문화유씨 족보를 보면 동일한 인물의 후손들 중에서 13세손이 파조였다가 후일 11세손이 파조가 되고, 또 다시 족보가 간행될 때에는 13~14세손이 파조가 되기도 했다(최재석, 위의 논문).

242 이는 족보 입록 인원의 외연 확충 과정에서 기존 재경사족 중심에서 벗어나 재향(在鄕) 사족(士族)으로 확대되는 추세를 반영한 결과일 수 있다. 아울러 17세기 이후 동족마을이 형성되면서 계파별로 세거지를 달리하는 사례가 많고, 그에 따른 입향조(入鄕祖)를 중심으로 종족의식을 다지면서 세거지 중심의 계파가 자연스레 형성된 경우가 많았다. 특히나 오늘날 향촌사회에서까지 세거지 마을 명칭과 성씨를 함께 사용하여 다른 계파와 구분하려는 의식들이 잔존하고 있는데, 양동이씨, 하회류씨, 지실정씨 등과 같은 것들이 그것이다.

서 분기(分岐)된 인충 후손과 엄충 후손으로 나누어지는데, 엄충 후손이
은암공파이며, 나머지는 인충 후손이다. 인충 후손은 다시 9세에서 행촌
(이암)파와 도촌(이교)파로 분기되었는데, 영조 2년(1726)의 『병오초보(丙
午草譜)』당시에는 위의 3개 파(엄충파, 행촌파, 도촌파)로 크게 구분했고,
그 아래 복잡한 행촌 계열을 다시 인명으로 구분했다. 이렇게 구분되기
시작한 파는 1807년 정묘보(丁卯譜)에서부터 10개 파로 확정되어 오늘에
까지 내려오고 있는데, 파명은 각 인물의 호와 관직명으로 섞여 있다.

시조로부터 5세에 해당하는 인충과 엄충을 형제로 확인한 것은 조선
중기 무렵이었다. 족내 보학자로 이름 높았던 송암 이노(李魯)와 야로당
이순(李淳)이 만남을 가져 세계(世系) 추심을 거친 후에야 형제임을 확
인한 것이다. 은암공파는 일찍이 고성을 떠나 의령으로 이주해 갔고, 조
선전기까지의 인물 배출 또한 행촌과 도촌파에 미치지 못하여, 고성이씨
주류에서 벗어나 있었던 셈인데, 선조(宣祖) 때 송암 이노가 직계조 세계
(世系)를 확보하여 고성이씨 족보에 오르게 되었다.

송암 이노는 의령 입향조(入鄕祖) 은암공(隱庵公) 백(伯)의 7세손이
다. 고려 관우군 총제였던 은암공 이백(李伯)은 고려 국운이 쇠하는 것을
보고 의령의 세간촌(世干村)에 은거함으로써 그 후손들이 대대로 의령을
중심으로 세거하게 되었다. 은암공 백을 파조(派祖)로 하는 은암공파의
세계도는 다음과 같다.

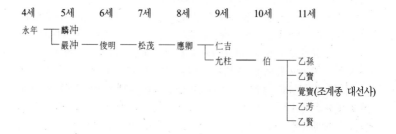

백은 을손(乙孫, 典醫少監)·을보(乙寶, 摠郞)·각보(覺寶, 조계종 대선사)·을방(乙芳, 東宮詹事)·을현(乙賢, 軍器寺少監) 등 다섯 아들을 두었다. 이노의 6대조 을현은 당초 세간촌에 살았으나, 조선왕조의 부름에 병을 핑계로 나아가지 않고 세간촌 옆의 부곡리에 이거함으로써 이후 후손들의 세거지가 되었다.[243] 따라서 본관지를 떠나 다른 곳으로 입향(入鄕)해 갔던 고성이씨 사례 중에서 가장 오래된 일이라 할 것이다.

이 지역은 경상우도를 대표하는 곳으로 남명 조식의 학통을 이어받아 의(義)에 대한 가치를 중요 덕목으로 살았다. 이에 따라 의령에 정착했던 고성이씨 인물을 보면, 송암 이노는 물론이고 도구 이제신 등과 같은 대쪽 같은 강골형의 선비들이 배출되었던 것도 우연은 아니었다.

한편 5세 인충(麟冲)의 아들 진(瑨)이 문과에 급제하여 개경으로 이주했으니, 오늘날 고성이씨를 있게 한 기가조(起家祖)나 다름없다. 특히 그의 아들 이존비가 고위직에 오른 이후 후손들이 중앙관료 생활을 이어갔다. 이리하여 고성이씨 또한 경파(京派)와 향파(鄕派)로 분기(分岐)되었을 것으로 보이나, 현재 계보 상으로 인충의 아들은 이진 혼자이다. 아무튼 이진의 후예들이 개경에 정착했다가 이후 조선 건국과 함께 한양으로 이주하였을 것으로 추정된다.

행촌 이암의 여러 아들 중에서 장남 인(寅)과 차3남 음(蔭)의 후손은 절손되었고, 차남 숭(崇)의 후손들이 안정공파를 형성하고 있다. 이들 후예들은 대개 경북 상주와 충남 논산 등지에 흩어져 살고 있는데, 그 중에서도 안정공의 4남 연수(延壽) 계열이 상주에 큰 집성촌을 형성하고

---

243 6세 俊明으로부터 7세 松茂, 8세 應卿, 9세 允柱, 10세 伯, 11세 乙孫·乙賢, 12세 琚·山命, 13세 克仁, 14세 文昌, 15세 翰에 이르기까지 은암공파의 祭壇이 현재 의령군 부림면 경산리에 설단되어 있다(고성이씨대종회, 2004, 『固城李氏大宗會發展史』).

있다. 연수는 황주목사를 역임하다 세종 8년(1426) 당시 56세로 상주로 이주하였다 한다. 묘지는 상주 공성면 평천리에 있으며, 추모재가 상주 청리면 청하리에 있다.

행촌 이암의 막내였던 이강의 어린 독자로 태어난 용헌공 이원은 세종조에 좌의정을 역임하는 등 훈구세력의 위세를 이어갔다. 따라서 그의 세거지는 한양을 중심으로 한 반경 범위 내에서 상당히 축적되었을 것으로 보인다. 태종 즉위 과정에서 이원은 공신으로 책봉된 바가 있고, 그의 아들들 또한 세조 집권과정에서 여러 명이 원종공신으로 책봉되었기 때문이다. 그 아들들이 나머지 7개 파를 이룬다.

이렇듯 용헌공 이원의 아들 7형제 후손들이 전국으로 흩어졌는데, 이는 당시 결혼풍속과 균분상속 관행에 따른 것이었다. 남자가 신부집으로 장가를 가서 생활하다 보니, 친손과 외손의 구분이 있을 수가 없었고, 자녀 균분상속으로 처가 동네에 부인 몫의 재산들이 축적되어 있었다. 이런 풍속은 조선후기에 접어들어 장자 위주의 상속 관행이 정착될 때까지 이어졌다.[244] 어느 문중을 막론하고 조선초기 입향조를 분석해 보면, 처향(妻鄉)으로 이주했던 사례가 많은 것도 그런 이유 때문이다.

용헌공 장남 이대는 둔재공 파조인데, 경북 성주를 중심으로 비교적 큰 집성촌이 형성되어 있다. 이대의 증손 이우(李佑)는 중종 때 정시(庭試)에서 급제 한 후 조광조를 비롯한 기묘명현들과 뜻을 같이 하면서 개혁정치를 부르짖다가 생을 마감했다. 기묘사화가 일어나 뜻을 같이 하던 사림(士林)들이 참혹한 변을 당하기 직전이었다. 충암(冲菴) 김정(金淨)은 만장에 "섬량불가노불독자거침(殲良不可怒不獨子車鍼)"이라 하였고,

---

244 김용만, 1983,「朝鮮時代 均分相續制에 關한 一硏究 ; 그 변화요인의 역사적
    성격을 중심으로」『大丘史學』23, 대구사학회.

강수(江叟) 박훈(朴薰)은 적소(謫所)에서 공의 장남 언명(彦明)이 우리 딸과 생년월일이 같아 혼사를 이루도록 했다 할 정도로 기묘사림과 돈독했다.

이우의 배위 성산 여씨가 3남 1녀를 데리고 친정 고을인 성주 야동(冶洞)으로 이주하여, 성주고을 고성이씨 연원이 되었다.[245] 이후 그의 아들 3형제 중에 장남 언명(彦明)은 성주 칠봉에, 3자 경명(景明)은 성주 광산리에 각각 터를 잡았다. 칠봉에는 약 70여 호, 광산리에는 50여 호의 고성이씨 동족마을로 형성되어 있다. 언명의 아들 야로당 이순은 남명과 퇴계 양 문하에 드나들면서 학문을 익혀 임진왜란이 일어나자 의병 활동을 하였고, 경명은 문과에 급제하여 소재 노수신 등과 같은 명인들과 홍문관에서 임금을 보필하다 동래부사를 지냈다. 특히 조선중기 성주지역에는 동강 김우옹과 한강 정구 등과 같은 학덕 높은 선비들이 배출되었는데, 이들의 학문에 영향을 입은 바가 크다.

이원의 차남 호군공 이곡(李谷) 후손들은 대부분 전라도 나주에 집성촌을 이루고 있다. 호군공의 아들로 감사를 역임한 이절(李節)이 이곳으로 낙향한 이래 그 후손들은 대개 나주 주위에 고루 산재해 있다.

이원의 3남 좌윤공 이질(李垤) 후손들은 창녕 도천면 송진리에 집성촌을 이룬다. 그의 증손 명암공 이중(李中)을 입향조로 모시는 문중이다. 이중은 어려서부터 재종숙 망헌공 이주(李胄)를 찾아 글을 배웠고, 17세에 김굉필 문인이었던 김식(金湜) 선생을 찾아가 수학하였다. 그 인연으로 기묘명현(己卯名賢)으로 이름을 높였으나, 오래도록 유배지에서 생활하다 풀려나 벼슬을 마다하고 창녕에서 생을 마감했다.

용헌공 이원의 4남 동추공파 집성촌은 대전 비래동이 대표적이다. 동

---

245 고성이씨대종회, 2004, 『고성이씨대종회발전사』 참조.

추공 이비(李坯)의 증손 이계종이 입향조인데, 감사를 역임한 이위(李偉)의 손자이다. 계종공(繼宗公)은 음문(蔭門)으로 관직에 나아가 여러 직임을 거쳐 훈련원 주부(訓練院主簿)로 봉직하였다. 비래동은 마을 북동쪽 골짜기에 '비래암'이라는 암자에 유래하였다거나, 꿩이 매에게 쫓겨 날아왔다 하여 붙여진 이름이라고도 한다. 이곳에 정착한 계종공 후손들은 집성촌(集姓村)을 일구었지만, 두드러진 현조(顯祖)를 배출하지 못하여 재지 내 위상은 낮은 편이었다. 입향조 이후 23세까지 문과 급제자를 내지 못했고, 이들은 혼인에 있어서도 회덕지역 유력 성씨들의 배우자를 맞아들이지 못했다. 이에 따라 송시열이 『향안』에서 언급한 회덕의 지배 성씨에 포함되지 못했다. 그러다가 19세기에 들어와 이재창, 이세주, 이중택, 이방열 등과 같은 인물이 나와 재지 내 위상 변화가 있게 되었는데, 이러한 변화는 『향원록(鄕員錄)』에 추록 형태로 고성이씨 인물들이 대거 입록된 사례에서 잘 나타난다. 그리하여 회덕지역에 전하는 『옥류각계첩』에는 은진송씨 다음으로 참여도가 높았을 뿐만 아니라, 송촌동의 대동계에도 상계원으로 참여하는 등 주로 재지사족으로서의 활동을 보여주고 있다.[246]

이원의 5남 병사공 이장(李場)의 후손들은 거창 마리면 율리를 중심으로 집성촌이 형성되어 있다. 입향조 이서(李曙)는 군수공 이변(李忭)의 아들인데, 자헌대부 충의위 진위장군을 지냈다. 인천에서 출생한 이서가 거창으로 입향 하게 된 계기는 처향(妻鄕)으로의 이주였다. 경상 우도에 위치한 거창은 남명 선생의 학맥을 이은 곳으로 북인정권의 축을 담당했던 동계 정온(鄭蘊)의 출신지이기도 하다. 이서가 죽자 동계가 쓴 묘비

---

246 성봉현, 2001, 「비래골 고성이씨 가문의 입향과 전개」 『대전의 성씨와 인물』 3, 대전광역시.

문이 남아 있는 것도 그 때문이다. 그 묘비문의 의하면, 공이 거창 안음(安陰) 영승(迎勝)에 살았는데, 이곳은 처가 마을이라 하였다. 공의 배위 진주강씨는 습독관 강규(姜奎)의 딸이라 하였듯이, 친정으로부터 물려받은 유산이 곧 거창 병사공파의 터전이 되었음을 알려준다. 그 외 병사공파는 진주 대천리나 경남 고성 등에 분산되어 세거하고 있다.

이원의 6남 참판공 이증(李增) 역시 처향(妻鄕)이었던 안동에 정착했던 사례 중에 하나였다. 안동 사찬읍지 『영가지(1608년 간)』에 의하면 이증에 대하여, "관찰사 이회의 사위였기에 안동부 남문 밖에 와서 살게 되었으니, 안동 고성이씨 입향조이다."라고[247] 했다. 이회의 묘갈명에 의하면, 관찰사로 재직할 당시 안동으로 순찰 왔다가 객관에서 순직하였고, 그의 묘는 안동부 남쪽 낙타산 노림촌에 안장되었다고 전한다.[248] 이때 이증의 나이는 20대 중반에 불과했고, 진사시 합격은 물론 영산현감으로 부임하기 이전이었다. 이회가 안동 남쪽 노림촌에 묻혔다거나, 이증이 안동부내 남문 밖에 와서 살게 되었다는 것은 이 일대가 바로 이회의 경제적 기반이었음을 말해주는 것이기도 하다. 이증이 관직을 버리고 낙향지로 안동을 택한 것은 이회의 경제적 기반을 물려받았기 때문에 가능했을 것이다.

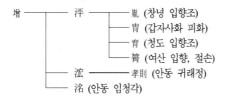

247　『영가지(永嘉志)』 권7, 우거(寓居) 이증(李增).
248　이상경 찬, 「慶尙道觀察使 淸湖公 李曉墓碣銘」

참판공 이증이 안동에 정착한 이래 그 후손들은 영남 각지로 뻗어나가 안동은 물론 청도와 창녕 등지에 집성촌이 잘 형성되어 있다. 고성이씨 중에는 참판공파가 수적으로 가장 많고, 그 중에서도 장자 평(泙)의 3남인 모헌공 이육의 후손들이 절대다수를 차지한다.

조선후기의 관념으로 보면 장자가 가업을 잇은 것이 관례였지만, 장자 이평의 후손들이 안동을 지키지 않았던 것은 앞에서 언급한 당시 풍속과 관행으로 인한 것이었다. 이평의 장남 이윤은 성종 17년(1486) 노모 봉양을 위해 외직을 자청하여 청도군수로 재임하는 동안 청렴함으로 이름을 떨쳤다. 무오사화 이후 동생 이주와 함께 오랜 기간 적소에서 생활한 바가 있고, 중종반정으로 해배되어 중앙관료로 이름을 떨쳤지만, 만년에는 영산(靈山 : 창녕 지역의 옛 지명) 마고리(麻姑里)에 쌍매당을 짓고 은거하여 창녕 고성이씨 참판공파 입향조가 되었다.

고성이씨들이 가장 많이 살고 있는 청도 입향조는 이평(참판공 장남)의 3남 모헌공 이육(李育)이다. [249] 그는 백형인 쌍매당(雙梅堂) 윤(胤)과 중형인 망헌(忘軒) 주(胄)를 따라 점필재 김종직 문하에서 수학하였는데, 사림들 사이에서 명성이 높았다. 쌍매당과 망헌 두 형이 유학사상에 바탕 된 경세(經世)의 뜻을 펴고자 일찍이 출사(出仕)한데 반하여, 공은 부친 승지공[諱 泙]을 봉양하는데 마음을 다했다. 성종 24년(1493)에 문음(門蔭)으로 안기도 찰방(安奇道察訪)에 제수되어 출사하였으나, 연산군 때 연이은 사화로 선친이 부관참시(剖棺斬屍) 당하자, 임천(林泉)에 은거하고자 청도 유곡(柳谷) 죽림촌(竹林村)에 정착했다.

고성이씨들의 청도 인연은 그 전부터 있어왔다. [250] 공민왕 때 이강이

---

249 이하 서술은 『고성이씨대종회발전사(2004)』에 근거하였음.

250 박홍갑, 2005, 『왕조실록 자료를 통해서 본 조선 시대 청도와 청도 사람들』, 청도문화원.

청도군수를 역임한 이래, 성종 때 청도군수 이균(李鈞)이 향교 중수에 큰 공을 세운 바 있고,[251] 연산군 이후 쌍매당 이윤이나 낙포공 이굉 또한 청도군수를 역임한 바 있다. 이 중에서 이균은 족보에서 확인되지 않지만, 이윤과 이굉은 청도 입향조 이육의 형제이자 숙질간이다. 따라서 청도와의 인연은 적은 것이 아니었고, 특히 이육의 장인 최자순(崔自淳)이 청도에 정착하고 있던 인물이었다. 홍해최씨(興海崔氏)는 최호의 6세손 최연(崔淵)을 1세조로 한다. 성균관 대제학을 지낸 최연의 아들 최자순(崔自淳)이 김해에서 청도로 입향했다고 알려져 있지만, 그 시점과 경위는 분명하지 않다.

이육의 장인이던 최자순의 생활 터전이 다름 아닌 청도 유호연지 인근이었으며, 이육의 묘소가 있는 곳이다. 이후 홍해 최씨는 청도읍 거연리에 집성촌을 이루어 살고 있다. 모헌공이 최자순의 경제적 기반을 토대로 유곡(柳谷)에 둔거(遁居)한 후로는 유지(溜池)의 연(蓮)을 가꾸고 호상(湖上)의 정자를 군자정(君子亭)이라 했다. 후일 이곳을 모헌정사(慕軒精舍)라 명명하였는데, 사진(仕進)을 단념하고 후진 교도에 전력하여 유자(儒者)의 본분을 실현코자 한 뜻이 엿보인다.

이평의 막내 이려는 문과 출신으로 딸 하나만 둔 채 요절하여 처향(妻鄕)이던 충청도 여산에 묻혔고, 그의 사위 한옹(韓蓊)은 을사사화가 일어나자 연루되었다.[252] 이 때도 수찬공 이려의 생활 기반은 여산에 존속했던 것으로 나타난다. 따라서 외손봉사로 이어지다 절손된 것으로 파악된다.

참판공 이증의 2남 이굉과 3남 이명은 부모의 터전을 이어받아 안동

---

251 김일손, 『濯纓文集』「重創淸道學記」.
252 『명종실록』 권2, 명종 즉위년 9월 5일 을축.

에 그대로 정착했다. 안동 귀래정의 주인 이굉은 중앙에서의 관직생활을 과감하게 접고 안동으로 낙향하여 선부군(先父君)의 뜻에 따라 낙수(洛水) 상류에 정자를 지었다. 아울러 선부군이 사직하고 안동 전사(田舍)에 살면서 향리의 기로(耆老)들을 모아 우향계(友鄕契)를 만들어 날마다 그들과 노닐었는데, 공이 진솔회를 만들어 기로들을 좌우에서 모시며 접대하기를 이어가니, 모두 어진 자제(子弟)라고 일컬었다.

참판공 3남 이명은 연산군 시절 영덕에 유배되었다가 중종반정으로 해배(解配)되어, 현감을 제수 받아 선정을 베풀었다. 중형 낙포공 또한 외방 수령이던 개성(開城) 유수(留守)를 지내다가, 문득 벼슬을 버리고 고향으로 돌아와 귀래정(歸來亭)을 지어 향리 군자(君子)들과 어울리며 여생을 즐겼는데, 공 또한 이를 본 받아 관직을 버리고 고향으로 돌아와 안동부 동편 영남산(映南山)을 등지고 앞으로 흐르는 낙동강을 품은 기슭에 반가(班家)를 지어 임청각(臨淸閣: 현 안동시 법흥동 소재)이라 이름 지었다.

이중환의 『택리지』에 의하면 "안동 임청각 군자정(君子亭)은 귀래정(歸來亭)이나 영호루(映湖樓) 등과 함께 고을 안의 명승이다" 라고 기록되어 있다. 아울러 『연려실기술』에서도 "귀래정(歸來亭)과 임청각(臨淸閣)에 대해, 이씨가 대대로 전해오며 사는 곳인데 영호루와 함께 읍(邑) 중의 이름난 경치이다." 라고 했듯이,[253] 조선조 식자층 사이에 널리 알려진 바가 되었다. 이에 이름난 시인 묵객들이 임청각을 찾아 남겼던 시들이 여기저기에서 전해지고 있다. 99칸 규모로 지어졌던 임청각은 일제시기 석주 이상룡 선생을 비롯하여, 아들과 손자 등 독립운동가 9명을 배출한 구국운동의 산실이 되기도 했다. 이명의 아들 또한 아버지 유지

---

253 『연려실기술』 별집 권16, 地理典故, 山川形勝.

를 받들어 반구정(伴鷗亭)을 세웠다.

용헌공 막내이자 7남인 사암공 이지(李墀) 후손들은 경기도는 물론 강원도와 충청도 혹은 경상도 등 전국 규모로 매우 광범위하게 흩어져 있다. 사암공의 장남이자 『청파극담』으로 잘 알려진 이육(李陸)은 생전에 치산(治産)에 힘을 기울여 광주 도촌(현 성남)에 용헌공 이원을 비롯한 선현들의 묘역을 마련한 바가 있다. 분당 개발로 인해 인근 광주로 이전하였다. 사암공파의 집성촌으로는 경남 하동과 진주와 고성 등지에 비교적 큰 규모를 이루고 있다. 경남 하동 옥종면 안계리 고성이씨 입향조는 17세에 해당하는 운당(雲塘) 이염(李琰)인데, 청파의 현손이다. 이 지역 역시 남명 학맥을 이은 명사들이 많았는데, 운당은 특히 수우당 최영경과 10리 되는 마을에서 서로 마주 보며 노닐었다. 배위가 진양하씨 봉직랑 무제(無際)의 딸이었던 점으로 미루어 보면, 진양하씨 부인이 친정으로부터 상속받은 재산이 이곳 옥종 안계에 있었을 것으로 추정된다.

고성군 삼산면 미룡리에도 사암공파 약 70호 규모의 집성촌이 형성되어 있는데, 이곳 입향조는 17세 이덕상(李德祥)이다. 이덕상은 임진왜란 때 선무원종공신을 제수 받았는데, 농기구에 불과한 쇠스랑으로 왜적 십여 명을 격살하여 철탑장군으로 알려져 있다. 이밖에도 17세 이준(李璿)을 입향조로 하는 진주 갈전리에 약 40호 가량의 집성촌이 있고, 고성 두포나 진주 인근에 작은 규모의 집성촌이 산재하고 있다.

이외에도 고성이씨는 전국에 걸쳐 집성촌이 고르게 분포되어 있는데, 개괄적인 상황을 표로 나타내면 다음과 같다.

〈고성이씨 집성촌 현황〉

지역	派	집성촌	가구	입향조	비고
경기	둔재공	시흥 하중동	60	16世 熙明	
	도촌공	연천 남계리	30	16世 顔友	
	〃	서울 신림동	30	19世 元樞	서울
	〃	포천 명산리	72	19世 成吉	
충청	좌윤공	논산 신충리	50	15世 楗	
	동추공	대전 비래동	60	15世 繼宗	
	도촌공	청원 풍정리	50	16世 曾友	
	〃	아산 갈산리	50	19世 元皜	
호남	도촌공	익산 율촌리	25	20世 碧	
	호군공	나주 초동	50	13世 節	
	〃	나주 칠봉리	30	14世 伯安	
	〃	나주 금옥리	40	15世 順元	
	〃	나주 월천리	30	17世 慜	
	〃	나주 횡산리	30	18世 遇春	
	〃	보성 안치리	40	18世 希春	
	〃	나주 백동리	50	19世 士南	
경북	도촌공	상주 오대동	40	12세 鵬	
	안정공	상주 청리면	35	11世 延壽	
	둔재공	성주 칠봉리	70	16世 彦明	
	〃	성주 광산리	50	16世 景明	
	좌윤공	청도 하평리	40	17世 福南	
	참판공	영천 관정	30	15世 復	
	〃	청도 거연리	20	15世 鄒	
	〃	청도 홍선리	35	15世 都	
	〃	군위 춘산리	45	16世 軺	
	〃	청도 상당리	40	16世 磬	
	〃	안동 마사리	50	17世 遵	
	〃	청도 관하리	30	17世 湍	
	〃	청도 일원	200	17世 潭	
	〃	청도 방지리	155	17世 漑	
	〃	청도 유등리	15	17世 濟	
	〃	청도 가례리	20	17世 淑	
	〃	청도 구곡리	20	17世 濯	
	〃	청도 계당리	25	18世 玟	

	〃	청도 명대리	50	18世 瑫	
	〃	〃	20	18世 장	
	〃	청도 임당리	60	18世 琰	
	〃	청도 매전면	100	19世 光馨	
	〃	청도 덕산리	30	19世 光顥	
	〃	청도 모은정	20	19世 光白	
	〃	청또 하평리	20	19世 光星	
	〃	청도 대곡리	80	19世 光晋	
	〃	청도 김전리	70	19世 光泰	
	〃	청도 유등리	50	19世 光漸	
경	〃	청도 가금리	52	19世 光悌	
	〃	청도 임곡리	20	20世 德禧	
북	〃	청도 칠성리	35	20世 渭耆	
	〃	청도 아음리	33	20世 師耆	
	〃	청도 동곡리	50	20世 商耆	
	〃	청도 각남 가례	20	20世 時茂	
	〃	청도 장수곡	22	21世 慶祥	
	〃	청도 명대리	30	21世 台三	
	〃	청도 남양리	30	22世 亨春	
	〃	청도 구곡리	22	22世 時虎	
	〃	청도 임당리	35	23世 圭執	
	〃	청도 방지리	15	24世 周七	
	〃	청도 덕산리	30	24世 周贇	
	〃	청도 금곡리	15	25世 守善	
	좌윤공	창녕 송진리	43	15世 中	
	〃	의령 죽전리	55	17世 開林	
	병사공	거창 율리	47	16世 曙	
	〃	진주 대천리	30	18世 希元	
경	〃	고성 오서리	40	21世 四龍	
	〃	고성 봉동리	50	22世 載夏	
	〃	고성 용안리	25	26世 庭碩	
남	참판공	창녕 입향조	100	14世 胤	
	〃	밀양 산내면	20	21世 日三	
	〃	밀양 초동봉대	55	22世 時龍	
	〃	밀양 파서	25	24世 周文	
	좌윤공	밀양 두곡리	20	25世 麒善	

경 남	〃	밀양 조음리	20	25世 友善	
	사암공	하동 안계리	30	17세 琰	
	〃	진주 갈전리	40	17世 璠	
	〃	고성 미룡리	70	17世 德祥	
	〃	고성 두포리	30	19世 景壽	
	〃	진주 송백리	20	19世 厚根	
	〃	진주 속사리	30	23世 壽昌	
	은암공	의령 오방리	50	10世 伯	
	〃	진주 설매리	34	26世 雲龜	
	도촌공	고성 은월리	40	20世 慕賢	
	사암공	서구 식만리	50	26世 善儀	부산

[부록] 고성이씨 인물 계보도

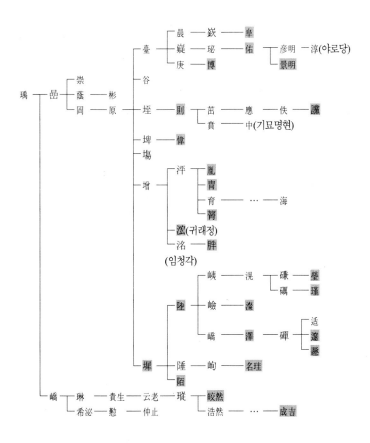

참고문헌

『삼국사기』『삼국유사』『고려사』『고려사절요』『조선왕조실록』『동사강목』『해동역사』『연려실기술』『대동야승』『국조인물고』『종묘의궤』『신증동국여지승람』『진양지(晉陽誌)』『고성읍지』『영가지(永嘉志)』『청파극담』『당의통략(黨議通略)』『연조귀감(掾曹龜鑑)』『등과록전편(登科錄前編)』『고려열조등과록(高麗列朝登科錄)』『국조방목(國朝榜目)』『도곡총설』『성호사설(星湖僿說)』『동각잡기(東閣雜記)』『징비록(懲毖錄)』『임진장초(壬辰狀草)』『병오초보(丙午草譜 : 고성이씨)』『고성이씨세보(계유보, 1753년)』『사성강목(四姓綱目)』『야로당초보(野老堂草譜)』『동문선(東文選)』『속동문선』『조선금석총람(朝鮮金石總覽)』『조선금석전문(韓國金石全文)』『조선사찰사료(朝鮮寺刹史料)』『동안거사집 행록』

『용헌선생문집』『철성연방집』『청파집(靑坡集)』『담암일집(淡庵逸集)』『동안거사집(動安居士集)』『목은집(牧隱集)』『목은시고(牧隱詩藁)』『목은문고(牧隱文藁)』『익재난고(益齋亂藁)』『급암선생시집(及菴先生詩集)』『동국이상국집(東國李相國集)』『담암일집(淡庵逸集)』『성소부부고(惺所覆瓿稿)』『태재선생문집(泰齋先生文集)』『용재선생집(容齋先生集)』『도구실기(陶丘實記)』『덕계집(德溪集)』『죽유선생문집(竹牖先生文集:吳澐)』『야로당선생일집(野老堂先生逸集)』『송암실기(松庵實記:金沔)』『송암선생문집(松巖先生文集)』『용사일기(龍蛇日記)』『학봉일고(鶴峯逸稿)』『학봉선생문집(鶴峯先生文集)』『탁영문집(濯纓文集)』

강지언, 1986, 「고려 고종조 과거급제자의 정치적 성격」『백산학보』33.

고혜령, 1981, 「이인임 정권에 대한 일고찰」『역사학보』91.

김갑주, 1973, 「相制의 成立과 機能」『동국사학』12.

김광식, 2000, 「최우의 사원정책과 담선법회」『국사관논총』42, 국사편찬위원회.

_____, 1995, 『고려무인정권과 불교계』, 민족사.

김광철, 1991, 『고려후기 세족층 연구』, 동아대출판부.

_____, 1996, 「권문세족의 성립과 성격」『한국사』19, 국사편찬위원회.

김상기, 1974, 「羅末群雄의 對中通交─特히 王逢規를 중심으로─」『동방사논총』, 서울대학교출판부.

_____, 1948, 「高麗武人政治機構考」『동방문화교류사논고』, 을유문화사.

김당택, 1981, 「최씨 무인정권과 수선사」『사학연구』 10, 한국사학회.

_____, 1991, 「충선왕의 복위교서에 보이는 재상지종에 대하여」『역사학보』 131.

_____, 1998, 「고려 昌王 원년(1389)의 金佇事件」『전남사학』 12.

김당택, 1999, 『고려의 무인정권』, 국학자료원.

김 범, 2003, 「조선전기 '훈구사림세력' 연구의 재검토」『한국사학보』 15.

_____, 2007, 『사화와 반정의 시대』, 역사비평사.

김성준, 1962, 「고려 정방고」『사학연구』 13.

_____, 1962, 「太宗의 外戚除去에 대하여-閔氏兄弟의 獄」『歷史學報』 17·18.

김수태, 1981, 「고려 본관제의 성립」『진단학보』 52.

_____, 1999, 「고려초기 본관 연구」『한국중세사연구』 8.

김아네스, 2012, 「고려중기의 대감국사 탄연과 지리산 단속사」『남도문화연구』 23.

김용만, 1983, 「조선시대 均分相續制에 관한 一硏究 ; 그 변화요인의 역사적 성격을 중심으로」『대구사학』 23.

김용선, 1993, 『고려묘지명집성』, 한림대출판부.

김용헌, 2010, 『조선 성리학, 지식권력의 탄생』 웅진씽크빅

김우기, 1995, 『16세기 척신정치의 전개와 기반』 경북대 박사학위논문.

김윤곤, 1964, 「여말선초의 尙瑞司」『역사학보』 25.

_____, 1974, 「신흥사대부의 대두」『한국사』 8, 국사편찬위원회.

_____, 1993, 「고려대장경 판각과 국자감시 출신」『국사관논총』 46.

김영두, 2007, 「중종대 文廟從祀 논의와 조선 道通의 형성」『사학연구』 85.

김준형, 2002, 「陶丘實記 解題」『남명학연구』 12.

김창현, 1998, 『고려후기 政房 연구』, 고려대학교 민족문화연구원.

_____, 2001, 「고려후기 이존비 이암의 활약과 그 특징」『행촌회보』 14.

_____, 2001, 「고려후기 別廳宰樞와 內宰樞」『한국 중세사회의 제문제-김윤곤교수정년기념 사학논총』.

나각순, 1992, 「高麗 鄕吏의 身分的 特性과 그 變化」『사학연구』 45.

남권희, 1994, 「蒙山德異와 高麗人物들과의 交流」『도서관학논총』 21.

노명호, 1989, 「고려시대의 친족조직」『국사관논총』 3, 국사편찬위원회

문철영, 1996, 「신유학의 전래와 고려 사상계의 동향」『한국사』 21, 국사편찬위원회.

민병하, 1965, 「고려시대 불교계의 지위와 그 경제」『성대사림』 1.

_____, 1973, 「최씨정권의 지배기구」『한국사』7, 국사편찬위원회

민현구, 1974, 「고려후기의 권문세족」『한국사』 8, 국사편찬위원회

_____, 1977, 「조인규와 그의 가문」『진단학보』 43.

_____, 2009, 「고려 공민왕대 중엽의 정치적 변동」『진단학보』 107.

박경자, 1974, 「高麗 鄕吏制度의 成立」『역사학보』 63.

박병련, 2002, 「광해군복립모의 사건으로 본 강안지역 남명학파」『남명학연구논총』 11.

_____, 2005, 「남명학파와 영남 강안지역 사림의 혈연적 연대」『남명학보』 4.

박용운, 1979, 「고려의 중추원 연구」『한국사연구』 12.

_____, 1994, 「고려후기의 必闍赤에 대한 검토」『이기백선생고희기념 한국사학논총』

_____, 1997, 「고려시대의 해주최씨와 파평윤씨 가문 분석」『백산학보』 23.

박은경, 2003, 「고려시대 賜籍·賜貫 연구」『한국중세사연구』 15.

_____, 2004, 「고려시대 移籍 연구」『한국중세사연구』 17.

박천식, 1996, 「이성계 집권과 고려 멸망」『신편 한국사』 19, 국사편찬위원회.

박홍갑, 1995, 『조선시대 문음제도 연구』, 탐구당.

_____, 1999, 『사관 위에는 하늘이 있소이다』, 가람기획.

_____, 1999, 「조선 中宗朝의 徙民政策 변화와 그 문제점」『조선시대사학보』 8.

_____, 2005, 『왕조실록 자료를 통해서 본 조선 시대 청도와 청도 사람들』, 청도문화원

_____, 2009, 「전통사회 가계기록과 시조 만들기-고성이씨 사례를 중심으로」『사학연구』 94.

_____, 2010, 「고려말기 고성이씨 도촌 이교 가문의 정치적 위상」『고성이씨 가문의 인물과 활동』, 일지사.

_____, 2012, 『조선조 사족사회의 전개』, 일지사.

박홍갑 역, 2008, 『필원잡기(서거정 찬)』, 지만지 고전선집.

설석규, 2005, 「南冥學派의 世界觀과 來庵·松菴·忘憂堂의 現實對應 자세」『松菴 金沔과 壬亂義兵』.

성봉현, 2001, 「비래골 고성이씨 가문의 입향과 전개」『대전의 성씨와 인물』 3, 대전광역시.

송준호, 1986, 「한국의 씨족제에 있어서의 本貫 및 始祖의 문제: 한·중 양국의 전통사회를 비교하는 입장에서」『역사학보』 109.

_____, 1999, 「斷俗寺의 창건 이후 역사와 폐사과정」『남명학연구』 9.

신병주, 2007, 『조선중 후기 지성사 연구』, 새문사.

_____, 2008, 「인조반정의 경과와 그 현재적 의미」『인문과학논총』 45.

_____, 2008, 『정인홍 평전』, 경인문화사.

와거너, 1980, 「이조 사림문제에 관한 재검토」『전북사학』 4.

우인수, 1987, 「조선 명종대 위사공신의 성분과 동향」『대구사학』 33.

유경아, 1996, 『정몽주의 정치활동 연구』, 이화여대 박사학위논문.

유호석, 1994, 「고려후기 座主·門生 관계의 변화와 그 性格; 원 간섭기를 중심으로」
『국사관논총』 55.

윤경진, 1997, 「고려전기 향리제의 구조와 호장의 직제」『한국문화』 20.

윤기엽, 2012, 「元간섭 초기 고려 禪宗界의 변화와 사원 동향」『선문화연구』 12.

_____, 2014, 「각진국사 복구(復丘)와 불교계 동향」『보조사상』 42.

윤용혁, 1990, 「고려 대몽항쟁기의 불교의례」『역사교육논집』 13·14집.

이기동, 2010, 「용헌 이원의 철학사상」『고성이씨 가문의 인물과 활동』, 일지사.

이기순, 1998, 『인조, 효종대 정치사연구』, 국학자료원.

이기환, 1987, 「忠烈王代의 必闍赤 : 忠烈王의 政治史的 役割과 관련하여」, 전남대
석사논문.

이남복, 1984, 「여말선초의 座主·門生關係에 관한 일고찰」『藍史 鄭在覺博士 고희
기념 동양학논총』

이동영, 1984, 『조선조 영남시가의 연구』, 부산대학교출판부.

이문희, 2003, 「여말선초 고성이씨 가문의 정치적 동향」, 동아대 석사논문.

_____, 1977, 「현량과(賢良科) 급제자의 성분」『대구사학』 12·13합집.

_____, 1982, 『조선전기 기호사림파 연구』, 일조각.

이병휴, 2002, 「사림세력의 진출과 사화」『신편 한국사』 28, 국사편찬위원회.

_____, 2004, 「 조선초기 정국의 추이와 容軒 李原의 대응」『역사교육론집』 32.

이상백, 1954, 『李朝 建國의 연구』, 을유문화사.

이수건, 1979, 『영남사림파의 형성』, 영남대 민족문화연구소.

_____, 1975, 「토성연구(其一)」『동양문화』 19집.

_____, 1984, 『한국 중세사회사 연구』 일조각.

_____, 1992, 「조선전기 姓貫체계와 족보의 편찬체제」『한국사학논총-박영석 화
갑기념논총』 상.

_____, 2002, 「사림의 득세와 붕당의 출현」『신편 한국사』 30, 국사편찬위원회.

_____, 2003, 『한국의 성씨와 족보』 서울대출판부.

이숙경, 1989, 「李齊賢勢力의 形成과 그役割」『한국사연구』 64.

이순근, 1980, 「신라시대 성씨 취득과 그 의미」『한국사론』 6.

이우성, 1964, 「고려조의 吏에 대하여」『역사학보』 23.

이익주, 1988, 「고려 충렬왕대 정치상황과 정치세력의 성격」『한국사론』 18.

_____, 2002, 「행촌 이암의 생애와 정치활동」『행촌 이암의 생애와 사상』 일지사

이정완, 2006, 「고려 후기~조선 초기 고성이씨 가문의 정치 활동에 대한 연구」, 한

신대 석사논문

이종서, 1997, 「나말려초 성씨 사용의 확대와 그 배경」『한국사론』 37.

이태진, 1976, 「15세기 후반기의 거족과 명족의식」『한국사론』 3.

_____, 1993, 「조선왕조 유교정치와 왕권」『한국사론』 23.

이형우, 1999, 『고려 우왕대의 정치적 추이와 정치세력 연구』, 고려대 박사논문.

_____, 2002, 「고려 우왕의 외척과 측근」『민족문화연구』 37.

_____, 2015, 「고려말 정치적 추이와 김저 사건」『포은학연구』 16.

이희권, 2003, 「정몽주 문묘종사에 관한 일고찰」『인문논총』 10, 전북대 인문학연구소.

장동익, 1979, 「고려후기 銓注權의 행방」『대구사학』 15·16.

정경희, 2016, 「고려후기 수선사 세력의 동향과 고성이씨(상)」『행촌회보』 48, 행촌학술문화진흥원.

정두희, 1983, 『조선초기 정치지배세력 연구』, 일조각.

정만조, 1990, 「16세기 士林系 官僚의 朋黨論; 歐·朱 朋黨論과의 比較를 통하여 본」『한국학논총』 12.

정옥자, 1993, 『조선후기 역사의 이해』, 일지사.

정우락, 2003, 「강안학과 고령유학에 대한 시론」『퇴계학과 한국문화』 43.

정 혁, 1993, 「고려후기 진각국사 혜심의 佛儒同源思想」『북악사론』 3.

조계찬, 1987, 「조선건국과 윤이·이초 사건」『이병도박사구순기념 한국사학논총』, 지식산업사.

조명제, 2000, 「13세기 수선사의 현실 대응과 간화선」『한국선학』 1.

조인성, 1985, 「최우 정권하의 文翰官－"능문"·"능리"의 인사기준을 중심으로－」『동아연구』 6, 서강대학교.

지교헌, 2008, 「용헌 이원의 정치사상과 그 유가철학적 원리－「십조소」와 「십일조소」를 중심으로－」『용헌 이원실기』, 고성이씨용헌공파종중

진성규, 1986, 「고려후기 진각국사 혜심연구」, 중앙대 박사논문.

_____, 1996, 「무신정권기 불교계의 변화와 조계종의 대두」『한국사』, 국사편찬위원회.

채상식, 1990, 『고려후기 불교사 연구』, 일조각.

_____, 1986, 「고려전기 사회구조와 본관제」『고려사의 제문제』

_____, 1995, 「고려시대 본관제 시행과 지방지배질서」, 서울대학교 박사학위논문.

최병헌, 1983, 「고려중기 이자현의 선(禪)과 거사불교의 성격」『김철준박사화갑기념사학논총』, 지식산업사.

_____, 1989, 「東洋佛敎史上의 韓國佛敎」『한국사시민강좌』, 일조각.

_____, 1992, 「정혜결사의 취지와 창립 과정」『보조사상』 5·6합집.

최승희, 1973, 「조선초기의 언관에 관한 연구」『한국학논총』 1.

_____, 1987, 「朝鮮太祖의 王權과 政治運營」『진단학보』 64.

_____, 1997, 「개국초 왕권의 강화와 국정운영체제」『신편 한국사』 22, 국사편찬위원회.

최이돈, 1997, 「사림의 훈구정치 비판과 새로운 모색」『신편 한국사』 28, 국사편찬위원회.

최재석, 1981, 「族譜에 있어서의 派의 形成」『민족문화』 7.

_____, 1982, 「고려시대의 친족조직」『역사학보』 94·95, 역사학회.

한국역사연구회, 2005, 『고려시대 사람들은 어떻게 살았을까』, 청년사

한명기, 1988, 「광해군대의 大北勢力과 政局의 動向」『한국사론』 20.

_____, 2000, 『광해군』, 역사비평사.

한영우, 1983, 『조선전기 社會思想 硏究』, 지식산업사.

_____, 2002, 「행촌 이암과 단군세기」『행촌 이암의 생애와 사상』 일지사.

황인규, 2010, 「수선사 16국사의 위상과 추념」『보조사상』 34.

허흥식, 1979, 「고려시대의 새로운 금석문자료」『대구사학』 17.

_____, 1986, 「佛敎界의 새로운 傾向」『高麗佛敎史硏究』, 일조각.

_____, 1994, 『한국 중세 불교사 연구』, 일조각.

홍승기, 1983, 『고려 귀족제 사회와 노비』, 일조각.

홍영의, 2017, 「고려후기 고성 이씨 가계와 혼인관계를 통한 인적 관계망」『麗·元代의 農政과 農桑輯要』, 도서출판 동강.

홍원식, 2010, 「영남유학과 낙중학」『한국학논집』 40.

曉呑(金昌淑), 2001, 「14세기 覺眞 復丘와 淨土寺에 관한 고찰」『한국불교학』 29.

管野銀八, 1932, 「高麗曹溪山松廣寺十六國師の繼承について」『青丘學叢』 9.

찾아보기

아

| 저자 소개 |

박홍갑

1955년 경북 청도 출생. 영남대 대학원에서 문학박사 학위를 취득했다. 국사편찬위원회에서 연구관, 연구편찬실장, 편사부장 및 상임위원을 거치는 동안 중앙대·경희대 겸임교수를 역임했다. 조선시대 정치 사회사 분야 연구에 매진하여 『조선시대 문음제도 연구』(탐구당), 『병재 박하징 연구』(경인문화사), 『조선조 사족사회의 전개』(일지사)와 같은 학술서적은 물론 『사관 위에는 하늘이 있소이다』(가람기획), 『양반나라 조선나라』(가람기획), 『우리 성씨와 족보 이야기』(산처럼) 등과 같은 교양서적을 집필하여 우리 역사 대중화에도 힘을 쏟아 왔다.

한국 중세사 전개와 고성이씨

초판 인쇄 | 2019년 9월 18일
초판 발행 | 2019년 9월 25일

지 은 이 박홍갑
발 행 인 한정희
발 행 처 경인문화사
출판번호 406-1973-000003호
주   소 파주시 회동길 445-1 경인빌딩 B동 4층
전   화 031-955-9300 팩 스 031-955-9310
홈페이지 www.kyunginp.co.kr
이 메 일 kyungin@kyunginp.co.kr

ISBN 978-89-499-4836-2 93910
값 30,000원